科学版精品课程立体化教材·管理学系列

市场调查方法与实务
（第二版）

主　编　杨凤荣
副主编　亢大麟　孙　华

科学出版社
北　京

内 容 简 介

本书以市场调查机构的项目运作过程为主线，安排篇章顺序及基本框架，系统地阐述了市场调查的基本原理、方法和实务操作技术，同时也对国外市场调查的前沿理论与方法技术的新发展做了适当的介绍。本书体系规范、结构合理、注重创新、实用性强，内容涵盖市场调查概述、市场调查机构、市场调查策划、抽样设计和问卷设计、二手资料和原始资料的收集、调查资料的处理与描述、数据资料的初级统计分析和高级统计分析、市场预测、撰写市场调查报告等。每章前后分别附有学习目标、思考练习题、实训题、案例分析或扩展阅读，便于巩固和检验学习的效果。此外，本书还配有光盘资料，内有多媒体课件、市场研究公司视频及一些经典案例分析等。

本书既可以作为高等院校本科、专科教材或教学参考书，也可以作为高等职业教育财经类专业本科、专科的试用教材或教学参考书，还可以供广大企业营销管理人员阅读，更适合作为市场研究公司培训员工的参考资料。

图书在版编目(CIP)数据

市场调查方法与实务 / 杨凤荣主编 . ─ 2 版 . ─北京：科学出版社，2016.1

科学版精品课程立体化教材・管理学系列

ISBN 978-7-03-046030-1

Ⅰ.①市… Ⅱ.①杨… Ⅲ.①市场调查－高等学校－教材 Ⅳ.①F713.52

中国版本图书馆 CIP 数据核字(2015)第 246770 号

责任编辑：张　宁 / 责任校对：葛小双
责任印制：徐晓晨 / 封面设计：无极书装

科 学 出 版 社 出版
北京东黄城根北街 16 号
邮政编码：100717
http://www.sciencep.com

北京中石油彩色印刷有限责任公司 印刷
科学出版社发行　各地新华书店经销

*

2007 年 7 月第　一　版　开本：787×1092　1/16
2016 年 1 月第　二　版　印张：24 1/4
2019 年 4 月第十一次印刷　字数：572 000

定价：49.00 元

(如有印装质量问题，我社负责调换)

第二版前言

随着中国加入世界贸易组织（World Trade Organization，WTO），各行各业迎来更多的市场机遇，同时也面临着更为激烈的挑战和市场竞争。企业能否准确全面地了解自己的顾客和所处的复杂环境，做出科学的决策，有赖于市场调查能否为之提供适时有效的信息。随着改革开放的进一步深入，企业越来越重视市场调查，对培养专门的市场研究人才提出了更多、更新和更高的要求。基于此，在借鉴国外先进的市场调查理论和方法的基础上，结合我国市场经济发展的客观环境，根据高等教育、企业和各类调查机构对开展市场调查的要求，以"实用"为写作宗旨，我们整理了多年教学积累的资料和广泛参与市场调查实践的研究成果，于2007年编写出版了《市场调查方法与实务》一书。

本书于2007年出版，7年来多次印刷，发行量大，为广大师生及读者所借鉴和称道，订购客户遍布全国。主编不断接到同行索要教材电子版及多媒体课件的信函，对此我们深感欣慰，这同时也是一种鞭策和鼓舞，促使我们一直努力、不敢懈怠。本书因实用性、全面性和知识性等特点而受到广泛肯定，在体系设计、内容取舍、行文方式等方面都力图突出实用性特色，特别注重理论与实践的结合运用。随着国内外市场研究领域不断取得创新性发展，我们也通过参与当地市场研究公司的调查项目积累了丰富的实战经验，加之第一版存有缺憾，编者对本书进行了认真的修改、补充和完善。本书修订后，将继续保持原版的如下特点。

（1）博采众长。编者在多年的教学实践中，大量参考借鉴同类著作和相关资料，汲取其精华部分，不断充实和更新教学内容；同时，积极与当地一些市场研究公司建立互动关系，适时掌握市场调查的前沿理论和方法技术，为教材的编写积累了丰富的资料和教学案例；在此基础上精心安排结构体系，凝炼成章。

（2）题材新颖。本书以服务教学与实践应用为宗旨，采用市场调查的新观念、新理论方法和先进技术，广泛借鉴和吸纳国内外的最新研究成果，重点突出方法的具体应用和操作。有关章节中所援引的示例和案例，大多是市场研究领域的新现象、新事例。

（3）全面系统。编写时，基本上按照市场调查机构的项目运作过程来安排章节的顺序和框架结构，增加了学习目标、思考练习题、实训题、案例分析、扩展阅读等内容，使学生在学习过程中便于围绕学习目标，通过反复思考、练习，掌握和巩固知识点。

（4）通俗易懂。从社会对人才的需要出发，选取实用有效的市场调查方法进行介绍和训练，避免生涩的理论研究，注重理论联系实际。尽量使用图表来说明操作过程和应用技巧，增强实用性以及加强对基本技能的培养。

修订后的第二版的整体框架略有调整。为适应当前市场调查活动发展的要求，将第一版中的第八章与第九章合并为一章，新增了第十一章——市场预测，并对某些章节的内容做了不同程度的修改和补充，使结构体系愈趋合理，语言陈述更加精炼；尤其是紧密结合市场调查实践中的具体问题，运用国际通用的方法和技术对资料进行处理和分析。例如，在数据录入与描述、数据分析、预测分析中增加 Excel 及 SPSS 等软件的操作应用，能使学生触类旁通，学以致用。在每章之前附有学习目标，每章之后附有思考练习题，新增加了实训题，更新了案例分析和扩展阅读。为了方便教与学，本书还附赠光盘资料，内有多媒体课件（在 2012 年西安财经学院多媒体课件比赛中荣获教学研究成果一等奖）、当地市场研究公司的视频资料、大量的案例分析及本课程教学方法介绍等。

在此特别强调的是，亢大麟老师多年来一直致力于市场调查研究活动，曾负责多个调查项目的运作，尤其擅长统计分析软件的运用。他的加盟为本书在理论与实践的结合方面，增添了鲜活的案例和特色。

本书由杨凤荣担任主编，亢大麟、孙华担任副主编。本书的具体编写分工为：杨凤荣编写第一章、第三章、第五章、第六章及第七章；哈尔滨石油学院徐进编写第九章、第十章共计14万字；亢大麟编写第四章、第十一章、第十二章共计12万字；孙华编写第二章、第八章共计6万字；王银珠、刘晓红、宋艺为本书提供相关参考资料及案例分析；所有章节中有关统计分析软件的操作运用均由亢大麟编写，全书由杨凤荣总纂定稿。

在本书第一版出版时，西安财经学院从经费等方面给予了大力的支持，市场营销系及统计系的部分教师也给我们提供了良好的写作平台，学生杜鹏、雷荷英等对本书的部分插图亦有贡献，在此一并表示诚挚的谢意。同时，也对多年来在教学实践中给予我们大力协助的西安方元市场研究公司的庄元总经理及其同事们，致以衷心的谢意。

在本书的编写和修订中，我们也借鉴了国内外同行的最新研究成果以及著作和文献，引用的部分案例和对其他同类书刊、互联网有关内容的参考，均已在书中及书末的参考文献中做了注释，在此向诸位作者表示敬意和感谢。由于编者理论水平有限以及实战经验尚有欠缺，本书在内容体系、方法论证等方面难免会有不足之处，敬请各位同仁不吝赐教。

编者

2016 年 1 月于西安

目　　录

第一章　市场调查概述 … 1
　第一节　市场营销信息系统 … 1
　第二节　市场调查的概念和作用 … 6
　第三节　市场调查的原则和范围 … 8
　第四节　市场调查的方法 … 13
　第五节　市场调查的历史沿革和发展趋势 … 15
　思考练习题 … 22
　实训题 … 22
　案例分析　为什么要做市场调查？ … 22

第二章　市场调查机构 … 25
　第一节　市场调查机构的类型 … 25
　第二节　市场调查机构的部门和人员 … 30
　第三节　市场调查行业的行为准则 … 37
　思考练习题 … 40
　实训题 … 40
　扩展阅读　中国知名市场调查公司简介 … 40

第三章　市场调查策划 … 45
　第一节　市场调查的运作程序 … 45
　第二节　市场调查问题的确定 … 48
　第三节　市场调查策划书 … 52
　思考练习题 … 61
　实训题 … 61
　扩展阅读　金芦荟口服液广告效果调查方案 … 62

第四章　文案调查法 … 65
　第一节　二手资料的功能及特点 … 65
　第二节　二手资料的来源 … 68
　第三节　文案调查的程序 … 73
　思考练习题 … 77
　实训题 … 77
　扩展阅读　市场调查常用二手资料来源简介 … 78

第五章 抽样设计 … 81
- 第一节 抽样设计的基本概念 … 81
- 第二节 抽样的基本方法 … 82
- 第三节 样本量的确定 … 92
- 第四节 抽样方案设计 … 94
- 第五节 抽样误差及其控制 … 106
- 思考练习题 … 109
- 实训题 … 109
- 扩展阅读 广东省个体工业抽样调查方案 … 109

第六章 问卷设计 … 112
- 第一节 问卷的作用及基本结构 … 112
- 第二节 问卷主体部分的设计技术 … 118
- 第三节 态度测量技术 … 125
- 第四节 问卷设计的程序 … 135
- 思考练习题 … 138
- 实训题 … 138
- 案例分析 2013届大学毕业生就业状况调查问卷 … 138

第七章 访谈法 … 142
- 第一节 定量调查法 … 142
- 第二节 定性调查法 … 157
- 思考练习题 … 167
- 实训题 … 168
- 扩展阅读 "雅典娜"互联网移动调查系统简介 … 168

第八章 观察法和实验法 … 173
- 第一节 观察法 … 173
- 第二节 实验法 … 179
- 思考练习题 … 190
- 实训题 … 190
- 案例分析 市场调查的作用和力量 … 190

第九章 调查资料的处理 … 193
- 第一节 问卷资料的预处理 … 193
- 第二节 数据的录入 … 201
- 第三节 数据的核查 … 209
- 第四节 调查资料的整理与描述 … 215
- 思考练习题 … 226
- 实训题 … 226
- 扩展阅读 大数据在市场研究中的国际前沿追踪 … 227

第十章　调查资料的分析 ······ 231
第一节　调查资料分析概述 ······ 231
第二节　调查数据的描述统计分析 ······ 235
第三节　调查数据的推断统计分析 ······ 256
第四节　多变量数据的深度统计分析 ······ 279
思考练习题 ······ 289
实训题 ······ 290
扩展阅读　零售企业数据挖掘的价值 ······ 290

第十一章　市场预测 ······ 292
第一节　市场预测概述 ······ 292
第二节　定性预测法 ······ 300
第三节　时间序列预测法 ······ 304
第四节　回归模型预测法 ······ 323
思考练习题 ······ 334
实训题 ······ 337
案例分析　春花童装为何滞销？······ 337

第十二章　撰写市场调查报告 ······ 339
第一节　市场调查报告的基本结构 ······ 339
第二节　调查报告的写作要求及技巧 ······ 346
第三节　调查结果的口头报告 ······ 350
思考练习题 ······ 352
实训题 ······ 352
案例分析　葡萄酒消费习惯调查报告 ······ 352

参考文献 ······ 360
附录 1　常用统计软件介绍 ······ 361
附录 2　Excel 常用统计函数介绍 ······ 366

第一章

市场调查概述

【学习目标】
通过本章的学习，了解市场营销信息系统的意义和构成；了解市场调查的基本概念和方法，熟知市场调查的原则和调查范围；了解市场调查的历史沿革以及在中国的传播和应用，掌握市场调查的最新发展动向，对市场调查形成全面、正确的认识，为本课程的学习奠定基础。

第一节 市场营销信息系统

一、信息与决策

信息是现代社会中的一个高频使用词汇。一般认为，信息是以物质介质为载体，传递和反映各种客观事物存在方式和运动状况的表征，是一个由信息源、信息内容、信息载体、信息传输、信息接收者等要素构成的统一整体。信息的范围极其广泛，涵盖自然信息和社会信息的各个方面，其中社会信息包括经济信息（市场信息）、军事信息等。

市场信息是反映市场经济运行中的实际情况和运动状态的表征，通常以文字、数据、图表、符号、色彩、声波、电磁波等为载体，通过各种消息、情报、数据、知识、报告、报表、规章制度、指令等形式表现出来。市场信息产生后，并不会全部被人们接收，由于客观条件的限制，人们接收和使用的市场信息，只是全部市场信息中的一部分，这就是"实在市场信息"与"实得市场信息"的差别。企业为了寻求市场机会和避开风险，使自身的内部条件适应不断变化的外部环境，就必须经常收集全面而准确的市场信息并进行分析和研究，只有这样才能做出正确的决策。

所谓决策，是指为了达到某一预定目标，在几种可行方案中进行的合理选择和决定。决策是一个过程，即针对某一问题，在调查研究、充分占有和掌握各种内外部信息的基础上，根据实际可能与需要，按照最优化的要求，通过对多种方案的论证和比较，抉择预期的目标以及为实现这些目标而确定的规划、措施、途径等行动方案。决策是经营管理的重要职能，决策正确与否，直接关系着企业的生死存亡。所有的经营管理决策都必须占有充分的市场信息，以降低决策的不确定性或风险程度。随着信息的不断增加，决策的不确定性程度越来越小。

正确的决策固然有多种影响因素，如决策体制、决策方法、决策者的能力与技巧，但决定性的因素却是对客观实际、未来行动及其后果的正确判断，而决策者要做出正确的判断，又取决于是否掌握全面、及时、准确的信息。信息不充分，决策就失去了依据，信息不灵或不准会导致决策的失误。因此，要使企业整体目标制定得正确和符合实际，管理者在做出决策之前，必须广泛收集企业内部和外部的市场信息，进行归纳分析，找出经济活动的内在规律，拟订多种决策方案及其效益预测，以供决策选择。在决策过程中，也要充分利用大量的信息进行推理和判断，以确定最优方案，制定经营目标和主要措施。因此，信息贯穿于决策的整个过程之中，是制定和执行决策的主要依据。

在市场经济条件下，企业各个职能部门的管理人员经常会遇到大量的决策问题：第一类是处理日常事务的决策，主要依靠的是决策者的经验和判断能力；第二类是与过去的经验几乎没有关系的决策，管理者面临的是以前从未遇到过的情况，这类决策一般需要大量的信息作为依据，为其提供这个依据的是市场信息系统。另外，依靠决策者的经验和判断进行决策难免会受主观因素和偏见的影响，因此现代营销管理中进行决策时所需要的信息，越来越多地由市场信息系统提供。

二、市场营销信息

市场营销信息属于经济信息范畴，是指在一定时间和条件下，与企业市场营销有关的各种事物的存在方式、运动状态以及对接收者效用的综合反映，一般通过语言、文字、数据、符号等表现出来。所有的市场营销活动都以信息为基础而展开，经营者进行的决策也是基于各种信息的，而且经营决策水平越高，外部信息和对将来的预测信息就越重要。在竞争性的市场上，无数市场营销活动的参与者以买者和卖者的身份交替出现，他们既是信息的发布者，也是信息的接受者，营销信息已经渗透到社会经济生活的各个领域。

对于企业来讲，市场营销信息可以分为内部营销信息和外部营销信息。内部营销信息是指反映企业经营现状的各种信息，主要包括订单、装运、成本、存货、现金流程、应收账款和销售报告等。外部营销信息主要是指市场信息，包括市场需求信息、竞争信息、用户信息、合作伙伴信息等，这些信息能集中反映商品的供求变化和市场的发展趋势。

市场营销信息是企业了解市场、掌握市场供求发展趋势、了解用户、为用户提供产品和服务的重要资源，是企业进行营销决策和编制计划的基础，也是监督、调控企业营销活动的依据。随着市场的国际化和竞争的激烈化，决策者对市场营销信息的依赖性越来越强。企业界出现这样一种趋势，即管理部门对市场营销信息的需要量越来越大、质量要求越来越高，不少企业把信息当做第五项重要资源，把市场调查作为一种长期职能。另外，近半个世纪以来，信息技术的快速发展和应用也为企业长期地、大范围地、低成本地收集和处理市场营销信息创造了条件。

三、市场营销信息系统及其构成

面对日益复杂且不断变化的市场营销环境，企业必须重视信息的收集和利用，以此作为科学决策的依据和参考。一个四通八达的营销信息网络，可以把各地区、各行业的营销组织联结成多结构、多层次的统一的大市场。所以对于企业营销者来说，需要有一个市场营销信息系统（marketing information system，MIS）来方便企业获取市场营销信息和提高企业营销决策投入的能力。

(一)建立市场营销信息系统的意义

企业的市场营销过程实际上是一个信息处理过程。在企业的市场营销活动中，客观上存在着对信息的收集、加工、储存、使用等活动。在市场经济条件下，市场营销活动的内容越来越复杂，与外部环境的联系越来越广泛，企业为了在激烈的市场竞争中获胜，对市场信息的依赖性日益加强。随着信息时代的到来，信息量激增，企业对市场信息的识别、收集、加工和应用的要求日益增多。在这种情况下，传统的、由各部门各自为政的、以手工为主的对市场信息进行收集、加工处理和使用的做法已远远不能适应企业的需要。同时，数量很多的信息接受者和使用者分别从数量更多的信息源去收集各种市场信息，这很不经济，造成社会劳动的极大浪费。各个市场信息接受者和使用者的业务能力、认识水平、加工方法、目标要求不一样，必然造成重复、脱节，甚至不统一等问题，难以符合现代市场营销管理所要求的高效、快速、统一协调等原则。因此，企业必须开发有效的市场营销信息系统，以满足对信息的需要。

建立市场营销信息系统后，市场信息源与市场信息的接受者和使用者之间，以该系统为中介，由市场营销信息系统统一对市场信息进行收集、加工处理，能避免相互之间的脱节、混乱、失真等现象，提高准确性和适用性，同时减少在加工及使用中的重复劳动，使信息传递更及时，发挥其多功能、多用途的效力，增加市场信息的使用价值。

如果把市场营销信息系统作为一个专业信息系统，与企业的其他专业管理信息系统连接起来，共同组合成一个更完善的企业管理信息系统，就会使整个企业的经营管理效率大为提高。假如能再进一步把企业的信息系统同社会的有关系统耦合，联成网络，将会使企业的市场调查与预测等市场信息工作更快速、高效。这样，企业就可以及时地了解市场动态，迅速做出反应，从而为企业的营销决策提供可靠的依据。现在，随着收集、存储、交流和分析信息的技术的不断进步，信息技术在营销领域的应用持续增强，市场营销信息系统能够为企业及时掌握丰富的信息提供便捷的管理手段和营销策略，其作用日益重要。

(二)市场营销信息系统的构成

市场营销信息系统是指在企业中由人员、计算机和程序所构成的相互作用的复合体。企业借助市场营销信息系统收集、挑选、分析、评估和分配适当的、及时的和准确的信息，为企业营销管理人员改进市场营销计划、执行和控制工作提供依据。不同的企业，其市场营销信息系统的构成会有所差别，但基本框架大体相同，企业市场营销信息系统一般由内部报告系统、营销情报系统、营销调研系统和营销分析系统构成，如图1-1所示。

市场营销信息系统大体的工作流程为：首先，由营销经理或决策者确定所需信息的范围；其次，根据需要建立企业市场营销信息系统内的各个子系统，由有关子系统去收

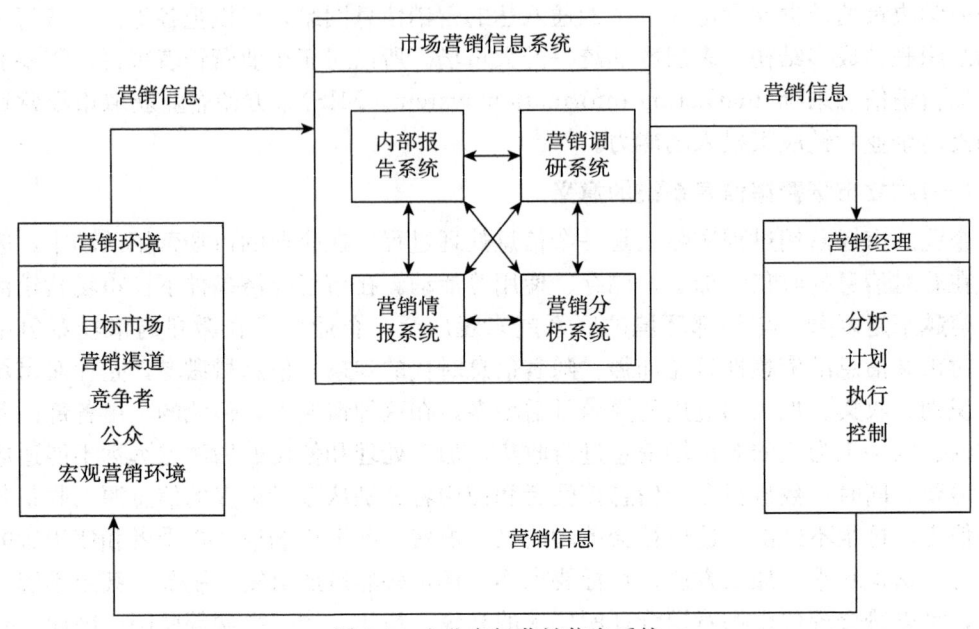

图 1-1 企业市场营销信息系统

集企业内部的信息及外部情报资料,有时还需要做专门的市场调查以获得特定信息,再对所得信息进行加工处理和分析;再次,由市场营销信息系统在适当时间,按所需形式,将处理好的信息送至有关决策者;最后,营销经理做出决策再返回市场,作用于环境。

1. 内部报告系统

该系统的主要任务是由企业内部的财务、生产、销售等部门定期提供企业全部营销活动所需的信息,包括订货、销售、库存、生产进度、成本、现金流量、应收应付账款及盈亏等方面的信息,用于日常营销活动的计划、管理和控制。企业营销管理人员通过分析这些信息,可以及时发现企业的市场机会和存在的问题。企业内部报告系统的关键是如何提高这一循环系统的运行效率,并使整个内部报告系统能够迅速、准确、可靠地向企业的营销决策者提供各种有用的信息。

企业内部报告系统的核心是订单—发货—账务处理循环,即销售人员将顾客的订单送至企业,负责管理订单的部门及时分送订单,仓库管理部门有存货立即备货发货,无存货则立即组织生产;最后,企业将货物及账单送至顾客手中。在此系统的运行过程中,提高销售报告的及时性至关重要。这些工作的好坏对服务质量、销售成本和时效都有很大的影响。

2. 营销情报系统

该系统是指营销人员向企业提供外部营销环境中各种因素发展变化的情报的一整套信息来源和程序,其主要功能是了解外部环境的变化、商品供求情况和市场的发展趋势等。该系统通常被认为是市场营销信息系统中主要的信息源子系统,它能够提供原材料、零配件供应商、合作生产企业、经销商、顾客、竞争者、公众、政府以及整个市场环境的动态情报数据，如同企业的触角，时刻密切观察环境的变化，获取最新的情报资料。

营销管理者可以从各种途径获得情报，如阅读书籍和报刊，上网查询，与顾客、供应商、经销商等交谈，但这些做法往往不太正规并带有偶然性。管理有方的企业会采取各种有效的措施来增加营销情报的数量并提高质量，常用的方法有训练和鼓励销售人员收集情报；鼓励中间商及其他合作者通报重要信息；聘请专家收集营销情报，或向专业调查公司购买有关竞争对手、市场动向的情报；参加各种贸易展览会；在企业内部建立信息中心，安排专人查阅主要的出版物、网站，编写简报等。

企业内部报告系统与营销情报系统是有区别的。内部报告系统为经营者提供营销结果的数据，而营销情报系统则为经营者提供营销活动正在发生的信息。

3. 营销调研系统

该系统的主要任务是针对企业面临的特定问题，系统地收集、分析和评价有关信息，并对研究结果提出正式报告，作为决策部门解决问题的参考。除了收集内部报告信息和营销情报以外，决策者有时还需要对特定的营销问题进行集中的调查研究。例如，对市场机会的分析与预测，进行产品偏好测试、地区销售预测、消费者购买动机和行为研究或广告效果研究等。又如，企业打算对产品大幅度降价，对降价的可行性、利弊、风险及预防措施进行专题研究等。这些工作无论是内部报告系统还是营销情报系统都难以胜任，需要委托专业的市场调查机构进行正式的市场调查。从信息的价值和利用率方面来看，营销调研系统比前述两个子系统更为重要。

4. 营销分析系统

该系统是指利用先进的技术对来自各个信息源子系统的营销信息资料进行科学研究和量化分析，进而提出多种决策建议供决策者选择的系统。它可以协助营销管理人员进行销售分析、预测销售额、评价广告作用、分析产品组合、把握市场走向以及了解竞争对手的行动等。如果一个营销经理需要分析问题并进行决策，就可以将有关资料输入适当的系统模型，该模型在很短的时间内就可以输出具有分析的标准化数据，以供决策时使用。

完善的营销分析系统通常由数据库、统计库和模型库三个部分组成。第一部分是有关企业外部环境的资料和内部报告记录的数据库；第二部分是借助各种统计方法对所输入的市场信息进行分析的统计库；第三部分是专门针对企业特定营销决策问题建立的一系列数学模型的集合，即模型库，包括描述性模型和决策模型。描述性模型主要用于分析实体分配、品牌转换等营销问题；决策模型主要用于解决厂址选择、产品设计、产品定价、广告预算、营销组合等决策问题。

以上四个子系统既要保持各自的独立性，又要紧密联系、加强协作，这样就可以实现信息资源的共享，也可以有效利用市场调查的人力和物力，并且保证有序地开展工作。营销信息系统需要收集和处理大量信息，以便对市场做出快速反应，不但要及时满足顾客对产品和服务的需求，还要能够根据市场的变化及时调整营销策略。

目前，比信息分析系统功能更广泛、更强大的企业资源整合系统（enterprise

resource plan，ERP)正在流行，国内许多大型企业已经开始采用该系统。ERP系统集信息技术与先进管理思想于一身，成为现代企业的运行模式，反映时代对企业合理调配资源、最大化地创造社会财富的要求，是企业在信息时代生存、发展的基石，它对改善企业业务流程、提高核心竞争力具有显著作用。

第二节　市场调查的概念和作用

从市场营销信息系统的组成来看，了解外部环境的变化、掌握消费者的需求、洞察竞争对手的行为、从中获得所需数据，是企业营销信息系统主要的任务，而完成这项任务得主要工作就是市场调查。只有在深入调查、掌握信息的基础上，营销管理者才能充分认识市场的发展规律，制定新企业、新产品投资以及进行营销组合的决策。

一、市场调查的概念

市场调查也称市场研究、市场调研、营销调研等。随着市场经济、市场营销的不断发展，市场调查的概念、内容、作用和范围也在不断变化。由于各自的立足点和认识不同，不同国家和地区的专家学者对市场调查有着不同的表述，概括起来有以下两大观点。

一种观点把市场调查理解为对市场的调查研究(market research)，基于对市场的认识存在差异，其又将市场调查分为狭义和广义两种。

狭义的市场调查是指把市场理解为顾客的集合，认为市场调查就是研究顾客的各种需求，即以科学的方法和手段，收集消费者对产品购买及其使用的有关数据、意见和要求以及购买的行为和动机等，这相当于消费者及其行为研究。

广义的市场调查是指从整个市场的角度出发，包含了从认识市场到制定营销决策的一切有关市场营销活动的分析和研究，认为市场调查是运用科学的方法和手段收集产品从生产者转移到消费者的一切与市场活动有关的数据和信息，并对其进行分析研究的过程。根据这种解释，广义的市场调查将调查范围从流通领域扩展到生产领域，不仅包括消费者调查，还包括市场分析、销售分析、广告研究、营销环境研究等内容；不只限于市场营销活动，而且涵盖了意识形态(如民意调查等)。目前，市场调查也被应用在非营利组织中。事实上，国内外调查业已将市场调查、民意调查、行为调查、社会调查等逐步融为一体。

另一种观点把市场调查理解为市场营销调查(marketing research)，即其主要是指针对企业在市场营销决策中所面临的各种问题的调查，目前国内外越来越多的学者倾向于采用这种定义，本书亦认同此观点。

尽管许多组织和个人对市场调查有着不同的定义，但内涵是基本一致的，即收集与决策相关的信息资料的活动。由于现代市场组织复杂、活动频繁，单一的调查活动已不足以概括其意，因此应从广义的角度、适用于现代社会和市场经济需要的角度来定义市场调查。本书以广义市场调查为范畴，把企业营销问题作为立足点，综合国内外各种定义，认为：市场调查就是针对企业特定的营销问题，采用科学的方法，全面系统地收集、整理、分析和研究与企业营销活动有关的信息数据，为企业的管理者制定和改进营销决策提供依据的全部工作过程。

二、市场调查的必要性

现代企业受经营规模、市场范围上的扩大及外部营销环境变化的影响，对市场信息的需要比以往任何时候都迫切，进行市场调查是非常必要的，其原因在于以下几方面。

(1) 当企业扩大市场覆盖的区域范围时，经营活动就由区域发展到全国乃至跨国营销，生产者与消费者的距离越来越远。为保证在更大的市场上取得成功，决策者需要更多、更远、更广泛的信息。

(2) 在现代社会中，由于经济和科技的飞速发展，新产品层出不穷。随着收入的增加，消费者的需求和偏好也在不断变化，在选购商品时会变得更加挑剔。除非做市场调查，否则很难了解消费者对商品的不同特性、式样和其他属性的反应。只有真实地反映顾客特征和需求的信息，才能更好地让顾客感到满意。

(3) 企业之间的竞争形式已从价格竞争发展到涵盖质量、服务、技术、人才、品牌、管理等全方位的非价格竞争。为了取得竞争优势，决策者广泛地采用CI(cooperate identity)企业形象、品牌、市场细分、市场定位、产品差异化、广告多媒体运用等多种策略，而这些策略的制定需要以市场调查获得的信息为参考。

(4) 从集中的、单一的经营发展到分权化的多种经营，连锁经营、特许经营、集团化经营、控股经营、战略联盟等已经成为许多企业的生存模式。为了进行有效的管理，迅速收集分散各处的信息，并能及时预警，控制营销计划，企业必然将更多地依赖各方面的监测信息。

市场在不断变化，竞争日趋加剧，消费者的需求越来越多样化，政治经济形势变幻莫测，如果不进行市场调查，企业就不可能及时观察市场变化的情况，也就不能及时采取适当的应变措施。其结果是，不但新产品难以打开销路，名噪一时、十分抢手的名牌产品也会逐渐失去竞争能力，变成滞销产品，这方面的经验教训比比皆是。因此，企业应当结合营销活动的实际需要，科学地、系统地、经常性地开展市场调查工作，真正发挥其对企业经营决策的促进作用。

三、市场调查的作用

企业要在不断变化的市场环境中及时发现和捕捉新机会，在激烈的竞争中立于不败之地，必须依赖行之有效的经营决策，而正确的经营决策要以科学的市场调查为前提条件，因此市场调查在企业的经营活动中有着重要的作用。

1. 为企业制定营销决策提供依据

企业要做出正确的经营决策必须通过市场调查及时准确地掌握市场情况，使决策建立在坚实可靠的基础之上。市场调查对于营销决策的重要作用主要包括以下两个方面。一方面，只有通过科学的市场调查，才能减少不确定性，使决策有可靠的依据，降低决策的风险程度；另一方面，在决策的实施过程中，企业可以通过市场调查检查决策的实施情况，及时发现决策中的失误，起到反馈信息的作用，为进一步调整和修改决策方案提供新的依据。

2. 可以发现更多的市场机会

在科技发展日新月异的时代，许多企业由于对市场信息的掌握不够，从而错失了发展的良机。市场机会与市场营销环境的变化密切相关，通过市场调查，企业可以随时掌握市场环境的变化，及时发现和解决问题，并从中寻找到新的市场机会，为企业带来新的发展机遇和新的经济增长点。随着科技的进步，新材料、新技术、新工艺不断涌现，通过市场调查寻找新的市场机会，是企业在市场竞争中寻求发展和扩张的需要。

3. 有利于提高企业的市场竞争能力

现代市场的竞争实质上是信息的竞争，谁先获得了重要的信息，谁就会在市场竞争中立于不败之地。通过市场调查摸清竞争对手占有市场的情况，做到知己知彼。只有坚持不懈地进行市场调查，不断收集和反馈消费者及竞争者的信息，才能正确制定和调整经营策略，从而在市场上站稳脚跟，立于不败之地。此外，通过市场调查可以对企业的综合竞争力进行评估和研究，发现企业最具竞争优势和发展潜力的生产经营项目，培育和创造新的市场，从而将企业的核心竞争力转化为市场竞争优势。

4. 促使企业优化市场营销组合

根据市场调查的结果，企业可以分析现有产品被消费者认可的程度，消费者对产品及其包装的偏好，开发新产品对消费者有无吸引力；分析产品的价格策略，定价多高消费者可以接受，确定合适的定价；分析经销商对产品的看法，是否愿意经营；分析应运用何种营销手段来加强促销活动，广告宣传应侧重强调哪一个部分才能吸引人们的注意力；等等。通过市场调查，企业可以充分研究环境条件的变化对营销策略的影响，并据此对企业的营销策略进行调整和优化组合。

此外，通过市场调查所获得的数据资料还可以充实和完善企业营销信息系统。营销信息系统作为企业管理信息系统的一个重要的组成部分，包括外部环境、市场供求、企业产销存或购销存、财务、产品、价格、竞争、销售渠道及营销活动等多方面的信息，其来源主要是内部报告、情报资料和市场调查，把由市场调查所获得的信息资料存入相应的数据库文件中，以便应用程序调用，可为营销决策提供系统的、动态的信息服务。

第三节 市场调查的原则和范围

一、市场调查的原则

市场调查的主要目的是为企业经营决策提供信息支持，为了提高市场调查的效率和信息的质量，应遵循以下原则。

1. 客观性原则

市场调查必须实事求是，尊重客观事实。调查人员应以客观的态度去真实地反映实际情况，避免主观偏见，不能有任何隐瞒、歪曲或夸大。有时调查出来的结果与客户的预期不一致，甚至可能对客户不利，在这种情况下，只要整个调查过程是科学的，结果是可靠的，客户最终会接受事实，千万不可为了迎合客户而擅自修改数据。只有客观反映市场情况，才能真正发挥市场调查的作用，促进整个调查行业的规范发展。

2. 准确性原则

要使企业的经营活动在正确的轨道上运行，就必须以准确的信息为依据。调查人员在收集和加工处理资料的过程中，要注重调查方法的选取，以保证调查资料有充分的代表性，调查误差应尽可能小，没有系统性偏差，排除人为干扰；收集的数据必须能准确地描述客观现象的数量表现和属性特征；调查数据涉及的主体单位、时间、地点都要准确无误；数据的计量范围、计量单位要科学；调查资料所描述的与调查问题有关的背景数据、主体数据和相关数据都必须真实可靠，不能虚构。

3. 全面性原则

在市场调查工作中，必须全面系统地搜集有关的信息数据，只有这样才能充分认识调查对象的特征，从大量的市场经济信息中找出事物发展的内在规律和发展趋势。在市场经济条件下，企业的生产和经营活动会受到很多内部因素和外部因素的影响和制约，这就要求必须从多方面描述和反映调查对象本身的变化和特征，做到调查项目齐全且具有连续性，以便不断积累信息，进行系统的、动态的分析和利用。

4. 时效性原则

在调查过程中，要充分利用有限的时间尽可能多地收集所需的数据情报，做到迅速及时、讲究效率，为客户企业适时制定和调整营销策略创造条件。只有这样，才能提高市场调查数据的价值。否则，不但会增加费用支出，还会由于所得资料滞后于市场形势变化而失去参考作用，给客户企业造成不可弥补的损失。

5. 经济性原则

在调查实施之前，要进行调查项目的成本效益分析，即在调查内容不变的情况下，比较不同调查方式的费用，从中选择出费用少又能满足调查目的和要求的调查方法，并制订出相应的调查方案。例如，有些企业没有实力去搞规模较大的市场调查，就可以更多地采用参观访问、直接听取消费者意见、大量阅读各种宣传媒体上的有关信息、收集竞争者的产品信息等方式来进行市场调查。只要工作做得认真细致而又有连续性，同样会收到良好的调查效果。

6. 科学性原则

市场调查的结果是要为经营决策服务的，这就要求调查人员对于市场信息要有高度敏锐的感觉、较强的判断把握能力以及对客户高度负责的精神，运用科学的手段和技术，采用科学的方法去设计方案、定义问题、采集数据和分析数据，从中提取有效的、相关的、准确的、可靠的、有代表性的信息资料。只有以科学的态度运用科学的手段，才能得到适当的调查结论。

需要强调的是，市场调查通常可以得到比投入费用高数倍价值的信息，但由于影响市场变化的因素众多，并具有不确定性，加上市场调查受时空范围和调查经费的制约，获取的信息是不完全的，因此不可避免地会有误差和疏忽。正是由于信息的不完备，再加上信息分析和处理手段上的差异，调查结果才会存在不同程度的缺陷。因此，对于市场调查的结果,既不可把它作为经营决策的唯一依据,又不能因其存在不足而完全否定它。因为影响决策的因素还有很多,所以只能把市场调查的结果当做企业经营决策过程中的重要参考依据。

二、市场调查的研究范围

现代市场调查的研究范围是非常广泛的,从识别市场机会和问题、制定营销决策到评估营销活动的效果,涉及企业营销管理活动的各个方面。由于企业提供的产品和服务不同,面临的市场竞争不同,所调查的具体项目内容也就不尽相同。市场调查研究范围的大小,取决于每个市场调查公司的规模、资源及执行能力等。例如,西安方元市场研究公司的业务范围有三大块,即市场调查、营销咨询、行业咨询(图1-2、图1-3、图1-4),涉及的行业领域有服装、快速消费品、电信、汽车、信息技术(information technology,IT)通信、房地产、连锁商业、公共服务、化妆品、媒体广告等,服务内容涵盖市场调查、品牌策略咨询、营销策划与诊断、市场推广效果评估、行业数据及分析报告库服务等。

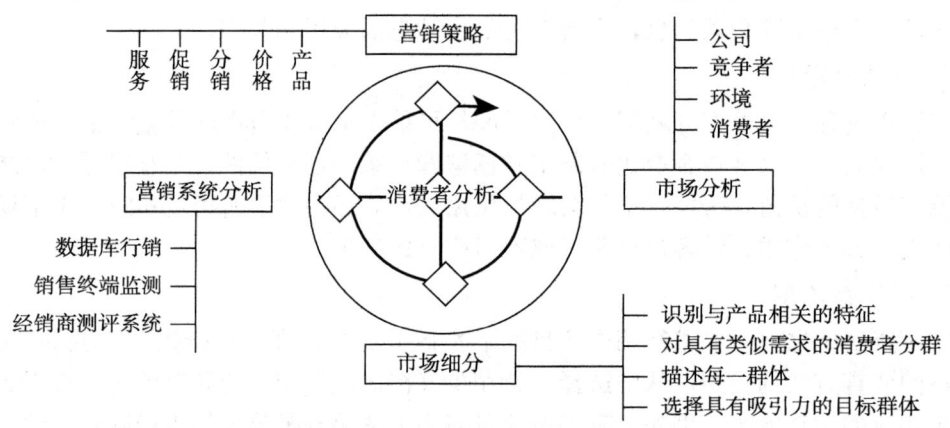

图1-2 西安方元公司的市场调查业务

根据国内外市场调查活动的实施情况,可将市场调查的研究范围概括为以下几个方面。

1. 市场营销环境研究

市场营销环境是企业生存和发展的基础,企业应该重视对环境变化信息的收集与预测,通过调整自身可控的因素,适应环境的变化以求得生存和发展。市场营销环境调查的内容包括对经济环境、人口环境、科技环境、自然环境、政治法律环境、社会文化环境及各种微观环境因素的调查。市场营销环境研究的主题具体包括社会价值和政策研究、生态影响研究、法律限制研究以及企业内部环境研究(如推销员的能力与素质、企业员工士气、员工满意度等项目)。

一般来说,企业在制定长期战略发展规划,经营方向发生重大变化或战略性转移,对业务进行整合和重组,发展和开拓新的区域性市场和国际市场时,都必须对市场营销环境进行调查和分析,以便把握环境的变化趋势,增强企业对环境的适应能力。

向客户提供覆盖产品生命周期全程的技术服务——

产品开发	上市前阶段	上市阶段	品牌建立与保持	退出市场
市场细分 产品策划 品牌策略	价格策略 渠道策略 上市计划	竞争策略 销售策略与计划 上市计划回顾	竞争策略 生命周期管理	再定位策略 新的商业开发计划
·市场潜力研究 ·市场规模预测 ·环境/政策分析 ·竞争分析 ·产品定位研究 ·U&A研究 ·品牌战略制定 ·分销通路战略	·概念测试 ·价格测试 ·U&A研究 ·广告概念测试 ·宣传资料测试 ·名称/包装评估 ·分销模式研究 ·品牌策略研究	·广告效果研究 ·促销效果研究 ·品牌表现研究 ·U&A研究 ·媒体研究 ·经销商表现研究 ·竞争分析 ·用户分析	·销售与市场份额 ·用户满意度研究 ·广告跟踪测试 ·竞争分析 ·品牌形象研究 ·产品改进研究 ·市场份额监控 ·U&A研究 ·促销效果研究	·U&A研究 ·市场/销售预测 ·市场竞争分析 ·新机会探测调查 ·品牌延伸与再造 ·价格弹性测试 ·价值减少测试

图 1-3 西安方元公司的营销咨询业务

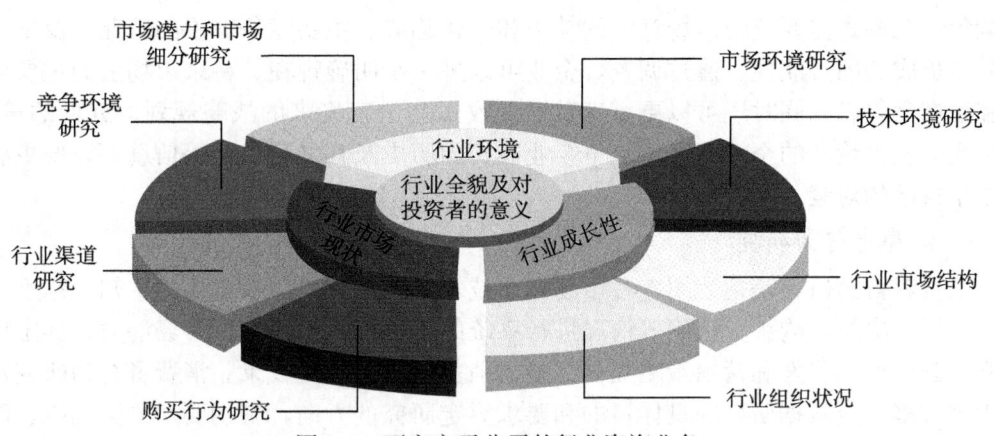

图 1-4 西安方元公司的行业咨询业务

2. 行业研究

企业所处行业的状况直接影响到企业的营销活动。在确定市场细分标准和选择市场定位方法时,必须充分掌握行业和市场信息。一般来说,行业研究是指对所处行业或想进入行业的生产经营规模、产业状况、竞争状况、生产状况、产业布局、市场供求情况、产业政策、行业壁垒和进入障碍以及行业发展前景等的调查。

3. 市场需求与供给调查

市场需求是指一定时期、一定市场范围内有货币支付能力的消费者购买商品或服务的总量,包括现实需求和潜在需求,它对企业投资决策、资源配置和战略研发具有直接的重要影响。市场需求调查的内容主要是估计市场规模的大小及产品潜在需求量,包括对市场需求规模、市场需求结构、市场需求变动影响因素、消费者购买动机与行为等的调查。

市场供给又称市场可供量、市场供给潜力或商品资源,是指在一定时期、一定范围内可投放市场出售的商品总量。市场供给的大小能够反映市场供应能力的大小、能否满足市场的需求,是决定市场供求状态的重要变量。市场供给调查的内容包括市场供应量、供应结构、生产与供应状况以及供应变动影响因素、供应变动关系等。

4. 市场销售潜力调查

市场销售潜力是指企业的某个产品品牌或某类商品在一定时间范围内能够获得的最大销售额。对市场销售潜力进行调查,有利于企业经营管理决策的制定和资源的合理分配,帮助确定产品目标和经营战略,以及在新产品评价和有效处理一系列营销决策问题上有着重要的作用。市场销售潜力调查包括对现有和潜在用户的人数及需求量、市场需求变化趋势、本企业竞争对手的产品在市场上的占有率、扩大销售的可能性和具体途径等进行调查,还可对消费者及消费需求、产品价格、影响销售的社会因素及自然因素、销售渠道等开展调查。

5. 市场竞争情况调查

市场竞争情况调查是指从个别企业出发思考问题,观察同行业与特定企业的竞争状况,或者观察同行在原材料取得、产品市场占有上与其他企业的竞争情况等的调查。市场竞争情况调查需要查明市场竞争的结构和变化趋势、主要竞争对手的情况以及本企业产品竞争成功的可能性。通过调查,企业可以进一步明确现在、将来市场上的主要竞争者和潜在竞争者,同时还可以更有针对性地收集竞争者将来的战略规划、近期的策略、经济实力、决策者的个性特征、竞争企业成长的历史及其文化特征等信息,以便更有效地制定自己的对策。

6. 消费者行为研究

消费者行为研究是指运用各种市场调查技术和方法,对消费群体的认知、态度、动机、选择、决策、购买、使用等情况进行系统的研究,为企业测定市场潜力、界定市场目标、制定产品研发和营销策略提供完整的消费者行为研究成果。消费者行为研究涉及的内容较多,应根据研究的具体目的和要求界定研究的方向,特别要对购买动机、购买行为、购买能力、使用习惯、需求与偏好、认知度和满意度等关键项目和要素进行调查。

7. 顾客满意度研究

顾客满意度研究是一项综合性很强的市场调查,主要内容包括顾客满意度调查、员工满意度调查、满意度水平测定、满意度要素分析、提升满意度的策略等。通过构造顾客满意度评价指标体系,调查获取顾客对本企业产品或服务的有关评价信息,在此基础上,对顾客的满意度进行综合性评定,分析认知度、满意度、忠诚度及重购率水平的高低,剖析顾客抱有缺憾原因,揭示提升顾客满意度的关键因素,为企业制定提高顾客满意度的策略、减少顾客抱怨和顾客流失现象、增加重购率、创造良好的口碑提供帮助,以提升企业的形象。

8. 广告研究

广告研究因其特定的研究内容和相对独立的研究方法,成为市场调查中一个独立的分支领域。广告研究包括为广告创作而进行的广告主题和广告文案的测试;为媒体选择而进行的广告媒体调查,如电视收视率调查、广播收听率调查、期刊或报纸阅读率调查等；为评价广告效果而进行的各类消费者广告前的态度和行为调查、广告中的接触效果和接受效果调查以及广告后的态度和行为的跟踪调查等；为制定企业的广告策略而进行的消费者媒体行为和习惯的调查等。

9. 品牌或企业形象研究

品牌或企业形象研究的内容主要包括对品牌或企业的知名度、品牌或企业的声望的研究，对品牌或企业形象的认知程度及认知途径、品牌或企业的基本形象和具体形象的研究，以及对评价品牌或企业的指标及指标的相对重要性、对品牌或企业的名称和标志（或商标）的联想和印象、对品牌的管理和品牌忠诚度等的研究。这类研究除了针对品牌形象和企业形象外，有时还会涉及产品类别形象和品牌使用者形象等。

10. 市场营销因素调查

市场营销因素调查主要包括对产品、价格、渠道和促销的调查。产品调查主要包括了解市场上新产品开发的情况、设计的情况、消费者使用的情况、消费者的评价、产品生命周期阶段、产品的组合情况等。价格调查包括了解消费者对价格的接受情况、对价格策略的反应等。渠道调查主要包括了解渠道的结构、中间商的情况、消费者对中间商的满意情况等。促销调查主要包括各种促销活动的效果，如广告实施的效果、人员推销的效果、营业推广的效果和对外宣传的市场反应等。

国内市场调查的常见业务包括消费者调查、产品调查、新产品上市前的市场测试或概念测试、神秘购物调查、零售店审查、需求评估、销售预测、客户满意度调查、分销审查、价格调整测试、象限研究、品牌命名测试、品牌喜好度研究、广告和促销活动研究、市场观察等。

在美国，最为普遍的市场调查活动包括市场特性的确认、市场潜量的衡量、市场份额的分析、销售分析、企业趋势分析、长期预测和短期预测、竞争产品研究、新产品的接受和潜量研究、价格研究等。

第四节 市场调查的方法

明确了市场调查的目标以后，随之要确定相应的调查类型，选择具体的调查方法。市场调查的方法有很多种，在实际调查中可以根据具体的工作内容、要求和特点，选择最适宜的方法，也可以多种方法结合运用。因此，依据不同的划分标准，对市场调查进行系统的分类是十分必要的。

一、按调查的功能分为探索性调查、描述性调查、因果关系调查和预测性调查

1. 探索性调查

探索性调查又称探测性调查，是指某些调查在正式开始之前，对所研究的问题或范围不明确时，为了发现问题、找出症结，探明进一步深入调查的具体内容和重点而进行的一种非正式调查。这种调查一般不制订详细的调查方案或调查问卷，而是采用任意抽

样或主观抽样，进行小范围的调查，倾向于应用二手资料，或者邀请熟悉业务的专家学者、技术人员、经销商等对有关问题做初步的探讨，尽量节省时间以求迅速发现问题。例如，某公司拟投资开设一家大型购物中心，首先需要做探索性调查，从店址选择、需求大小、顾客流量、物流、投资额等方面初步论证其可行性，如果可行，则可做进一步深入细致的正式调查。通常，探索性调查的作用在于发现问题的端倪，而不能揭示问题的本质，因此探索性调查大都作为一个大型调查项目的开端。

2. 描述性调查

描述性调查对调查现象的有关情况进行事实性的静态描述，这是一种最常见的调查方法。描述性调查通常用来解决如"是什么"的问题，它有详细的调查方案，要求在设计中能清楚地界定出六大要素，即 who（涉及对象）、what（什么事）、when（在何时）、where（在何处）、why（什么原因）、how（何种方式）。描述性调查一般采用大样本抽样调查的方法，通过进行实地调查，系统地收集、记录、整理和分析有关资料，其所得到的调查结论比探索性调查的更精确、更深入、更细致。大多数营销调查都属于描述性调查，如消费者行为研究、市场潜力和市场占有率研究、竞争对手的情况调查等。

3. 因果关系调查

因果关系调查又称相关性调查，是指为了探清有关现象或市场变量之间的因果关系而进行的调查。它所回答的问题是"为什么"，其目的在于揭示事物变化的原因和现象间的相互关系，找出影响事物变化的关键因素。例如，在价格、包装、广告与销售量的关系中，到底哪个因素起主导作用，就需要采用因果关系调查来进行验证。因果关系调查的方法和其他调查方法不尽相同，研究因果关系的主要方法是实验调查。考察因果关系时需要对有些可能影响结果的变量进行控制，这样才能测量出来自变量对因变量的影响。

4. 预测性调查

预测性调查是指为了预测市场供求变化趋势或企业生产经营前景所进行的具有推断性的调查。它所回答的问题是未来市场前景如何，其目的在于掌握未来市场的发展趋势，为企业制定管理决策和营销决策提供依据。预测性调查可以充分利用描述性调查和因果关系调查的现成资料，但预测性调查收集的信息必须符合预测市场发展趋势的要求，既要有市场的现实信息，更要有市场未来发展变化的信息。

以上四种调查的研究设计并不是绝对相互独立进行的，很多市场调查往往会采用两种以上的调查方法来收集信息。如果对调查问题的情况几乎一无所知，就要从探索性调查开始。在大多数情况下，探索性调查只是整个调查框架中最初的一步，还应继续进行描述性调查或因果关系调查。但并不是所有的调查都要从探索性调查开始，这取决于研究人员对调查问题定义的准确程度，以及对处理问题途径的把握程度。例如，针对某项调查主题，调查机构在此之前已积累了相当多的有关资料，就无需再做探索性调查，可以直接展开描述性调查。在实践中，探索性调查和描述性调查的应用较为广泛，而因果关系调查和预测性调查则不太常用。

二、按调查的作用分为定性调查和定量调查

1. 定性调查

定性调查是指通过特殊的技术获得调查对象的想法、感受等方面的较深层的信息，主要用于了解目标人群有关态度、动机、行为等的问题。这种调查主要采用非概率抽样方法，寻找具有某种特征的小样本人群进行调查，常用的方法有小组座谈、深度访问及投射技术等。

2. 定量调查

定量调查是指利用结构式问卷，抽取一定数量的样本，依据标准化的程序来收集数据和信息，并进行整理和分析，最终提供量化结论的调查方式，在市场调查中应用非常广泛。其常用的方法有入户访问、街头拦截访问、电话访问、留置调查、邮寄调查、网上调查等。

三、按调查资料的来源分为文案调查和实地调查

1. 文案调查

文案调查是指研究人员不需要进行实地调查，只对现成的资料、报告、文章等信息资料进行收集、分析、研究和利用的一种调查方法，主要收集二手资料，经常用于探索性的研究阶段。文案调查具有简单、快速、节省经费等特点。如果在调查内容、范围、口径等方面正好符合目前调查主题的需要，利用二手资料可以省去调查、收集一手资料的工作环节。但任何二手资料都是以往调查人员根据特定目的收集整理的，不可能完全满足当前的分析需要。因此，利用二手资料时往往要进行调整和推算。

2. 实地调查

实地调查是指为了特定的研究目的，调查人员依照调查计划直接向被调查者收集第一手的信息数据。实地调查具有较高的可靠性，但需要投入大量的人力、物力和财力，需要较长的时间才能得到调查结论。实地调查具体又可分为访谈法、观察法和实验法。

除以上分类之外，还可以从其他角度对市场调查进行分类。例如，根据市场调查的范围，可以分为宏观调查和微观调查；根据调查的时间要求，可以分为定期调查、经常性调查和一次性调查；等等。

需要特别说明的是，任何一种调查方式都有各自的特点和局限性。调查方法的选择对调查目标的实现和调查结果都有着直接的影响，选择时要综合考虑研究的性质、目的、时间和经费等因素。调查者应根据具体情况，选择一种方法或将多种调查方法结合运用。

第五节 市场调查的历史沿革和发展趋势

一、市场调查的历史沿革

市场调查很早以前就已经被人们广泛采用，如古希腊的哲学家赛里斯通过研究气象

气候预测农业收成。17世纪开始的工业革命使西方资本主义开始发展,市场调查业也有了发展的历史舞台。市场调查源自于美国1824年进行总统选举前的民意测验,大约在1895年进入学术研究领域,首先在美国形成一门学科。20世纪初,随着商品经济的高度发展,消费需求日益激增,了解消费者购买习惯和对厂商态度的需求应运而生,第一家正式的调查机构于1911年建立。如今,市场调查已经成为企业了解目标市场和进行营销决策的重要手段,在全球范围内得到广泛的重视。在西方发达国家,市场调查已成为非常成熟的服务行业。从国外市场调查的发展情形来看,可将其产生和发展的历史划分为以下三个阶段。

1. 萌芽期:1824～1920年

最早有记载的市场调查活动,是1824年8月由美国《宾夕法尼亚哈里斯堡报》对总统大选所进行的民意调查。1879年,艾尔广告公司做了第一次系统的市场调查,目的是为农业设备生产者制订广告计划。大约在1895年,专业的学术研究进入市场调查领域。当时,美国明尼苏达大学的心理学教授哈洛·盖尔教授将邮寄问卷调查法引入广告研究。随后,美国西北大学的斯科特将实验法和心理测量法应用到广告实践中。

2. 成长期:1920～1950年

进入20世纪后,消费浪潮的涌现及机器化大生产的增长导致更大规模、更远距离的市场产生。为了了解更多的消费者的购买习惯和对产品的需求,1911年,当时美国最大的柯蒂斯出版公司设立了专门的市场调查部,经理佩林先后对农具及纺织品销售渠道进行了系统的调查,并亲自访问了美国100个大城市的主要百货商店,编写了《销售机会》一书,佩林被推崇为市场调查学科的先驱。20世纪30年代,经济大萧条使市场调查业受到普遍重视并快速发展,问卷调查法得到广泛使用。1922年,AC·尼尔森市场研究公司(简称AC·尼尔森)进入商业研究领域,提出了"市场份额"的概念,加之其他多项服务,发展为当今全球最大的市场研究机构。20世纪30年代末期,市场调查作为正式课程,在哈佛等大学校园中得到普及。特别是广播媒体的发展和第二次世界大战,使市场调查由一种应用学科演变为明确的行业,尤其是实验设计、民意测验、人为因素调查和运筹学等的重要性被广泛接受。20世纪40年代,默顿发展了小组访谈法。到了20世纪40年代末,随机抽样、心理测试等方法也进入了市场调查领域。

3. 成熟期:1950年以后

第二次世界大战抑制了需求的增长,市场由卖方市场向买方市场转化。由于广告、创新和其他因素的加入,企业的市场风险加大,因此市场调查被用来发现市场需求,然后企业再生产适销对路的产品去满足这些需求。20世纪50年代,主要依据顾客人口统计特征的市场细分概念得到进一步强化。同一时期,人们开始进行动机研究、消费者行为分析。市场细分、动机分析与先进的调查技术相结合,导致了重要概念的创新。20世纪60年代,随着计算机的诞生,计量经济学、市场信息管理及市场预测技术都进入了一个新的阶段。与此同时在调查技术上,动机研究、运筹学应用、态度测量技术、多元回归和相关分析、因子分析和判别分析、实验设计、销售模拟、情报储存和校对、随机模型、马尔科夫模型等,都有所创新和发展。定性分析与定量分析得到广泛运用,产生了人工智能型的专家决策系统软件，为调查人员快速分析、储存和探索大量信息提供了有力的支持。20 世纪 60 年代，市场调查得到商业组织的真正认可，许多西方发达国家的企业开始涉足国际市场，市场调查成为企业了解更大更远市场的重要工具。

20 世纪 80 年代以来，科技的进步特别是计算机技术的应用，不断影响着市场调查行业的发展。计算机辅助问卷程序的开发，使市场调查人员能够设计由计算机管理的调查；触摸式屏幕可以在调查过程中自动统计数据；各种复杂的统计分析软件如 SPSS 的出现，使市场调查变得更为直接和方便。与此同时，基于扫描仪的调查、数据库营销和顾客满意度调查得到了越来越多的重视。20 世纪 90 年代以后，网络经济的兴起给市场调查带来新的冲击，互联网快速发展并逐步成为市场调查者的有力工具，其作用的领域包括：替代图书馆和多种印刷资料成为二手资料的重要来源；电子邮件功能使互联网成为调查提供者与客户沟通的渠道和项目管理的工具；调查公司通过互联网可以将报告提供给世界各地的管理者，实现了营销调查团队之间以及与客户之间随时、有效的沟通。直到现在，各种应用于市场调查的技术还在不断地变革和发展。更重要的是，市场调查的范围已扩展到非营利组织和政府部门等领域。

二、市场调查的现状和未来

随着市场调查研究和实践工作的开展，大批市场调查机构的建立和对企业营销活动的影响，使市场调查早在 20 世纪初已经发展为一门学科。自第二次世界大战以后，市场调查随着经济和科技的发展已成为一门集市场营销学、管理学、社会学、统计学、心理学、语言学、档案学、计算机应用等学科内容于一身的边缘性、应用性学科。

冷战结束后，世界各国竞争的焦点已经从主要是政治和军事的对抗转移到以经济实力为主的对抗，经济活动的调查工作和市场情报的获取已成为市场调查机构的主要业务。近年来，在商场胜战场的共识驱使下，市场调查和市场情报活动得到前所未有的发展。以美国为首的发达国家，利用各种高科技手段进行窃听等以获取市场情报；苏联的绝大多数"克格勃"，在国家内务部解散以后进入大企业的情报研究部门工作；法国在市场情报战中，主要利用各种方法收买间谍来达到他们的目的；日本各大商社利用大量的情报人员，在全世界范围内建立了广泛而严密的经济情报网。

由于市场调查能够使执行者获得很高的经济利益，拥有专门技术的市场调查公司有着很大的市场和美好的发展前景。从全球经济的角度看，市场调查业有以下两个明显的发展趋势。

一是国际化。经济全球化的一个重要特征就是大型跨国公司在不断寻求海外扩张的机会。随着跨国公司全球化战略的实施，他们希望得到持续性的海外市场信息。为了满足跨国公司对海外市场信息的需求，许多国际性市场调查公司积极在海外建立自己的子公司或网络系统，这为许多发展中国家的市场调查业提供了更多的市场机会：一方面，本国经济的高速发展、外资的大量进入形成了对市场调查的强大需求；另一方面，由于市场调查具有很强的本土化特征，国际性市场调查公司在介入发展中国家市场调查领域时必须利用本地资源，从而带动了发展中国家市场调查业的发展。

二是战略联盟。客户需求日益复杂、调查技术难度加大、调查成本不断提高，导致更多的市场调查使用者与提供者之间建立战略联盟，共享数据资源，并以此作为节约成本的方式。在战略联盟中，调查资料的使用者和提供者根据未来共同的发展利益建立了一系列的行为准则，市场调查公司无须进行逐个项目就可提供服务，这样使调查公司可以将资源集中在客户的项目而不是销售和制定协议上，从而提高了调查的效率。

三、市场调查在中国的发展

(一)市场调查在中国的现状

中国很早以前就有关于进行市场调查的记载，如司马迁的《史记·货殖列传》就记载了孔子的学生端木赐和越国大夫范蠡进行市场调查和市场预测的事例。中国在漫长的封建社会和新中国成立之前的相当长一段时间里，由于商品经济不发达，几乎没有进行过商业性的市场调查。

新中国成立后的 30 年间，由于受到计划经济体制的影响，市场调查没有得到企业的重视。在中国，真正意义上的市场调查产生于 20 世纪 80 年代中期，当时中国开始对外开放，一些国际品牌进入内地市场，设立在香港的市场调查公司受这些企业的委托在内地执行市场调查，首选的城市是广州。这些设立在香港的市场调查机构没有在内地设立办事处，一般委托内地的统计局帮助完成调查项目。另外一个推动内地市场调查发展的动力是全球知名的日用品公司——宝洁（Procter & Gamble，P&G）公司。业界普遍认为，1988 年宝洁公司进入中国催生了市场调查行业的萌芽。宝洁公司于 20 世纪 80 年代末在广州成立中外合资公司，将市场调查全面系统地引入中国，培养了大量的市场研究专业人员，并扶持了多个本土市场研究机构。

20 世纪 80 年代，国内专业化的市场调查公司寥寥无几，大多由广告公司内部设立的市场调查部门执行一些跨国公司的调查课题。1984 年年底，国家统计局成立了"中国统计信息咨询服务中心"。1988 年，广州市委的广州软科学公司成立了广州市场研究公司，这是业内公认的国内最早的专业市场调查公司。进入 20 世纪 90 年代，全国具有统计系统背景的公司脱颖而出，其中包括北京华通人商用信息公司、北京华联信市场研究公司、上海恒通市场顾问公司等。随着计划经济向市场经济的过渡，市场调查开始受到人们的重视，许多专业化的市场研究公司相继成立。1990 年 4 月，广州市场研究公司的部分骨干成立了国内第一家私营性质的市场调查公司——华南市场研究公司。随后，一批民营市场调查公司也相继涌现，如北京的零点研究咨询集团、新生代市场监测机构（简称新生代）、慧聪研究、上海的大正市场研究公司等。20 世纪 90 年代中期，迫切的市场调查需求导致大量中小型市场研究公司的诞生，市场调查业呈爆炸式发展。市场调查公司大多集中在广州、北京、上海三个城市，每个省会城市如沈阳、哈尔滨、武汉等也出现了当地的市场调查公司。1998 年 9 月，设立在中国信息协会之下的市场调查分会筹备委员会成立，与会代表在规范市场调查行业、促进整个行业健康有序发展问题上达成共识。2001 年 4 月，全国市场研究行业协会在广州正式成立，许多成员加入了世界性专业组织欧洲民意与市场调查协会（European Society Opinion and Marketing Research，ESOMAR），协会的成员们以世界行业的规范和标准自律，使行业中的供需双方有规范可循、有标准可依，促使行业健康理性地成长。

由于中国消费市场的潜力巨大，大批海外的市场调查与咨询公司都不惜重金进军中国，其中美国的 AC·尼尔森和盖洛普咨询公司（Gallup，简称盖洛普），法国的益普索研究集团（Ipsos，简称益普索）及英国的国际市场研究集团（Research International，RI）等在中国市场有很大影响。目前，世界排名前 20 位的市场调查公司半数以上已经进入中国，这些以收集市场信息和提供市场分析服务为主的市场研究服务供应商，其业务领域已经涉及产品和服务过程中的方方面面。从了解消费者、品牌管理、产品研究、创新研究、沟通管理研究、渠道管理研究到客户关系管理研究等无不触及，各类研究技术工具从国际带入本土，并在服务中被灵活运用。例如，1994 年亚太地区最大的调查公司——香港市场研究社，在北京、上海、广州成立了自己的分公司，并在全国范围内建立了一个规模较大的媒介监测网，向客户提供媒介研究、消费者研究、个案研究及零售研究等市场调查服务。许多国际知名市场研究公司如 AC·尼尔森、盖洛普、益普索、特恩斯（Taylor Nelson Sofres，TNS）市场研究公司、思纬（Synovate）市场信息公司（简称思纬）等，不但从在中国的投资中获得了丰厚的商业利益，也对中国市场研究行业的迅速发展起到了极大的推动作用。

经过近 30 年的发展，中国的市场调查业从最初仅仅集中在北京、上海、广州三地，逐步向各省会和二线城市扩展，形成了比较完备的覆盖研究中国城乡各个区域的全国性的调查执行网络。无论是国际跨国公司、三资企业，还是民营、私营企业都对市场研究有着广泛的需求，中国市场调查行业的服务对象迅速扩大。除了制造企业、广告公司与媒体三大主体需求之外，房地产、通信、邮政、汽车、金融、医药、信息技术等领域的需求也快速增长，市场研究领域呈现出蓬勃发展的态势。特别是 2001 年中国加入 WTO 后，市场调查业迎来了前所未有的发展机遇，整个行业的执业实践得到国内外工商界的广泛认同，服务对象由 20 世纪 90 年代初期和中期的大型国际跨国公司和少数国内企业，转变为现在几乎涉及所有全球 500 强机构、国内上市公司和知名品牌企业。据有关资料显示，目前国内提供市场咨询服务的各种机构已达 3 万余家，以市场研究为主业的机构大约有 2 000 多家，形成一定规模的有 500 多家，业内公认规模较大的专业性调查机构大约有 100 多家。

中国市场调查行业如朝阳般的成长，一方面得益于中国改革开放政策的实施，大量外商的涌入不仅带来资金，更重要的是给市场调查业输入了先进的理念和方法技术；另一方面，中国经济的连续高速成长，企业管理层的年轻化和知识化的进程加快，国内与国际间的人才交流频繁，市场研究的专业人才供给环境大幅改善。社会科技应用的进步，国内企业的市场化程度越来越高，以及客户需求大量增长等因素是该行业快速成长的外因，此外也不能忽视行业供应商的作用。近 20 年的历史证明，市场调查的确在帮助政府改善投资环境和促进企业科学经营中建立了不可磨灭的功绩，在此有利的基础之上，中国的从业人员格外好学和刻苦工作，他们不断地求创新、求发展，这正是中国市场调查行业能充满生机的重要内动力。目前，中国的市场调查行业还处于发展阶段，随着经济全球化的日益加深和调查技术的快速发展，中国市场调查行业的发展也将逐步迈入成熟期。

(二)中国市场调查行业的发展趋势

由于起步较晚,与发达国家相比,中国市场调查行业还存在经营规模较小、结构不合理、区域发展不均衡、专业人才极度缺乏、恶性价格竞争、项目操作不规范等诸多问题。进入21世纪,伴随着经济的快速增长、企业生存压力的加剧,中国的市场调查行业在今后出现以下几个方面的发展变化。

1. 极富增长潜力

自20世纪80年代中期以来,中国市场调查业一直呈现出高速增长的态势。市场调查在我国起步较晚但发展速度惊人,目前整个行业的年增长速度保持在30%左右,2010年国内市场调查业的总营业额约为70多亿元,但与发达国家相比有很大差距,这也充分说明该行业有着极大的潜力和发展空间。随着市场竞争的加剧,调查行业日益规范与完善,企业市场意识增强,对市场调查的需求会越来越多。目前,我国内地客户已经逐渐成为市场调查业的主导市场,客户主要来自制造业,其中主要是快速变动的消费品制造业,广告公司仍然是调查业的第二大客户。此外,汽车、金融、电信、餐饮等行业的市场调查需求呈快速增长趋势,行业重心也由一线城市转向二线城市,特别是西部地区的市场调查业务有上升趋势。政府和公共领域现在也开始重视市场调查,这将是未来的一个增长点。

2. 实现技术现代化

技术现代化是与市场调查的专业化同步发展的,没有技术现代化也就没有现代化的市场调查业。技术现代化主要表现为更多、更广泛地使用专门设备从事信息的收集和处理工作。技术引进加快,自动仪将广泛使用于电视收视率监测;电话访问作为重要的调查形式被广泛使用,计算机辅助电话访问(computer asisted telephone interview,CATI)、计算机辅助面访(computer asisted personal interviewing,CAPI)等普及成为必备工具;软件的使用与国际接轨,PANEL等的使用更为客户所重视。随着互联网技术的发展,网上调查兴起,由一两家公司为大多数公司提供抽样服务,但客户以海外客户为主,而且均为全球性项目。大规模的手工资料录入将被光电录入机取代;随着市场研究对计算机依赖性的增加,一些专用软件如SPSS、SAS等将弥补目前所使用的通用统计分析、图文制作的不足;市场调查产品的包装由印刷方式转变为电子方式,并通过数据传输实现,从而增加便捷、易保存、信息量大、共享性强的优点。

3. 走专业化道路

市场调查公司的专业化包括以下几个方面:一是区域的专业化,这样会使某些公司由于对某一区域特别熟悉而降低成本;二是功能的专业化,这也使某些公司由于越来越细的分工而降低成本、提高调查质量;三是行业的专业化,这使那些对某一行业特别熟悉的公司转变成专门行业的专业化公司。企业对调查的需求日益旺盛不仅导致大型调查公司按照专业部门来进行重组,而且也推动了专业化供应商的发展。要想生存下去,就必须由被动求生转向主动发展,这就要求调查公司要主动去做出特色,走专业化发展的道路。近几年增长最快的调查公司是专业化公司,走专业化道路将使市场调查行业的整体价值提升。未来几年,专业化市场调查机构将以更快的速度提高从业人员素质,改善设备和软件的状况，使其在市场调查方面的专业优势更加突出，吸引大量市场调查业务向专业化调查公司集中。

4. 国际化趋势日益明显

面对更多国际同业机构的竞争，加之自身经营管理瓶颈制约以及经济全球化所带来的观念、知识、技能、服务模式等各方面的多重挑战，许多公司开始走上与国际著名调查机构合资的道路，研究规范日益与国际接轨，加强与国际市场研究界的合作交流，学习他们的技术和经验。中国经济所表现的全球化趋势，使企业对快速率、大数量、多种类、跨地域和高质量的市场信息的需求比以往任何时候都表现得更强烈、更旺盛。市场调查行业将面临客户对信息深度加工的要求，很多市场研究公司已从原来的以频率表、交互表为核心的分析方法，逐步转变为国际上通用的统计分析方法，如回归分析、方差分析、主成分分析、因子分析、聚类分析、多维尺度分析、多重偏好分析、对应分析、联合分析、结构分析等，而且这些分析方法都是在国际通用的统计软件基础上完成的，包括 SPSS、SAS、AMOS、STATA、S-PLUS、EQS、LISREL 等；在定性研究方法中，深度访问、小组座谈、神秘顾客、陪伴购物、投射技术等也将更加普及。

5. 行业竞争逐渐走向规范

由于市场调查需求的扩大，行业进入门槛较低，中国市场研究公司的数量增长很快，从业机构和人员素质参差不齐，研究规范、行业自律、研究能力等的发展速度都没有充分满足市场的需求，出现了一些亟待解决的问题，整个行业的诚信面临考验。尤其是一些不规范的、不科学的行为损害了市场调查业的整体形象，如恶性的价格竞争、访问员作弊、低质量等无序竞争现象，特别是报价远远低于欧美等国家。而事实表明，过低报价最终会降低调查质量，损害客户利益，导致行业进入低价位、低质量的恶性循环。面临市场环境剧烈变动和市场竞争日益激烈，发展中的中国市场调查业已经开始意识到规范市场调查的必要性，因此对行业规范化、专业化的要求日益迫切。2004 年 4 月成立的市场信息调查协会，为市场调查业提供政策引导，规范行业行为，加强行业自律，将使市场调查业逐渐走上健康有序的竞争之路。大量不能良性发展的小公司会自生自灭，实力较强的公司将通过兼并、改组、收购的方式完成集团化过程。

6. 资源的争夺更为激烈和明显

市场调查业的资源包括客户资源，更包括人才和代理公司资源。猎头公司频繁的活动使人力成本上升，杭州、成都、武汉、沈阳等城市的优秀代理公司将成为外资公司青睐的合资对象，从而掀起新一轮的合资风潮，行业被社会关注的程度进一步增加。目前的中国市场调查业不仅需要一般的访问员、分析人才，更需要那种能通观全局，对市场有敏锐的洞察力和感悟力，能把握市场运行脉搏，能结合具体案例进行市场调查策划、实施项目并能全程控制研究质量，从中提炼出对策的高级人才。向往市场调查业的人才日益增加，大量优秀的大学毕业生也将投入此领域，实现就业或自主创业。

市场调查在中国的历史是非常短暂的。从总体上来说，中国目前的市场调查业还处于初步发展阶段。随着经济改革的进一步深化，竞争将日趋激烈。在此情势下，本土市场调查公司可谓任重而道远，要努力去识别、营建和巩固自己的竞争优势，更要建立健全相应的法规制度，提倡行业自律和公平竞争，使市场调查业向良性循环的方向发展。如果说国际市场调查机构凭借其成熟的技术和丰富的经验在今天的中国还可以独领风骚的话，那么未来的中国市场调查业将能够以其本地化的优势与之分庭抗礼。

☆思考练习题

一、问答题

1. 举例说明信息是怎样降低决策不确定性的。
2. 如何理解市场调查的含义？
3. 市场调查的作用是什么？
4. 市场调查须掌握哪些基本原则？
5. 简述探索性调查、描述性调查、因果关系调查、预测性调查的特点及其综合应用。

二、思考题

1. 如果把我国的中式快餐打入中东某国，应该进行哪些内容的市场调查？为什么？请进行比较详细的说明。
2. 请查找肯德基或日本家用电器进入中国之前，是如何进行市场环境调查的。他们调查了哪些内容？他们据此进行了怎样的市场营销策划？
3. 姜森计划投资 300 万元在市中心做一家餐馆。当他申请筹资贷款时，银行工作人员问他是否进行过可行性研究，他回答说："我原本打算做调查，但一家调查公司对这项调查要价 3 万元。我认为，与开办新业务的所有其他费用相比，调查是不必要的奢侈开支。"请问你对这一事例如何评价？

☆实训题

在第一章课后，要求学生自由组合，每 6 人成立一个市场调查项目小组，选定 1 人为组长，本学期该小组成员固定不变。第二次上课前，各组组长将本组成员的名单（包括小组成员姓名、学号、联系方式、电子邮箱地址以及在项目调查中担当的角色）交给主讲教师。在今后的实训中，每组同学要积极参与讨论和自选项目的调查活动，按要求完成本学期的实训任务。

通过本课程的学习，本学期每组学生要达到的学习目标为：①撰写一份与市场调查相关的小论文；②编制一份市场调查策划书；③设计一份抽样调查方案；④设计一份市场调查问卷；⑤撰写一份简易的市场调查报告。

☆案例分析

为什么要做市场调查？

一、案例介绍

在市场竞争日益激烈的今天，光有质量优异的产品和服务，没有强有力的市场营销活动，是很难确保企业经营成功的。而市场营销计划必须与企业内、外部条件相吻合，由此才能制订出切实可行的营销方案。企业营销策略也要考虑企业内、外部的条件，而且更多的是外部条件。只有根据市场形势的不断发展变化来制定企业的营销组合，营销活动才能做到正确而有效。而要了解和掌握这些企业外部情况，就必须依赖市场调查，依赖市场调查获取市场信息资料，分析这些信息资料，预测市场发展趋势。通过市场调查，可以了解市场总的供求情况、市场的大小和变化趋势，以便确定企业的生产计划和销售方案。通过市场调查，可以对日益复杂的分销渠道进行筛选，确立最有效的分销途径和分销方式，以尽量减少流通环节，缩短运输路线，降低仓储费用，降低销售成本。由此可见，市场调查是企业制订营销计划和策略的基础工作。没有市场调查，营销计划和策略的制订就没有依据，也就制订不出切实可行的营销计划和营销策略。

我国企业竞争力较弱，一个重要的原因就是市场调查和市场营销的力度不够。下面这篇由德国《商报》刊载的记者彼得·赛德茨的评论可以证明这一点。

西方产品正在排挤中国当地的产品，外国人凭借名牌产品又一次占领了中国。中国人喜欢使用日本富士公司和美国伊斯曼·柯达公司生产的胶卷，购买普罗克特-甘布公司、约翰逊父子公司和尤尼莱佛公司出口的洗发露、香皂、牙膏和化妆品，渴望坐梅塞德斯-奔驰和宝马牌汽车……

国际性跨国公司，尤其是日本和韩国公司，已经占领中国彩电市场的60％。中国的洗发、护发用品市场的30％归外国品牌所有。外国公司生产的软饮料在中国四大城市的市场占有率高达85％。过去几年，中国的国有企业虽然更换了设备，建立了一些合资子公司，却忽视了为产品设计出具有促销效果的包装，没有制定适合时代发展的营销战略，也很少开展大规模的广告宣传活动。以前，不含酒精的"天府可乐"不仅是各大饭店的必备品，也是人民大会堂国宴用饮料。现在，可口可乐公司通过一家合资企业生产专为中国市场开发的浓缩饮料"天与地"；宴会桌上摆的是百事可乐。甚至一些拥有世界知名品牌的中国公司在当地的市场占有率也较低，如德国人于20世纪初在山东省建立的青岛啤酒在青岛本地几乎卖不出去，外国竞争对手和本国的崂山啤酒占据了那里的市场。该公司董事李桂荣悲叹道："我们连家乡的市场都忽视了，这是不可原谅的！"

与此同时，一些外国企业以强大的宣传攻势打入了各大超级市场和百货公司，以赞助商的身份出现在啤酒乐园、啤酒屋和饭店的开张仪式上，并占据中国电视广告视听黄金时间。

中国企业在市场营销和广告宣传上纯属业余水平。在过去，人们认为这些领域根本不需要专业训练，中国企业过去不愿意为市场咨询花钱。长期以来，企业对产品的去处和消费者的想法不感兴趣，认为反正国家会保障产品的销售。现在中国企业被西方的市场营销行家逼得走投无路。美国人、日本人，现在又加上韩国人在占领中国市场的竞争中显示出咄咄逼人的气势，他们每年投入数以百万的资金用于产品推销和电视广告。

中国大城市的市场尤其具有吸引力。富裕的中国人就像日本人在20世纪70～80年代、韩国人在20世纪90年代一样，喜欢购买名牌产品。1992年进入中国的麦当劳公司，今天已牢牢地在快餐市场立住了脚。许多中国家庭定期光顾这个迅速膨胀的庞然大物的分店。1991年时中国还没有外国品牌的冰淇淋，现在生产冰淇淋的厂家已达数百家。如今，北京的街头巷尾到处都是销售卡夫、和路雪和雀巢冰淇淋的摊点。

没有创造出自己的名牌是亚洲地区的典型错误，中国台湾、中国香港、新加坡、泰国和印度尼西亚的产品在世界上也没有什么名气，韩国是唯一的例外。他们虽然在各方面模仿日本，却依靠三星、大宇等公司在世界上树立了自己的品牌形象。

中国政府正式通过唤起民众的民族自豪感来保护老字号企业。对外经济贸易部为出口产品增长率的下降感到担心，他们认识到，要想占领外国市场，中国需要自己的名牌产品。

我国企业的困境在很大程度上是由营销环节薄弱造成的。营销活动的前提就是市场调查，只有找准问题、对症下药，营销活动才能有成效。

随着中国改革的深化和市场开放的增长，特别是加入WTO以后，外资进入中国必将掀起抢占中国市场的"抢滩登陆"战。继胶卷市场、洗涤用品市场、饮料市场、啤酒市场大片"失陷"后，彩电、电脑、快餐业等市场也"全线告急"。

为什么外资"抢滩"能频频得手呢？当我们分析外资"抢滩"得手的领域时会发现，他们主要选择了三类产品切入市场，一是日用工业品，如洗涤用品、胶卷、食品、啤酒、快餐、电视机等。这些产品市场容量大，弹性也大，蚕食起来容易。二是高科技产品，如通信器材、电脑等。这些产品在中国市场几乎是空白的，中国企业自己又没有能力占领。三是名牌产品。这些产品在中国国内已拥有相当的知名度和市场占有率，但普遍存在设备老化、生产规模难以扩大、资金紧张等问题。外资企业趁机投其所好，花钱收编，这是许多产品名花易主的主要原因。此外，我们自己对市场热点把握不准。中国市场，特别是日用消费品市场的一个突出特点是，需求与收入关系极为敏感，一旦收入许可，在极短时间内就可形成某种新产品消费高潮，且市场容量巨大。例如，冰箱、电视机在20世纪80年代几乎还是空白的，几年时间中国却成为世界上电视机、冰箱最大的生产国，这是把握市场热点的结果。但是，洗涤用品、啤酒、饮料等的市场热点却未能很好地把握，未来几年的电脑、通信设备等的市场热点我们能把握吗？

市场动向把握不准，即市场信息不灵容易导致经营决策失误。搞好市场调查，对于科学地进行战略决策、制定发展规划、确定经营目标、决定分销渠道、制定市场价格、改善企业经营、提高管理水平、提高经济效益、求得企业发展，都具有十分重要的作用。许多公司设有市场营销部，而该部门的重要职责之一就是市场调查。只有在进行市场调查的基础上，才能找准企业的销售对象，才能使用恰当的媒介去影响销售对象，从而起到扩大企业影响、提高销售收入的作用。反之，也有许多企业不进行市场调查，结果大把的广告开支花得很冤枉，其原因在于，无论是广告代理商还是发布广告的新闻媒介，是不可能为企业做市场调查的。他们接受企业的委托，只是照章行事地设计、安排和发布广告，至于广告的作用和影响，早已超出他们关心的范围。相比而言，制造企业，特别是消费品生产企业的市场调查搞得卓有成效，而流通领域的批发和零售企业，以及服务性企业的市场调查搞得较差。

资料来源：http://www.docin.com/p-217622855.html。

二、问题

1. 我国企业竞争力弱的根本原因是什么？
2. 谈谈你对现代企业进行市场调查必要性的认识。

第二章

市场调查机构

【学习目标】

通过本章的学习，了解市场调查机构的类型及职能；知晓中国调查行业的类型及各自的特点；熟悉市场调查机构的部门设置和人员配备要求，以及市场调查人员的选择和培训方法；对市场调查行业的行为准则有一定程度的了解。

市场调查是一种有条不紊、规范化的活动，包括一系列烦琐、复杂的操作步骤，依靠个人是难以完成的，它通常是一种组织行为，必须由一定形式的组织机构来运作。

第一节 市场调查机构的类型

市场调查机构是指专门或主要从事市场调查活动的单位或部门，是一种服务性的组织机构。按照市场调查服务的独立程度来分，可分为企业内部调查机构和专业性调查机构两种类型。在我国，绝大多数企业主要是委托专业市场调查公司来开展市场调查活动的，因此国内目前市场调查行业的主流是专业性市场调查公司。

一、市场调查机构的类型

企业开展市场调查可以采用两种方式，一是委托专业市场调查公司去做；二是企业内部设立市场调查部门负责此项工作。

(一)企业内部市场调查机构

企业内部市场调查机构是指企业或公司内部设立的主要从事市场调查活动的部门，也称非独立性调查机构。在国外许多企业尤其是大公司，如美国的宝洁、可口可乐公司等都设有市场调查部门，并有一套规范的工作程序。美国73%的企业设有正规的市场调查部门，负责产品的调查、预测、咨询等工作，并在产品进入每一个新市场之前都要对其进行市场调查。目前我国国内的许多大型企业或公司，如海尔集团、上海大众集团、广东的今日集团和金轮集团等也设立了调查机构。

设立在企业内部的调查机构一般称为市场调查部或市场研究室，专门负责企业各项市场调查工作，也有的企业让某个职能部门在主要职责之外兼管全部或承担部分市场调查任务，较多集中于市场部、企划部、公关部、广告部、销售部等，并且配备数量不等的专职或兼职的市场调查人员。调查机构设在企业内部的好处是利于保密，可以保持调查的连贯性，信息能够得到及时反馈。

企业内部调查机构的职能比较有限，很少直接从事第一手资料的调查研究，主要职责是收集第二手商业情报资料，与专业化的调查公司联络，建议企业进行某些适当的市场调查。当企业需要进行第一手资料的调查时，他们要为企业选择合适的专业化调查公司，协助策划与确认市场调查方案，同时参与、监督、审查受托方的调查工作。

(二)专业性市场调查机构

专业性市场调查机构也称独立性市场调查机构，它是企业之外接受各方委托专门从事市场调查活动的独立组织。从全球范围来看，其主要类型为以下三种。

1. 完全服务公司

完全服务公司有能力完成委托人所要求的全部市场调查工作，从界定调查问题、选择调查方法、进行问卷设计、抽样实施、数据收集和分析解释到调查报告的撰写及演示汇报。显然，这些公司有必需的人才和设备来完成整个调查任务。这种公司又细分为以下不同的类型。

(1)标准服务公司。这是专业市场调查机构中数量最多的类型，它是专门从事市场调查业务的机构。这类公司的调查策划能力和服务意识强，专业化程度高，有专门的调查队伍或调查网络体系，能承担企业委托的各类市场调查项目，调查项目的质量能得到有效的控制。它们在接受调查委托后，一般从研究方案、问卷设计、抽样技术、现场实施、数据分析到研究报告的所有环节都能独立进行操作，并能熟练运用入户调查、街头拦截、座谈会、个案访谈、电话调查、神秘顾客购物、网络调查等各种方式来收集资料。例如，美国的AC·尼尔森、法国的益普索，我国广州的华南国际市场研究公司、北京的零点研究咨询集团、上海的大正市场研究公司、香港市场研究社等均属于这种类型。它们能提供全套的综合性服务，同时公司的报告和数据只提供给唯一的委托客户，但提供的服务式样是标准化的。

从业务范围看，标准服务公司又分为综合性公司和专业性公司。综合性公司调查的领域涉及面较广，可以承担多种类型、不同行业、各个层次的调查任务；而专业性公司一般精通少数行业或领域的知识，擅长承担涉及相关行业或领域的调查任务，有专门的机构和人员，有各种科学的设备和先进的市场测试仪器。

从规模上看，标准服务公司有大、中、小之别。一般来说，大型市场调查公司专职人员拥有量在百名上下，而中小型市场调查公司往往只有数十名甚至十几名专职人员。

从主办者角度看，标准服务公司包括外资公司、中外合资公司、政府部门或研究机构设立的调查公司、民营公司等。

(2)定制服务公司。这类公司以海量的企业数据、产品细分数据、进出口数据、监测数据、第一手市场调查数据和电话访问资料为基础，整合宏观数据、行业数据、普查数据，根据客户需求对数据和资料进行深度加工，深刻解读客户所要解决的个性化问题。这些公司可针对客户需求展开以下业务：产品竞争对手的产量、销量、产能、产值、营销手段、销售策略、产品技术、生产工艺、销售渠道的调查；市场的竞争格局、优势劣势分析；产品发展趋势、生命周期、技术变革、替代品分析、产品市场总量、增长速度、规模和结构的翔实调查研究；针对细分产品关键用户的认知程度、购买行为、使用范围以及用户对供应商的要求进行调查分析，帮助客户准确把握产品细分市场、产业链的发展脉络，制定并适时调整一个或多个市场策略等。

(3)辛迪加信息服务公司。辛迪加是 syndicate 的译音，其原来的意思是报业的联合组织，有新闻可以在各报同时发表。辛迪加服务是指定期地收集各种各样的数据和信息，一般都整理成数据集以刊物(现在主要是提供光盘)的形式提供给订户。它们主要收集媒体受众及零售方面的资料，但不是专门为某个客户服务的，任何公司都可以购买它们的资料。这类公司数量少，但规模较大。位居美国营业额前列的大公司如 AC·尼尔森等，向订户提供有关全美电视收视率的数据，美国的电视台、电台、广告公司及许多企业几乎都是尼尔森数据的固定订户。我国大陆的央视-索福瑞媒体研究公司、台湾的润利事业有限公司也都属于辛迪加服务公司。

(4)广告研究公司。科学化的广告活动策划都是在市场调查的基础上进行的，不少稍有规模的广告公司一般都设有调查部门，其主要任务是经营广告业务，也接受客户市场调查的委托，但此业务多数与广告活动有关。就我国当前情况来看，广告公司的调查部门主要承担的是广告制作前期调查和广告效果调查两大调查任务。需要指出的是，广告公司的调查部门在进行市场调查时主要执行的是方案策划与研究报告撰写，至于现场调查特别是量化调查的现场操作环节一般均由其他市场调查公司配合完成。

(5)管理咨询公司。这类公司一般由资深专家、学者和有丰富实践经验的人员组成，主要为委托企业提供管理咨询服务，充当企业顾问和参谋的角色。其主要任务是为企业的生产与经营活动提供技术方面、管理方面的咨询服务。服务的内容包括企业诊断性调查、专项调查研究、项目的可行性分析和经营策略研究等。在咨询业务活动中也要进行市场调查，并以此为依据，结合实践经验和专门知识，提出对咨询目标的看法和建议。

2. 有限服务公司

有限服务公司专门从事某个方面或某几个方面的调查工作，主要为其他市场调查公司提供各种辅助性服务，如提供现场服务、市场细分、样本设计、数据输入服务和统计分析等专业性强、技术含量高的服务项目。可以预期，随着整个市场调查行业的发展，分工的日趋精细，这类公司在我国将有很好的发展前景。

(1)现场服务公司。现场服务公司既不进行调查方案设计也不进行数据分析，只为专业的市场调查公司收集数据。这类公司一般拥有专门开展实地调查工作的人才，在数据收集方法和现场质量控制方面有丰富的经验，可以为客户提供如拦截访问、电话访问、小组座谈、邮寄调查、入户调查及神秘顾客暗访等多种形式的调查业务。有些市场调查公司由于规模小，考虑到自己进行现场工作经济上不划算，就把数据收集这一块业务转包给现场服务公司。

(2)调查样本公司。调查样本公司是专门从事样本设计及分发的公司，有自己的调查部。一个拥有全国样本的公司可以自己进行电话调查，从而节约时间。综合系统样本公司可以列出各种家庭及不同行业的样本、行政区样本和用于选择非正规样本的程序。

(3)数据录入公司。这类公司专门编辑已完成的问卷，进行数据录入，提供高质量的软件系统和数据录入服务。计算机使调查人员能够在访问的同时将数据录入分析软件中,从而极大地提高了调查工作的效率。

(4)数据分析公司。这类公司拥有专门的高级分析人才和先进的分析软件,采用复杂的数据分析技术如多元回归分析、因子分析、聚类分析、列联分析等,在调查过程中为数据分析和解释提供技术帮助。

(5)市场细分专业公司。这是针对某一细分市场开展市场调查服务的机构。这类公司对所从事的行业都有较深入的了解,主要业务是对特定的调查对象进行数据收集,如对小孩、少年、青年或位于特定区域的人们进行数据收集。有些调查公司针对某个特定的行业人员进行调查,如专门对在政府工作的人员进行调查等。

(6)专门化的研究技术公司。这是更为专业的一类公司。例如,名字调查公司是对名字进行测试的公司,它可以测试品牌名、公司名等;微型测量公司利用电脑图像来测试、估价、修改包装外形或货架造型,以及对广告标志的再设计等。

3. 其他专业机构

其他专业机构主要是指国家、省、市级的政府统计部门、审计部门和工商行政管理部门所设立的调查部门、各专业管理机构或委员会下属的调查部门等,如商务部的商情信息中心、民政部的社会调查中心、各省市的城乡调查队等。这些机构除为政府决策部门提供各种资料外,有时也向企业或投资者提供有偿的市场调查或咨询服务。其他如一些高校的调查研究所、科研单位的调查研究中心等,也对外承接市场调查业务。

专业性市场调查机构的核心职能是为企业提供市场调查服务,具体来讲,它的职能主要包括以下几方面。

第一,承接市场调查项目。拥有熟悉管理学、心理学、统计学、社会学、营销学、广告学、计算机科学等学科的专业人才,拥有具有一定社会交往与应变能力的协调人员,还拥有一批训练有素的专职与兼职操作人员,在较为长期的市场调查实践活动中,积累了丰富的经验,有能力承接来自社会各方的委托,并按相应的研究要求,开展市场调查活动。

第二,提供市场咨询。在日常经营业务活动中积累了相当数量的研究结果,涉及不同的研究类型和研究领域,凭借这一专业优势,再结合宏观经济形势、政府政策倾向等,可以为社会和企业提供如产品投放、营销网络、促销手段、实施与控制等市场营销体系方面的各类咨询服务,从而为企业科学决策与经营管理提供依据。

第三,提供市场资料。一般拥有稳定、高效的信息网络,订有各种专业报刊杂志,定期采购各种统计年鉴、行业名录等信息工具书籍,加之日常市场调查的成果积累,掌握了大量的经过归类整理的现成资料与信息,足以成为他们为社会和企业服务的重要资源。

第四,管理培训。除自身拥有一定的专门人才外,一般都聘请部分专家学者、企业中高层主管为顾问,凭借这一优势,可以开展有关企业战略、市场营销、人力资源管理、商务沟通领域的新知识、新政策、新经验等方面的专项培训,从而为提高企业经营管理人员的水平服务。

二、中国市场调查行业的类型及特点

中国目前有三类市场调查公司,即外资公司、国有公司或合资公司、民营公司,它们在规模、市场定位、营销手段等方面都有很大差异。

(一)外资公司

外资公司如 AC·尼尔森、益普索、盖洛普、麦肯锡等,这类公司的特点是前期投资多、规模大、办公环境优越。其优势是调查项目质量水平高,操作的规范性较强,各部门分工明确;业务量较为稳定,主要客户是来自海外总部直接委托的跨国大企业;研究人员素质较高,调查方面的能力很强。但是外资公司服务的报价比较高,往往超出国内客户的承受能力;高级管理人员流失现象严重;对于较为特殊、针对性强的地域性项目优势不明显。

(二)国有公司或合资公司

这类公司主要指国务院各部委、局及地方政府部门和国有企业创办的市场调查公司,如国家统计局及各省的统计局下设的各类信息咨询中心、调查中心等。这类公司能够发挥其城调队、农调队的网络优势,项目成本较低;拥有政府信息资源,容易获得很多行业的相关数据;依靠其成本低和行业数据的优势,信息咨询业务有较广泛的客户群。但是这种机构由于管理体制的弊端,个人工作绩效与回报得不到保障;市场压力不明显,项目针对性较差;受政府部门管理,缺乏独立性;调查数据误差较大。

近年来,国内的一些市场研究公司陆续与跨国公司合作,成立了合资公司。例如,中央电视台下属的央视媒体研究公司与全球性的市场研究与资讯集团 TNS 合资成立了央视-索福瑞媒介研究有限公司,主要致力于电视收视率研究,为中国传媒行业提供不间断的电视观众调查服务。国家统计局下属的北京华通人市场信息公司,其消费者研究部与美国的 Market Fact 合资成立了北京华通现代市场信息咨询公司,可为客户提供全方位的专项市场研究服务。广州华南市场研究公司(South China Market Research, SCMR)与英国的国际市场研究集团合资成立了华南国际市场研究公司。这些合资公司将外资的管理、技术与政府等部门的行业优势、数据资源相结合,在专业调查项目上很容易形成行业优势。合资公司凭借其雄厚的资金、先进的技术、高素质的从业人员、便利的世界性或地区性的调查网络,特别是其在专业领域从母公司那里一脉相承的先进技术和质量管理体系,再加上多年来与客户同舟共济建立起来的关系以及其自身的知名度、行业信誉等,在竞争中拥有本土调查公司无法比拟的优势。

(三)民营公司

民营公司一般是由个人独资或多人合资创办的私营或股份制市场调查机构,在目前国内市场调查行业中处于中坚地位。例如,在我国国内享誉一方的北京零点研究咨询集团自 1992 年成立以来,受委托做过有关全国和私营企业群体、六大城市通货膨胀承受能力、北京居民安全感等大型调查以及可口可乐公司等国外厂商委托的产品调查。广东的华南国际市场研究公司等在市场调查业中也大领风骚。目前我国国内这类公司数量最多,规模不及前两类公司。其优势是市场营销能力强,对客户的反应迅速,服务意识较强；采用项目经理负责制，能够满足客户的特别需要，获取信息的手段比较灵活；报价方面具有较强的竞争力。但这类公司在执行多城市项目时竞争力较差，人员流失现象严重，市场开拓的难度较大。

尽管三种类型的公司各具特色，但作为专业调查机构，它们之间有着共同的特点：首先，着眼于长期发展，在项目质量上比较负责任，客户群相对固定；其次，第二类、第三类调查公司在决定调查结果准确性的实地工作中差异不大，各公司访问员素质差异不明显；再次，项目区域性较强；最后，资产重组基本在行业内部发生。由于客户对市场调查的需求量尚难以吸引外来资金注入调查行业，故短期内调查行业三方并存的局面不会被打破。

目前市场调查已呈现企业化、产业化趋势，众多的市场调查机构组成了市场调查业，成为第三产业中的一种新型产业。从行业发展的角度分析，中国市场调查行业有三个特点：第一是启动资金要求低。注册一个市场调查公司只需 10 万元，项目运作的硬件设施主要是电脑、打印机、传真等办公设备，如不考虑项目支出，日常的运营费用只有房租和人员工资两大块。第二是市场进入的技术障碍较高。市场调查机构属于智力密集型企业，一个典型的入户调查项目，包括抽样、问卷设计、访员培训、实地调查、复核、编码录入、数据分析、报告撰写等多个专业性较强的环节，没有经过专门的训练，即使有再多的资本也难以进入。第三是市场相对有限。当前国内企业对市场调查的需求比较小，而有此需求的企业一般已有较满意的合作伙伴，此外，调查公司内部的高层管理人员另立门户的现象非常普遍，并已成为新生调查公司的主要来源。对于调查公司而言，能否开拓新的市场是其能否生存的第一条件。

外资公司虽然在很多方面比本土公司有强大的优势，但它们在中国许多咨询失败的案例也充分说明其对本土市场缺乏了解或只注重表象的变化，还不太适合中国国情。但也不能因此低估国外一流调查公司在中国的价值，正是它们为中国企业带来了最新的经营理念，以及国际知名公司的运作经验和管理方法。在此情势下，本土市场调查公司应该抓住机遇，不断发展壮大，只有这样才能增强竞争的实力。

第二节 市场调查机构的部门和人员

一、职能部门设置

由于服务性质、规模、范围不同，专业性的市场调查公司各部门的构成及名称也不完全一样。但是，专业化的市场调查机构一般来说要具备以下几个职能部门。

(1) 总经理室。总经理室通常有总经理 1 人，总经理助理或秘书 1 人，负责整个公司的协调、运作和人事管理。

(2) 客户服务部。客户服务部通常有项目经理 1 人，业务人员若干人，主要负责与客户联络，推广、销售公司的产品。

(3) 研究开发部。研究开发部负责市场调查的技术问题和业务的开发、市场调查计划的制订等。

(4)调查部。调查部执行市场调查项目的资料采集工作。该部门通常有执行经理1人、督导若干人、专职访问员若干人和临时招聘的兼职访问员若干人。

(5)统计部。统计部负责数据资料的统计处理工作。

(6)资料室。资料室负责各种一般性的商业资料的搜集和归档，以便查询。

(7)财务部。财务部负责公司的财务计划和各种财务管理。

二、成员职责

不同的市场调查机构，其组织形式会有所不同，但人员的构成却大同小异，一般包括以下人员。

1. 管理人员

管理人员是指公司的总经理、副总经理及各部门经理。他们的职责是组织、控制整个调查运作，协调下属各部门之间的关系，制定公司的管理规则和人员职责。管理人员通常对市场调查项目运作的各个方面比较熟悉，有丰富的从业经验，此外还要有较强的组织管理能力。

2. 研究人员

研究人员的职位通常是项目经理、客户经理或研究总监，属于调查公司的高级职务，他们的职责是负责接受调查项目，拟订调查方案和数据处理计划，进行抽样设计、问卷设计、数据分析以及撰写调查报告等。此外还负责向客户汇报调查结果、提供咨询服务。有些公司还设1名项目副主管或主管助理，其职责是协助项目主管开展工作。

3. 统计专家或高级分析师

统计专家或资料处理专家主要负责调查项目的统计技术、实验设计和资料处理等比较复杂的工作，其职务比较高，一般仅次于项目主管助理，在公司具有特殊的地位。高级分析师是公司较高级的职务，负有多项职责，主要包括参与调查项目的计划、负责指导项目的实施(不是直接的监督)、拟定问卷、选择调查技术、负责调查分析、撰写调查报告和预算控制。

此外，一些大型的调查公司还配备分析师、助理分析师及初级分析师等。分析师是公司的重要职务，主要是在高级分析师的指导下负责调查项目的实施和管理，协助完成问卷的拟定和试答，负责文献资料和企业内部资料的收集，进行资料分析的前期工作。助理分析师及初级分析师在分析师的管理下负责项目日常的任务，负责较高层次的问卷编辑、整理以及简单的文献资料收集。

4. 督导

督导是访问员的管理者，负责访问员的招聘和培训，以及对访问员的工作进行指导、监督和检查。

5. 访问员

访问员通常包括专职访问员和兼职访问员。访问员的工作就是采集资料，对指定的受访者进行调查访问，以获得原始数据资料。专职的访问员是指公司聘用的全日制工作人员，他们的职责除了进行调查访问之外，还要协助督导对新招聘的访问员进行培训，执行一般访问员难以胜任的调查访问，对某些抽到的受访者进行复访或回访。兼职访问员是公司临时聘用的访问员，他们在公司需要实施调查时执行调查访问。调查公司一般招聘一两个专职的访问员即可，但兼职访问员有时需要几十个甚至上百个。

6. 电脑录入员

一个调查公司通常需要1个以上的电脑录入员，其主要职责是对收集到的问卷资料进行编码，并将数据资料录入电脑，以便研究人员进行统计分析处理。此外，他们通常也要负责一般资料性文件的电脑编辑、打印工作。电脑录入员要比较熟悉各种计算机软件的使用，键盘操作速度要快。

7. 资料员

资料员通常要具备档案管理方面的经验，其地位与分析师相当，主要负责所有资料库（或室）的管理，负责向整个公司提供参考资料。一个调查公司一般要有1个或1个以上的资料员。有的公司还配有资料整理监督员，主要监督资料整理的质量和工作进程。

当然，每个调查公司的规模、实力等条件不同，部门的设置、人员的配备数量及各自的职责也不尽相同。例如，华南国际市场研究公司的主要职能部门包括客户与研究、访问、项目协调、数据处理、IT、财务、人力资源、行政八大职能部门。这些部门的职责如下：客户与研究部的主要职责是发展客户关系、发展研究技术、负责具体项目的执行；访问部的主要职责是进行资料收集、以合理的成本保质保量按时完成任务；项目协调部的主要职责是为规模大、难度高的项目提供资料收集的协助工作，帮助研究部门进行培训和监督，帮助资料收集部门解决收集中的困难，同时也是研究和访问之间的沟通桥梁；数据处理部按照研究的要求对大量数据进行统计处理；IT部为公司内部的网络和电脑硬件提供维护服务，同时开展资料收集和开发研究分析的软件工具，提高工作效率；财务部负责公司财务规划和日常会计报销服务；人力资源部负责公司人力资源的规划和日常人事管理工作；行政部负责日常办公室的行政工作及接待安排。

三、调查人员的选择与培训

市场调查既是一项高度智力性的工作，又是一项繁杂、辛苦的工作。调查人员本身的素质和条件将直接决定市场调查活动的成败优劣。专业市场调查公司的岗位分工往往非常细致，常常设置公司研究总监、项目经理、研究员、研究助理、现场数据经理、督导、访问员、录入员、质检员等各种专门角色。从工作性质来看，在一个项目的研究团队中，三种角色是必不可少的，即研究人员、督导、访问员。其中，研究人员主要负责根据调查目的设计调查方案、编制问卷、进行数据分析并撰写报告；督导专门负责访问员的培训和指导，以提高数据收集的质量；访问员负责现场数据的收集。无论企业内部设置的调查部门，还是专门的市场调查机构，都必须重视对市场调查人员的选择和培训，组建合格的调查队伍，为完成调查任务提供基本的保障。

（一）研究人员的选择

优秀的研究人员是在调查项目实践的不断积累中成长起来的。在市场调查公司中，往往需要经过研究助理、项目经理等多个角色的实践，才能成为一名合格的研究人员。

具体来看，研究人员要具有两方面的基本素质。

1. 职业道德修养

要熟悉国家现行的有关方针、政策、法规，具有强烈的责任感和事业心，能为各方严守秘密，做到实事求是、客观公正；在工作中有韧性和抗压能力，具有开拓创新精神。

2. 业务能力

要有广博的知识面，包括熟悉市场调查理论与方法、市场营销学、心理学、消费者行为学、统计学、管理学、社会学、计算机应用以及相关产品等方面的技术知识。在调查项目的策划和执行中，能准确解读有关的方针和政策法规，对市场有高度的领悟力，具有较强的收集、鉴别、利用各种情报资料的能力，特别是高级分析师应掌握各种初级、高级统计分析方法和技术，能熟练运用现代统计分析软件对数据进行深度挖掘，有较强的归纳综合能力。除此之外，研究人员还要有一定的文字功底，能写出高质量的调查报告。

(二) 督导的选择

督导的主要职责是对访问员进行培训和管理，并且负责问卷的回收与检查，往往由富有责任感和实地经验的访问员担任。督导的能力关系到调查项目是否顺利、高效地实施。一个好的督导除了具有逻辑思维清晰、口齿清楚、耐心细致、能克服困难、认真负责等基本素质外，还应具备以下能力。

1. 管理能力

在现场实施中，能指导和监督访问员严格按照程序要求进行访问，保证数据采集的有效性和准确性；能够对项目执行过程中产生的各种信息进行系统有序的收集、整理和归档，并及时地向与项目有关的人员和客户递交；此外，还要能迅速果断地应对和处理意外事件及其影响。

2. 沟通能力

在现场实施中能和各种与项目有关的人员产生工作上的联系，如公司内部的问卷设计人员、数据处理人员、客户方、被访者等。为了提高调查工作的效率，督导要具备很强的人际交往和沟通能力。

3. 团队协作能力

每个调查项目的完成需要各个部门的协同合作，因此督导的团队合作能力也是影响其工作成效的重要因素。

(三) 访问员的选择

在市场调查活动中，各种类型的调查项目的资料采集工作一般是由访问员完成的，访问员本身的条件、素质、责任心等都在很大程度上影响着项目的质量，影响着调查结果的准确性和客观性。按市场调查的客观要求，一名优秀的访问员应该具备相应的思想品德素质、业务素质和身体素质，具体表现在以下三个方面。

1. 思想品德素质

有强烈的社会责任感和事业心、较高的职业道德修养、诚实的品格，在调查工作中能够实事求是，能为被调查者保密，对工作认真细致，懂礼貌、亲切、平易近人。

2. 业务素质

(1)沟通能力。其表现为对陌生人有亲和力，谦逊平和，能够迅速地接近被访者，取得他们的信任和配合，从而能够获得真实的信息。

(2)表达能力。要求口齿清楚、表达流利、普通话标准，在调查过程中能够将所要询问的问题清楚地传达给对方。在一些普通话普及率不太高的地区，特别是一些农村等偏远地区，或是当被访者中有老年人时，访问员还要能够使用当地方言进行访问。

(3)观察能力。能够通过被访者的表情及肢体动作判断其回答的真实性，对有疑点的资料反复核对，一丝不苟地完成任务。

(4)文字能力。能准确理解问卷中的问题及答案的意义，并能根据被访者的反应快速准确地填答，特别是对开放式问题的记录应快速且字迹清晰。

(5)独立外出能力。能够独自到达指定的地点进行抽样和访问，尤其是入户访问，能根据线路图及地址表顺利寻找指定的被访者实施访问。

(6)随机应变能力。在复杂多变的环境里，可以应对各种随时遇到的意外事件。能根据不同类型的人群，采取灵活机动的方法进行访问，顺利完成调查。

3. 身体素质

市场调查是一种十分艰苦的工作，特别是在实地调查阶段，有时要长途跋涉、顶风冒雨、连续作战，会遇到各种困难，对访问员的身心都是一种考验。访问员要有高度的工作热情、良好的个性和圆满的人格；性格最好属于外向型，热情活泼、善于交际、谈吐适度、谨慎机敏；五官无缺陷，体魄健康，精力旺盛，能吃苦耐劳。

目前国内的兼职访问员大多是在校的大学生，也有居委工作人员。招聘大学生做兼职访问员比较方便，大学生素质较高、易培训，但是不便于管理，而且访问的质量深受大学生责任心的影响。

(四)访问员的培训

访问员的培训是各类市场调查中必要的一个环节，培训的质量直接关系到调查结果的公正性及其可利用价值。在市场调查中，因为很多访问员都是临时招聘来的，所以对访问员的培训尤为重要。

1. 培训的基本内容

访问员的培训通常分为三大条块，即法规制度培训、访问技巧和基本要求培训、项目专门培训。

(1)法规制度培训。每个调查机构本身都有一套内部管理方法，如保密制度、访问工作协议等。作为访问员，对于和市场调查相关的准则与惯例、政策规定与管理要求，必须有明确的了解，并能在实际调查活动中予以自觉遵守。

(2)访问技巧和基本要求培训。在市场调查所采用的各种访问形式中，街头拦截访问特别是入户访问的技巧要求相对较高，其中一些主要原则也同样适合于其他访问，这部分内容的培训受到调查机构的普遍重视。大体而言，访问各个环节应该掌握的基本要求和技巧主要包括如何接触和识别有效的访问对象，如何使被访者接受访问而不是拒绝，受访者的答案不清楚或不完整时如何获得更多的信息，等等。

(3)项目专门培训。不同的调查项目，其访问方式、访问内容都是不同的。针对某个具体的调查项目进行专门的培训，一方面要基于项目产品本身，如在化妆品调查中，要训练访问员对化妆品功能、使用群体、竞争产品等的了解；另一方面，还要培训针对具体调查项目抽取样本的方法。

2. 培训的方式

访问员是收集资料、获取信息的调查人员，一般采用集中讲授、模拟训练、实际操作训练的方法，对他们进行必要的调查业务训练和访谈技术训练。

(1)集中讲授。由项目执行主任或督导采用授课的方式，对访问员的责任、问卷中每个问题的意思、访问技巧和项目操作进行讲解。

(2)模拟训练。主要通过情景模拟、问卷试填、案例分析等对访问员进行培训。情景模拟是指由受训人员和有经验的访问员分别担当不同角色，模拟各种问题的处理；问卷试填是指要求受训人员对调查问卷进行小范围的试验性调查与填写，以便掌握问卷调查与填写的技巧和要求；案例分析是指结合某个具体的调查实例进行分析，以训练访问员处理各种问题的能力。

(3)实际操作训练。一般采用以老带新的办法，让有丰富经验的访问员对新招聘的访问员进行指导，还可以让新访问员在预调查中单独进行访问。

四、市场调查业中的职位

(一)市场调查业可提供的职位

无论是在企业或公司内部的调查部门，还是在专业调查公司、广告公司和政府机构的调查中心，市场调查业可提供很多职位。调查业中可寻的职位有调查总监、调查总监助理、高级分析师、分析师、初级分析师、统计师、执行督导、访问员等。为了对调查业的职位做进一步的了解，这里以美国3M公司为例来进行说明。3M公司市场部的调查人员面临的挑战和机遇都是相当大的，最大的挑战来自于每个调查人员都必须有一套"销售"其时间进行有关项目的年度目标(类似于调查人员为其他部门进行市场调查而带来效应的内部成本核算)；当然，数以千计的产品需要进行市场调查的信息又给他们带来大量的工作机会。该公司的市场调查部约有29个成员，其组织架构如图2-1所示。

市场调查项目由分析师、高级分析师、项目监督和两个调查经理组织进行，公司企划调查经理只为公司的企划战略委员会工作，调查项目来自于实践中的市场营销人员或由分析师、高级分析师们提出的问题。

在第一年，市场分析师们将60%的时间用在实用项目的调查上，余下的时间他们将准备参与有关抽样、研究设计、问卷设计、小组座谈等主题的研讨会和课程。所有的分析师都被要求参加由3M销售培训人员讲授的销售课程。企业要求他们出售他们的时间以弥补其成本，所以他们被要求参加销售培训，经理们认为这样有利于面访技巧的培

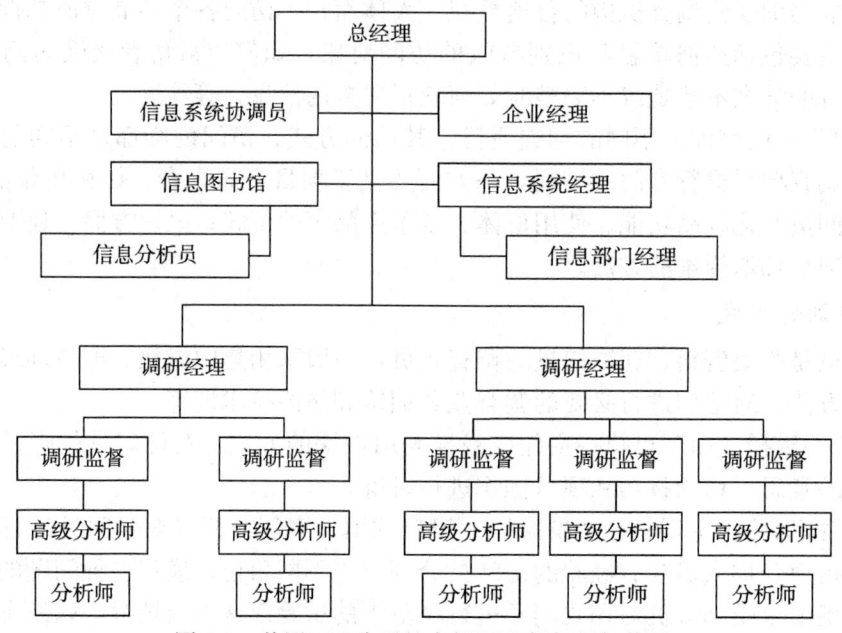

图 2-1　美国 3M 公司的市场调查部组织架构图

养。如果在一年中分析师表现良好的话,他们则可能在第二年晋升为高级分析师。这种提升要求奉献个人几乎 100% 的时间于市场调查的立项、完成和报告上。研究项目往往是以部门和生产线来划分的,因此,每个调查人员在特定的领域有所侧重,但是与此同时,分析师在工作中保持灵活性以适应不同部门的需要也是十分重要的。高级分析师在大约一年之后可以成为调研监督人员,他们将负责具体项目的实施,处理较复杂的项目,如果顺利的话,有可能成为调研经理。

(二)调查人员的素质要求

在调查业发达的国家,市场研究行业对人才是很有吸引力的,如在美国,该行业对职位有一定的素质要求(表 2-1)。

表 2-1　调查业的职位、职责和素质要求

职位	职责	经验要求	教育程度
总监	调查部门的管理	10 年以上	研究生
总监助理	项目的设计、执行和管理	5 年以上	研究生
高级分析师	项目监督(进度与质量)	3~5 年	大学以上
分析师	项目分析与细节监督	2~4 年	大学以上
统计师	统计分析	0 年	大学以上
初级分析师	项目协调(问卷编码、二手数据分析等)	0 年	大学
执行督导	数据收集监督	3 年以上	高中
图书资料员	图书资料管理	0 年	大学
访问员	问卷管理(兼职)	0 年	高中

例如，西安方元公司是一个拥有50名员工的民营市场研究公司。该公司对从业人员的要求是：具备本科以上学历及3年以上的市场研究经验，涉及过多个行业的研究及市场营销、统计、媒介等的工作经历。西安方元公司的组织架构如图2-2所示。

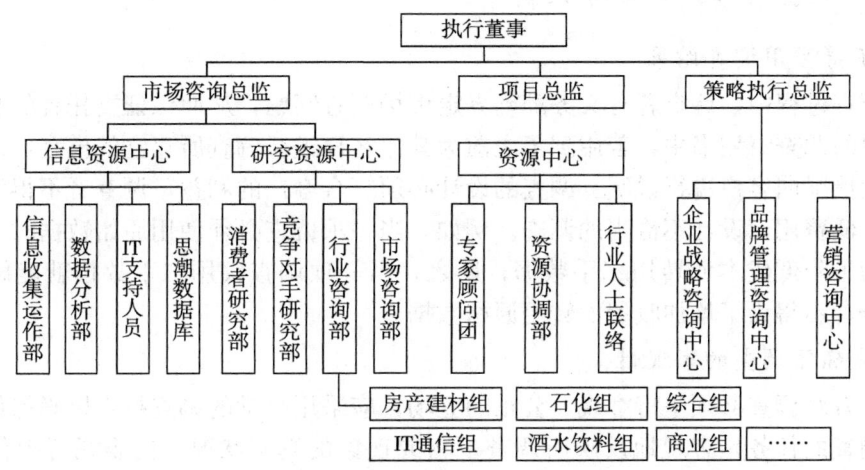

图 2-2 西安方元公司的组织架构

市场营销与工商管理专业的本科毕业生最常见的工作职位起点是作业督导，负责现场调查、数据编辑和编码的监督与指导工作。具有工商管理硕士或同等学位的人，往往被聘为项目经理。初级分析师和分析师一般要接受专门训练，其工作包括核对数据、编辑问卷和对数据进行编码，为市场预测准备原始数据和二手数据等。统计师也被称为数据处理专家，需要很强的统计学知识和数据分析背景。统计专业的本科生须熟练运用办公软件如 Excel，进行初级的统计分析、制表制图，还须对收集的资料建立数学模型，并能掌握 SPSS、SAS 以对数据进行深度分析和挖掘。研究总监则需要管理其他人，因此要有更多的管理技能。

如前所述，市场调查业需要具备多种背景、经验和技术的人。如果准备投身市场调查业，应系统学习专业知识，如市场营销学、统计学、计量经济学、计算机技术、心理学、消费者行为学、社会学、管理学等，同时要具备良好的文字表达能力和口头表述能力，以及要进行创造性的思考；从业者要有良好的职业道德，遵守为调查对象保密、不泄漏隐私等原则。

第三节 市场调查行业的行为准则

在市场调查中，通常会涉及调查者、委托者和调查对象。调查者（调查机构）是指承担市场调查任务的组织或个人，主要负责调查活动的设计和组织工作，承担市场信息的收集、整理、汇总和分析等任务。委托者即调查使用者，是指为了解决特定问题而需要了解和掌握相应的市场信息，提出调查任务和要求，并承担调查费用，最终使用调查结果的企业或组织。被调查者是指市场信息的直接提供者。这三者相互之间存在着直接的、涉及各方利益的关系，当他们有利益冲突或者其中一方未尽责任时，就产生了市场调查道德伦理问题。对于不同行为主体在市场调查中的道德问题，各国的行业组织都制定了相应的行业准则，这些准则在一定程度上规范了市场调查主体的行为。

一、调查者的责任与义务

1. 不得滥用调查结果

在调查过程中，调查者有义务准确界定市场调查问题，从而保证委托者的利益。在某一客户的调查策划书中，若用到了之前为其他客户进行调查所建立的模型，调查者有义务就此情况向客户进行说明。调查的设计必须符合客户的利益，调查者不得为了增加收入或降低费用而设计不恰当的调查。例如，当一项调查必须使用原始数据时，调查机构不能为了降低成本而转用二手数据；反之，当一项调查仅用二手数据就能解决问题时，调查者不得为了增加收费而转用原始数据。

2. 应确保调查的客观性

调查者对调查必须坚持客观、公正的立场，应采用科学的调查技术以确保信息的准确性。调查的任务是客观地反映所调查事物或现象的真实状况，向委托者提供决策依据。专业调查机构迎合客户的主观预期，企业内设调查机构迎合上司的主观预期，这些都违犯了调查行业的职业道德规范，是不可取的。为了确保信息的准确性，调查人员必须保证调查设计的公平、公正性和所收集数据的准确性，且不能为了政治目的有意去证明某个具体的观点。另外，调查者不得曲解数据的统计准确性，也不能更改调查数据和调查结果。若调查过程中发生了严重错误，并有可能歪曲调查结果时，调查者应向委托者或赞助商及时说明，不得隐瞒。

3. 向委托者提供调查信息

调查者履约向委托者提供调查所得总体信息，但不得向其透露被调查者的个案资料。调查者可以应被调查者的要求向其反馈概括性信息，但是要严格规定这类信息的广度和深度的界限，不能影响到委托者的利益，有关调查项目的任何信息都不得向局外人传播。调查者有义务保护被调查者的隐私，未经允许不得向外界（包括客户在内）提供。同时，调查者也要对委托者的任何商务信息保密，不得将客户信息提供给其他客户和任何第三方。

4. 尊重被调查者的隐私权

在调查过程中，调查人员有义务告知调查对象真正的调查目的，并在征得调查对象同意后才能对调查过程进行录像或录音。调查人员不应将调查对象置于有压力的环境中，也不得针对某一问题对调查对象过分追问，以免引起调查对象的不悦。当在公共场所进行一些隐蔽性调查时，调查人员应在调查场所张贴告示。

5. 向委托者收取报酬

调查者向委托者提出的调查策划书一旦为委托者所接受，就成为双方委托和被委托关系的基础，调查者与委托者应签订合同，调查策划书才具有法律效力。作为企业内部调查，委托者应保障提供调查所需的各种资源，由调查者自主使用，委托者不能对调查项目的执行乱加干预。作为外部调查，调查者与委托者是服务和被服务的关系，双方按合同规定收取和提供服务费。一般在调查开始时由合同规定委托者先向调查者提供一定比例的预付服务费，其余部分到调查成果提供后再交割。有的合同还对调查项目完成时间的提前和滞后规定了奖罚条款，对调查项目的目标达成情况规定了相应的扣减服务费条款。

二、委托者的责任和义务

1. 向调查者提供必要的信息

委托者须向调查机构提供有助于明确定义调查问题的信息，并说明时间和金钱的约束以及其他问题，帮助调查者搞清楚自身所面临的问题，并提供相关的资料，这是调查者将管理决策问题转化为调查问题的前提，也是调查者对项目方案进行总体策划的基础资料的重要来源之一。如果在这方面委托者没有很好地履行其义务，调查就无法进行。

2. 不能滥用调查计划

委托者不得以想要做市场调查为名，要求调查机构出示调查方案，从而得到具有参考价值的调查计划，而后关于市场调查的事项则绝口不提。如果拒绝了某一调查机构的计划，委托者就不应实施计划中的方案。委托者不得虚构此项调查之后还会有后续其他调查，从而使调查公司对当前进行的调查做出不公平的让步。如果委托者采用招标的方式选择调查公司，要求中标调查公司借鉴竞标中其他调查公司的计划书并将其应用到调查中，这种行为被认为是不道德的。

3. 享有调查成果的知识产权

委托者按合同规定提供了服务费，就有权利取得调查成果，并对之进行独家占有。这意味着在相当长的时间内，调查者不得向任何第三方提供调查成果，哪怕是局部成果。调查者也不能使用本项目的基础数据去搞另外的项目。至于保密时间的具体长度，可视调查内容而定，需要在合同中明文规定，委托者也可以按有关法律条文行使权利。

三、被调查者的责任和义务

1. 被调查者的权利和义务

视其是否知晓并是否表示愿意被调查，被调查者涉及的权利与义务问题不尽相同。在市场调查中，被调查者有选择合作或不合作的权利。每个公民都有个人秘密即隐私，应当得到法律保护，调查人员不能侵犯个人的隐私权。因此，被调查者可以在调查开始时提出因涉及个人隐私而拒绝调查，也可以在调查过程中发觉个人隐私受到触犯而中止合作。如果调查对象是企业，企业有保守其商业秘密的权利，同样有理由拒绝调查。但是，一旦明白对方的调查意图和大致的调查内容，允诺接受调查，就应该提供真实情况。

访谈法和观察法同样都需要被调查者作为信息客体，访谈法的被调查者必然知晓其被调查，但是后者的观察对象可能被告知对其进行观察，也可能不被告知对其进行观察。观察可以在被调查者不知觉的情况下进行，但同样也有尊重被调查者隐私权的问题。一般认为，在公共场所，如商店、机场、博物馆、街道等地方，对公开行为进行观察不侵犯隐私权,而通过隐蔽的手段对私人活动进行观察则侵犯隐私权。

2. 被调查者有知晓调查目的和资助背景的权利

一般情况下,调查者应该向被调查者讲明调查的目的和调查项目的资助背景,为被调查者选择参与或不参与提供参考。但是在特殊情况下,如果调查者公开其调查目的,就会失去观察的机会,或者无法控制被调查者的稳定状态,从而影响调查效果,也可以暂时隐瞒调查目的,只要这种做法不对被调查者造成伤害和损失,在调查结束后向被调查者说明情况即可。

☆思考练习题

一、问答题

1. 专业性市场调查机构的主要职能是什么?有哪些类型?
2. 简述辛迪加数据服务与客户定制服务的区别。
3. 当前我国三大类型的市场调查公司各有哪些特点?
4. 一个合格的访问员应该具备哪几方面的条件?
5. 市场调查行业可以提供哪些就业机会?

二、思考题

1. 如果你是一个工商管理专业的大学生,毕业后是否愿意到市场调查公司就业?有无在这个领域里自主创业的想法?毕业后如果自己创业成立调查公司,谈谈对公司的构想。
2. 如果去市场调查公司工作,你觉得依你现在的条件能胜任哪个职位?为什么?

☆实训题

以各调查小组为单位,做如下工作。

1. 到图书馆或上网查找资料,要求:①了解国外知名市场调查公司的情况;②了解目前国内排名在前20位的市场调查公司(包括合资公司、民营公司等)的情况。
2. 到一些企业去,了解他们的市场部日常在做什么工作。
3. 到当地的一些市场调查公司去做兼职访问员。

根据以上任务,每组写一份考察报告或心得体会。

☆扩展阅读

中国知名市场调查公司简介

1. AC·尼尔森(中国)

AC·尼尔森是全球首屈一指的咨询和监测公司,提供全球领先的市场营销和消费者资讯、电视和其他媒体监测、在线研究、移动媒体监测、商业展览服务以及其他相关服务。AC·尼尔森业务涉及100多个国家和地区,总部位于美国纽约和荷兰。

AC·尼尔森于1984年开始进入中国。1994年,AC·尼尔森通过收购调查研究集团(Survey Research Group)步入亚太市场。2001年,AC·尼尔森成为VNU(Verenigde Nederlandse Uitgeversbedrijven)集团的一部分。目前,AC·尼尔森零售研究覆盖中国主要城市和城镇的 70 多类非耐用消费品,定期为客户提供有关产品在各地的零售情况报告。AC·尼尔森另外一个著名的产品是调查电视、广播和报纸在媒体市场上的顾客数目的尼尔森收视率。AC·尼尔森的专长领域主要有以下几方面。

(1)零售研究。AC·尼尔森的零售研究服务运用从零售点收集的信息,可以对产品销售实施连续性追踪,为客户提供详细的销售信息、市场份额信息、分销信息、定价信息及促销活动信息。

(2)建模与分析。AC·尼尔森先进的建模与分析服务帮助客户解决诸如定价、促销、营销组合、分类与产品合理化、品类的货架布置、店内品类结构、店内审计和测试等问题。

(3)全球服务。尼尔森全球服务与尼尔森全球区域总部合作,提供清晰、连续的市场信息。运用可靠的、可比的跨国家市场数据与区域信息,"尼尔森全球服务"为全球市场人员提供基于信息的、以全球为视角的解决方案。

2. 益普索(中国)

益普索是全球领先的市场研究集团,于 1975 年成立于法国巴黎,1999 年在巴黎上市,是全球唯一由研究专业人士拥有并管理的市场研究集团。2011 年,益索普以 5.25 亿英镑的价格收购安吉斯集团旗下的市场调研机构思纬,这使益普索成为世界第三大市场调研机构。而思纬的加入,也让益索普拥有一个真正的全球性网络。益普索于 2000 年进入中国,通过收购北京丰凯兴信息咨询公司、北京华联信市场研究公司、广东大通市场研究公司三个本土公司,益普索(中国)现已成为中国大型的市场研究公司之一,在上海、北京、广州、成都、武汉等城市设有办公室或办事处,拥有专业人员约 1 500 名,营业额超过 10 亿元。

益普索(中国)拥有丰富的专业研究产品线及行业专长,研究领域覆盖广告和品牌研究、营销研究、媒介研究、公众事务与社会研究、满意度与忠诚度研究、数据采集与处理,汽车研究以及金融与服务研究,服务范围覆盖了快消、金融、汽车、IT/电信、医药保健等众多行业。

3. 捷孚凯(中国)

捷孚凯集团总部位于德国纽伦堡,是全球五大市场研究集团之一,拥有八十多年的发展历史,其耐用消费品零售研究是全球耐用消费品领域最权威的市场研究机构。捷孚凯于 1993 年进入中国市场开始家用电器的零售监测,经过 20 多年的积累和不断发展,目前其监测的产品涉及消费电子、家电、IT 和办公产品、通信产品、数码影像、家居生活、时尚生活、医疗保健和汽车等 100 余类。

捷孚凯(中国)的专长领域为零售监测,其零售监测覆盖的产品领域涵盖科技产品、家居产品、光学产品(眼镜、镜片等)、汽车用品、运动产品。

4. 央视市场研究股份有限公司

央视市场研究股份有限公司(CVSC-TNSRESEARCH,CTR)成立于 1995 年,是中国国际电视总公司与世界著名的市场研究集团 TNS(后者在 2009 年被并入凯度 Kantar 集团)共同组建的股份制合资企业,现拥有 500 多名全职专业研究及服务人员,监测网络覆盖中国近500个城市。

CTR的产品与服务包括提供360°品牌与产品的营销传播监测、精准洞察品牌与产品策略、目标消费者行为和生活形态的追踪分析等服务。作为中国最大的市场资讯和媒介研究公司，CTR的研究服务涵盖品牌营销和媒介受众，研究领域跨越媒介与受众研究、品牌与传播策略、产品与消费市场分析、渠道与服务管理。其专长领域主要包括媒体价值研究、传播效果评估、数字化媒体传播、目标人群消费指数、广告花费研究、舆情监测与公关评估、消费者指数、平面媒体阅读率等。

5. 零点研究咨询集团

零点研究咨询集团于1992年成立，早期以民意调查起家，在中国国内拥有较高的知名度，于2000年进行结构调整，投资成立了前进策略(策略咨询)和指标数据(共享信息)。零点研究咨询集团集中其在专业调研、策略咨询、背景数据方面的优势，借助通过长期协作关系确立的行业资源协作网，建立了公共事务、IT、电信、金融、汽车、房地产、家电、快速消费品、烟草和电力研究中心商业服务10个专业研究事业部。其特色服务有零点CATI快车、网上调查、多客户调查服务系统、调查结果发布服务、企业内部培训、多客户报告等。2011年以来，零点研究咨询集团积极拓展新业务，相继成立了零点呼叫中心、零点国际研究院、零点远景网络实验室等。

零点研究咨询集团针对不同的客户需求，提供针对性的研究服务，目前其业务主要定位在消费者研究、品牌研究、评估性研究、产品与营销研究四大研究领域。

6. 新华信市场研究咨询公司

新华信市场研究咨询公司(简称新华信)总部位于北京，其前身是成立于1992年的新华信商业风险管理有限公司市场研究事业部，该公司率先在中国开展市场研究咨询服务和商业信息咨询服务，并于2000年推出数据库营销服务。2001年，新华信重组为新华信集团，成为国内最大的咨询集团之一，新华信市场研究咨询有限公司是新华信集团的主要成员。迄今，新华信已发展为中国领先的营销解决方案和信用解决方案提供商。在上海、广州和香港设有全资子公司，全职员工近300名，调研网络覆盖全国80%的地级以上城市。

新华信所服务的客户来自于世界各地，包括美国、德国、日本、韩国、法国、瑞典、瑞士、芬兰、巴西等，许多属于世界著名的跨国公司，如西门子、休斯、大众、戴姆勒-克莱斯勒、通用汽车、现代汽车、日产汽车、爱默生、伊莱克斯、爱普生、佳能、罗克韦尔、施耐德、克房伯、曼内斯曼、摩托罗拉、诺华制药、LG、拜耳、杜邦以及国际铜业协会、国际节能委员会等国际组织。在国内市场，新华信一直是许多著名国内企业的市场研究合作伙伴，如一汽集团、东风等汽车厂商，中国电信、中国移动等电信运营商，联想、乐百氏、娃哈哈等大型企业。新华信致力于提供适用于客户专业领域需求特点的市场研究服务，关注市场研究技术与行业问题的结合以及研究结果对客户的实践意义，走"专业化市场研究＋与行业结合＋营销咨询"的道路。

7. 北京慧聪资道咨询公司

北京慧聪资道咨询公司(简称慧聪研究)是在长期深度追踪行业发展基础之上，提供一站式的市场研究与媒体监测解决方案的信息集团。慧聪研究的前身为成立于1993年的慧聪研究院，是中国最早一批的市场研究机构；2003年，慧聪研究院随慧聪网实现了在香港创业板的成功上市；2008年其与拥有169年历史的美国邓白氏达成合作；2011年，慧聪研究完成管理层收购(management buy-outs, MBO)，并正式更名，在市场研究行业里首个实现管理模式的创新，为推动慧聪研究成为行业领军企业奠定了有力基础。

1993年，慧聪研究成立伊始，家电、IT事业部就作为其主要业务方向，伴随公司蓬勃发展，2010年，消费电子事业部与IT事业部正式整合为ICT(information communication technology)事业部，资源效率大幅提升；以满意度研究、产品研究、渠道建设为主打产品，以行业研究为特色，覆盖ICT产品整个生命周期。其研究产品主要有价格监测、零售终端渠道研究、行业进入研究、竞争对手研究、消费者研究等。

8. 北京新生代市场监测机构公司

新生代市场监测机构公司（简称新生代）是中国领先的市场研究公司，成立于1998年，2003年引进外资，成为中外合资企业。新生代从1998年开始持续跟踪和监测中国市场的变迁，记录中国市场风云变幻，提供市场和消费者洞察，协助客户在商战中制定成功决策。

新生代研究领域包括：连续研究，包括连续性的、年度的与单一来源的大众市场研究与分众市场研究；媒介研究，包括平面媒体研究、电波媒体研究、户外媒体研究、网络媒体研究、新媒体研究；消费研究，包括行业与市场分析、销售研究、营销研究、消费研究、客户满意度研究。

9. 赛立信研究集团

赛立信成立于1996年，总部位于广州，旗下包括赛立信市场研究公司、赛立信商业征信公司、赛立信媒介研究公司、上海赛立信信息咨询公司、北京赛立信市场调查公司、赛立信资讯（香港）公司，以及设于深圳、武汉、成都、西安、厦门等城市的现场执行机构。赛立信是中国享有卓著声誉的提供市场研究、媒介研究、信用调查和竞争情报研究服务的公司集团，也是中国本土成立较早、规模较大、发展速度较快的专业市场调查机构之一，主要提供竞争情报研究、媒介研究、信用调查和市场研究服务。其服务范围涉及市场研究服务、媒介研究服务、竞争情报研究服务、商业信用调查服务。其中，赛立信(媒介研究)是国内最大的广播收听率数据服务商，在该领域占有70%以上市场份额；同时，赛立信也是中国竞争情报研究服务的领航者。

10. 华南国际市场研究公司

华南市场研究公司于1990年在中国广州成立时，是当时中国最大的本土专项市场研究公司，也是国内第一家商业咨询机构，拥有中国第一代市场研究人员，他们具有长期的研究经验，熟悉中国市场，对中国消费者的语言、心理和行为有着深入的了解。1997年，其与英国的国际市场研究集团合作组建合资企业，更名为华南国际市场研究公司。华南国际市场研究公司在国内7个城市设立了分公司或办事处，并在50多个城市建立了操作地，提供定性和定量研究的项目设计、项目管理、研究分析和营销建议。

11. 北京环亚市场研究社

北京环亚市场研究社创业于1984年，注册于1993年，是中国最早专注于信息咨询、市场研究和商务投资咨询的专业机构，其前身是原北京市外经贸委的北京国际贸易研究所咨询部，现隶属于北京市商务局。

北京环亚市场研究社专注于汽车领域、消费品研究、行业研究。

12. 广州致联市场研究有限公司

广州致联市场研究有限公司（简称致联）于1996年4月正式成立，1998年成立控股子公司——上海致联市场研究有限公司，专注并成功首先开拓中国医药零售研究，使其成为公司具有核心竞争力的产品，逐步成为国内领先的医药与健康的专业市场研究公司。致联长期专注于消费品专项研究、医药OTC研究、各类分销渠道研究。致联注重传统市场研究方法与现代科技的结合与革新，率先运用IT技术与BEE业务、渠道表现追踪研究、购物者研究的结合，以洞识市场研究特质的强力IT技术团队，开发出了适应核心业务需求的先进网上访问系统。

13. 上海大正市场研究有限公司

上海大正市场研究有限公司于1992年创建于上海，1993年在北京、1996年在广州设立分支机构，多年来长期连任中国信息协会市场研究业分会常务理事单位。其在大中华区与中国香港形成长期固定执行网络，覆盖中国1～5级共500多个城市与乡镇，大正在北京、上海和广州拥有自己的数据采集团队；在其他地区拥有近50家常年合作的优秀代理商，其在海外市场的执行网络包括日本、韩国、新加坡、泰国、中国香港、中国台湾等20多个东亚与东南亚的主要国家和地区。

大正研究服务领域为消费品与零售、金融及数字化生活。

第三章

市场调查策划

【学习目标】

通过本章的学习，了解市场调查的一般运作程序；深刻理解市场调查问题的含义和提炼要领；掌握市场调查策划书的具体内容和撰写要求，能根据具体的调查项目进行市场调查策划，并能独立撰写市场调查项目策划书。

市场调查是针对企业生产和经营中存在的特定营销问题而进行的活动，是一项系统工程，有很强的目的性。在调查目标确定以后，全部工作须按照一定的程序进行，从开始准备到调查方案的制订，直至最后的实施和完成，每一阶段都有特定的工作内容。在整个运作过程中，每一环节都很重要，必须事先制定出科学、严密、可行的工作规划和组织措施，来保证调查工作有秩序地进行，以减少盲目性。

第一节 市场调查的运作程序

市场调查的运作程序是指从客户提出调查要求开始到调查结束的全过程及其作业程序。建立一套系统科学的工作程序是市场调查得以顺利进行、提高工作效率和质量的重要保证。市场调查工作的基本过程包括明确调查目标、设计调查方案、制订调查工作计划、组织实地调查、调查资料的整理和分析、撰写调查报告。从市场调查的实践情况来看，市场调查因涉及的对象、具体内容、目的的不同而有种种设计，但基本程序大致包括三大阶段六个步骤（图3-1、图3-2）。

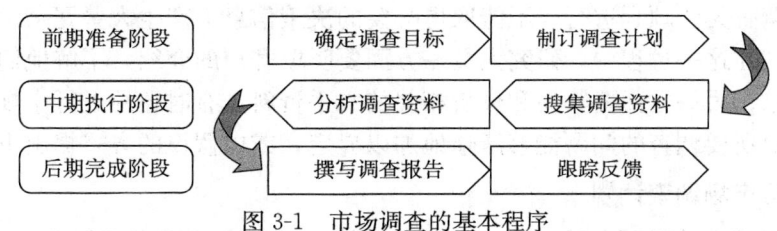

图3-1 市场调查的基本程序

一、市场调查的准备阶段

市场调查的准备阶段是指从客户提出市场调查的要求开始直到签订协议为止的过程，主要包括客户提出调查的要求、明确调查目标、拟订调查计划方案、签署协议等方

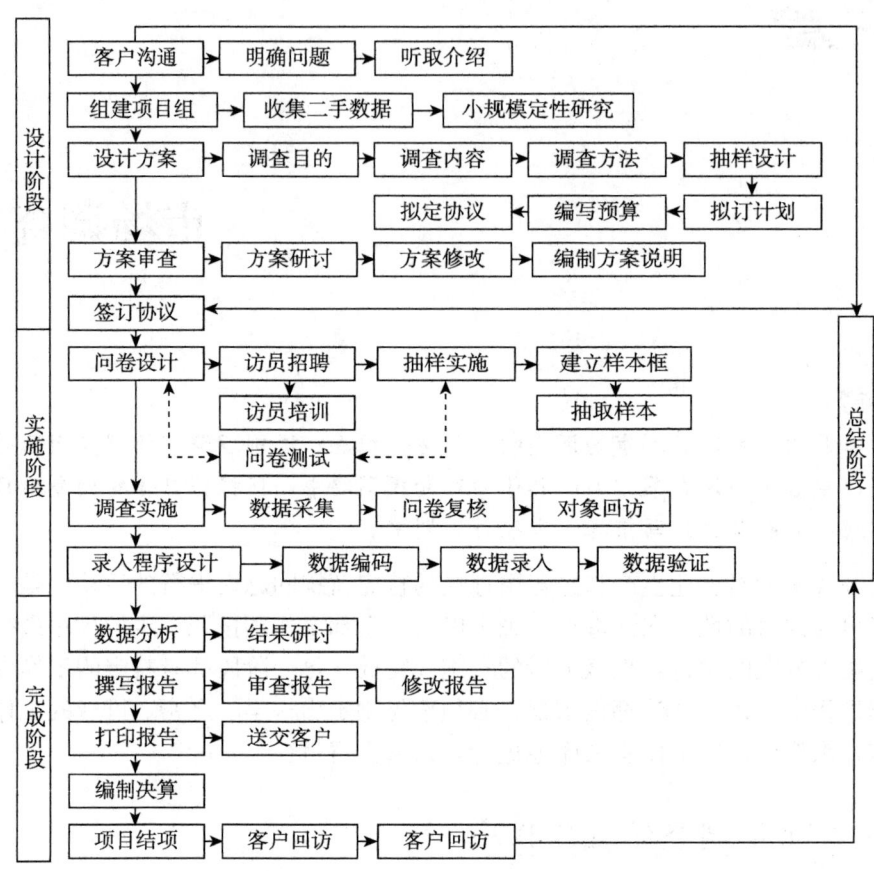

图 3-2 市场调查的详细运作程序
图中虚线部分表示可双向流动、反复循环

面的工作。

(一)界定调查的问题

市场调查项目的启动一般都是从客户自身的需求开始的。为了保证调查项目的有效性，首先要明确调查的问题，然后在此基础上提出调查目标。对调查问题的界定不明晰会导致市场调查无法顺利进行，不能取得必要的决策信息，产生大量冗余信息及非必需的预算支出。在这一过程中，研究人员一方面要听取客户的介绍，了解他们的目的、意图及信息需求；另一方面要收集和分析相关的二手资料，有时还须进行小规模的定性研究，以确保对所要调查的问题能够清晰地加以界定，或以假设的方式提出来。

(二)制订市场调查计划

在明确了调查的问题之后，下一步的工作就是进行市场调查策划即制订调查方案。通常要对市场调查的目的、内容、方法以及抽样设计、调查质量的控制、统计分析、调查的时间进度、费用预算及调查的组织安排等做出具体的规划和设计，并在此基础上编制出切实可行的市场调查计划书。调查方案拟好之后，还需要进行论证，客户在认可或拒绝接受方案之前，会对方案进行严格的审查。一般是先请调查公司对方案进行说明，客户再对方案的合理性、价值进行分析、判断和评估，双方进一步研讨、商榷以及对初步方案进行修改。当根据客户的要求对调查方案进行修改并得到客户的认可之后，双方即可按照商业规范要求签署协议。

二、市场调查的实施阶段

明确了法律上的责任和义务之后，就可以开始实施调查。

(一)实地调查收集资料

市场调查方案得到客户决策层批准之后，即可按照市场调查方案设计的要求，组织调查人员深入实地收集有关资料。这一阶段的工作主要是进行问卷设计、抽样实施以及访问员的招聘和培训。在许多实际调查中，问卷设计常常在方案设计时完成，并作为方案的一部分内容提交客户审议。抽样实施通常包括建立抽样框、抽取受调查者。预调查完成之后，就开始正式的实地调查工作。要按照事先划定的调查区域确定每个区域调查样本的数量、访问员的人数、每位访问员应访问样本的数量及访问路线，每个调查区域配备一名督导人员；明确调查人员及访问员的工作任务和工作职责，做到工作任务落实到位，工作目标、责任明确。调查组织人员要及时掌握实地调查的工作进度及完成情况，协调好各个访问员间的工作进度；要及时了解访问员在访问中遇到的问题，并帮助其解决，对于调查中遇到的共性问题提出统一的解决办法。每天访问调查结束后，访问员先对填写的问卷进行自查，然后由督导员对问卷进行检查，找出存在的问题，以便在后面的调查中及时改进。

(二)整理和分析资料

实地调查结束后进入调查资料的整理和分析阶段。这一阶段主要是对问卷资料进行统计处理。统计处理包括调查问卷的审核、校对、编码工作，然后将调查数据录入计算机运行后，即可获得已列成表格的大量的统计数据，利用上述统计结果，就可以按照调查目的和要求，针对调查内容进行全面的分析工作。数据分析是指运用统计分析方法对大量数据资料进行系统的分析与综合，以揭示调查对象的情况与问题，掌握事物发展变化的特征及规律性，找出影响市场变化的各种因素，提出切实可行的解决问题的对策。

三、市场调查的总结阶段

(一)撰写调查报告

当需要的资料齐备，对数据所反映的规律、问题有了比较清楚的了解之后，研究者就可以着手撰写调查报告。调查报告是市场调查的成果，它所提供的资料会对客户的市场决策产生重要的影响。调查报告能体现调查公司的研究水平，写作时必须十分慎重。市场调查报告要按规范的格式撰写，一个完整的市场调查报告由题目、目录、概要、正文、结论和建议、附件等组成。完成调查报告之后，还须进行调查结果的口头汇报，调查公司的研究人员与客户的有关人员参加，调查公司的研究人员负责向客户介绍、说明调查所得到的结果。客户在听取介绍之后，对不清楚的问题可以提出质疑，研究人员对客户的质疑逐一做出解释。会后针对客户提出的问题，对调查报告做进一步的补充和修改，直至客户满意为止。最后，按照协议规定交给客户书面报告及光盘资料。

(二)信息反馈和跟踪

在花费了大量的人力和物力开展市场调查并获得结论和建议后，并不能认为调查过程就此完结，还应跟踪研究，并把建议付诸实施。管理者应该决定是否采纳调查报告所提出的建议，调查人员应当设法了解管理层是否采纳了研究建议，以及在管理层采纳研究建议的情况下决策的有效性如何。这一部分是很容易被忽视的内容，调查的信息不能被很好地利用，会使市场调查的作用降低。

第二节 市场调查问题的确定

对于接受委托的市场调查公司来说，首先要在充分了解背景情况的基础上，为客户企业清楚地界定所欲调查的问题与范围，并确定调查的用途与假设前提。只有准确地界定了市场调查问题之后，才能顺利地设计调查方案并付诸实施。对调查问题漫无目标，或者对所要调查的问题做出错误的界定，会造成人力、财力、物力的浪费，调查所得的结果也无助于企业管理者制定正确的决策。

一、市场调查问题的含义

市场调查问题也称市场调查主题，是对一项调查研究所要解决的具体问题的概括。市场调查的第一步工作是确定市场调查的问题，即明确调查项目所面临的和要解决的关键性的问题。通常情况下，决策者知道出了问题，但却不知道问题出在哪里，或者要做出一项决策，但却不知道市场调查能起到什么作用。所以，首先必须要明白客户想通过市场调查解决什么问题。

由于不同的客户面临的现实情况不同，因而他们的具体目的也有所不同。例如，有的客户想了解清楚生产经营中出现销售不畅的原因及其解决方法；有的客户准备采取某种行动，但又不敢贸然行事，试图通过市场调查来判断行动的后果；有的客户已经采取了某种行动，但不清楚效果如何，因而想通过市场调查来加以了解；有的客户想了解竞争对手的各种情况；有的客户由于企业常规性决策的需要而不断地对市场及顾客进行调查；等等。在目前的大多数市场调查中，甚至一项调查的目的通常有好几个。例如，了解消费者对产品的感受、评价、意见，以便改进产品；了解某种品牌在同类产品中的地位，以便采取相应的营销对策；了解目标市场的媒体接触习惯，以便为制订广告活动的媒体计划提供依据；等等。类似这样的问题常常是引起市场调查的初始原因，但这些问题本身并不一定构成市场调查的主题，调查人员还需要进行分析和初步调查。部分决策者经常犯的错误是调查没有主题，什么问题都想通过一次调查来全部解决，结果适得其反，什么问题也解决不了，以至于决策者又认为市场调查没有用处。

一般来说，一个市场调查项目必须符合以下要求：①调查项目切实可行，能够运用具体的调查方法进行调查；②可以在要求的时期内完成调查，调查时间过长，调查结果就会失去意义；③能够获得客观的资料，并能根据这些资料解决问题。

如果对市场调查问题产生错误的理解并给予不正确的定义，所有为此付出的努力、时间和资金都将浪费。更为甚者，如果用这种调查的结果作为决策的依据，将会造成更大的危害。大量的事实表明，对市场调查问题了解得越透彻、清楚、详细、准确，越有利于市场调查活动的有效开展，越能以少的投入取得大的效果。所以，在一项市场调查项目开始之初，深入研究、搞清楚市场调查的真正主题具有十分重要的意义。

二、调查问题的提炼及辨别

一般由企业或其他客户提出的问题，只是一个大致的范围或方向，不具体且针对性不强，甚至停留在表层，这就要求研究人员与客户反复沟通，以达成共识。在听取客户的介绍，了解他们的目的、意图及信息需求之后，先要着手弄清楚所要调查的问题。只有界定了问题和调查的目的，才能进一步去设计与执行调查。例如，企业提出产品销售不畅的问题后，有了调查范围，研究人员就要首先针对影响销售的诸多因素进行分析：是渠道选择不当，还是产品质量有问题，还是包装不适宜等。假如初步诊断后发现是渠道不畅的原因，则要把重点放在渠道的选择上，即对关键问题进行调查，只有这样才能提出具有针对性的意见和建议。

界定问题是调查过程中最重要也是较困难的任务。调查开始时，调查问题包含的面通常较广，调查者对这种大范围的知识背景比较熟悉，如定价、促销、产品开发等，但这些不宜作为研究的最终主题。例如，对某产品的广告策略进行研究，这个问题的范围就比较大，调查人员无法操作，必须进一步确定调查的重心是放在媒体选择方面还是放在广告创意方面。而随着研究问题提炼到一个较窄的领域，研究者由于缺乏对该企业产品情况及行业专门知识的了解，思路就会受限，因此有必要做一些与界定问题相关的工作，如收集二手资料、做一些探索性调查等。通过这些非正规的调查，在对问题的研究提炼过程中，会发现从一开始想要调查的某些问题的资料已经存在，相关的题目就应该被剔除，从而把其中某些内容作为调查的题目。例如，在产品的广告策略研究中，经过一定的初步调查发现企业早就进行过这类产品的广告媒体方面的研究，因此就可以把广告创意的调查作为主题。

有时引起调查的动机是相当模糊的，因此就有必要对调查的主题加以提炼分析。一般来讲，人们把引起调查的情况称为调查主题。例如："××产品的销售量在上季度突然下降"，客户的决策者要求对销售量下降进行解释可能是引起调查的原因之一，但销售量下降并非一定会引起对它的调查，因为公司的管理人员可能知道是什么原因。针对销售量下降这类情况或症状的市场调查研究的主题就可能有两个方面：①引起××产品销售量下降的原因；②可以采取哪些措施来防止销售量下降。

三、选择调查的目标

有些企业的调查主题一开始就很明确。例如，某企业上一年度为产品投放 500 万元广告费，本年度做广告预算时需要进行广告效果调查，这时就可以直接确定调查的目的、调查的具体内容及调查对象、采用的调查方式等，可顺利进行下一步的调查工作。但如果调查任务开始于寻找引起某种症状的原因时，调查的目的就不是十分明确。例如，在"××产品销售量下降"的例子中，如果下降的原因不明确的话，那么找出其原因仅是调查的目的之一。在引起症状的原因已知的情况下,调查的目的就可能变成"决定能处理这些症状的措施"。例如,如果××产品销售量下降是由主要竞争对手的同类产品在×市的降价销售造成的,那么调查的目的就是选择采取措施的方法;如果××产品企业的经理们已有了几种可行的措施,但不知把哪一种付诸实施的话,那么调查的目的就是辨明最有效的营销方案。当然有些调查主题有多重目的:辨明引起症状的原因;辨明克服症状的各种措施(方案);选择一个最有效的方案;等等。

上面只是从总的方面讨论了调查的目的,但这些大方向的目的还要转化为具体的目标。调查的具体目标通常以调查问题的形式出现,表明了决策者所需要的信息的内容。这一阶段的工作对下一阶段工作中的研究方法的选定、问卷或调查提纲的制定等工作有很重要的作用。

四、形成假设

在问题确定之后,调查人员必须针对某些问题寻找其假设因素,以便从这些假设因素中找出影响问题症结的特定因素,作为设定调查主题的依据。研究假设是指对调查对象的特征及有关现象之间的相互关系所做的推测性判断和设想。在某种意义上,任何一项课题的研究都是从一些假设开始的,就像自然科学研究一样,先进行理论猜测,再通过实验来检验。市场调查主题正是借鉴自然科学的实验原理来探索社会科学领域事物的本质和规律的。研究假设的形成有多种可能的来源,其一是根据现有的理论和实践经验得出,其二是在理论和经验都无法做出推测时,根据对社会经济现象之间的观察和分析得出。

客户企业生产经营的问题太抽象或范围太大时,不妨从多个角度对调查主题进行理解。一般的调查主题都包括主要问题和主要问题下的分支问题,通常要把调查目的分解为一些具体目标,然后根据这些具体目标形成研究假设。提出研究假设的作用是使研究目标更加明确,指导调查人员去收集必要的信息,以检验研究假设。

假定某企业发现销售额日益减少,调查人员要寻找造成此问题的假设因素,包括消费者因素、竞争因素、广告因素及经济因素等。接着对这些假设因素加以研究分析,结果可能发现广告才是影响销售额的重要因素,于是再设定各种可能影响广告效果的假设因素,并对这些假设因素分别加以分析,寻求具体的影响因素,以供市场调查人员去求证这些因素与销售额之间的关系,并作为设定假设问题的依据。就本例而言,影响广告效果的假设因素可能包括广告文案因素、广告时机、广告媒体因素及广告费用因素等。

假设有两种形式:一种是研究者可以根据正规研究资料判断的陈述性假设;另一种是调查者要研究的各种可能的行动方案假设,旨在选择最适合的一个方案。并非所有的调查问题都需要做正规的假设,这取决于假设的接受和拒绝是否能帮助达到研究问题的目的。简单的事实收集就不一定需要做假设,然而大多数市场调查需要做假设,以使资料的收集工作有较大的依据性。

五、确定调查问题的程序

(一)调查问题的背景分析

调查人员必须对客户企业的情况进行分析,特别是那些对确定调查问题有较大影响的因素，了解进行调查的环境背景，包括本企业和行业的历史背景和发展限制条件、决策目标、购买者行为、法律环境以及公司的营销能力和技术手段等。

(二)确定调查问题的相关工作

在对企业情况进行了充分的研究以后，就可根据企业市场经营活动中面临的问题，确定调查问题。问题的界定往往不是调查人员自己能独立完成的，它需要有关人员的共同参与，以确保对所要调查的问题能明确地加以界定。为了选择对企业发展来说最重要、最迫切的问题进行调查研究，以准确界定调查问题，研究人员在这一阶段应做的工作主要包括以下几方面。

(1)与企业高层主管进行讨论。市场调查为高层管理者提供决策依据，必须根据决策者对整个企业的把握及他们的目标来确定调查问题。决策者也需要了解市场调查的功能和局限性，以便对调查结果提出合理的期望和要求。因此，调查人员要了解委托企业及行业的运转情况、政策和传统做法等方面的背景材料，主动和决策者就企业生产经营及营销活动所面临的问题展开积极讨论，一起研究，以确定调查目标和内容。

(2)向行业专家咨询，加深对某些问题的理解。在调查目标未确定以前，应根据提出的问题挑选一些精通这些问题的相关人员(既包括生产厂商、设计人员，又包括一些经销商、批发商、零售商等)。例如，调查某产品的销售问题时，可就影响销售的各种因素征询相关人员的意见，最后确定出最主要的影响因素并把它作为调查重点。

(3)收集二手资料并进行分析。通常情况下，收集二手资料是市场调查活动的开始，在此基础上才进行原始资料的收集。通过二手资料可以进行初步分析、补充来自于决策者和行业专家的信息。

(4)进行必要的定性分析。有时来自于决策者、有关专家和二手资料的信息仍不足以确定调查的问题，因此有必要进行一些小规模的定性调查，具体方式如深度访问、小组座谈、德尔菲法等。

(三)把管理决策问题转化为市场调查问题

在进行了探索性调查之后，调查者就应设法去定义管理决策问题，并将其转化为市场调查问题。

管理决策问题与市场调查问题密切相关，市场调查是为管理决策服务的，管理决策问题就是市场调查所要解决的问题，但两者的概念又是不同的。管理决策问题是决策者所面临的问题，是以行动为导向的，考虑的是决策者可能采取的行动，如怎样挽回丢失的市场占有份额？市场是否以另外不同的方式进行细分？是否应当向市场推出新产品？是否增加广告促销的预算？而市场调查问题是以信息为导向的，它要确定的是决策者做出某种抉择、需要什么信息，以及如何有效地获取这些信息。正因为两者之间存在着差异，所以不能把管理决策问题直接作为市场调查问题。必须先初步分析引发问题的原因，基于经验或现有信息进行判断，再把管理决策问题转化为市场调查问题。

例如，考虑某特定系列产品市场占有份额的丧失问题时，管理决策问题是如何挽回这一损失，备选的行动路线包括改进现有产品、引进新产品、改变市场营销策略中的其他因素等。假定决策者和调查者都同意问题是由于不适当的市场细分引起的，并希望通过市场调查以获取关于这个问题的信息,那么市场调查问题就变成确认和评价一组备选的细分市场问题。

不同的管理决策问题向市场调查问题转化的基本思路是一致的,但是具体情形和内容则各不相同。表3-1给出了一些管理决策问题转化为市场调查问题的案例,具有一定的代表性。

表3-1 与管理决策问题相对应的市场调查问题

管理决策问题	相应的市场调查问题
1. 是否向市场推出新产品 2. 为新产品开发包装设计 3. 是否增加广告预算 4. 是否降低产品的价格 5. 开设新店以加强市场渗透力	1. 确定潜在消费者对新产品的偏好程度及购买意向 2. 评估各种包装设计的效果 3. 确定现行广告的效果 4. 测定不同价格水平对销售额和盈利的影响 5. 评估不同店址选择的前景

(四)确定市场调查问题

确定市场调查问题要遵循两个原则:一是调查者能据此获得决策者所需要的全部信息;二是能指导调查者开展调查活动。在实践中,既要防止确定的问题过宽、空泛,也要防止问题过于狭窄。为了避免这两类错误的出现,可以先将调查问题用比较宽泛的、一般的术语来陈述,然后再具体规定问题的各个组成部分,为进一步的操作提供清楚的思路。总之,调查问题的确定既要考虑管理的信息需求,又要考虑获取信息的可行性及信息的价值,以保证所确定的调查问题具有价值性、针对性和可操作性。

第三节 市场调查策划书

明确界定了调查问题之后,接下来就要进行市场调查策划。市场调查是一项内容多、涉及面广、参与人员比较多的活动,由于市场调查日益复杂和所费不菲,越来越多的企业十分重视对市场调查的规划和统筹安排,在调查之前制定市场调查策划。调查策划是否周密合理,会影响到整个市场调查能否顺利开展和调查质量的好坏。调查策划是衡量一个调查公司研究水平的标准,也是调查公司能否得到客户信任的依据。

一、制定市场调查策划书的意义

双方接洽后,委托方会要求调查公司提供一份进行调查活动的项目策划书。市场调查策划书即调查方案,也叫调查计划书、调查项目建议书等,它是指在调查项目实施之前对调查的目的、内容、研究方法、数据分析、时间安排、经费预算等所做的统一安排和规划,以及由这些内容形成的文字材料。调查策划书是市场调查策划的书面体现,一方面供客户审议、检查用,作为双方的执行协议;另一方面作为调查者实施项目的提纲或依据。调查策划书是否科学、可行,关系到整个调查工作的成败。

市场调查公司撰写策划书的目的为:①通过向甲方提交和说明策划书内容,表示对客户需求的理解和重视;②希望客户了解公司的实力、素质和服务宗旨,树立良好的企业形象，作为投标书的蓝本争取获得此服务项目；③争取到服务项目后，策划书是起草合同和申请研究经费的文本依据；④便于对调查过程实施监督、管理和控制；⑤策划书是实施调查计划和撰写市场调查报告的基础。

二、市场调查策划书的主要内容

市场调查策划书是调查策划的书面陈述，应该对调查的目的、内容、要求和方法等做出明确的规定。具体来讲，一份完整的市场调查策划书一般包括以下几个部分。

(1)前言。该部分简明扼要地介绍整个调查项目的情况。

(2)研究的背景和目的。该部分较前言部分稍微详细一些，说明该项目的调查目的、要研究的问题和可能的几种备用方案，指明该调查结果将给企业带来的决策价值以及在理论研究方面的意义。

(3)研究的内容。在确定调查目的并做出相应的研究假设后，需要判断达到调查目的以及对假设进行检验所需的各种信息，需要列出主要的调查项目，规定所需的信息。

(4)调查的范围和对象。明确界定调查的范围和调查对象，包括在什么区域调查，对调查对象的范围及特征的界定等。

(5)研究的方法。指明所采用的调查方式方法及其主要特征。例如，说明用二手资料还是一手资料、一手资料采用何种调查方法；陈述抽样方案的主要内容、选取使用的抽样方法，确定样本量的大小和可能达到的精度；说明整个调查过程中的质量控制措施、数据处理的程序、详细的统计分析计划；等等。

(6)拟定调查表或调查问卷。如果采用问卷调查，须说明问卷的形式及设计方面的考虑、预调查及问卷修改等。如果已设计好问卷，可放在研究计划之后作为附录的一部分。

(7)经费开支预算。制定预算时，应当列出较为详细的工作项目费用计划。首先分析将要进行的调查内容及阶段，其次估计每项活动所需费用，由此再算出该项目的总研究费用。

(8)研究进度。规定从调查方案设计到提交报告的整个工作进度，包括各个阶段的起始时间，其目的是使整个调查工作及时展开、按时完成。

(9)报告提交方式。确定提交报告的形式和份数，报告的基本内容、报告中的图表以及要提供的其他附件、口头汇报的演示文稿等。

(10)调查的组织计划。为了确保调查工作的实施，应制订具体的人力资源配置计划，主要包括调查项目负责人、人员配备及分工、访问员的选择与培训等。

(11)附件部分。列出项目负责人及主要参与者的名单，并简明扼要地介绍团队成员的专长和分工情况、抽样方案的技术细节说明、原始问卷及问卷设计中有关技术说明、数据处理方法、所用统计分析软件等方面的说明，等等。

三、市场调查策划书的撰写技巧及注意事项

不同的市场研究公司，其撰写市场调查策划书的风格是不一样的，每个公司应该根据客户的要求，结合自己的特点，在内容和格式上进行创新。

(一)开头部分

1. 介绍调查公司的背景

首先简明扼要地介绍调查公司的背景、市场研究水平和业务实力、公司的经营观念和服务宗旨、以往在市场调查方面的研究成果，同时还可以列举几个知名的案例和业绩。如果能够在理论和实践的研究方面有所突破的话，更应该进行延伸和说明，目的是宣传调查公司，争取进行项目合作。例如，"××市场研究在电信、汽车、IT 通信、商业地产、服装、化妆品、连锁商业、公共服务等领域有多年的研究经验，且在这些行业开发了多种研究模型与研究方法。凭借严谨踏实的作风、系统专业的经验和广泛的数据搜索网络，为客户制定有效的市场策略提供翔实的市场信息依据"。又如，"自成立以来，我公司本着完全为客户利益着想的原则，坚持诚信为本的经营理念，历来以良好的服务质量，向客户提供高水平的市场调查服务。有幸接受贵方的委托，提供关于开展某产品市场调查活动的服务。现根据贵公司的调查计划要求（或应贵方要求），对本项调查活动提出以下策划和报告……"。

2. 调查问题的提出和确定

要尽量从满足客户需求的角度出发，简明扼要地把委托方的问题说清楚。具体内容和有关专业方面的提法，可以直接引用客户公司的市场调查大纲上的语言，也可以引用客户公司负责人的指示或者引用客户公司正式信函上的文字等，以表示对客户的尊重和对问题的理解。例如，"按照贵公司的意图和要求，本次调查和研究的目的是进一步提高某产品在市场上的竞争力，寻找提高知名度和信誉度的途径……"等。涉及具体产品或者服务项目的内容时，可以向委托方主要负责人或有关专业人士请教。如果项目的调查范围大且比较复杂，须在此处提出该项目的研究思路和研究假设。具体的操作如何进行，必须通过方案设计来落实解决。

3. 说明调查的目的和必要性

在陈述调查的目的、意义和应用价值时，可以从正面说明进行市场调查后客户会得到的利益。例如，"贵公司为了能够更好地满足市场和顾客的需要，为了增加市场占有率，提高企业的市场竞争力，认为有必要对产品包装的亲和力、商标的鲜明性进行探讨，希望调查和具体确定……以便突出产品的特色，使产品的市场定位与顾客的需求相吻合，达到……"。如果从反面说明问题的严重性，也可以使用预警式的语句来进行说明。例如，"在某产品出现了……情况或问题后，如果不进行调查或者不能确定……原因的话，将会给企业带来……影响或风险"等。总之，应该从市场营销和市场竞争等方面进行专业技巧性的强调，这是市场调查公司的强项。

(二)确定调查的内容

调查内容是指将要向调查对象进行调查的项目，即对调查对象的哪些方面进行调查，应获取什么样的信息。判断调查所需信息的工作，对设计问卷或调查提纲并保证达到研究目的有重要意义。在这个环节要注意两种现象：一种是调查项目罗列不全，这会造成信息不完备，客户依据这样残缺的信息做决策会造成失误；另一种是罗列的调查项目过多，这会使调查人员分不清问题的主次和重点，更重要的是造成人力、财力的浪费和时间的拖延。调查项目的确定取决于调查的目的和任务，以及调查对象的特点与数据资料收集的可能性，为此应注意以下几点。

(1)符合调查目标要求且有可能获取的数据。要根据调查的目的确定具体的调查内容，避免把与调查目的无关的内容列入其中，凡是不能取得数据的调查项目应舍去。

(2)调查项目列举必须完整、具体。例如，进行消费者需求调查时，既要有消费者的人口特征项目(年龄、性别、职业、文化程度、家庭人口等)，又要有消费者购买量、购买动机、购买行为等需求的主体项目，还应有消费者收入、消费结构、储蓄、就业、产品价格等引起需求变动的相关项目。

(3)调查项目的表达必须明确。问卷中的答案选项必须有确定的形式，如数值式、文字式等，以便统一调查者填写的形式，利于调查数据的处理和汇总。

(4)调查项目之间应尽可能相互关联，使取得的资料能够互相对应，具有一定的逻辑关系，便于了解调查现象发展变化的原因和结果，也便于检查答案的准确性。

(5)调查项目的含义必须明确、肯定，必要时可附加调查项目、指标解释、填写要求。

为了准确列出需要调查的全部内容，首先要和参与调查的有关人员共同商讨，针对调查目的提出调查项目，尽可能把调查内容详细罗列出来；其次对调查项目进行分类和重要性分析，并把全部项目按照分类结果列成项目清单；最后按照类别、重要性程度及其资料获取的可能性程度对清单上的各个项目进行排序，选出既能满足调查目的和任务的要求，又能取得数据的项目。在列出调查项目后，研究人员还必须检查各个项目是否对决策有用，删除多余的项目，使调查内容科学、可行。

(三)确定调查范围和调查对象

确定调查范围和调查对象即说明在多大的区域进行调查、调查什么样的人或团体。对调查对象要有明确的界定，包括人口和社会特征、心理和生活方式、个性、动机、知识、行为、态度和观念、未来的行为倾向等，以及判断选择这些人是否合适。一般来说，在调查方法的确定中，需要解决的具体问题主要包括以下几方面。

(1)调查区域：指明在哪些地区做调查，还要特别说明选择这些区域的理由。调查范围应与企业产品销售范围一致，当在某一城市做市场调查时，调查范围应为整个城市，但由于调查样本数量有限，调查范围不可能遍及城市的每一个地方，一般可根据城市的人口分布情况，主要考虑人口特征中的收入、文化程度等因素，在城市中划定若干个小范围调查区域，划分原则是使各区域内的综合情况与城市的总体情况分布一致，将总样本按比例分配到各个区域，在各个区域内实施访问调查。这样可相对缩小调查范围，提高调查工作效率，减少费用开支。

(2)调查对象：无论采用何种资料收集方法，都要根据调查目的对调查对象进行界定。市场调查的对象一般为消费者、零售商、批发商等，消费者为使用该产品的消费群体。以消费者为调查对象时应注意，有时某一产品的购买者和使用者不一致，如对婴儿食品的调查，其调查对象应为孩子的母亲。此外还应注意一些产品的消费对象侧重于某一消费群体，如对于化妆品，其调查对象主要选择女性；对于酒类产品，其调查对象主要为男性。

(3)抽样计划：市场调查通常情况下都采用抽样调查，样本要在调查对象中抽取，由于调查对象分布范围较广,因此应制订一个抽样方案,以保证抽取的样本能反映总体情况。根据调查对象决定样本的性质、样本量及抽样方法。确定样本量应考虑调查经费、抽样精度的要求、决策者的风险及研究问题的范围等。抽样计划中需要解释在抽取样本时,是采用概率抽样还是非概率抽样,以及为什么采用这种抽样方法。如果采用非概率抽样中的配额抽样,须将选择样本的特征及样本进行分配,并列成表格形式。

(四)设计问卷或调查表

调查项目确定之后,可设计调查问卷或调查表,用做市场调查收集资料的工具。调查问卷设计应以调查项目为依据,力求科学、完整、系统和适用,能够确保调查数据和资料的有效收集,提高调查质量。在决定采用访问法收集资料时,需要设计问卷,通过预调查的方式进行问卷测试和修改,而且要安排问卷的调查时间。如果准备用观察法,则要设计记录表,同时要准备有关的仪器设备。如果与客户方是第一次合作,则需要将设计好的问卷和调查方案一起交给客户审查。

(五)选择研究方法

为了争取客户的合作,调查公司应该进一步向客户介绍市场调查的具体方法和主要策略。根据调查目的和研究假设,将需要的资料列出清单,以确定所需资料的种类和来源。二手资料无法完全满足研究的需要,则应选择原始资料的收集方法,通常有访问法、观察法和实验法等。若调查问题涉及面大、内容较多,则应该对每种备选方案的具体操作计划进行说明,包括选择哪一种调查方法获取数据和资料,采取哪一种技术进行信息资料的收集和整理,采取什么方法进行调查活动的监督和管理等。在策划书中的遣词应该是,"为了使贵公司的市场调查能够取得更好的效果,我们设计了五种方案,如果采用第一套方案,拟采用××调查方法进行信息资料的收集,采用××理论进行信息资料的整理和分析研究,同时,运用我公司主要研究成果对调查活动实施监督、管理,并对调查结果进行精确度的数据分析"等。

(六)制定调查实施的质量控制方法

在进行调查方法介绍时,应该强调不同调查方法的质量要求,说明误差控制的程序,质量控制和监管的方法,可以使用定性的语言和肯定的语气进行表述,在需要使用定量语言时,应该注意留有余地。现场调查是最不容易控制且极易产生误差的环节,因此应对每一个细节都进行严格的控制。执行现场调查的人员主要有访问员、督导员和调查部门的主管,在实施现场调查前,这些人员都要接受不同层面的培训,特别是访问员和督导员。为了控制误差和访问员作弊,通常在人员访问完成后,督导员会按一定比例根据计划对受访者进行回访,以便确认是否真正进行了调查以及调查是否按规定的程序进行。

例如,西安某市场研究公司在为客户所做的项目策划书中对质量控制这一板块做了详尽的陈述:"根据我们在西北地区多年的研究经验,我们认识到质量控制是项目成功的关键。对于每一个项目,我们将针对项目的具体情况,通过严格的项目质量控制及操作指南来收集与项目有关的详尽事实和数据,为客户提出实效性的解决方案,提供数据支撑,我们的质量控制标准如图3-3及表3-2所示。"

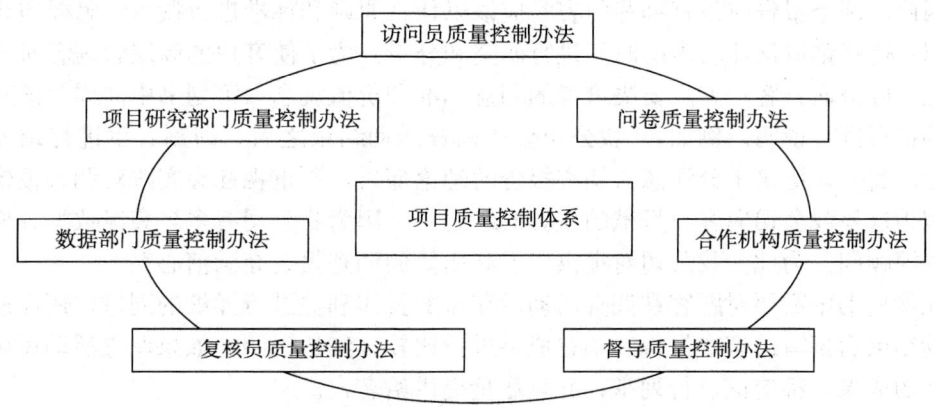

图 3-3　西安方元项目质量控制体系

表 3-2　西安方元项目质量控制标准

步骤		质量标准	质量控制
界定问题		清晰，具体，书面表达问题中无含糊概念	项目经理，项目研究部与客户三方确认问题
确定研究方法		模型清晰，逻辑性，有数据或理论支持	项目经理，项目研究部与客户三方确认问题
抽样		样本结构分布符合抽样框结构分布，对抽样方法进行误差估算	SOP＋代表性对比监测
数据收集	问卷设计	SOP	SOP
	实施计划	SOP	SOP
	访问质量	SOP	SOP＋访问录音系统＋电子问卷
	审核	SOP	SOP＋电脑审卷＋录音审卷
	数据处理	SOP	SOP
数据分析		针对问题，全面，深入	历史数据二手资料验证专家讨论
总结报告		清晰回答问题，简洁，数据充分逻辑清楚	客户评估

注：SOP(standard operation procedure)标准作业程序

(七)制订资料分析计划

在调查策划书中应制订资料处理和分析的计划，对资料的审核、校对、编码、录入、分类、汇总、图表陈示等做出具体的说明，大型的市场调查还应对计算机自动汇总软件开发或购买做出安排。在统计分析计划中，应该对使用何种方法进行信息资料的分析，使用这些分析方法对调查活动质量的保证，以及能给客户带来的利益关系等加以陈述。要注重向客户提供尽可能多的信息，特别是提供关于市场调查方面的新发展、新技术的数据资料。例如，有属于公司独创的具体调查方法和调查技术等时，可以告诉客户"本公司有自行研发的专利调查技术，能够很好地支持调查活动的顺利开展，可以保证市场调查活动的质量，一定能够让贵公司满意"。向客户提供有关调查的信息资料越多，越有可能获得项目合作的机会。

(八)研究成果的呈报形式

客户最后可以获得的主要有形成果之一，就是调查公司向他们提供的市场调查报告。因此，调查报告应该有哪些内容？应该以什么原则和标准进行撰写？怎样向客户进行介绍？这些都应该花较多的时间进行研究和分析。为了使客户的高层管理者对调查报告满意，应该研究客户方主要决策者的利益标准和价值观念。策划书中同样应该对调查报告的撰写进行说明。例如，"我公司会在调查活动结束之后，即刻着手进行调查报告的撰写。我公司历来十分注意对调查报告的理论探讨，更重视社会实践对调查报告的确认。因为这是我公司向客户呈献的主要成绩之一。因为我公司有多名高级数据分析师和多名资深顾问。为此，我公司对提供一份高质量的调查报告充满信心"。

在策划书中需要对顾客在调查活动后获得的具体利益进行详细的列举，还应该对调查活动结束后撰写的调查报告和调查成果进行比较详细的说明。如果调查活动还可以提供更多的成果，都应该进行列举，并且尽量提供给客户。

（九）安排调查进度

在调查策划中，对调查过程的每一阶段需要完成的工作任务和所需的时间及人员安排等做出规定，以便督促或检查各个阶段的工作，控制调查成本，保证按时按质完成各项调查工作。例如，该部分可以陈述为"在贵公司按照合同要求提供的头笔经费到位后，我方可立即开展调查活动，将指定资深分析员和经验丰富的调查人员实施调查工作。按照贵公司提出的在××天完成的要求，我公司保证在计划时间内完成对市场开拓的营销策划，并同时向贵公司提交市场调查报告，最后派出人员协作贵公司进行市场开拓的实践，对决策需要的信息进行补充调查，并且对贵公司的市场营销计划和策略的实施提出建议"，等等。

一般来说，应根据调查问题的难易程度、工作量的大小和时效性要求，合理确定调查期限，并制定调查进度安排表。由于种种原因，一般的市场调查大都没有充分的经费和时间，在时间上应尽早完成调查任务，才能提高工作效率并节省费用。通常一项中等规模的调查活动从问卷的印制到整个活动结束需要 30～60 个工作日，一些大规模的社会调查会持续半年到一年。因而必须拟定合理的进度表，作为项目执行的参考，同时进度表也是客户检查调查活动进展情况的依据。一般来说，一个调查项目所需的时间安排比例大致分配如下：

```
磋商、起草方案 ──────────── }4% ~ 5%

抽样方案设计实施 ────────────
问卷设计、预调查 ──────────── }10% ~ 15%
问卷修正印刷 ────────────────

调查员挑选与培训 ────────────
实地调查 ──────────────────── }30% ~ 40%

数据的计算机录入、统计分析 ────
撰写调查报告 ──────────────── }30% ~ 40%

口头汇报 ────────────────────
修正、定稿 ────────────────── }5% ~ 10%
```

特别需要注意的是，计划应该设计得有一定的弹性和余地，以应付可能发生的意外事件的影响。当然具有时效性要求的调查，如电视节目收视率调率、促销活动调查或小规模的新闻调查等，其所需时间可以做弹性调整。

计划完成后，一般需要制作项目全程的进度表，进度表可以采用项目进度甘特图展示，甘特图可使用 Microsoft Project 制作，示例见图 3-4。

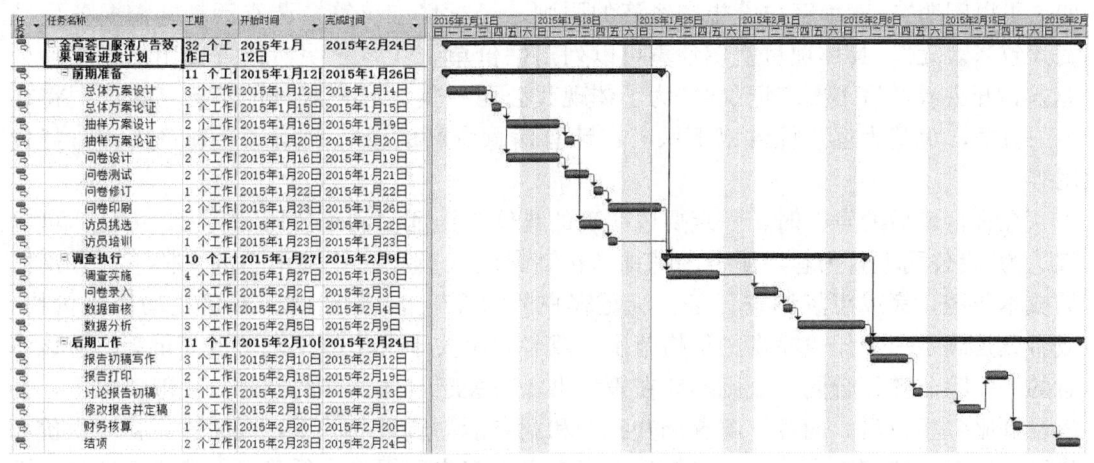

图 3-4　项目进度甘特图

（十）调查费用预算

调查费用是策划书的主要内容和争取客户的主要部分之一，要仔细进行考虑和斟酌。在制订调查计划时，为保证项目在可能的财力、人力和时间限制要求下完成，应当做较为详细的研究价值分析，如果得出的结果在经费上是合算的，此项目就可以进行操作，否则还要重新考虑该项目是否应当进行。一般情况下并不中止调查，而是修改设计方案，或者改用较小的样本来缩减项目开支。在进行经费预算时，一般需要考虑以下几个方面：调查方案策划费、抽样方案设计费、问卷设计费（包括测试费）、调查问卷印刷费、调查实施费（包括招聘和培训访问员、试调查、交通费、访问员劳务费、督导员劳务费、礼品或谢金费、复查费等）、数据录入费（包括编码、录入、查错等）、数据统计分析费（包括上机、统计、制表、作图、购买必需品等）、调查报告撰写费、资料费、复印费、通信联络等办公费、专家咨询费、劳务费（公关、协作人员劳务费等）、上交管理费或税金、鉴定费、新闻发布会及出版印刷费、未预见费用等。

调查费用是合作双方最关心和最敏感的问题，涉及调查公司的利益和客户的要求，也涉及市场竞争和招标的问题，需要讲究报价的说明技巧。在进行预算时，要将调查需要的费用尽可能考虑全面，留有余地，以免将来出现一些不必要的麻烦而影响调查的实施。必要的费用也应该认真核算出一个合理的估计，切不可随意多报乱报。不合适的预算会影响调查方案的审批或竞标。如果是第一次合作，在制定预算时，要详细列出调查过程中各个费用项目支出的金额，然后求出总费用。如果是多次合作，只需粗略列出费用项目即可。

一般情况下，应该把成本分细一点，以说明报价比较合理。但是过细反而会让顾客认为调查公司"宰人"或"小气"。因此，可以在大的方面进行酌情报价。例如，对于调查方案、问卷设计、抽样方案、统计分析及调查报告方面的费用，由于客户的调查部门做起来比较困难，价格可以适当地报高一些。在比较小的方面，尤其是客户也了解或客户自己也可以做的事情，如问卷印刷费、访问员报酬等，则应该实事求是地报价。在更加细小的地方或者顾客比较了解的方面，应该大度地表示可以免费为客户提供服务。例如，可以阐明"本着为客户着想和经济的原则，经过仔细核算，调查活动共需要各项经费大致××元"。具体项目费用预算可以列出估价单，让客户明白调查费用都花在什么地方。开头或最后不要忘记说明"为了体现我公司一贯为客户服务的宗旨，我公司将在……方面，免费为客户提供以下服务：计有信息资料的录入费用、管理费用和监督费用等"。

在进行最后的竞标时，一定要以明确的具体数据证明调查公司的实力。因此，可以表达为"我公司本着为客户服务的精神，在高素质人员和高技术水平的支持下，以最低的成本费用，完成市场调查任务，满足客户的需要"。在介绍时，不要主动谈论价格，或者只是确定一个比较模糊的价格范围，或者暗示关于价格的问题可以商量等。应该注意的是，除非签订合同，否则不要在策划书上写关于具体价格的问题。一般情况下，在争取到服务项目后，向客户解释调查经费和调查活动质量的关系，同时进行初步报价和说明。针对一些国内企业，如果报价太高会失去客户，报价太低又可能造成后遗症。因此比较适宜的方法是在掌握客户实际情况的基础上，用相对比较实惠的价格和策略进行报价。例如，对国内的客户，可以用低预算争取项目；对经常进行市场调查的跨国公司，应该注意在保证高质量的前提下，适当使用高价位的报价策略。总之要根据客户的财务状况和对调查活动的要求，了解竞争对手的策略和信息资料，还应该具体了解客户的价格心理和谈判心理，然后再仔细斟酌，最后才可以在合同书上写明费用的数额。

（十一）制订调查的组织计划

调查的组织计划是指为了确保调查工作的实施而制订的具体的人力资源配置的计划，主要包括调查的项目负责人，调查机构的设置，访问员的选择与培训，项目研究小组的组织分工，每个成员的知识背景、经历、特长等。企业委托外部专业调查机构进行市场调查时，还可根据项目要求确定由双方项目主要负责人组成的项目领导小组，明确具体分工和职责，监督管理项目的开展。

此外，调查策划书的结尾应该是充满信心的，比如可以这样说明"如果贵公司对以上内容有所补充，可以通过洽谈，增进相互之间的了解和信任。我们也将进一步表示我公司良好的合作意向和真诚为客户服务的宗旨。相信与贵公司的合作，将会进一步提升我们两个公司的实力。强强合作的结果，将使我们更加强大。相信我们的合作一定是愉快和卓有成效的，我们一定尽心尽力为贵方提供超值的服务"。

四、编制市场调查策划书

市场调查策划书的主要内容确定之后，研究人员即可编制市场调查策划书，以供客户企业高层管理者审批，作为调查项目委托人与承担者之间的合同或协议的主体。因为市场调查策划书是客户看到的第一份书面材料，它在很大程度上决定着项目成功与否。市场调查策划书的起草与撰写一般由项目主管来完成。调查策划书的结构主要包括封面、目录、主要内容和附录四个部分。

(1)封面。封面包括策划书的名称、客户公司的名称、调查机构的名称和制定时间，如有保密要求，可在封面的左下角注明。

(2)目录。目录可以使客户或读者很容易找到感兴趣的部分，其内容主要包括计划书各部分的标题和页码。

(3)主要内容。此部分是策划书的主体，包括如前所述的具体内容(有些内容如调查的组织计划亦可列入附录中)。

(4)附录。此部分是对研究方案的一些补充说明材料，主要包括调查项目负责人及主要参与者，抽样方案及技术细节说明，问卷及有关技术说明，数据处理所用统计分析软件的介绍等。

市场调查策划书在具体格式方面，如编辑排版上的范本并不是唯一的，每个调查公司的撰写风格不同，对以上有些内容可以适当合并或进一步细分，应根据具体的案例背景加以灵活处理。策划书的封面设计应尽量做得与众不同而富有特色，文字内容、印刷形式、字体设计、图表设计和纸张质量都应该符合企业形象战略，既能彰显调查公司的实力，又能吸引客户的注意和兴趣。如果是第一次合作，更应该注重策划书的包装。

☆思考练习题

一、问答题

1. 简述市场调查的运作程序。
2. 市场调查策划书应包括哪些基本内容？

二、思考题

1. 为什么说界定调查问题是市场调查中最关键的步骤？
2. 如果企业派你负责管理一项大型市场调查活动，你应该做好哪些工作？

☆实训题

1. 实训目的：每组学生，通过参考他人的研究方法，对所选的调查项目提出自己的研究思路和框架，在此基础上撰写一份市场调查策划书。

选题范围：行业不限，服务领域不限。

选题参考：学生餐厅满意度调查、顾客满意度调查、社区服务满意度调查、社情民意调查、消费者行为调查、神秘顾客购物观察、广告媒体调查、医药保健服务调查等。

2. 实训内容：按照市场调查策划书的内容和格式要求，各组学生进行讨论，并在此基础上撰写市场调查策划书。

3. 实训要求：市场调查策划书内容完整，研究目的明确，各项内容阐述清晰，格式规范。

☆ 扩展阅读

金芦荟口服液广告效果调查方案

一、调查的背景和目的

海南金芦荟生物工程有限公司是我国乃至亚洲最大的集芦荟种植、生产、加工、销售于一体的企业。在2000年以前该公司很少做广告宣传，但是2001年公司年度广告投入达到800万元，主要包括投放电视广告片CF(commercial film)一条、各种方式的售点POP(point of purchase)广告、针对销售商的企业简介、相应的印刷品广告、少量的灯箱广告等。为了有针对性地开展2002年度的产品广告宣传推介工作，促进产品品牌形象的传播和产品销售量的进一步提高，以便在竞争激烈的保健品市场中立于不败之地，公司拟进行一次广告效果调查，以供决策层参考。

本次调查目的是：分析现有的各种广告媒介的宣传效果，了解现行的广告作品的知晓度和顾客认同度，了解重点销售地区华南和华东的消费市场特征和消费习惯，为金芦荟口服液2002年度的广告作业计划提供客观的事实依据，并据此提供相应的建设性意见。

二、调查内容

1. 海南金芦荟口服液的知名度，以及本产品在提高免疫力的口服液市场上的排名情况。
2. 消费者知晓海南金芦荟口服液品牌的主要信息来源和信息渠道。
3. 了解广告口号"三瓶金芦荟，还你好肠胃"的顾客喜好程度。
4. 了解我方售点POP广告在顾客心目中的评价。
5. 了解华南、华东地区消费者的特征，包括其职业、年龄、文化教育程度、经济收入等特征，以及上述特征造成的消费者偏好的变化。
6. 了解上述地区顾客的消费心理和消费特点。
7. 了解消费者对海南金芦荟口服液产品的口感、包装、容量的期望点，以及该产品的优点、缺点。

三、调查研究方法

本项调查拟在华南、华东两个重点市场开展，调查的范围将深入上述地区的中心城市和有代表性的地级市县。调查对象将锁定为30岁以上的中老年消费群体。考虑到此次调查工作涉及面广，因此拟采用多级抽样的方法，即在上述两个地区按月销量的大小分层，从市场调查的效果考虑，主要在海南金芦荟口服液的重点销售区进行，即广东省、上海市、江苏省、浙江省。其中，广东省抽样地区为广州市、深圳特区、东莞市、佛山市和珠海市；上海市抽样地区为上海市；浙江省抽样地区为杭州市、金华市和宁波市；江苏省抽样地区为南京市和苏州市。并拟定每个城市抽取400人为样本，按年龄层次和性别比例分配名额样本的抽取结构如表1所示；年龄层分段为30～40岁、41～50岁、51～60岁、61岁以上；各层比例采用近似的1∶1，性别比亦采用1∶1。该调查计划在上述11个城市进行，共有4 400人为样本。

表1　每个城市样本采集结构分配表　　　　　　　单位：人

年龄	30~40岁	41~50岁	51~60岁	61岁以上	合计
男	50	50	50	50	200
女	50	50	50	50	200
合计	100	100	100	100	400

调查的实施要求各地的访问员对所有抽中的400个样本实行面对面的街头访问。执行访问的访问员由当地的市场营销专业的女大学生担任（主要考虑到女大学生形象好，不会给对方危险感，采用女大学生会使访问更易成功），我方付给一定的劳务费用，这样我方的培训可相对简单些。每个调查地点由两名访问员执行访问，每个城市大约需要20个访问员。访问工作的质量监督控制工作由×××市场调研公司具体负责，资料的统计处理工作亦由×××市场调研公司负责。

备注：根据统计学理论，当置信度为98%、样本量达到380时，即可使抽样的绝对误差控制在2%内，完全符合此次调查所预设的要求。因此我们决定每个城市抽取400人为样本。

四、调查作业进度控制表

本项方案如能得到海南金芦荟总部认可，我方将保证于2002年4月8日前完成调查工作，并提交调查报告。具体时间安排见表2和表3。

表2　金芦荟口服液广告效果调查时间安排

日期	完成作业	备注
2月10日~2月15日	总体方案及抽样方案的论证，问卷设计	
2月16日~2月20日	初稿设计	
2月20日~2月25日	问卷测试	
2月26日~2月27日	问卷修正，印刷	
2月28日~3月3日	访问员的挑选和培训工作	
3月4日~3月8日	调查实施	
3月10日~3月15日	电脑录入和统计处理工作	
3月16日~3月25日	撰写调查报告	
4月1日~4月8日	报告打印，提交报告	

表3　金芦荟口服液广告效果调查进度控制表

工作项目	日期																
	1	2	3	4	5	6	7	8	9	10	11	12	13	14	15	16	…
工作项目A	工作项目A ━━━━━━━━━━▶																
工作项目B				工作项目B ━━━━━━━━▶												

续表

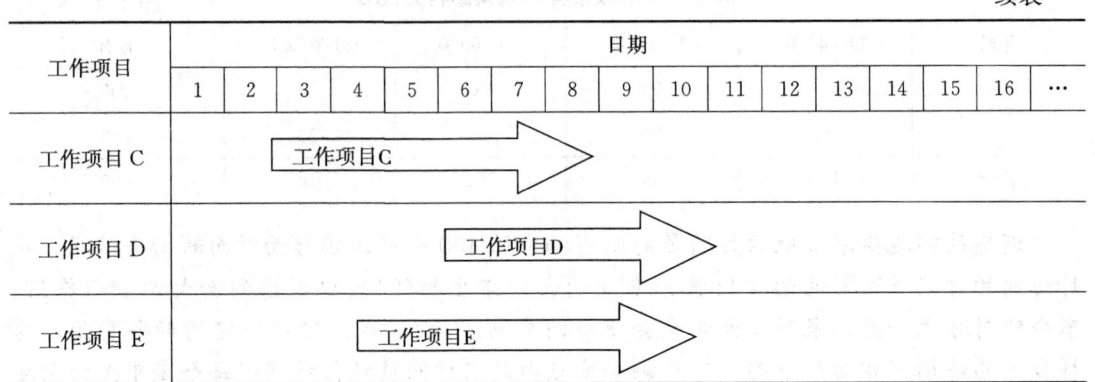

五、调查问卷设计

本次调查所采用的街头拦截访问调查问卷，由我方按客户要求设计，并经客户同意后付诸实施。

六、调查经费预算

项目共需费用 88 910 元，详细的费用估价如表 4 所示。

表 4　市场调研估价单

费用支出项目	数量	单价/元	金额/元	备注
调研方案设计、策划费	1 份	20 000	20 000	
抽样设计、实施费		1 000	2 000	
问卷设计费	1 份		1 000	
问卷印刷装订费	4 400 份	0.4	1 760	
试调查费	220 人	20	4 400	
访问员劳务费	220 人	100	22 000	
督导员劳务费	21 人	100	2 100	
受访者礼品费	4 400 人	1	4 400	
异地实施差旅费	21 人	1 000	21 000	
交通费	220 人	20	4 400	
数据录入费	4 400 份	0.3	1 320	
统计分析费	1 人	200	200	
报告制作费	1 人	300	300	
资料费、复印费	3 份	10	30	
服务费			1 000	
杂费			1 000	
管理费			2 000	
总计	—	—	88 910	

注：交款方式为合同一经签订，请付定金 15%；完成日期为 2002 年 4 月 8 日。

七、调查的成果形式

本次调查的成果形式为书面调查报告。其具体内容包括前言部分、摘要、研究目的、研究方法、调查结果、结论与建议及附录七个部分，交给客户两份书面报告及光盘资料。

资料来源：蒋志华. 市场调查与预测. 北京：中国统计出版社，2002：51～55.

第四章

文案调查法

【学习目标】

通过本章的学习，熟知文案调查法的概念和二手资料的特点；了解二手资料的来源；掌握二手资料的收集途径，练就面对具体问题按要求收集二手资料的能力。

收集资料是所有市场调查的关键环节，准确、翔实的调查资料可为市场决策提供客观的依据。调查项目的研究主题确定之后，调查工作就开始进入资料收集阶段。收集什么样的资料、向谁收集，就成为首要问题。收集资料的方法有两种：一是通过实地调查获取一手资料，二是通过文案调查法获取二手资料。有经验的研究者不会对每一项调查都从头收集资料，而是尽可能地利用他人的研究成果，以节约自己的劳动成本和提高调查的效率。特别是当研究主题的调查目标不明确时，二手资料可以提供一些背景资料，有助于研究人员对调查主题形成初步的认识。在有些情况下，分析二手资料在最初的研究阶段是较为适宜的。

第一节 二手资料的功能及特点

文案调查是获得二手资料的重要渠道。二手资料又称次级资料或文献资料，如年鉴、报告、文件、期刊、文集、数据库、报表等，这些资料主要以各种印刷品为载体，其采集和分析只需在办公桌上操作即可，故在早期这种调查方法也被称为桌案调查法。现代二手资料的载体已发展到电子出版物和计算机在线信息的水平，其调查工具就不仅是一张办公桌能做到的了，更多的是依赖计算机输入输出设备来解决问题。

一、二手资料与一手资料的区别

要正确地使用二手资料，首先应对各种资料有一个系统的概念。二手资料和一手资料的划分主要是基于资料的来源和采集的目的。

在市场调查中，一手资料也称原始资料，它是指调查人员为解决特定问题，通过现场实地调查，从信息源头即直接向调查对象收集到的资料。除此之外获得的资料都属于二手资料。二手资料是指经过他人收集、记录、整理所积累下来的已有信息资料。例如，要研究各种品牌的空调受消费者欢迎的程度及其原因，直接向消费者做调查所取得的资料就属于一手资料，但如果是通过家电产品厂商协会，或保护消费者协会，或一些关于空调消费的调查报告，乃至通过新闻媒体取得的资料，都是二手资料。

在这里需要补充两点：第一，一手资料不等于原始数据。从信息源头直接采集来的，以散在状态存在，而尚未构成可直接利用形态的资料，只是原始数据。对原始数据进行整理，使其呈有规律的排列状态，乃至从中提取出概要性的文字或数据描述，可以直接为调查者所利用的资料才可称为一手资料。第二，二手资料具有可派生的性质。对一手资料进行处理和诠释，为手头的调查所利用之后，这些资料保存下来就变成了二手资料，而对二手资料的引用、再整理和再诠释，又形成了新的二手资料。

虽然一手资料可以为企业提供最及时、最直接的市场信息，但收集过程较为繁杂，耗时长、代价高。二手资料尽管与当前问题相关性不强，但却能以快速和经济的方式获得，可为问题的解决提供有效的帮助。因此，在市场调查中应优先考虑收集二手资料，在其不能满足调查需求时，再去收集一手资料。

二、二手资料的功能

根据市场调查的经验，几乎所有的市场调查都可始于二手资料的收集。二手资料的收集、整理和分析，对企业具有重要的作用和意义。

(1) 为企业进行实地调查奠定基础。当某个企业面临的问题较为复杂时，通过二手资料的分析，可以帮助调查者初步了解调查对象的性质、范围、内容和重点，找出问题的症结和确定调查的方向，发现和明确研究的主题，为组织正式调查打下基础。

(2) 可以弥补实地调查的缺陷，并在某种情况下代替实地调查。由于各种主客观原因，即使是准备得很充分的实地调查，也往往难以全面周到地获取所需信息资料，或者是得到的资料并不适宜分析推断市场总体，这时利用二手资料获得的信息就可以洞察或解决所研究的问题。在有些情况下，文案调查与实地调查相结合，可以使调查结果更完善。

(3) 为正式调查提供丰富的信息。二手资料能为设计调查方案提供大量的背景资料，还可以为问卷设计提供一些基本信息。例如，了解目标消费者使用语言的方式，有助于组织问卷，使被调查者更准确和全面地理解问题。在抽样设计时，抽样框就是以往积累的二手资料，配额抽样也是以人口资料为依据的。二手资料使实地调查制订的计划更为周详，从而能提高实施的可行性，使市场调查取得良好的效果。

在有些情况下，通过收集二手资料也可以单独形成调查成果。例如，某调查机构受托为某境外跨国公司每年撰写的"中国消费市场10个最新发展趋势（年度述评）"，就是依据有关中国消费品市场的二手资料及专家咨询意见形成的报告。

三、二手资料的应用

二手资料常用来进行市场分析、行业分析及竞争分析。一般来说，当需要研究宏观环境以及从一些公开数据中来分析一个产品或一个行业的走势和战略的时候，可用二手资料研究，同时在客户对调查的行业或产品一无所知或者知道的很少的情况下，也会用到通过文案调查所获取的二手资料。

例如，某企业发明了一种能够对义齿在口腔中的活动情况进行三维测量的仪器，但在将这种仪器批量生产并推向市场之前,该企业尚不了解市场的潜在容量如何,因而拿不准应该在什么时间、以多大的规模进行生产和销售。为有利于企业管理层迅速做出决定,必须首先对市场潜力进行调查,这种市场潜在容量就是企业确定的信息需求。但是,所确定的信息需求仅仅是一种非常抽象的方向性的概念,在实践中是无法操作的,因此有必要将其具体化。口腔测量仪器只为牙医诊所所用,因而其市场潜在容量实际上就是牙医诊所的吸纳潜力,于是信息需求可以具体化搜集和整理如下信息内容:①全国牙医诊所的绝对数;②全国每10万人口拥有的牙医平均数;③目前开业的牙医数。

为了获取上述数据,可以先收集全国卫生部门在这方面的最新统计数据,然后再收集全国牙医协会年度报告中的相关数据。在获取这些总的统计数据过程中,还要注意收集以下方面的信息。

第一,各省市的相应数据,来源仍然是国家卫生部门的年度统计。

第二,全国未来20年内新增牙医的数量,资料来源应是牙科医学发展动态方面的科研成果,如有关的学术会议论文,或者是这方面的研究专家或权威机构在学术著作中所做出的市场预测等。

第三,全国牙医现有的年龄结构或年龄分组情况,其中特别重要的是现已使用计算机进行工作的牙医诊所在牙医年龄组中所占的比例,因为即将生产和销售的测量仪器是利用计算机进行工作的,资料来源一般是行业协会的调查研究报告。

第四,每位牙医平均诊治的居民数量,即诊治人口密度。该数据可以从国家卫生部门的统计年鉴中查到,也可以从研究机构发表的全国医疗卫生状况普查结果中搜集。

第五,全国牙医诊所在各省市的分布情况,以及牙科医学研究机构在各省市的分布情况,这种统计数据可以从国家、行业和学术机构的调查、统计和研究结果中进行搜集。

获取上述五类数据之后,要将它们同企业自行展开的第一手信息调查结果进行比较,以确认其准确性。企业可以采取直接向所选定的牙医诊所发函附寄询问表的方法自行展开第一手信息调查活动,并对反馈回来的询问表进行汇总和统计,这样就可以得到较为准确的一手资料。在综合这两类资料的基础上再进行分析和研究,这样就可以确定企业新近开发的牙医仪器现有市场和潜在市场的状况,由此确定生产和销售计划。

四、二手资料的优点及局限性

1. 优点

(1)收集容易,成本低。二手资料是长期累积形成的,数量大、用途多样、来源途径多、涉及面广,资料收集过程比较简单,节省调查时间,尤其是企业在建有管理信息系统或市场调查网络体系,并与外部有关机构具有数据提供协作关系的条件下,具有较强的灵活性,能够快速地获取资料,以满足市场研究的需要。因此,它能够节省人力、调查经费及时间。

(2)不受时空限制。通过对文献资料的收集和分析,不仅可以获得有价值的历史资料,而且可以收集到比实地调查更广泛的信息资料;既能对企业内部资料进行收集,又可掌握大量的有关市场环境方面的资料。尤其是做异地调查时,由于受诸多条件的限制，需要更多的时间和经费，相比之下，用文案调查就比较容易。因此在很多情况下，如果现有的二手资料能为解决问题提供足够依据时，就不须进行实地调查。

2. 局限性

(1) 缺乏针对性。从内容上看，因为所收集的资料大多是针对其他目的而形成的，不一定能满足调查者研究特定市场问题的数据需求；从时间上看，已收集的资料反映的是过去的情况。

(2) 准确性较差。在之前的调查者收集、整理、分析和提交资料的过程中，会有许多潜在的错误及遗漏。有些资料如果是估算和推测的，其准确度就比较低。

(3) 时效性差。二手资料总会或多或少滞后于现实，而且进行文案调查往往很难把所需资料找全。

由于文案调查具有一定的局限性，因此在应用中需要注意二手资料的适用性、时效性和准确性。

第二节 二手资料的来源

根据来源，二手资料分为内部资料和外部资料。内部资料是指企业在生产经营的正常运行过程中收集、整理并使用的资料，包括销售结果、广告费、库存报告、财务报告、运输费用、原材料成本、产品设计、生产技术及市场环境等方面的资料，比较容易在企业各个部门得到。外部资料主要是指企业外部各类机构、情报单位、国际互联网、在线数据库及图书馆等所持有的可供用户共享的各种资料，这些资料需要综合考虑，通过有效的方法来获得。

一、企业内部资料来源

现在，很多企业尚未认识到利用企业自身的日常经营活动来收集信息的重要性。例如，如果一家家具零售商或电器商场能够免费为顾客送货，那么将送货单收集起来就成了十分有价值的市场信息，据此可以确认潜在顾客和潜在市场所在，甚至可以确认现有顾客的大概数量和潜在顾客的地理分布情况。企业可以通过充分利用自己内部积累起来的各方面资料，来达到市场调查的目的。

通常企业内部资料有两类，即企业生产经营活动的资料和市场环境方面的资料。

(一) 企业生产经营活动的资料

(1) 营销方面。该方面的资料包括订货单、进货单、发货单、存货单、购销合同、发票、销售记录、业务员访问报告等。通过对这些资料的了解和分析，可以掌握本企业所生产和经营的产品的供应情况，不同地区、不同用户的需求变化情况等。

(2) 生产技术方面。该方面的资料包括产品设计图纸及说明书、技术文件、档案、试验数据、生产作业完成情况、工时定额、操作规程、产品检验、质量保证等。

(3) 财务方面。该方面的资料是指由企业财务部门提供的各种财务、会计核算和分析资料，包括生产成本、销售成本、各种商品价格及经营利润等，反映企业劳动占用和消耗情况以及所取得的经济效益。通过对这些资料的分析，可以确定企业的发展前景，考核企业的经济效益。

(4) 设备方面。该方面的资料包括设备文件，设备安装、测试、使用、维修的各种记录，以及设备的报废文件等。

(5) 物质供应方面。该方面的资料包括库存保管、进料出料记录、各种规章制度等。

(6) 其他资料。其他资料是指企业积累的各种调查报告、工作总结、整理的各种上级文件资料、政策法规、顾客意见和建议、档案卷宗、图片、录音、录像、剪报等资料，这些资料对企业市场调查有一定的参考作用。

(二) 市场环境方面的资料

(1) 顾客方面。该方面的资料包括产品的购买者、使用者、购买动机、购买量等资料。

(2) 市场容量方面。该方面的资料包括市场大小、增长速度、发展趋势等。

(3) 竞争方面。该方面的资料包括同行业的直接竞争者和替代产品制造企业的产品结构、服务的市场、市场营销策略、企业的优劣势等。

(4) 分销渠道方面。该方面的资料包括销售成本、运输成本、分销渠道中间商的情况等。

(5) 宏观环境方面。该方面的资料包括经济形势、政府政策、社会环境、行业技术及相关技术的发展、国际环境等。

此外，企业的市场分析报告、顾客档案及以前的市场研究报告常常是获得企业现存的市场环境方面资料的重要途径。

企业内部资料对于分析、辨别存在的问题和发现市场机会，制订与评价相应的决策行动方案都是必不可少的。随着现代化程度的提高，越来越多的企业已经建立起内部局域网，有些企业在内部应用 ERP 来管理企业内部资源，有些企业向销售与客服系统、供应链系统等领域扩展，将企业的内部资料全部放入信息系统的数据库中。数据库的建立对于现代企业来说是一项必需的工作，企业收集和积累大量的信息，并将其经过处理后，再利用计算机存储起来，这些都为市场研究人员利用企业内部信息提供了极大的便利。

企业自身的二手资料有公开与非公开之分，公开的二手资料除企业内部报告以外，还有公司介绍、公司刊物、向媒体透露的产品测试数据、服务承诺、上市公司公开披露的各种信息等；非公开的二手资料包括企业发展战略、营销计划、活动方案、专业调查研究报告、产品供销存数据、各种记载详细原始记录的企业数据库等，其中有些非公开资料属于商业秘密。例如，客户名单、新产品开发计划甚至被列为企业的高度机密，不仅对外保密，而且也可能限制内部无关人员或低层管理人员与其接触。

虽然传统的以文件档案为主要形式的书面资料仍然具有相当大的利用价值，但随着办公自动化的发展与普及，无纸化的电子档案资料现在已经或将来注定要取而代之。因此内部资料的收集必须特别重视以下几个来源，即企业的数据库、企业的管理信息系统、企业的决策支持系统、企业的数据仓储。

二、企业外部资料来源

企业外部资料是指来自企业外部的各种信息资料,包括政府的各种公告、统计资料、各种年鉴、书籍、报纸、杂志、名录、广播电视、互联网上的资料。外部资料的来源主要有以下两个方面。

(一)传统来源

1. 各级政府机构发布的有关资料

政府机构包括中央和地方的各级政府机构。中央政府机构如国家统计局、财政部、工业和信息化部(简称工信部)、商务部、科学技术部(简称科技部)等。地方各级政府机构如地方各级统计局、各级经济管理部门等。国家统计局和地方各级统计部门每年都定期或不定期地发布国民经济统计资料,每年还出版统计年鉴,内容包括综合、人口与就业、投资、财政、工业、农业、建筑业、商业、对外贸易、人民生活文化、教育、卫生、环保等许多重要的国民经济统计资料。各级政府机构如计划委员会(简称计委)、财政、工商、税务、银行、贸易等部门,也经常定期不定期地发布各种有关政策法规、财政和金融信息、价格、商品供求等信息。政府部门发布的法律、法规和公报,编辑发行的各种年鉴,载有其主管领域或行业的各种基本信息,都是市场调查必不可少的重要资料。

2. 各种行业组织和信息中心提供的市场信息资料

我国的行业组织包括各种商会、协会和联合会等,在市场经济中扮演着政府与企业之间的中介的角色。经济信息中心、专门信息咨询机构、各行业协会、联合会或行业管理机构提供的市场信息和有关行业情报,资料齐全、信息灵敏度高、有较强的专业性和可靠程度,是研究行业状况和市场竞争的依据。行业组织通常定期或不定期地通过内部刊物发布各种资料,包括行业法规、市场信息、经验总结、形势综述、统计资料汇编等,这些都是调查人员了解行业发展现状和趋势,把握生产、技术和市场基本脉络的重要资料来源。行业协会出版的定期刊物对于行业研究而言,有着不可替代的作用,特别是在估计供应总量和了解主要竞争对手以及行业发展趋势方面,它所提供的信息堪称权威。

3. 各种公开出版物

订购有关科技书籍、商务性和行业性的报纸、杂志是积累资料、充实信息库的重要来源,如《国际市场》《经济日报》《中国商报》《中华工商时报》《中国经营报》《中国经济时报》《销售与市场》《信息时报》《新西部》等。这些出版物经常登载科技信息、文献资料、广告资料、市场行情、预测资料和各种经济信息等。一些财经类报纸设有定期的市场调查或市场研究专版,主题通常限制为若干热门产品。虽然这类报告可能附带为市场调查机构或其客户企业做广告,但大部分报告比较规范,资料也比较可靠。现在部分娱乐性报纸也公布一些介于民意调查与市场调查之间的调查报告,其调查方式多为电话调查,相比于上述财经类报刊,这类报纸的调查方式不够规范,结果可信度较低。某些杂志是反映行业发展态势的专业杂志,也设有市场调查报告栏目。由于杂志相对于报纸而言比较严肃，这些栏目的二手资料的价值不比财经类报纸的同类报告逊色，因为它们大多出于专业市场调查机构的专门调查。

4. 新闻媒体所发布的信息资料

我国的电视广播事业非常发达，中央、省、市、地、县都建有电视台和广播电台，不少省的电视节目都通过卫星传播，覆盖全国。这些电视台、广播电台每天都发送大量的广告信息和各种经济信息，如中央二台的经济信息栏目及时发布国内外最新经济信息资料，调查人员应对此种信息加以收集利用。此类信息资料的优点是信息量大、涉及范围广、信息速度快、成本低。

5. 各种博览会、展销会、交易会和订货会上发放的文件和材料

这些会议一般都有新产品、新技术、新设备、新材料等生产供应方面的信息。参加各种博览会、展销会、交易会、订货会等可以搜集大量的市场调查资料，可以直接获取样品、产品说明书等资料，有时还可以通过拍照、录音、录像获取有关资料。

6. 工商企业名录

工商企业名录是调查人员寻找目标市场潜在客户、中间商和竞争者的重要资源。工商企业名录有两种类型：一类是按区域收录；一类是按行业、产品系列或市场收录。一般情况下，涉及的区域越小或专业性越强，名录所收录的企业就越多，资料就越完整。

7. 公共图书馆和大学专业图书馆里的大量的经济资料

图书馆是各种文献资料的集中收藏者，所有公开的出版物通常都可以在图书馆查到。我国的大中城市都建有公共图书馆，公共图书馆以综合图书馆为主，专业图书馆主要分布于科研院所和高等院校，与其专业研究有关的图书情报、资料比较齐全。此外，档案馆存有国家拥有的各种技术档案、社会档案，对于调查人员查询某些专门资料，具有其他资料来源不可替代的作用。因此，档案馆作为重要的二手资料的来源，越来越引起人们的重视。档案馆资料获得的制约因素较多，费用也较高，但资料的真实性和可信度强。

8. 国际市场的信息

国际市场的信息是指包括国际贸易中心（International Trade Centre，ITC）、联合国粮食及农业组织（Food and Agriculture Organization of the United Nations，FAO）、经济合作与发展组织（Organization for Economic Co-operation and Development，OECD）、联合国贸易和发展会议（United Nations Conference on Trade and Development，UNCTAD）和国际货币基金组织（International Monetary Fund，IMF）等在内的国际组织、外国使馆、商会、办事处等提供的各种国际市场资料。从使用角度来说，这类二手资料极具权威性，使用者有可能会得到一些有价值的参考，然而由于这类资料的搜集初衷往往与当前的调查项目有所不同，也不能过分盲目采用。

9. 其他信息来源

其他信息来源包括各类研究机构的调查报告、研究论文集，各类专业组织的调查报告、统计报告及相关资料，大学的研究所或个人的研究报告，如论文、学位论文、专著，各种科研院所研究中心的研究报告，专业性和学术性经验交流会议上发放的资料

等。科研院所和高等院校是国家重要的科研基地，拥有一支规模庞大的高素质的专业科研队伍，他们分别在自己的研究领域掌握着国内外最新的发展动态，每年有大量的具有重要学术价值和社会价值的科研成果发表。这些信息资料具有前沿性、指导性和趋势性等特点，对企业的营销决策有重要参考价值，应作为二手资料的重要来源。

外部资料是企业市场调查中主要的资料收集对象，因为企业的营销活动是以面向市场为导向的，市场上的各种信息资料，特别是消费者需求资料、价格资料、竞争对手的相关资料，都是企业决策者需要随时掌握的信息。但是，外部资料收集范围广、时间长、投资也大，收集时应依据决策需要确定收集资料的规模和范围。

(二)互联网

利用互联网进行市场调查是新的发展方向。互联网是一个全球性的电信网络，它使计算机的使用者能阅览世界范围内的数据、图像、声音和文件。运用互联网收集二手资料是指在因特网上，根据一定的规则，使用 HTML 等工具制作的用于展示特定内容的相关网页的集合，网页上汇集了各类信息以供人们查阅。互联网在众多信息获取手段中以速度快、信息量大、付费少的特点而受到青睐。目前，在世界范围内现存 3 500 多个数据库可供利用。这种数据库中通常有统计资料、研究报告等。一般来说，自 1970 年以来出版的专业资料在互联网上都可以找到。而且电子商务发展迅速，许多商品都可以在网上交易和结算。要通过数据库获取商业信息，只需付出较少的费用即可。

对于特定的市场调查项目来说，互联网可以提供三个方面的重要信息源：一是公司、组织机构、个人创设的推销或宣传他们的产品、服务或观点的网站；二是由对某特殊主题感兴趣的人们组成的用户群组；三是在线数据库。

1. 在互联网上查询资料

在互联网上查询资料有两种基本方法。第一种是如果知道载有所需信息的网站网址，那么只需简单地在网络浏览器的地址栏键入网址，就可以登录该网站。第二种是使用搜索引擎。像报纸一样，网站往往设置许多固定栏目。假如知道所需二手资料属于网站的哪个特定栏目，可在域名之后的地方输入这个栏目的正式名称，这样可大大加快搜索速度。

万维网简称 Web，是互联网的一个组成部分，它是用户打开寻找互联网上内容丰富、形式多样的主页信息的便捷途径。大多数的万维网地址是以"WWW"开头的，地址的下一项叫做域名，域名是经注册，在互联网中使用的独特名称(类似于商标)。扩展名表明了域名的性质，如"com"说明该域名属于商业性机构，"edu"说明该域名属于教育机构，"org"说明该域名属于非营利性机构，"gov"说明该域名属于政府机构，"net"说明该域名属于网络服务商等。

国内流行的搜索引擎如百度、搜狐、新浪和 8848 以及美国的 Yahoo、AltaVista、Google、MSN 等已经成为众多用户在网上查询信息的首选网站，这些网站都提供称为搜索引擎的服务项目。每一个搜索引擎包含世界范围内的文档链接集合，通过各个网站独自的索引系统为用户提供查询服务。每一个搜索引擎允许用户输入一个或几个关键词，并在它的万维网地址库中找出所有这个或这些关键词出现的地方。然后搜索引擎逐一列出清单，用户可以通过点击直接进入所列的一个具体网址，从而可得知具体的信息或者所要查询的信息的相关资料。

2. 网络新闻组

网络新闻组是一种利用网络进行专题研讨的国际论坛，它是以网络为载体的新闻，具有快速、多面化、多媒体等特点。简单地说，网络新闻组就是一个基于网络的计算机组合，这些计算机被称为新闻服务器，不同的用户可通过一些软件连接到新闻组服务器上，阅读其他人的消息并可以参与讨论。新闻组是一个完全交互式的超级电子论坛，企业可以通过租赁新闻服务器或注册新闻服务器来推广自己的企业文化和产品信息。

3. 在线数据库

在线数据库是指通过网络提供数据库的创建、查询、存储，同时提供设计用户交互页面的开发工具。通常以只读光盘方式储存和出售的专业数据库也是值得注意的二手资料来源，如国家统计局每年出版的统计年鉴都附有数据光盘，一些机构甚至围绕这些专业数据编制了应用软件一起出售。一个典型的在线数据库的例子就是地理图形信息系统（geographic information system，GIS），这是一个具有集中、存储、操作和显示地理数据的计算机系统，已被广泛应用在不同的领域，如市场调查、资源管理、财产管理、发展规划、绘图、路线规划和商业网点选址等。

在现代社会，由于信息流动速度很快，尤其是随着互联网的普及，二手资料的收集更加快速简便。在利用互联网进行二手资料搜集的过程中，应该掌握使用网站、搜索引擎和关键词等工具的规律，从而更好地利用网上二手资料进行市场调查。

第三节 文案调查的程序

在很多情况下，研究者并不知道上哪里去寻找想要的资料。由于收集企业内部资料相对比较容易，调查费用低，调查的各种障碍少，因此市场调查首先应尽量利用企业内部资料，如果企业内部资料不能满足研究要求，再考虑利用互联网搜索查询，或去图书馆、资料室、信息中心等外部机构进行相关资料的收集。为提高查找的效率，研究人员应熟悉检索系统和资料目录，并且在可能的情况下，尽量争取相关工作人员的帮助。

一、收集二手资料的途径

1. 免费索取

免费索取是指向拥有信息资料的机构或个人无偿地索取二手资料，如直接派遣人员或通过信函向政府有关机构、国内外厂商等索取某方面的市场情报或资料。有些企业出于宣传的目的，会乐于提供有关的资料，向他们索取会收到较好的效果。由于索取是免费的，这种方法的效果在很大程度上取决于对方的态度。因此，可以向那些已有某种联系的单位和个人索取情报资料，或由熟人介绍向某些单位和个人索取情报资料。有些企业为了宣传新产品或进行技术推广，会免费赠送产品目录、产品样本、说明书等资料，因此可向他们索取。

2. 有偿获取

有偿获取是指通过支付一定的费用，从有关单位获取资料。随着信息商品化的不断发展，一些专业信息公司对其贮存的信息实行有价转让，许多在线数据库需要付费才能使用。有偿获取资料的途径包含以下几方面。

(1) 订购公开出版物。企业订阅有关的报纸、杂志等从本质上说也属于购买一类，只不过这种方式是一种经常性的工作。订购公开出版物就可以利用印刷型文献资料，包括报纸、杂志、图书、统计年鉴、会议文献、论文集、科研报告集、专利文献、政策法规、地方志等收集资料。研究人员平时可从各种报刊上刊登的文章、报道中，收集和分析情报信息。

(2) 向一些收费的情报部门、统计部门、信息中心、信息咨询公司购买所需的数据资料。向一些同行购买声像资料，或者委托其复制、翻印、录制一些所需要的声像资料、图片等，并支付一定的费用。

(3) 通过有偿、有奖征集取得所需的情报信息，即对提供信息资料的协作单位给予一定的经济报酬，对那些产生重大经济效益的情报信息给予重奖，对企业中提供各种有价值的情报信息或有价值的建议设想的职工进行物质奖励。

3. 通过竞争对手获取信息资料

(1) 通过竞争对手的离职或现职人员收集信息。例如，从潜在的应聘者处套取信息情报；出高薪聘用对方的高级职员；以合作的形式套取对方的情报；雇用对方的设计人员做顾问；通过各种会议获取竞争对手的信息；等等。

(2) 通过竞争对手的往来客户获取信息。例如，与竞争对手的一些客户交谈；与竞争对手的顾客接触；从竞争对手产品的包装、仓储、运输过程得到对方商品的有关情报；等等。

(3) 通过公开的媒体和各种资料了解竞争对手的情况。因为任何企业都不可能完全地封锁自己，除非他们不销售产品、不对外宣传，他们的任何一个行动总会有一些预兆。

(4) 运用特殊技巧观察。例如，以假身份参观对方工厂；拆卸竞争对手的产品进行工艺还原；购买竞争对手的工业垃圾进行研究；等等。

4. 建立情报联络网

企业可在一定范围内建立情报联络网，以搜集市场情报、技术经济情报等。建立情报网时，重点地区可设立固定情报点，派专人负责或由营销人员兼职；一般地区可与同行业、同部门的情报机构、信息中心、调查机构建立资讯业务联系，定期互通情报、交换资料，以满足各自的需要。

5. 收集国际市场资料

现在，随着国内外交流渠道的增多、各种合作关系的确立和信息传输的进步，研究者在国内就可以通过信函和互联网直接向外国政府、国际组织、行业组织、研究机构索取、查询和调阅资料，也可以直接向国外信息供应商购买信息服务。

二手资料的获取应注意合理规避法律风险。在激烈的市场竞争中，利用各种手段去获取所需的技术及商务信息资料往往是必要的，但一定要有法律意识，在合同、保险、主体资格、行为授权等多方面要提前做好防范，做到不违背当地的法律，并把握好实际执行的"度"。

二、二手资料的检验与评估

文案调查结果的价值在很大程度上取决于二手资料的有效性和可靠性。因此，在应用二手资料前，应从不同角度对二手资料进行认真的检验与评估。

1. 谁收集的资料

在利用二手资料之前，应考察二手资料收集的初衷。二手资料的价值取决于资料的原始收集者以及委托机构的声誉和威望，对于为了特殊利益关系或为了进行宣传而出版发表的资料要抱怀疑的态度。此外，也要考虑这些组织机构或个人是否具有其他隐蔽的动机，如果有，则资料的可靠性就会受到影响。

2. 研究目的

二手资料所说明的研究目的与当前的研究目的多半是不同的。因此，在使用二手资料前，必须明白与二手资料有关的原始研究的目的，要研究当时收集资料的出发点是不是为专门的组织或个人服务的，是否为了服务特定的利益集团而采用了某些特殊的方法和分析程序。

3. 研究方法

样本的收集方法是评价二手资料质量的另一个重要标准。研究者应注意二手资料来源中获取信息的方法，即这些信息究竟是如何获得的。即使研究的目标正确，误差很小，但是如果抽样选择、数据收集和资料分析的方法不正确，二手资料的价值仍然不大。因此，要尽可能了解当初收集原始资料时所采用的调查问卷、抽样大小、回收率、现场调查的有效性以及与当初调查所采用方法有关的各个方面的情况。对这些环节考察的关键是这些方法是否可能造成调查结果的系统偏差。

4. 性质和内容

即使二手资料的质量可以让人接受，但也可能难以使用或不能适应需要。例如，二手资料的原有分类可能太宽，而实际应用时需要更细的分类。因此，考察二手资料的性质或内容时应特别注意关键变量的定义、测量的单位、使用的分类以及变量之间相互关系的研究方法等。如果关键的变量没有定义，或者与调查者的定义不一致，那么资料的利用价值是有限的。同时，应测量二手资料所用的单位是否适用于当前的问题。

5. 时效性

市场调查的对象几乎都是动态变化的，调查所涉及的许多信息资料随时都会发生变化。在任何情况下，使用二手资料的研究人员都应当知道资料是什么时候收集的。因为有些调查结果发表的时间与收集资料的真正时间常常是相隔很久的，这样的资料常常没有什么利用价值。因此，在利用二手资料之前，要检查其所反映的调查和获取原始资料的时间，以及从资料收集到现在这段时间内其所发生的变化，再决定二手资料反映当前实际情况的程度。

6. 一致性

二手资料可能存在不少难以发现的问题，要完全识别这些问题是很不容易的，在理想的情况下，可再从其他渠道收集关于同一类问题的另一些二手资料，以进行比较。如果从不同渠道得到的、采用不同方法获取的二手资料都得出了同样的结论，这是最理想的情况，说明资料是可靠的。但一般情况下，两组资料都会有些差别，为此要找出各自的可能偏差，以减少两者之间的不一致性，最后决定哪一组资料是更可靠的。

三、文案调查的步骤

通过文案调查获取资料的渠道很多，研究者需要查阅大量资料，并通过烦琐的搜集、分析、筛选、整理和归类，才能获得有用的信息和数据。为了提高调查的效率，节省调查经费，研究者必须按照科学的程序进行调查。

1. 明确信息需求

在确定市场调查的目的阶段，委托方与受托方须进行深入沟通，双方对于调查目的、调查范围、调查内容必须达成一致，以避免日后调查结果的不适用。

2. 确定资料收集的范围和内容

根据确定的信息需求，进一步明确应收集哪些方面的内部资料和外部资料，才能满足市场研究和生产经营管理的决策需求。一般来说，应收集与市场调查主题有关的背景资料、主体资料和相关资料，以便探究问题的由来、特征和原因。同时，资料内容的界定应力求具体化、条理化。

3. 拟订详细的调查计划

文案调查主要以描述性调查为主，拟订调查计划的内容包括：①确定各种调查目标并按优先顺序排列；②罗列所有可能适用的资料及其来源清单；③说明调查人员的特长和能力水平；④预计调查所需时间及最后完成日期；⑤进行调查费用的估算与控制；⑥培训调查人员并分配工作。

4. 确定收集资料的方法

要明确收集二手资料的有效方法。一般来说，外部资料的收集需要组合应用多种方法。内部资料收集的主要方法包括核算法、报告法、汇编法、利用企业内部数据库、管理信息系统搜寻法等。

5. 评审企业现有的内部资料

评审企业内部积累的统计资料、财务资料、业务资料和其他资料是否能满足特定的市场研究主题的需要，是否能满足企业经常性的生产经营管理的信息需求。通过评审，发现问题并进行整改，以完善现有资料的内部来源，规范内部信息流程和基础工作。

6. 确定外部资料的来源渠道

外部资料来源的渠道很多，应根据收集的内容确定收集渠道，明确向谁收集、收集什么和何时收集等基本问题，还要综合考虑提供者的信誉、专业化程度和服务水平，以及其所提供的数据的质量、数据的系统性与可用性等，以便做出选择。

7. 收集、评估和筛选资料

二手资料搜集的内容、渠道和方法确定之后，调查者则可实施资料的收集工作。文案调查所收集的二手资料，有些比较真实、清楚，可以直接利用，有的则杂乱无章且有失真情况发生。这时就要对所收集的资料从技术、质量、内容、目的、时间、水平、系统性、可靠性等方面做出评估和筛选，把有利用价值的资料摘录出来。

8. 对各种不同资料进行调整和融合

对挑选出来的二手资料进行分类、综合、加工、制表、归档、汇编等处理，使其条理化、系统化，为市场分析研究和满足管理层的信息需求提供优质的信息服务。有时收集的资料从时间上看可能有间断，此时调查人员应该运用相关知识和经验，对资料进行判断，加以调整、补充、衔接及融会贯通。为此应注意以下几方面的问题。

(1)在资料的整理过程中，将用不同计算单位得到的资料统一口径，转换为标准单位。

(2)从理论上对调查资料做逻辑性分析，将所收集的数据有机地重新编排和组合，成为新的可用资料。

(3)经整理后的资料不可孤立地分析和运用，只有经过比较分析和相互衔接，才能用来发现事物的发展、变化的规律。

(4)将整理后的数字转化成统计图表，并做必要的分析和解释，使阅读者能容易理解并掌握事实情况。

(5)详细检查资料是否周详严谨，有无遗漏。

9. 形成书面报告

资料分析完成之后，即可用书面报告的形式来解释调查问题。调查报告应按照重要程度排列调查结论，客观准确地提出调查结论和对未来事态发展的估计和建议。内容力求简明扼要，高度切题。

☆思考练习题

一、问答题

1. 二手资料调查可应用于哪些研究，有何优缺点？
2. 调查人员可以从哪些渠道获得二手资料？
3. 如何评价二手资料的价值？
4. 在市场调查中，为什么要坚持"先二手，后一手"的原则？

二、思考题

1. 为什么说互联网对查询二手资料有重要意义？
2. 说明下列二手资料的最佳来源：①某市居民家用汽车的拥有情况；②某市10强企业的产品进出口情况；③某市经济型酒店的经营情况。

☆实训题

1. 利用二手资料，了解西安大学生笔记本电脑市场的规模，并具体描述不同品牌偏好者的情况。

2. 以组为单位，对某一感兴趣的市场（如智能手机）进行二手资料的收集，写出一份调查报告。报告的内容包括：①目前中国市场的规模大小；②市场增长趋势；③目前此市场上的领导品牌成功之处的分析。

3. 张强是某经济类院校营销专业的一名学生，他在面临毕业时到一家知名国产手机企业应聘营销经理助理的职务，他和另外两人一起通过了面试，这时人事经理要求三人在三天之内分别提交一份关于国产手机市场发展前景的报告，公司将根据报告质量决定三人谁被录用。由于时间紧迫，只能通过查询二手资料的方式来完成这份报告。请你为张强完成这个任务。

提示：报告内容应包括目前中国手机市场的规模和发展趋势，目前手机市场的基本格局，国产手机在市场上的表现，影响消费者接受国产手机的主要因素，对国产手机的市场前景展望和相应的对策等。

☆ 扩展阅读

市场调查常用二手资料来源简介

一、部分常用的国内年鉴

(1)《中国统计年鉴》。该年鉴由国家统计局主管，是一部全面反映中华人民共和国经济和社会发展情况的资料性年刊，收录全国各地区经济和社会各方面的大量统计数据，以及历年全国主要统计数据。该年鉴的2012版共分为25个部分：综合；国民经济核算；人口；就业人员和职工工资；固定资产投资；对外经济贸易；能源；财政；价格指数；人民生活；城市概况；资源和环境；农业；工业；建筑业；运输和邮电；批发和零售业；住宿、餐饮和旅游业；金融业；教育和科技；卫生和社会服务；文化和教育；公共管理、社会保障及其他；香港特别行政区主要社会经济指标；澳门特别行政区主要社会经济指标。同时附录两个篇章，即台湾主要社会经济指标以及我国经济、社会统计指标同世界主要国家比较。为方便读者使用，各篇章前设有《简要说明》，对本篇章的主要内容、资料来源、统计范围、统计方法及历史变动情况予以简要概述，篇末附有《主要统计指标解释》。

(2)《中国经济贸易年鉴》。该年鉴由原国家经济贸易委员会主管，现由国务院国有资产监督管理委员会主管，是一部详尽刊载、客观评价我国经济贸易运行状况和主要行业及企业改革与发展的大型工具书和资料性年刊。该年鉴的2012版包括7大部分：重要经济文献；经济运行与企业改革发展报告；行业改革发展报告；各省、直辖市、自治区经济贸易发展状况；全国重点（骨干）企业介绍；中国经济贸易统计资料；附录。

(3)《中国对外经济贸易年鉴》。该年鉴是一部全面反映中国国内贸易、对外经济贸易和旅游业发展情况的资料性年刊。该年鉴的2012版正文内容分为9个部分：综合篇；消费品市场篇；批发和零售业篇；住宿和餐饮业篇；国际收支篇；对外贸易篇；外资篇；对外合作篇；旅游篇。为便于读者使用，本年鉴对所用略语和主要统计指标的含义、统计范围和统计方法做了简要说明。

(4)《中国金融年鉴》。该年鉴是由中国人民银行主管、中国金融学会主办、《中国金融年鉴》编辑部编纂出版的大型资料性文献。该年鉴的 2012 版共有四大部分外加一个附录。第一部分包括中国金融概览篇、国际金融与合作篇、各地金融篇;第二部分包括文献篇、法规及规范性文件篇;第三部分包括统计篇、专题与调研篇;第四部分包括大事记篇、机构名录篇。

(5)《中国企业年鉴》。该年鉴是由国务院国有资产监督管理委员会主管,中国企业联合会、中国企业家协会组织编撰的全国大型资料性年刊。该年鉴的 2012 版在《中国企业管理年鉴》的基础上更名改版,共设 10 个篇章:重要文献;专文;经济法律法规选编;企业发展概况;行业发展概况;企业管理综述;企业论坛;国民经济和企业发展统计资料;附录;图片资料。

(6)《中国城市统计年鉴》。该年鉴由国家统计局城调总队编辑,中国统计出版社出版,是全面反映中国城市经济和社会发展情况的资料性年刊。该年鉴的 2012 版主要包括三个部分加一个附录:第一部分是上年城市行政区划,列有不同区域、不同级别的城市分布情况;第二、第三部分分别是地级及以上城市统计资料和县级城市统计资料,具体包括人口、劳动力及土地资源、综合经济、工业、交通运输、邮电通信、能源电力、贸易、外经、旅游、固定资产投资、教育、科技、文化、卫生、人民生活、社会保障、市政公用事业、环境保护方面的数据;第四部分是附录,包括城市社会经济发展概况与主要统计指标解释。

(7)《中国工业经济统计》。该年鉴由国家统计局工业交通统计司编辑,中国统计出版社出版。该年鉴的 2012 版内容为:综合;中国工业的发展;中国工业经济的行业结构;中国工业经济的地区布局及附录;中国工业的规模经济;中国乡村、城乡合作、个体工业经济;中国工业之最。另外,该年鉴还附有国外主要工业经济指标,篇后附有主要统计指标解释等,对主要统计指标的含义、统计范围、统计分类、统计方法的变动情况做了简要说明。

(8)《中国工业年鉴》。该年鉴是由工信部组织、中国工业报社主办的年刊。该年鉴的 2012 版包括综合、主要行业、地区工业、城市工业、重点企业、名牌战略、工业论坛、政策法规、大事辑要等方面的内容,做到了统揽全局与突出重点、政策指导与典型示范、承载历史与面向未来的结合,是全面反映我国工业基本情况和发展风貌,客观记录上年全国工业行业各方面新情况、新资料的大型年刊。

(9)《中国轻工业年鉴》。该年鉴由中国轻工业联合会主管、主办,中国轻工业年鉴社负责编辑、出版。本刊是服务于全国及各省(自治区、直辖市)轻工业各项工作,服务于轻工业企事业单位,向国内外传播中国轻工业年度发展信息,记述中国轻工业年度发展趋势的大型权威资料性工具书。该年鉴的 2012 版分为 13 个部分:专文、特载、大事记、综合篇、行业篇、地方篇、市场篇、企事业单位篇、统计篇、附录、索引、图片资料、优秀企事业单位风采。

(10)《中国商业年鉴》。该年鉴是由中国商业联合会主管、主办,中国商业年鉴社编纂出版的大型实用性工具书。其宗旨是全面、系统、准确地反映我国社会商业发展的历史进程,为我国社会主义市场经济的发展和我国商品流通领域的改革、开放和现代化服务。该年鉴的2012版由特载、大事记、综述、商业行业、政策法规、地方商业、统计资料、附录八个部类组成。

二、部分常用的外文年鉴、期刊

(1)《联合国统计年鉴》(United Nations Statistics Yearbook)。该年鉴是当前编制水平最高的综合性国际统计资料。它广泛汇集了全世界280多个国家和地区的人口、劳动力、农业、工业、矿业、制造业、商业、贸易、交通运输、通信、财政、社会、文教等方面的内容。统计表按洲、地区和国别排列,并在卷首编有"世界概要"一栏,将每版中的重要数据加以简略介绍。

(2)《粮农组织生产年鉴》(FAO Production Yearbook)和《粮农组织贸易年鉴》(FAO Trade Yearbook)。二者都是联合国粮农组织出版物,收录世界各国农业方面的统计资料。《粮农组织生产年鉴》的主要内容包括:土地使用和灌溉情况、人口、农产品指数、谷物、畜产品、食品供应、生产工具等。《粮农组织贸易年鉴》的主要内容包括:各地区的农业贸易指数、农产品贸易、农业生产资料贸易、按国别分类的农业贸易额等。

(3)《工业统计年鉴》(Industrial Statistics Yearbook)。该年鉴为联合国出版物,主要内容是关于制造业生产的统计数据,每年出版两卷。第一卷主要介绍各国制造业建厂情况、就业、工资、工时、总产量及投资等方面的综合工业统计数;第二卷按产品分类刊登商品生产数据。该年鉴的统计数据一般回溯10年,用图的形式列举世界各国和地区的部分工业产品,为工业以及与总体经济的关系提供了国际范围内的比较数据。

(4)《国际贸易统计年鉴》(International Trade Statistics Yearbook)。该年鉴为联合国出版物,分两卷。第一卷按国家排列,列举各国的贸易数和世界贸易结构概要;第二卷按商品排列,分别对大洲和国家做分析,提供主要出口国和进口国的每类商品的统计资料。

(5)《主要经济指标》(Main Economic Indicators)。其是由经济与合作发展组织编辑出版的月刊,提供其成员近期经济发展数据和长期发展回顾,共分为3部分,即分类指标、分国指标和价格指数。

三、一些重要网站

AC·尼尔森新闻发布网站http://www.acnielsen.com

盖洛普组织网站http://www.gallup.com

零点指标数据网站http://www.horizonkey.com

中华人民共和国商务部网站http://www.mofcom.gov.cn

中华人民共和国国家统计局网站http://www.stats.gov.cn

世界贸易组织网站http://www.wto.org

国际货币基金组织网站http://www.imf.org

世界银行网站http://www.worldbank.org

联合国统计局网站http://www.unstats.org

美国商务部普查局网站http://www.census.gov

英国商务部经济分析局网站http://www.bea.gov.cn

美国商务部国际贸易管理局网站http://www.ita.doc.gov

第五章

抽样设计

【学习目标】

通过本章的学习，熟悉抽样设计的基本概念及各种抽样技术；掌握样本量的确定方法；能根据具体问题选择合理的抽样方法，并设计抽样方案；对抽样误差产生的原因及控制抽样误差的措施有所了解。

按照调查对象的范围，可以将市场调查分为普查和抽样调查。从理论上讲，市场调查若用普查，其调查结果应该最准确、最有价值，但普查需要耗费大量的人力、经费，而且调查时间长。当今市场构成多元化、变化节奏快、调查经费相对紧张，所以商业性的调查活动很少使用普查来获取市场信息。基于此，如何以最少的时间、费用来获得正确的调查结果，就有赖于抽样调查。

第一节 抽样设计的基本概念

市场调查中的抽样调查是指按照随机原则或非随机原则，从全部调查对象中抽取部分样本进行调查，然后用样本所获得的结果来说明总体的基本情况。在进行抽样设计时，常会涉及以下几个基本概念。

1. 全及总体和抽样总体

全及总体是指所要调查对象的全体，简称总体或母体，用 N 表示。例如，假设要调查西安市有多少家庭拥有微波炉，那么调查总体就是西安市所有的家庭。总体的单位数通常都是很大的，甚至是无限的，在组织抽样调查之前，有时并不清楚总体的数量特征，但所要研究对象的性质、范围及实施的条件等应该是明确的。

抽样总体是指从总体中抽取的部分个体的总和。例如，在西安市家庭拥有微波炉的调查中，所有被抽到的家庭构成该项调查的样本总体，每一个被抽到的家庭就是一个样本。样本中所包含的单位个数称为样本量，用 n 表示。一般当样本量大于或等于30时，称为大样本；当样本量小于30时，称为小样本。在抽样调查中，抽取的样本对总体是否有代表性，是衡量调查结果准确、可靠的重要标准。

2. 总体指标和样本统计量

根据全及总体计算的统计指标叫做全及指标，亦称总体指标。根据样本总体计算的统计指标叫做样本统计量。对一个总体来讲，总体指标是个确定的量，但它是未知的，需要通过抽样调查来推算。抽样调查就是以样本统计量为代表去推断总体指标数值的方法。

3. 重复抽样与不重复抽样

从总体 N 个单位中抽取 n 个单位组成样本，有两种抽取方法：一是重复抽样，即每抽出一个单位进行登记后，放回去，混合均匀后，再抽下一个，直到抽满 n 个为止；二是不重复抽样，即每次抽出一个单位进行登记后，不再放回参加下一次抽取，依次下去，直到抽满 n 个为止。实践证明，不重复抽样的误差比重复抽样的小。

4. 抽样单元

为了便于实现抽样，常常将总体划分为有限个互不重叠的部分，每个部分就叫做一个抽样单元。抽样单元不一定是组成总体的最小单位——基本单元，它可能包含一个或一些基本单元，最简单的情况是只包含一个基本单元。在简单随机抽样中，基本单元即为抽样单元；而在整群抽样中，群即为抽样单元，而群可能包含相当多的基本单元。例如，一项手机调查在某个小区抽取一栋居民楼，那么居民楼是抽样单元，楼中的家庭户既可以是抽样单元也有可能是基本单元，而家庭户的每个居民是基本单元。

5. 抽样框

在抽样设计时，必须有一份全部抽样单元的资料，这份资料就是抽样框。抽样框可以是具体的名册，如人员名单、电话号码簿、户口档案、企业名录等。在抽样框中，每个抽样单元都有对应的位置或序号，这常常通过编号来实现。直接可以使用的抽样框有时并不存在，调查者可以通过巧妙设计抽样单元来解决抽样框难以建立的问题。例如，在一项关于女性抽烟者的调查中，某个城市并不存在一个直接可用的由所有女性抽烟者构成的抽样框，但城市一般有区县、街道办、社区的清单，调查者可以把社区作为抽样单元从而建立起抽样框，在抽取的社区居民中调查符合条件的受访者。

6. 抽样误差和非抽样误差

样本是总体的一部分，虽然有代表性，但并不等于总体。因此用从样本中得出的结果来估计或说明总体肯定会产生一定的误差，这种由抽样引起的误差就叫做抽样误差。抽样误差越小，估计量的精度就越高。抽样误差是客观存在的，但是抽样误差的大小与抽取的样本能否代表总体有密切的关系，为了减小抽样误差，要尽可能使样本的结构与总体的结构相一致。

非抽样误差是指在抽样调查中由人为因素造成的误差，这种误差是由研究者、访问员和被调查者造成的。例如，由调查方法不妥引起的受调查者的反应不当；访问员工作不认真、不仔细所造成的记录错误；被调查者拒绝配合或不认真作答；等等。这类误差是无法测量的，但它可以通过如加强对访问员的培训、提高调查员的素质、采用合理的资料采集方法、设计高效的问卷等手段来克服。

第二节 抽样的基本方法

抽样方法可分为随机抽样和非随机抽样两大类。随机抽样也称概率抽样，是指总体中的每一个个体都有被抽到的可能，完全排除了人的主观因素的影响。非随机抽样也称非概率抽样，是指从方便出发或根据研究人员的主观判断来抽取样本。

随机抽样和非随机抽样又可以根据抽样的形式、特点进一步加以细分（图 5-1）。

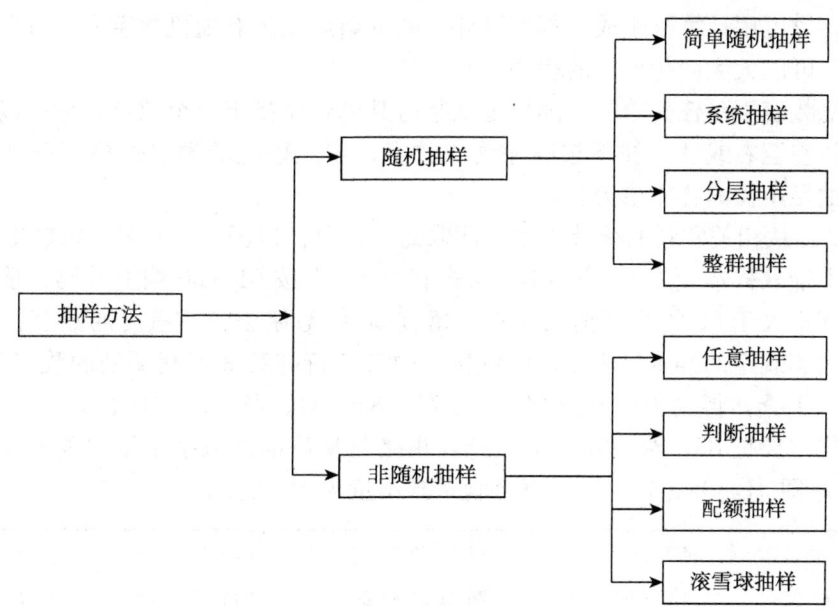

图 5-1 抽样的基本方法

一、随机抽样

随机抽样又称概率抽样，是指按照随机原则从总体中抽取一定数目的单位作为样本进行调查。这种抽样方法实施的难度大，比较费时、费力，但根据这种方法抽取的样本做出的结论对总体具有充分的代表性。随机抽样常用的方法有简单纯随机抽样、系统抽样、分层抽样和整群抽样等。

（一）简单纯随机抽样

简单纯随机抽样又称纯随机抽样或完全随机抽样，它按照随机原则，在调查总体中不加任何分组、划类、排序等先行工作，从中直接地抽取调查样本。这种方法的特点是调查总体中的每个样本被抽中的概率相等，完全排除了抽样中主观因素的干扰。

简单纯随机抽样是最基本、最简明、最能体现随机原则、使用范围最广的方法。简单纯随机抽样的方法主要有抽签法、掷骰子法、随机数字表法和出生年月法等。在市场调查活动中，通常采用抽签法和随机数字表法。

1. 抽签法

先确定或制作一个抽样框，把抽样框中的每个编号做成号码标签，将标签充分混合均匀后，每次抽取一个，签上的号码即表示样本中的一个单位。抽出的标签不再放回，接着抽取下一个标签，直至抽足所需样本量为止，这部分标签号码所对应的所有个体就构成样本。

2. 随机数字表法

随机数字表也称乱数表，是指把0~9的数字随机排列成一张表，可有两位数、三位数、四位数甚至五位数的号码。可利用特制的摇码器，自动地逐个摇出一定数目的号码编成表，也可用计算机生成，很多统计类的书籍后面附有随机数字表。每次抽样时利用这种表，可以大大简化抽样的程序。

使用乱数表不受任何限制，随机地从某行某列任意指定一个数字，然后以这个数字为起点，从左至右或从上往下按顺序读取数字，按照事先的规定去掉不符合要求的数字，直到抽足所需的样本量为止。

图5-2是从相关资料的统计用表中截取的一部分。以图5-2为例，如果要从一个80人的总体中抽取样本量为10的样本，可先将这80人按01~80编上号码，选取时规定凡两位数字不大于80的均可纳入样本，超过80的数字去掉，重复的数字只能保留一个，直到选够规定的样本量为止。假设从表中第7行与第8列交叉处的数字74开始沿竖列方向往下查，得到10个号码分别为74、85、84、72、52、45、28、92、17、95，那么按照规定要把85、84、92、95去掉，再接着从后面的数字中依次读取4个不大于80的号码，即51、08、46、23，直至满足样本量为10为止。

93 05 31 03 07	34 18 04 52 35	74 13 39 35 22	68 95 23 92 35	36 63 70 35 33
21 89 11 47 99	11 20 99 45 18	76 51 94 84 86	13 79 93 37 55	98 16 04 41 67
95 18 94 06 97	27 37 83 28 71	79 57 95 13 91	09 61 87 25 21	56 20 11 32 44
97 08 31 55 73	10 65 81 92 59	77 31 61 95 46	20 44 90 32 64	26 99 76 75 63
69 26 88 86 13	59 71 74 17 32	48 38 75 93 29	73 37 32 04 05	60 82 29 20 25
41 47 10 25 03	87 63 93 95 17	81 83 91 04 49	77 45 85 50 51	79 88 01 97 30
91 94 14 63 62	08 61 74 51 69	92 79 43 89 79	29 18 94 51 23	14 85 11 47 23
80 06 54 18 47	08 52 85 08 40	48 40 35 94 22	72 65 71 08 86	50 03 42 99 36
67 72 77 63 99	89 85 84 46 06	64 71 06 21 66	89 37 20 70 01	61 65 70 22 12
59 40 24 13 75	42 29 72 23 19	06 94 76 10 08	81 30 15 39 14	81 83 17 16 33

图5-2 抽样随机数字表（截取）

如果要从一个200人的总体中抽取样本量为20的样本，需要先将这200人按001~200编上号码，这时总体数目是一个三位数，在图5-2中同样可以操作。假设从数字表中的第3行与第14列交叉处的数字13开始沿横行方向往右查，连续地以三位数为一个数码，重新获得一组三位数的随机数码分别为139、109、618、725、215、620、113、244、970、831……同样规定凡三位数字不大于200的均可纳入样本，超过200的数字去掉，如果有重复的号码只保留一个，按要求选够20个为止。

简单纯随机抽样是其他随机抽样方法的基础，从理论上说它是最符合随机原则的，而且抽样误差的计算比较简明，但是这种方法在实践中的运用有一定的局限性。第一，当调查总体很大时，给每个个体编号，来构造一个可供抽取样本的抽样框是非常困难的，实施起来也很麻烦，既费时又费力。第二，这种抽样方法忽略了总体已有的信息，降低了样本的代表性。例如，在许多调查总体中，男女的性别比例是确定的，如近似的 1∶1，如果采用简单纯随机抽样来进行抽样，抽出来的男女性别比例可能与总体的真实比例相差很大。所以在市场总体较大、总体内某项特征差异比较大的情况下，不能直接使用简单纯随机抽样来抽取样本。

(二) 系统抽样

系统抽样也称等距抽样或机械抽样，是指从总体中等距离地抽取样本单位。其抽样过程如下。

第一步，确定抽样框。将总体中的每个单元按某种顺序排列并加以编号。

第二步，计算抽样距离。抽样距离等于总体的容量除以样本的容量，即

$$抽样距离 K = \frac{N}{n}（取整数）$$

第三步，抽取第一个样本。根据确定的抽样距离，从第一个抽样距离的所有单元内采用简单纯随机抽样方法抽取一个单元作为第一个样本。

第四步，抽取所有样本。确定了第一个样本之后，每隔一个抽样距离抽取一个单元，这样所有样本就可一一地被抽取出来。

例如，从某学校 110 名学生中用系统抽样抽取 10 名学生，抽样距离 K 为 11，那么先在 001～011 中按简单纯随机抽样抽取一个数字，假定是 006，即第一个样本单元为 006，然后每间隔 11 取一个数字，那么抽到的样本编号依次为 006、017、028、039、050、061、072、083、094、105。

一般而言，系统抽样比简单纯随机抽样简便易行，而且能比较均匀地抽到总体中各个部分的个体，样本的代表性比简单纯随机抽样强，在调查中经常用来代替简单纯随机抽样。

系统抽样虽然过程简单，但在单独使用时，同样也面临着总体大、不便于编号的困难。所以在大规模的市场调查中，常把它与其他抽样方法结合起来使用。另外，这种抽样的误差计算比较复杂，一般用简单纯随机抽样的抽样误差来代替。需要注意的是，在有些调查中，要尽量避免使用会使抽样单元有系统性的间隔数，如全年收视率调查中抽取的间隔天数不能为 7，否则会影响调查结果。

(三) 分层抽样

分层抽样又称分类抽样或类型抽样，是指先将总体按某些特征分成若干个层（或子总体），再从各层（或子总体）中分别随机抽取一定的单元构成样本，其具体过程如图 5-3 所示。

第一步，确定分层的特征，如年龄、性别、行政区等。

第二步，将总体（N）分成若干（k）个可互不重叠的部分（分别用 N_1，N_2，…，N_k 表示），每一部分叫一个层，每一个层也是一个子总体。

第三步，根据一定的方式（如各层单元占总体的比例）确定各层应抽取的样本量。

第四步，采用简单纯随机抽样或系统抽样方法，从各层中抽取相应的样本，分别为 n_1，n_2，…，n_k，这些样本也叫子样本，子样本之和为总样本。

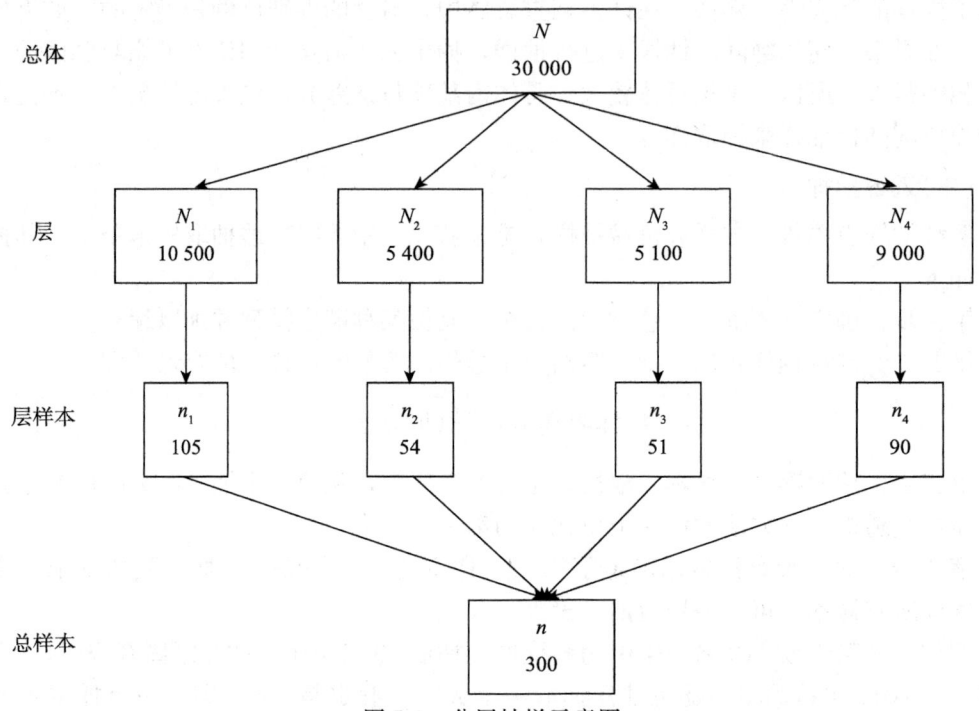

图 5-3 分层抽样示意图

分层抽样的优点在于它充分地利用了总体的已有信息，可以保证所有重要的子总体在样本中都有代表，使样本更具代表性，并且其抽样方法简单明了，精度也高，实施便利，因而是一种非常实用的抽样方法。对于总体该分成几层、如何分层，则要视具体情况而定。总的原则是，各层内的差异要小，而层与层之间的差异要大，否则将失去分层的意义。

分层抽样抽取的单位数是事先确定的，各层按一定的标准分配数目。为了使分层抽样更合理、科学，在其具体实施过程中可采用下列三种方式抽样。

1. 按分层比例抽样

按分层比例抽样即按各分层子总体数量占总体单位数量的多少，等比例抽取各层的样本数。假设总体数量为 N，总样本数量为 n，分层子总体数量为 N_i，分层子样本量为 n_i，则其计算公式为

$$n_i = \frac{N_i}{N} \cdot n$$

按此公式可计算出各层抽取的样本数，这种分层方法是在不知道各分层内的变异数的情况下进行的。

2. 最佳分层抽样

最佳分层抽样又称纽曼抽样，是指在各层内根据变异数（标准差）的大小调整各层的样本数量，以提高样本的可信度。其计算公式为

$$n_i = \frac{N_i \sigma_i}{\sum N_i \sigma_i} \cdot n$$

式中，σ_i 为任一层内的标准差（若没有现成资料，可以从该层抽一个小样本算出标准差 s_i 代替 σ_i 进行计算）；N_i 为任一层的总数量；n_i 为任一层抽取的样本量。

3. 最低成本抽样

最低成本抽样又称经济抽样或德明抽样，是指当各层的调查费用有明显差异时，在不影响可信度的前提下，调整各层的样本量，使调查费用尽量减少，它兼顾了各层的差异程度与调查费用。其计算公式为

$$n_i = \frac{N_i \sigma_i / \sqrt{C_i}}{\sum (N_i \sigma_i / \sqrt{C_i})} \cdot n$$

式中，C_i 为各层中单位调查费用。

在分层抽样中，有时可在分层子总体的基础上进一步加以分层，这就是所谓的多次分层抽样。分层的标准一般为地区、年龄、性别、收入、文化程度等。由于分层抽样充分利用了总体已有的信息，其样本的代表性及推论的精确性一般都优于简单纯随机抽样的，此外其在抽样实施时，也比简单纯随机抽样简便。

(四) 整群抽样

整群抽样又称分群抽样、聚类抽样或集团抽样，是先将总体按照某种标准划分为若干个群（或子总体），然后从所有群中随机抽取若干个群，对这些群内的所有个体或单元均进行调查。例如，学校学生可以按班级抽选，公司职员可以按工作的群体抽选，城市住户可以按街区抽选，等等。抽样过程可分为以下几个步骤（图 5-4）。

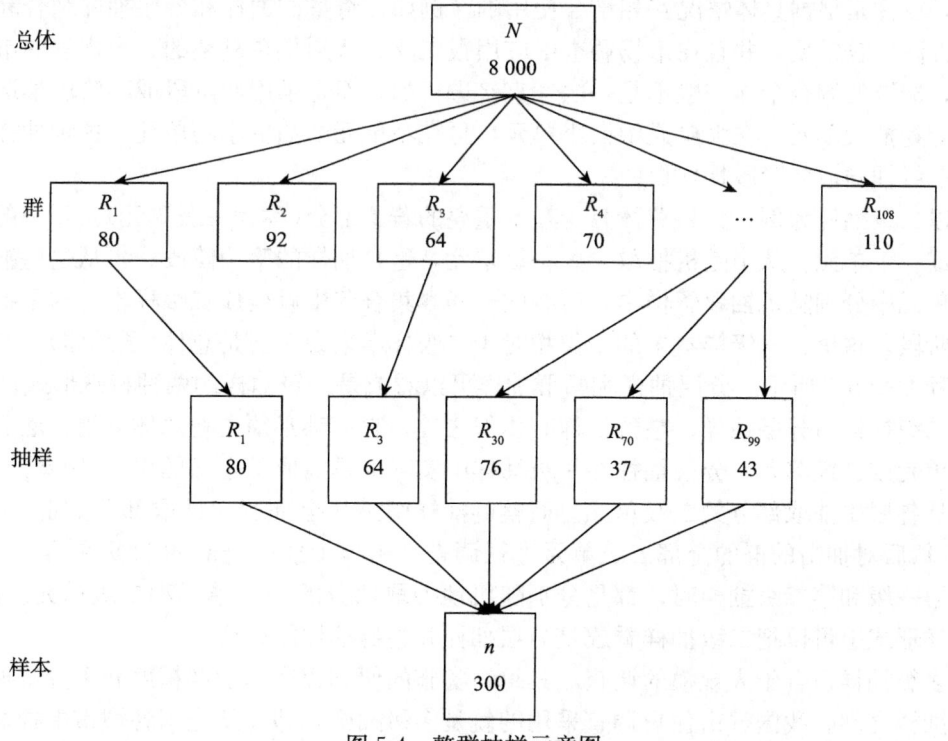

图 5-4 整群抽样示意图

第一步,确定分群的标准,如班级、自然行政区域。

第二步,将总体(N)分成若干个互不重叠的部分(R_1,R_2,…,R_i),每个部分为一群。

第三步,根据总样本量,确定应该抽取的群数。

第四步,采用简单纯随机抽样或系统抽样方法,从 i 群中抽取确定的群数。

整群抽样也可跟多次分层一样,把群进一步分成若干个子群。分群的次数依据实际情况而定,分群的标准通常是地域或自然构成的团体。

整群抽样与分层抽样在形式上有相似之处,但实际上差别很大,主要表现为以下几方面。

(1) 分层(群)的标准不一样。分层是按某一特征,分群一般则是按自然形成的区域、团体等。

(2) 分层抽样要求各层之间差异大,层内个体或单元差异小,而整群抽样则要求群与群之间的差异小,群内的个体或单元差异大。

(3) 分层抽样的样本是由从每个层内抽取的若干单元或个体构成的,而整群抽样则是要么整群抽取,要么整群不被抽取。

整群抽样在调查实施过程中比较方便,在抽样设计上也比较便利,只需要关于群的抽样框而无需群内次级单元的名单。但是由于整群抽样的抽样单元过于集中,因此与上述其他抽样方法相比,整群抽样的抽样误差较大,准确度差。

前面所介绍的这四种随机抽样只是一些最基本、最简单的抽样方法,在市场调查实践中,往往是根据具体情况互相结合使用的。例如,将整群抽样和分层抽样结合起来使用的方法比较常见,并且在市场调查中应用很广泛。特别是在复杂的、大规模的市场调查中,抽取的调查个体一般不是一次性直接进行的,而是采用两阶段或多阶段抽取的办法,即先抽大单元,在大单元中抽小单元,再在小单元中抽更小的单元,这种抽样方式称为多级抽样或多阶段抽样。

以二级抽样为例,先将总体分为互不重叠的若干部分(称为一级单元),每一部分为一群或一个单元。从中随机抽取一些一级单元,这是抽样的第一阶段;再从这些抽中的一级单元中分别随机抽取子样本,所有的子样本集合起来就构成二级样本,这是抽样的第二阶段。这里,一级样本中的单位相对于二级样本来说,又是总体(子总体)。二级抽样过程如图5-5所示。分层抽样和整群抽样可以看成是二级抽样的两种特殊形式。

二级抽样与分层抽样、整群抽样有相似之处,它们都必须先将总体分组,然后抽取一级单元或二级单元。分层抽样在一级抽样中实际上是抽取了全部的层(一级单元),然后再从各层中抽取部分的二级单元。而整群抽样则是从全部群中抽取部分的群(一级单元),然后对抽中的群的全部二级单元进行调查,相当于抽取全部的二级单元。二级抽样在第一级和第二级抽样时,都是分别随机地抽取部分的一级单元和二级单元。因此,在抽样形式上可以把二级抽样看成是分层抽样和整群抽样的综合。

多级抽样适合于大规模的调查,其组织实施的便利程度和抽样精度介于分层抽样和整群抽样之间。我国城市住户调查采用的就是多级抽样,即先从全国各城市中抽取若干城市,再在城市中抽选街道,然后在各街道中抽选居民户。例如,在全国性的调查中,

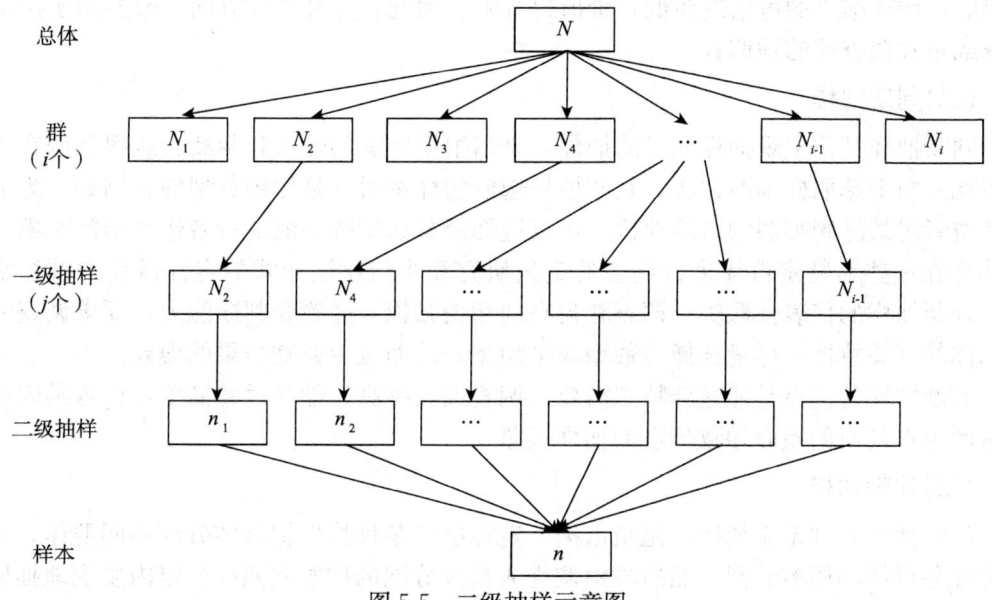

图 5-5 二级抽样示意图

将总体按社会经济发展水平或按地理区域分层后,从每层中先抽取几个地区,再从抽中的地区中抽市、县、村,最后再抽至户或个人。这种方法在大规模的调查研究中,与简单纯随机抽样、系统抽样及分层抽样相比,可以节省大量的人力、财力和物力,在抽取样本及组织调查时很方便,具有整群抽样简单易行的优点,但在样本量相同的情况下又比整群抽样的精度高,因为它所抽取的单元在总体中的分布更广泛,所以更有代表性。但其不足之处是在设计抽样调查方案、计算抽样误差和推断总体上比较麻烦。

二、非随机抽样

除了随机抽样之外,许多市场调查(一般是较小规模的调查)也采用非随机抽样。非随机抽样也称非概率抽样,是指抽样时不遵循随机原则,按照调查人员主观上设立的某个标准抽选样本。与随机抽样相比较,非随机抽样的主要优点是省时、省力、省钱,抽样过程比较简单。在非随机抽样中,调查对象被抽取的概率是未知的,抽样误差难以控制,样本的代表性差,利用调查结果推断总体情况的风险较大。但是只要抽样进行得适当,其准确度也能达到要求。目前使用较多的非随机抽样方法有任意抽样、判断抽样、配额抽样和滚雪球抽样。

(一)任意抽样

任意抽样又称方便抽样或偶遇抽样,是指样本的选定完全根据调查人员最方便的途径来决定。例如,可以在街头拦截过往行人做访问调查,在商场的柜台访问顾客,征求其对某种商品的评价和意见,等等。又如,在一些大城市想做流动人口消费品购买力调查,可以在车站、码头、机场、旅馆或大商场等地方,对旅客进行询问调查。

任意抽样的优点是简便易行,可以快速取得所需资料,节省调查经费,效率高。其缺点是取得的样本偶然性大,存在选择偏差,如调查者的自我选择偏差、抽样的主观性偏差等，调查结果的可信度较低，价值也有限，因此，这种抽样方法一般多用于探索性调查或正式调查前的预调查。

(二) 判断抽样

判断抽样又称主观抽样或目的抽样，是指根据专家的经验和判断，或根据调查人员的主观判断来选取样本的方法。判断抽样选取的样本通常是比较典型的。例如，为了了解消费者对某品牌啤酒的口感评价，可以选择经常饮用啤酒的消费者作为访问对象。判断抽样在一些对特定群体进行调查的定量研究和小组座谈形式的定性研究中被经常使用。判断抽样的代表性取决于调查者自身的相关知识、经验和判断能力，要求调查者熟悉总体的有关特性，尽量选择多数型或平均型，从而减少调查结果的误差。

判断抽样的优点是能适合特殊需要、调查回收率高、抽样过程简单，但容易因调查人员的主观判断偏差而导致严重的抽样误差。

(三) 配额抽样

配额抽样又称定额抽样，是指依据一定标准或某种特性把总体分成不同群体，并事先分配各群体的样本数额，然后再由调查人员按分配的样本数额在各组内主观地抽取样本。配额抽样实质上是一种分层判断抽样，与分层抽样相似，但在每个层次里抽到的样本不是随机的而是主观选择的，是对判断抽样的程序化限制，使所抽取的样本不至于太偏重某一阶层或地区，从而有效地保证了样本的代表性。按照配额的要求，配额抽样可分为独立配额抽样和交叉配额抽样两种。

1. 独立配额抽样

独立配额抽样是指根据调查总体的不同特性，对具有某个特性的调查样本分别规定单独分配数额，而不规定必须同时具有两种或两种以上特性的样本数额。因此，调查员就有比较大的自由去选择总体中的样本。例如，对某市居民进行液态奶消费调查，确定样本量为300人，选择消费者年龄、性别、收入三个标准分类，独立配额抽样的各个标准样本配额比例及配额数如表5-1所示。

表 5-1 独立配额抽样

年龄	人数/人	性别	人数/人	月收入	人数/人
18~30岁	30	男	120	1 000元以下	50
31~45岁	60	男	120	1 000~2 000元	100
46~60岁	90	女	180	2 000~3 000元	100
60岁以上	120	女	180	3 000元以上	50
合计	300	合计	300	合计	300

从表5-1中可以看出，对收入、年龄、性别三个分类标准，分别规定了样本数额，而没有规定三者之间的关系。因此，调查人员在具体抽样时，抽选不同收入段的消费者，不必明确规定年龄和性别标准。同样，在抽选不同年龄或性别的消费者时，不必顾及其他两个分类标准。这种方法的优点是简单易行，调查员选择余地较大；缺点是调查员可能图一时方便，选择的样本过于偏向某一组别，从而影响样本的代表性。

2. 交叉配额抽样

交叉配额抽样是指对调查对象的各个特性的样本数额进行交叉分配，上例如果采用交叉配额抽样，就必须对收入、年龄、性别这三项特性同时规定样本分配数，如表5-2所示。

表5-2 交叉配额抽样

收入 性别 年龄	1 000元以下		1 000~2 000元		2 000~3 000元		3 000元以上		合计
	男	女	男	女	男	女	男	女	
18~30岁	2	3	4	6	4	6	2	3	30
31~45岁	4	6	8	12	8	12	4	6	60
46~60岁	6	9	12	18	12	18	6	9	90
60岁以上	8	12	16	24	16	24	8	12	120
合计	20	30	40	60	40	60	20	30	300

在实际调查中，这种抽样方法通常与其他随机抽样方法结合起来使用。如果总体单位特征比较明确，并且有相关的数据可以参照，但抽取的样本量不是足够大的话，使用配额抽样法就能够保证在一定程度上控制调查数据的偏差。有时基于研究目标的需要，使用配额抽样法设置配额，不仅可以满足研究分析的需要，而且可以节省调查时间和费用。尽管理论上配额抽样不具备从样本推论总体的科学依据，但当掌握了总体构成，设计的配额构成与总体构成一致且每一个样本都是随机抽取获得的时候，配额抽样其实也就与分层抽样非常类似，也就可以近似地从样本推断总体特征。所以，只要注重样本结构与总体结构在量上的类似性，抽样设计完善，调查人员素质高，其调查结果的可靠性和准确性在非随机抽样中是最好的。因为实施简单，配额抽样在小规模的市场调查中被广泛应用。

(四) 滚雪球抽样

滚雪球抽样又称推荐抽样，是指在对个别符合要求的调查对象进行访问的基础上，再请其推荐或介绍其他符合条件的人；再根据他们提供的信息，进一步对其他人进行调查，直至满足样本量要求为止。由于具有某一特征的人相互之间或多或少都有一些往来，因此每名受访者都可能推荐出另一些调查对象，访问员根据介绍寻找到其他满足条件的受访者，对其进行访问后再进一步请其推荐更多的受访者，依次类推，样本如同滚雪球般由小变大直至满足样本量要求为止(图5-6)。

在市场调查中，有时会根据调查目标要求去调查一些比较特别的人，这类人在某些方面具有十分稀缺的特征，如有过蹦极、攀岩经历的人，收藏古玩的人，城市的流浪者等。这类人员在一个城市中可能仅占万分之一，在人群中不容易找到，无法建立抽样框。如果采用通常的抽样方法进行筛选，则每找到一名受访者所需要筛选掉的人将成千上万，花费的代价太大，此时就需要采用滚雪球抽样。滚雪球抽样通常适用于对总体缺乏了解、没有现成的抽样框的情形，一般在产业调查中运用较多。此种抽样的主要优点是可以大大减少调查费用，但其样本代表性差，调查质量低。另外，如果被调查者不愿意提供其他人员接受调查，那么调查就会受阻。

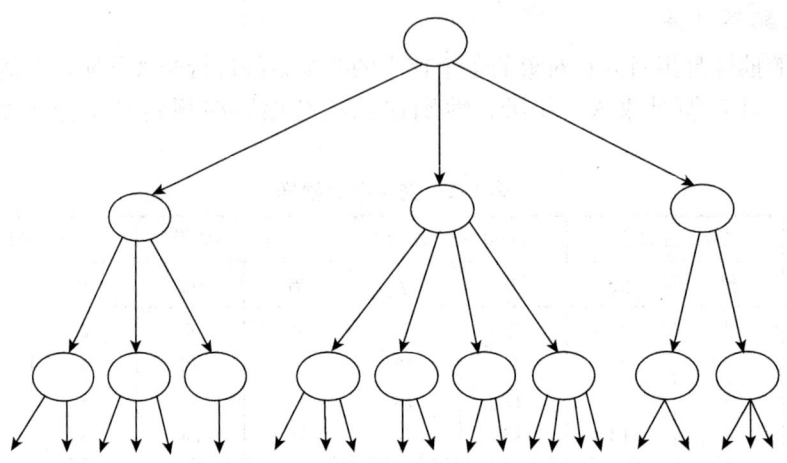

图 5-6 滚雪球抽样示意图

一般来讲，概率抽样用于需要对总体给出很准确的估计的情况，如估计市场占有率、整个市场的销售量、某个地区的电视收视率、用户的心理特征和人口状况分布的研究等。非概率抽样常常用于不需要用调查结果精确推断总体的情况，如市场调查中的概念测试、包装测试、名称测试及广告测试等，在这一类研究中，调查者的兴趣主要集中在样本给出各种不同反应的比例上。在一项市场调查中采用什么样的抽样方法，要综合各种主客观因素来考虑，主要依据调查对象总体的规模和特点、调查的性质、抽样框资料、调查经费以及对调查结果的精确性要求等方面来决定。总体规模大的调查通常采用多级抽样方法；对调查结果的精确性要求高，则采用随机抽样；当抽样框资料难以获得，或调查费用有限，或调查属于预备性研究时，都可采用非随机抽样。

第三节 样本量的确定

在市场调查中，如何确定样本量至关重要。样本太大，会浪费人力、财力；样本太小，则又会降低估计的精确度，以致达不到预期的目的。确定样本量时，需要考虑的因素是多方面的，如调查精度、调查费用、调查时间、需要配备的人力物力等。那么样本量究竟多少才最合适？这是抽样设计中要解决的基本问题。

一、用统计方法定量计算

用统计方法来确定样本量时，总体变异程度和精度要求是两个基本因素。下面仅介绍简单纯随机抽样方法条件下，以估计总体平均数和总体比率为目的时样本量的确定方法。

（一）确定置信度和最大允许误差

置信度也称把握程度，是指由抽样调查结果来推断总体情况的可信程度，用 $1-\alpha$ 来表示，即置信水平。在抽样调查中，一般规定置信度为 95%、99% 和 99.9%，即置信水平为 0.05、0.01 和 0.001，它们分别表示由抽样调查结果估计总体情形的可信程度为 95%、99% 和 99.9%。

最大允许误差 E 是指被允许的最大抽样误差。确定最大允许误差，就是给所要拟订的抽样计划规定一个最大的误差标准，要求按照所拟订的抽样计划执行时，抽样调查所得的结果与总体的真值的差异不能超出这一误差范围。

(二) 根据公式计算样本量

1. 估计总体平均数的样本量

当研究的目的是估计总体平均数时，最低限度样本量的计算方法为

$$n = \frac{Z^2 \sigma^2}{E^2}$$

式中，Z 为标准误差的置信水平；σ 为总体标准差；E 为最大允许误差。

最大允许误差 E 和置信水平 Z 在调查之前，由调查人员与客户进行磋商后事先确定。置信水平和误差范围的确定不仅要根据统计原则，同时要顾及财务与管理方面的要求在精确度、置信度与成本之间进行权衡。有时不要求很高的精确度和置信度，比如只想基本了解消费者对产品的普遍态度是正面的还是负面的。但如果是一项产品创意测试，就需要精确度很高的销售估计值，以便做出是否向市场推荐某种新产品的高成本、高风险的决策。

调查人员在还没抽取样本的情况下，确定总体标准差 σ 时，可以把以前的调查结果作为本次总体标准差的估计值。如果调查总体规模太大，可以投入一定的时间和资源对总体进行小规模的试验调查，根据调查结果估计总体标准差。

2. 估计总体比率的样本量

当研究的目标是比率或成数时，如调查观看某一电视节目的观众占总体的百分比等，最低限度样本量计算方法为

$$n = \frac{Z^2 P(1-P)}{E^2}$$

式中，P 为总体比率或成数，其他符号含义同前，只是与确定估计平均值所需的样本量的过程相比，调查人员在估计比例 P 时有一个优势：如果缺乏估计 P 的依据，可以对 P 值做最悲观的假设。给定 Z 值和 E 值，P 值为多大时要求的样本量最大？当 $P=0.5$ 时，$P(1-P)$ 有极大值 0.25 存在，这时样本量最大。即在未知 P 的情况下，通常取 $P=0.5$ 来进行样本量的计算。

其他随机抽样的样本量计算公式均有所不同，而且比简单纯随机抽样方法复杂，所以在实际操作中，常用简单纯随机抽样的计算公式来计算最低限度样本量，再综合考虑其他因素对样本量进行调整。在分层抽样中，当各层按比例进行分配时，有时会出现某一层或某些层的样本量太少，与其他层做比较时，样本数量没有达到统计方法的基本要求。遇到这种情况，在抽样设计时，就应率先考虑好，在已分配好样本数的基础上对某些层再适当增加样本。

二、经验分析法

用统计公式计算样本量，在实践中操作起来比较困难，标准差、最大允许误差等指

标只能根据小范围的探索性调查结果来大致估计，这就增加了样本量的不确定性。在商业性的调查中，确定样本量时通常的做法是根据研究的预算来决定样本量的大小，再综合考虑其他因素，如调查时间、决策的重要程度、调查的性质、数据分析的方法、预期有效问卷的回收率等，选择足够大的样本量来满足规定的精度水平。

由于确定样本量的大小要考虑很多因素，在实际调查中，每项调查的样本量都不一样，而且有些非随机抽样的样本量难以按上述方法确定。在一般的市场调查中，有时并不需要很高的精确度和把握程度，采用非概率抽样时，调查人员往往根据主观判断和从事实际调查的经验来确定样本的大小。对于一些项目的配额抽样，也常常使用一些经验数据，如可以参照以前他人做过的类似的研究。例如，在一个中等规模以上的城市进行市场调查时的样本量，按调查项目的要求，可选择 200~500 个样本；如果是大型城市、省市一级的地区性研究，样本量为 500~1 000 比较适合；如果是多省市或全国性的研究，则样本量可能为 1 000~3 000 比较适合。表 5-3 对不同的市场调查项目提供抽取样本量的经验数据参考。

表 5-3 不同市场调查中样本大小的经验数值

调查项目	最小样本量	典型样本量范围
市场分析	500	1 000~1 500
战略研究	200	400~500
试验市场深度研究	200	300~500
观念/产品测试	200/单元	200~300/单元
名称测试	100/名称差异	200~300/名称差异
包装测试	100/单元	200~300/单元
电视商品测试	150/单元	200~300/单元
广播测试	150/广播	200~300/广播
印刷品广告测试	150/广告	200~300/广告

资料来源：叶明海．市场研究．上海：同济大学出版社，2003：109

经验分析法抽取的样本量数目是长期从事该调查的经验积累和总结，但缺乏严格的理论依据，带有很大的随意性。事实上，样本量的确定通常是介于理论下的完善方案与实际上的可行方案之间的一个折中方案。

第四节 抽样方案设计

抽样方案是对抽样调查中的总体范围、抽样方法、抽样数目、抽样框、抽样精度、抽样实施细节等问题所做的统筹计划和安排，其目的在于提高抽样调查估计的科学性和可靠性，控制抽样调查的过程，提高抽样调查的效率，确保抽样调查的质量。现以入户调查为例，详解抽样方案设计的基本内容。

一、明确抽样调查的目的

抽样调查的目的应根据市场调查的任务和要求及客户的管理者的信息需求，与市场调查总体方案设计中界定的调查目的和任务保持一致。抽样方案是访问工作的前期准备，抽样的原则是，按一定的走向、一定的间隔，在一定的范围内选取样本，详细记录明确的样本地址，保证访问员循地址能顺利地找到该居民户，合理的抽样直接影响到访问结果的代表性及工作质量。

二、界定调查总体和抽样单元

界定调查总体是指给调查对象一个明确的、可以操作的定义，使调查对象与非调查对象可以明确地加以区分。例如，在白酒类产品的消费者行为调查中，调查的对象主要是男性消费者，还要再规定"18周岁以上，60周岁以下，每周喝白酒3次以上的男性消费者"。如果被调查者本人或家庭成员有在广告公司、市场研究公司、咨询公司或相关产品制造公司及经销单位工作，则都不属于调查总体。这样在调查时，什么人属于调查对象，什么人不是调查对象，就比较容易判断了。

界定抽样单元实际上就是明确划分个体单位的标准，确定总体中个体的范围或单元，使个体相互不重叠。在多级抽样调查中，每一级抽样单元都必须给予相应的定义。例如，在全国性的抽样调查中，一级抽样单元通常以行政区为划分标准，如"省""直辖市""自治区"，然后再从中抽出若干个市，由市再进一步抽出区，由区再抽出居委，最后一级的抽样单元通常是"户"或"个人"。

三、确定样本量

样本规模的大小涉及人力、物力、财力的消耗问题，在进行抽样调查前要审慎地加以考虑，要根据既定的经费、工作时间及规定的精度，依据抽样理论估计样本量，使调查工作既符合调查质量的要求，又不浪费人力、物力和财力。在实际运作中，对某一特定总体进行抽样调查时，调查总体、抽样方法往往已经确定，样本量的大小实际上是允许的抽样误差（精确度）与调查费用之间相互平衡的结果，样本量的确定原则是将其控制在必要的最低限度。

四、选择抽样方法

在一项调查中采用什么样的抽样方法，要综合考虑各种主客观因素，如总体的规模与特点、调查的性质、抽样框资料、调查经费及调查的精度要求等。在入户访问中最常用的是系统抽样方法，即先将总体各单位按某一标志顺序排队编号，然后根据一定的抽样距离从总体中抽取样本。

假如，某市场研究公司受某大型购物中心委托，欲进行一次日用品消费者购买行为的调查。根据抽样要求，需在购物中心附近的某个拥有200户居民的居委抽取15户进行入户调查，那么，采用系统抽样的步骤如下。

第一步，按照一定的规则，对该居委全部居民户进行编号，即001～200。

第二步，计算抽样距离，抽样距离为 200÷15≈13，即抽样距离为 13 户。

第三步，在 001～013 户随机抽取一个编号作为第一个样本，以后每隔 13 户抽取 1 户，直到抽满 15 户为止。

假如，按照简单纯随机抽样抽取的第一户编号为 010，那么所抽取的 15 户样本的编号分别是 010、023、036、049、062、075、088、101、114、127、140、153、166、179、192。

五、建立抽样框

抽样调查样本的代表性如何，取决于抽样框的质量。抽样框是抽样调查前在可能条件下制作的抽样单元一览表或一览图，即由抽样单元构成的名录。在市场调查中，不同的调查对象，其抽样框资料是不一样的。建立抽样框有时比较容易，有时则很困难。例如，企业普查或人口普查就可以利用现成的企业名录或当地派出所的户籍资料，但是有时直接可以使用的抽样框并不存在，调查者只能通过全体人员来寻找符合条件的受访者，而要获取全体人员名单几乎是不可能的。但如果采用非随机抽样对消费者进行调查，就不一定要建立抽样框，可以采取街头拦截的方式选取被访者，也可以用主观判断的方法选取样本。

如果采用入户访问，则要用到关于全体居民户的抽样框资料，这种抽样框本来可以从居委（小区）的物业管理资料中直接获得，但是随着我国经济的飞速发展、旧城改造的进行和居民住房条件的不断改善，住户搬迁频率越来越高，加之流动人口越来越多，居委的业主资料并不能及时准确地反映当时的实际居住情况，或者有的居委不愿意提供这些资料，这就需要进一步完善或重新建构抽样框。应该注意的是，在以现有的资料为抽样框时，要先对该名单进行检查，避免有重复、遗漏的情况发生。可以直接在这些资料的基础上，定期派员加以核实，在名单中删去已经搬迁或长期不在所属居委居住的住户，增加新搬入的住户。这种方法要求挨家挨户进行核对，工作量比较大，但建立的抽样框比较准确。

若没有现成的住户管理资料，就需要建立新抽样框。以西安市小寨西路阳光小区居委为例，建立抽样框的方法是：进入该居委后，依照右手原则（选定起点后，沿着前进方向的右手边行走，在拐弯处往右转，除非死胡同和超出所管辖区，否则不得左转，抽取的样本户须靠抽样员的右手边），并画出该居委住宅的分布路线图（图 5-7）。

在该居委抽取居民户有以下两种方法。

第一种，先建立全部居民的抽样框，然后再抽样。抽样员按照右手原则，以 1 号楼为起点，从 3 单元开始抄写每层每户的门牌号（抄录时要写详细地址，如雁塔区朱雀路阳光小区居委×号楼×单元×层×号或右手第×家），然后再抄 2 单元和 1 单元，接着按此法抄写 3 号楼、4 号楼、2 号楼、5 号楼，最后是 6 号楼。每幢楼从最右边的单元抄写，进入单元门后，从第一层抄起，每层居民户门牌号也从右向左依次抄写。全部居民户的门牌号抄写完毕后，统计总户数。经向该小区居委核实，有 30 户无人居住。在抄写的地址表上将这 30 户删除，然后将在此居住的 198 户按抄写顺序编号，即 001～198，并在背面画上行走线路图，作为该居委的抽样框。假如要在此居委抽 15 户，那么

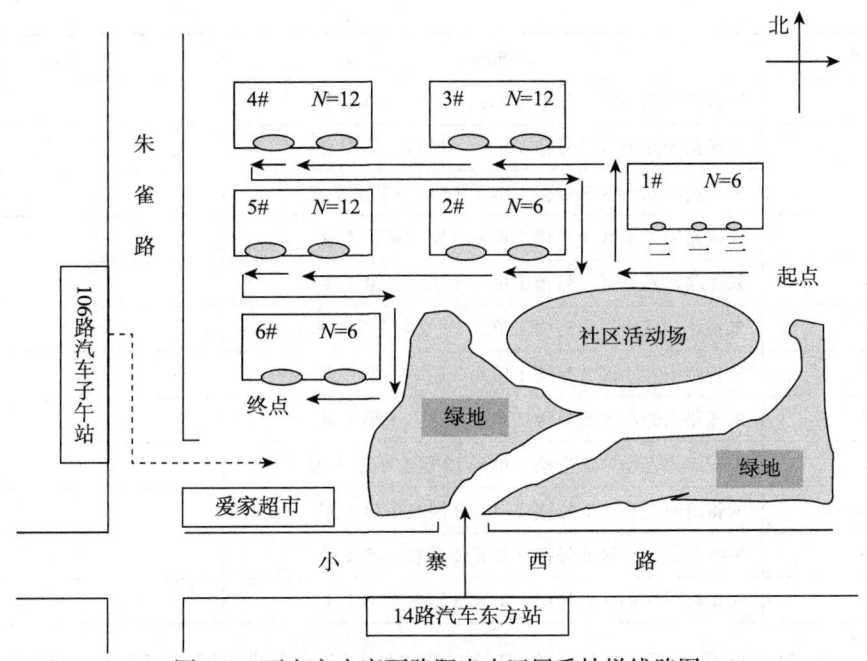

图 5-7　西安市小寨西路阳光小区居委抽样线路图
图中#表示楼号，N 表示层数，椭圆形小圈表示单元编号

抽样距离为 198÷15≈13 户，即隔 13 抽 1，另抄一份被抽取居民户的名单即可。如果是在更大的区域内按照此法建立抽样框，抄写地址表时遵循右手原则，逐一登记该区域内每个居委（或小区）所有居民户的详细地址，每个地址只代表一个家庭户，并画出相应的线路图，那么区域线路图及其所有居民户地址表就是一份完整的抽样框。在进行抽样前，需要核实和删除无人户。

第二种，不建抽样框，直接抽取样本。从理论上讲，第一种方法是最科学的，但如果访问区域很广，用这种方法建立抽样框，操作难度很大，费时费力。若不想花费大的代价去建抽样框，可在欲抽样的区域遵循右手原则自行抽样，直接抽出样本户。仍以上述阳光小区居委为例，具体的做法是：该居委共有 228 户（不用核实每户居民是否在此居住），如果按照抽样要求抽 15 户，那么这时应该隔 15 抽 1。抽样员开始抽样前，必须先沿抽样居委的边缘走一遍，或向居民了解，以熟悉其管辖范围，确保抽样所抽取的样本都属于该居委。假如选择 1 号楼作为起点，3 单元位于最右边，那么从 3 单元开始抽样。第 1 户按随机原则抽取的是 1 号楼 3 单元 2 层右手第 1 家，抄写在地址表上，接着按顺序每隔 15 户抽 1 户，抄写出的地址表如 5-4 所示。

表 5-4　西安市某居委抽样地址表

序号	详细地址	备注
1	朱雀路阳光小区 1 号楼 3 单元 2 层右手第 1 家	
2	朱雀路阳光小区 1 号楼 2 单元 4 层右手第 1 家	
3	朱雀路阳光小区 1 号楼 1 单元 6 层右手第 1 家	

续表

序号	详细地址	备注
4	朱雀路阳光小区 3 号楼 2 单元 8 层右手第 1 家	
5	朱雀路阳光小区 3 号楼 1 单元 4 层右手第 1 家	
6	朱雀路阳光小区 3 号楼 1 单元 12 层右手第 1 家	
7	朱雀路阳光小区 4 号楼 2 单元 8 层右手第 1 家	
8	朱雀路阳光小区 4 号楼 1 单元 4 层右手第 1 家	
9	朱雀路阳光小区 4 号楼 1 单元 12 层右手第 1 家	
10	朱雀路阳光小区 2 号楼 1 单元 2 层右手第 1 家	
11	朱雀路阳光小区 5 号楼 2 单元 4 层右手第 1 家	
12	朱雀路阳光小区 5 号楼 2 单元 12 层右手第 1 家	
13	朱雀路阳光小区 5 号楼 1 单元 8 层右手第 1 家	
14	朱雀路阳光小区 6 号楼 2 单元 4 层右手第 1 家	
15	朱雀路阳光小区 6 号楼 1 单元 6 层右手第 1 家	

用第二种方法抽中的居民户，在实地访问时，经常会遇到无人居住的情况。为了提高访问的效率，对住户的间隔有一些特殊的处理办法，如有硬隔、软隔、左右摇摆之说。硬隔是指如果在一个居委抽 5 户，可以隔 10 抽 1，或隔其他数目抽 1，抽够 5 户即可；左右摇摆是指访问员在访问地址中的抽取户时出现"一次无人/失败"后，可以访问抽取户的±1 户（即上一户或下一户）的样本户，但要在地址表上做详细记录；软隔是指访问第一户成功后，按间隔敲下一户房门，如无人应答/失败，接着敲相邻住户的房门，假如还是无人应答/失败，再敲下一个相邻的住户房门，一直敲到成功访问后，再按间隔访问下一户。

在更大的区域（如西安市雁塔区）抽样时，如果采取第二种方案，不建立抽样框，直接由抽样员抽出样本，那么具体的做法是：以该区域为界限，依照右手原则画出所有居委（或小区）住宅的分布路线图。在画住宅分布和路线图时，要注意标出该区域内的标志性建筑物以及公共汽车停靠站，以便访问员入户访问时行走和查找。此项工作需要预先熟悉各居委的范围，然后选定起点、行走路线、间隔户数、选户、画图、抄录地址等。

如果某调查项目需要在整个西安市运用此方法抽取居民户，一般采用多级抽样的方式，将简单纯随机抽样、系统抽样、分层抽样相结合抽取样本。一级抽样单元是从所有居委中抽取样本居委，二级抽样是从被抽中的居委中抽取居民户，三级抽样是从被抽中的居民户中抽个人（具体方法这里不再赘述）。

（一）居委的抽取

1. 抽样方法

采用简单纯随机抽样、分层抽样、等距抽样相结合的方式抽取居委。

2. 抽样单元的确定

入户调查中，一级抽样单元为居委。在整个城市中抽居委时，遵循的规则是：每个抽样单元完成的样本量不多于总样本量的3%，抽样单元数量不少于该城市总居委数的1%，二者相互联系、相互制约。例如，某项目要做300户居民入户调查，全市抽样单元数量可以按如下方式确定，即

$$300 \text{ 个样本} \times 3\% = 9 \text{ 个样本/居委}$$
$$300 \text{ 个样本} \div 9 \text{ 个样本/居委} \approx 34 \text{ 个居委}$$

各区抽取抽样单元(居委)数量按每个城区的人口数量占城市人口总数量的比重分配，即每个区非农业人口总数÷城市非农业总人口数×100%，那么，每个区须抽取的抽样单元数＝须抽取抽样单元总数×每个区非农业人口比率。假定，某市总人口数量为552万人，某区的人口数量为78.1万人，该区的抽样单元数量为

$$78.1 \text{ 万人}/552 \text{ 万人} \times 100\% \approx 14.1\%$$

则该区抽取的居委数量为

$$34 \text{ 个居委} \times 14.1\% \approx 5 \text{ 个居委}$$

3. 抽样单元的抽取方法

抽样单元的抽取方法如下。

第一步，将每个城区所有居委随机排列(这种排列要相对稳定一段时间)。

第二步，计算抽样间距，抽样距离＝(每个区居委总数÷每个区须抽取居委数量)－1。

第三步，随机选一居委为起点。

第四步，按抽样距离抽取所需居委数量。

第五步，特殊情况调整。例如，三个月内用过的居委不能重复使用，如果抽到该居委，就以这个居委为新的起点，以计算的间隔继续往下抽取。

例如，某区有76个居委，须抽4个居委做项目，则其抽取方法如下。

第一步，将居委随机排列为1，2，3，…，76。

第二步，计算抽样距离，抽样距离＝(76÷4)－1＝18。

第三步，随机选起点为"4"。

第四步，按间隔"18"抽取居委。

4. 抽样样本的确定

这个样本是指二级抽样单元，即居民户。确定每个抽样单元应完成的成功样本量，即抽样样本量＝成功样本量÷成功率。

抽样样本量的确定也可根据当地实际经验来确定。一般在抽取样本户时，抽取的数量比欲访问的数量甚至多一二十倍，这是为了预防访问失败而准备的。

(二)居民户的选取

第一步，了解实地抽样的范围。抽样前，抽样员须先沿着抽样居委的边缘行走一遍，以熟悉其居委管辖范围，确保抽中的样本都属于该居委。对于有防盗门或门卫的楼层或小区，如整个居委几乎全部成封闭型，抽样员要尽全力进入，并逐层进行实地抽取。如果实在无法进入，可停止在该居委的实地抽样，并及时通知抽样督导，以启用替换居委。

第二步，随机选取起点。抽样员应随机选取起点。在该居委范围内选择一点作为抽

样起点，应尽量选择接近居民区内的主要通道和便于按右手原则行走并画图的地方，要方便访问员寻找及行走路线的连续（一般都会在每个项目的《抽样收发登记表》中记录下各个居委的起点，如果下一个项目抽到同一个居委，一般会避开已被抽过的起点）。当同一居委中的住户比较分散时，可选取两个起点。在某居委的管辖范围内，如果一片住宅区不能抽够所需的样本数，可以从第一条路线最靠近终点处再选一个起点继续抽样。如果在一个居委内完成不了抽样样本数，可以在最接近抽样路线终点处的另一个居委继续抽样，并明确标出抽样路线。也就是说，此居委因住户少，所以此份地址表包含两个居委。

第三步，确定行走路线：①同一个居委内的抽样员的行走路线一定要连续，切不可东抄几户、西抄几户、中间断开，工地、工厂等不是居民住宅或者机关大院等有人守卫的、经解释也不能进去的住宅区可在地图上注明原因后跳开；②行走路线要求有连续性，抽样员不能抄信箱、不能乘电梯抽样，必须上楼摸清楼层结构；不同楼层结构都统一按住户在"右手边"的原则进行实地抽取，即到达楼层后逐层由下向上抽取，而不用分为"左、右手"楼梯，每一单元都从有居民居住的最底层的右手边开始往上逐层抽取。

第四步，间隔选户。间隔选户需要注意以下两方面内容。

1. 选户要求

（1）地址表上记录的地址一般是常住居民户，虽然不要求被访者必须有该城市的户口（可包括职工集体宿舍，访问时，若经济上不分开的，则使用随机表选取；若经济上分开的，则访问其中一个被访者即可），但工厂、公司、店铺、宾馆、商业大厦等不是居民居住的房屋一律不能抽取，也不计入间隔户。

（2）每一个地址仅代表一个家庭住户。选户时不是选门牌号，而是要数清并抽取具体的一个住户。如果住户没有具体的门牌号或房号，要用"自定义"的方法进行标注（户数不等于门牌数，而是实际住户数。例如，××路12号内有3家住户，则应算做3户。若无门牌，则要注明该户的一些标记，以区别隔壁户）。

（3）如果遇到防盗门（电子门），抽样员要尽全力进入，然后从最底层的右手边开始向上逐层抽取，但当防盗门确实坏了或确认访问员不可能与被访者发生接触的住户可不抽取。

（4）对巷中巷，如果离大路不远的可继续抽样。太深、太窄或者路宽只能容一人进出的巷，考虑到访问员晚上访问不方便、不安全，可注明后放弃抽取。

2. 抄录地址

抄录地址的要求为抽样地址表要填写完整详细，所抄录的地址必须详细具体到某一户，如 AA 区 BB 居委 CC 胡同 DD 巷 EE 号 FF 房（或右手第 N 户）。

第五步，画线路图。画图要求包括以下几方面内容。

（1）为保证访问员循地图和地址能顺利找到该户，抽样员需要把抽样路线上的路名、巷名在图上标明，大院、楼号、明显标志物（如超市）要详尽标出，此外，居委名称、行走路线、起点、终点、方向都要标注、记录清楚。

（2）一般画图用蓝色笔，行走路线用红色笔，以便区分。可先画草图，回去后再用直尺整理画图。只有地图画清楚了，访问员按指定路线行走才能快捷准确地找到被抽取的住户，访问工作才能顺利进行。

总图包括方向标、主要干道及名称(至少两条以上)、车站及站名、车站到居委的路线(用虚线标出)、明显标志物、分布齐全的居委(有绿地、活动场所等)、楼号(包括楼层、单元门、平房的门牌号)、特殊标注(如围墙、车站到居委距离、防盗门)等。

分图(明细图)包括：①楼房的分图要求。总图中的每一个楼房都要有相应的分图，包括楼号、单元号、层数、每层住户的分布结构，遇到非居民户的要有文字注明。②平房的分图要求。有和总图的布局相对应的每个门牌号的分布，并标出每一门牌号中具体居住的户数。

第六步，实地抽样细则。实地抽样细则包括以下几方面内容。

(1)对难辨户的抽样。对前店后住，楼上、楼下不同住户，一个门牌号中多个住户的情况，抽样员可以把看见的、清晰明显的门户当做"一户"，内门或不明显的暗门不计，即按"一门一户"的准则。访问时，如"一门"之内有三户或三户以下的，则可以访问"右手边第一户"，如"一门"内有四户或四户以上的，则可以有两次访问机会，先访问"右手边第一户"，如"一次无人/失败"，则可以再访问"右手边第二户"，地址表上两户均做记录。

(2)对无法进入的楼房或小区的抽样。如果这个居委还有未封闭的楼房和小区，就在该居委可进入的楼房或小区抽取。对人流高峰时开放的楼房或小区，要求抽样员找好时机尽量进入楼房或小区进行抽样，但要考虑到访问员访问的可能性。如整个居委几乎全部为封闭型，抽样员根本无法进入的可不抽取，用备用居委或临近居委替代。

(3)自定义抽样。对于楼号、门牌号没有或不清楚的楼房、平房、大杂院、筒子楼等，可以用"自定义"方式标明楼号、单元门号，但必须在地图上画出相应的位置并做详细说明。例如，楼号用 A、B、C 等 26 个英文字母来表示，单元门号用 J1、J2……来表示，楼层用 N=1、2……来表示。对于平房，按实际居住户记录。如果每户有一个门牌号则记录门牌号即可。如果一个门牌号内有多个住户，则必须详细记录抽中的样本户的门牌特征，避免访问出错。"一门多户"的访问方法同前所述。

(4)对门中门/铁闸门的抽样。有些楼房的楼层另设门中门/铁闸门，又无门铃，抽样员无法进入确认可见层户数，抽样员可将封截的所有楼层统一为"一层一户"，若为间隔户，则"每层"计为"一户"即可；若为访问户，访问员进入门中门/铁闸门封截的具体层后，发现有三户或三户以下的，可以访问"右手边第一户"，发现有四户或四户以上的，有两次访问机会，先访"右手边第一户"，如一次无人/失败，再访"右手边第二户"，地址表上两户均做记录。

(5)对高档住宅的抽样。抽样员要尽力通过各种途径判断入住户的情况，进行抽取。对于无法判断以及已经判断为无人住的住户，可以不抽取，但抽样员要在地址表上做详细记录。

(6)对多出口楼房的抽样。对于筒子楼等有两个或两个以上的楼梯或出入口相通的楼房，应注意从哪儿上就从哪儿下，从哪儿进就从哪儿出。如果楼层相通，可以抽完一层再抽一层，由下向上逐层抽取。

(7)对一门多户楼房的抽样。对于有两个以上门进出的住户，抽样时按右手原则行走，抽取首先遇到的那个门。

(8)对单元门外住户的抽样。户数开在单元门外时，抽样应按右手原则行走，首先抽取单元门外右边遇到的门，其次进入单元门内逐层抽取，最后再抽取单元门外左手边遇到的门。

(9)大杂院的抽样。对大杂院的抽样统一定为"每院内最多抽三户"，即根据项目的间隔要求，抽取三户后，不管剩余户多少，均不再在本大院内继续抽样，而是从进来时的入口走出，按右手原则找到下一个居民院大门继续进行抽样。大杂院抽样的具体办法为：在院内抽了三户后，剩余户数不足等距抽样间隔户数的，则有几户算几户，继续按右手原则进行抽样；院内抽了三户后，剩余户数等于或多于等距抽样间隔户数的，则均认为是等距抽样间隔户数，下一个应记录的抽样地址是从进来时的入口走出后，按右手原则找到的第一个居民户。

(10)其他操作细则。如果一个居委的地址全部用完，而要访问的样本数还有少量未完成，这时可以让访问员在最后一户访问地址后，进行继续抽取及访问，无论访问成功与否，都要在地址表上做详细记录(含间隔户)。

六、抽样复核

抽样员回交随机抽样地址表和入户情况登记表，抽样督导应当检查两个表格记录的清晰度、准确性等。对于可能有质量问题的居委，优先进行复核。抽样复核应该注意涵盖抽样过程前、中、后三个时间段所抽取的居委。实地抽样复核的时候，注意右手原则、间隔原则及画图的准确性等。在一个居住小区进行抽样复核的时候，一般是选择一个起点，然后连续复核一定数量的地址；也可以在该小区已抽取地址的前、中、后段选择多个起点，分别连续复核，复核地址的数量累加计算。抽样复核发现有问题的小区，要及时安排实地补抽或重抽。

七、确定户内调查对象

确定户内调查对象是指在现有抽样框的基础上，按照抽样要求，逐一抽取构成样本的单元。例如，在全国性的调查中，经常要先从全国抽出若干个省(自治区、直辖市)，再从中抽出若干个市，由市进一步抽出区，由区抽出居委，最后由居委抽出家庭户。

在随机抽样调查的实际操作中，常以户为最小单位进行随机抽取。这样在样本确定之后，所面临的另一个问题是：一户中往往包括若干个符合调查条件的成员，在这些成员中应该具体对哪一位进行访问调查呢？可以对每户分别采取抽签法和随机数字表法来抽取，但这两种方法比较麻烦，现在常用的方法是采用简单纯随机抽样方法设计出来的入户随机抽样表(表5-5)。

表 5-5 入户随机抽样表

家中 14~70 岁人口数：_____人

序号	姓名	年龄	性别	选样	问卷编号尾数									
					1	2	3	4	5	6	7	8	9	0
1					1	1	1	1	1	1	1	1	1	1
2					2	1	2	1	2	1	2	1	2	1
3					1	3	2	2	3	1	3	1	1	2
4					2	2	4	1	3	4	1	3	3	2
5					2	5	3	3	4	4	1	1	5	3
6					3	1	4	1	5	2	6	2	3	6
7					4	5	5	7	2	3	1	7	3
8					4	5	6	2	7	1	8	3	4	5
9					2	4	9	3	3	2	7	6	1	8
10					5	2	3	4	10	8	9	8	9	1

表 5-5 中的序号代表家中合适调查对象的人数。抽样时，先确定该户符合调查要求的人口数，依照年龄由高到低，把家庭成员编号的顺序写在表的相应位置上，然后找出该户问卷编号尾数和家中合适调查对象人数这两个数字，找出这两个数字在表中的交叉点的数字，此数字即为调查对象。如果户中只有一位合格被访者，则直接访问该人。如果户中有一位以上的合格调查对象，则使用入户随机抽样表选取被访者。假设某份问卷的尾数为 5，调查户的合适人数为 4，那么该家庭中应接受访问的是年龄顺序排在第 3 位的人。

八、利用统计分析软件抽取样本单元

确定了抽样框和样本量后，可以利用统计分析软件实现具体样本单元的抽取。其具体操作方法如下。

（一）在 SPSS 中抽取样本单元

第一步，建立由抽样框构成的数据文件。例如，调查者拟从陕西省 106 个县中随机抽取 5% 的县进行调查，建立的由抽样框构成的数据文件如图 5-8 所示。

	编码	市	区县
10	10	西安市	蓝田县
11	11	西安市	周至县
12	12	西安市	户县
13	13	西安市	高陵县
14	14	铜川市	王益区
15	15	铜川市	印台区

数据视图

变量属性

	名称	类型	宽度
1	编码	数值(N)	12
2	市	字符串	15
3	区县	字符串	9

图 5-8 抽样框数据表变量属性

第二步，选择抽样方法。在"数据"菜单中选择"抽样框数据文件及变量属性"，打开个案选择主对话框，选择"随机个案样本"后点击下方的"样本"按钮，在打开的"选择个案：随机样本"选择子对话框中，根据抽样设计需要选择是按百分比随机抽样还是按确定的样本个数抽样，本例中选择按5%抽样（图5-9），点"继续"返回主对话框。

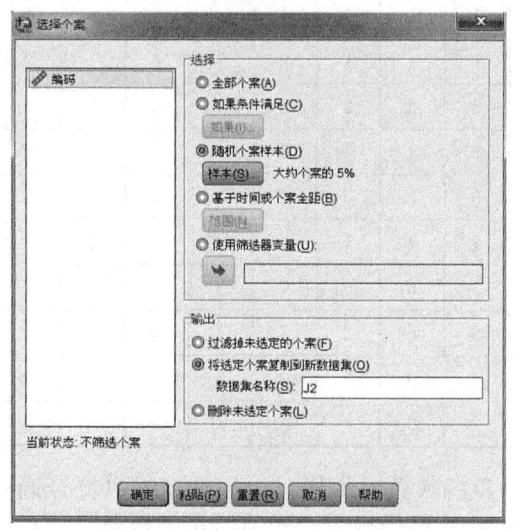
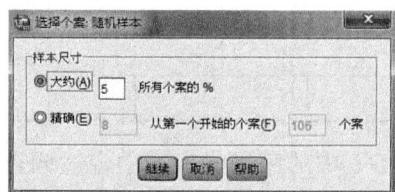

图5-9 选择个案主对话框

第三步，选择样本单元保存方式。在主对话框中，选择"输出"选项。可以选择在原数据表中只保留选中的个案，也可以选择将选中的个案另存为一个新的数据文件。本例中选择另存为一个新的数据文件。点"确定"即可生成一个只包含已选定抽样单元的数据文件（图5-10）。

	编码	市	区县
1	4	西安市	灞桥区
2	5	西安市	未央区
3	30	咸阳市	秦都区
4	32	咸阳市	三原县
5	33	咸阳市	泾阳县
6	34	咸阳市	乾县
7	37	咸阳市	彬县
8	39	咸阳市	旬邑县
9	40	咸阳市	淳化县
10	68	汉中市	南郑县
11	90	安康市	汉滨区
12	105	商洛市	镇安县

图5-10 随机个案选择结果

(二) 在 Excel 中抽取样本单元

第一步，在 Excel 中建立抽样框。建立的数据文件与在 SPSS 中建立的相同。

第二步，选择抽样方法。Excel 中抽取样本有两种方法，一是使用随机函数产生随机数,二是使用"数据分析"工具产生随机数。

1. 使用随机函数产生随机数

Excel 中有两个随机函数,分别是 RAND 和 RANDBETWEEN,RAND 产生 0～1 的随机小数,RANDBETWEEN 产生任意两个数之间的随机整数。在 Excel 任意单元格中输入"＝RAND()"即可生成一个随机小数,点住单元格右下角的拖拽柄拖动单元格复制,即可生成一行(列)随机小数。在单元格中输入"＝RANDBETWEEN(1,106)"即可生成介于 1～106 的随机整数,同样,拖动复制这个单元格即可生成一行(列)随机整数。以这些生成的一行(列)随机数为抽样框的编号即可抽出随机样本单元。

需要注意的是,第一,采用随机函数生成的随机数是动态变化的,工作表的任意变化都会使这个随机数发生变化,采用选择性粘贴可以复制这些随机数,将其粘贴成不含函数的数值后就不会变化了。第二,这样产生的随机数是有可能重复的,即一个随机数可能在这一行(列)中出现多次,对此,可以采取比设计的样本单元多一些随机数的方法,然后从中删除重复的即可。

2. 使用"数据分析"工具产生随机数

在加载了分析工具加载项后,在数据选项卡上会出现"数据分析"工具,点击分析工具弹出分析工具选择对话框,选择"抽样"或"随机数发生器"均可产生随机数。

以"抽样"为例,选择抽样后弹出抽样选择对话框,在输入区域选择编码所在的列,即样本框全部编号。在抽样方法中选择是等距抽样还是随机抽样,如果是等距抽样,则在周期间隔输入框中输入间隔数;如果是随机抽样,则在随机样本数输入框中填入准备抽取的样本单元的个数,在输出选项中选择将结果输出到什么位置,选定后点"确定",即可生成所需的随机数(图 5-11)。

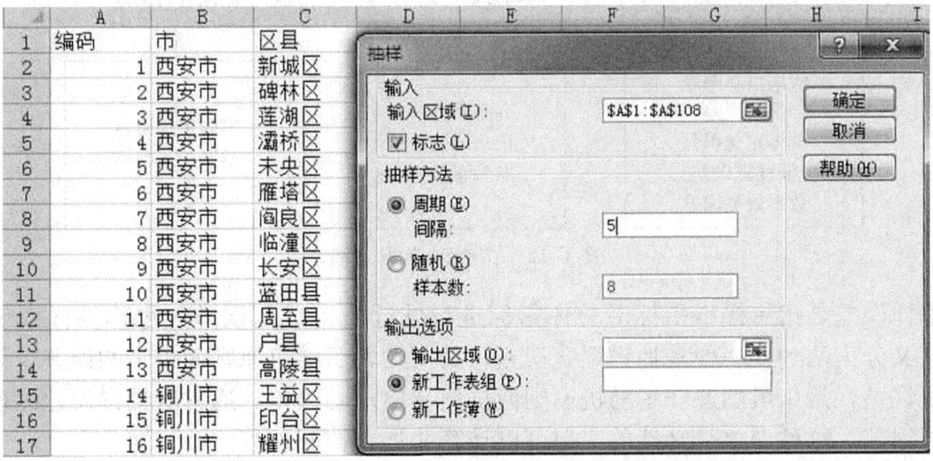

图 5-11 在 Excel 中使用分析工具抽取样本单元

需要注意的是,采用分析工具抽取的随机数不是动态的,不会随着工作表内容的改变而改变,但是,也是有可能是重复的,为了避免重复,可以采用多产生一些随机数的方法,或者对重复的数重新抽取以达到不重复抽样的目的。

第五节 抽样误差及其控制

一、抽样误差的类别

样本是总体的一部分,虽然有代表性,但并不等于总体。因此,用从样本中得出的结果估计总体肯定会产生一定的误差,这种由抽样引起的误差就叫做抽样误差。抽样误差越小,估计量的精度就越高。抽样误差是客观存在的,但是抽样误差的大小与抽取的样本能否代表总体有密切的关系,为了使抽样误差减小,要尽可能使样本的结构与总体的结构相一致。

所谓调查误差,是指调查所得结果与总体真实数据之间的差异。调查误差的大小受许多因素的影响,按照性质,可分为抽样误差和非抽样误差两大类。抽样误差可进一步分为抽样系统误差和随机抽样误差;非抽样误差可进一步分为回答误差和不回答误差,其中回答误差又可分为调查者误差、调查员误差和被调查者误差(图 5-12)。

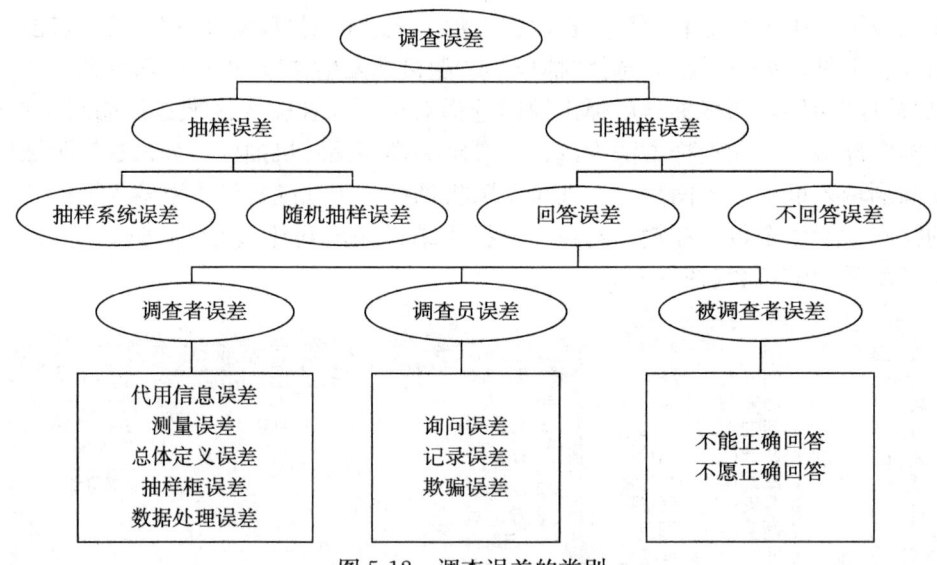

图 5-12 调查误差的类别

抽样误差是指用样本指标对总体指标进行估计所造成的误差,也称抽样代表性误差,它又分为两种:一种是抽样系统误差,是指破坏了随机原则而带来的误差;另一种是随机误差,是指虽然遵守了随机原则但仍然会出现的误差。通常对抽样误差的理解就是随机误差,这种误差是必然的,但可以计算并加以控制。

非抽样误差是在抽样过程之外产生的各种误差的总称。为了控制非抽样误差,有必要了解非抽样误差的来源,以便有针对性地采取控制措施。

(一)由调查者造成的误差

(1)代用信息误差是指调查问题所需的信息与调查者所搜集的信息之间的变差。例如,本来需要的是关于消费者选择一种新品牌的信息,但是调查者得到的却是关于消费者偏好方面的信息，在选择的过程中没有观察到所犯的错误。

(2)测量误差是指所搜寻的信息与由调查者所采用的测量工具所生成的信息之间的变差。例如，在测量消费者的偏好时，调查者没有使用测量偏好的量表，而是用了测量概念的量表。

(3)总体定义误差是指与手中要研究的问题相关的真正总体与调查者所定义的总体之间的变差。例如，要了解某医院在患者心目中的形象，真正的总体应当是某地区的患者，但调查者所定义的总体为某地区全体居民。

(4)抽样框误差是指抽样方案中所定义的目标总体有一部分单位未能包括在抽样框内，即抽样框存在遗漏。由于实际的样本是从抽样框中抽选出的，因此那些没有包括在抽样框中的单位意味着没有机会被选入样本。

(5)数据处理误差是指由问卷中的原始数据转换成调查结果时产生的误差，其中包括完成的问卷被丢失，以及在资料校对、编码、录入和汇总分析等工作中可能出现的错误。例如，使用了一种不恰当的统计方法导致了不正确的解释和结果。

(二)由调查员造成的误差

在实地直接与被调查者接触并收集资料的人员，其自身特征及素质会直接影响资料的质量。调查员可能从以下几方面对调查结果产生影响。

(1)询问误差是指在询问被调查者时产生的误差，或者是在需要更多的信息时没有进一步询问而产生的误差。例如，在调查过程中调查员没有完全按照问卷中的措辞来提问。

(2)记录误差是指在听、理解和记录被调查者的回答时造成的误差。例如，被调查者给出的是中性的回答(如还未决定)，但调查员错误地理解成肯定的回答(如要买这种新品牌)。

(3)欺骗误差是指由调查员伪造部分或全部答案而造成的误差。例如，调查员并没有询问被调查者关于信念方面的某个敏感性问题，但过后调查员又根据自己的个人判断将答案填上去。

(三)由被调查者造成的误差

由被调查者造成的误差表现为以下几方面。

(1)不能正确回答误差是由被调查者不能提供准确的答案造成的。被调查者提供不准确答案的原因可能有不熟悉、劳累、厌烦、想不起来、问题的格式不好、问题的内容不清楚及其他一些因素。例如，一个被调查者想不起来一个月前看过的电视剧名称。

(2)不愿正确回答误差是由被调查者不愿意提供准确的信息造成的。被调查者有意错答的原因可能有想给出一个普遍能够接受的答案、为了避免出麻烦或为了取悦调查员。例如，为了给调查员一个深刻的印象，某被调查者本来家里订的报纸是《华商报》，却故意说自己平常阅读的是《经济日报》。

二、降低调查误差的途径

调查误差的大小直接影响到调查的质量和成败。由于调查误差的来源是多方面的，因此调查误差的控制必须是全方位和全程性的。调查误差控制的目的在于防止出现抽样系统性误差，降低各种非抽样性误差，使调查误差尽可能降低到最小的限度。一些研究表明，随机抽样误差相对来说比较小，可以计算并加以控制，而非抽样误差较严重，在调查误差中占主要部分。

非抽样误差是指在抽样调查中由人为因素造成的误差，这种误差是由调查者、访问员和被调查者造成的。例如，由调查方法不当引起的被调查者的反应不当，访问员工作不认真、不仔细所造成的记录错误，被调查者拒绝配合或不认真作答，等等。这类误差是无法测量的，但它可以通过如加强对访问员的培训、提高调查员的素质、采用合理的资料采集方法、设计高效的问卷等手段来克服。因此，对市场调查误差的控制，既要重视对随机抽样误差的控制，更要重视对非抽样误差的控制；既要重视事前控制，又要重视事中控制和事后控制。调查误差的控制主要有下列几个途径。

(1) 提高样本的代表性。抽样系统误差的产生主要是样本不能有效地代表总体，因此要减少抽样系统误差，必须注意提高样本的代表性。为此，应根据总体的分布特征和总体单位的变异情况，选择最优的抽样组织方式，力求样本分布与总体分布趋于一致。

(2) 注重对样本量的控制。随机抽样误差的大小主要受样本量大小的影响，增加样本量可以减少随机抽样误差，但可能因增加调查工作量而增加非抽样误差。因此，样本量的大小应注意控制在必要的抽样数目水平上，并考虑对回答率的高低做适当的调整。

(3) 提高抽样设计的效率。调查者误差的产生大都是由抽样设计不科学、不严谨、不周密产生的。因此，调查者在抽样设计时，应有事前控制的理念，在总体定义、抽样框设计、测量工具的选择与测量表(问卷)的设计、样本单位的抽取、调查数据的处理方案等方面进行认真的思考、研究和设计，力求少出差错。

(4) 重视调查方案的评审。调查方案的评审是市场调查误差事前控制的重要举措，可以防止抽样系统误差，降低随机抽样误差，减少调查者设计误差。为此，调查方案特别是抽样技术性方案设计完成之后，应组织各方面的专家进行评审，或做试点性调查，以发现问题，修改、充实和完善调查方案。

(5) 努力降低调查员误差。调查实施前，要严格挑选合适的调查员，重视对调查员的业务技能培训和职业道德教育；调查实施中，要对调查员的调查工作进行必要的监督和指导，建立调查问卷的审计制度和奖惩制度，严防欺骗性误差，降低计数、记录、询问等工作疏忽性误差。

(6) 设法降低被调查者误差。要努力提高调查员的访谈艺术、入门艺术和询问艺术，以消除被调查者的顾虑，争取被调查者的理解、支持和合作，力求被调查者能提供准确的信息；对于被调查者无回答的情况，应区别不在家和不合作等情况，采取多次调查法或更换调查员进行调查，以提高回答率。

(7) 注意调查误差的事后控制。在调查资料整理和分析阶段，建立必要的质量控制办法，防止分类误差、汇总误差、计算误差、分析误差的产生，努力提高调查结果的解释质量和调查报告的编写质量。

☆思考练习题

一、问答题

1. 抽样调查在市场调查中有何意义？
2. 随机抽样和非随机抽样有何本质区别？
3. 整群抽样和分层抽样的异同点是什么？
4. 非随机抽样都有哪些方法？试分别举例说明。
5. 确定样本量要考虑哪些因素？
6. 什么叫抽样框？如何建立居民户抽样框？
7. 完整的抽样方案包括哪些内容？
8. 抽样误差产生的原因是什么？如何控制非抽样误差？

二、思考题

1. 某市政府决定针对该市的公共服务设施听取市民的意见，计划抽取2 000名居民进行调查。你认为采取什么抽样方法才能使调查具有代表性？
2. 某市场研究公司受某客户委托做一项调查，按照置信度95%，最大允许误差不超过2%的要求，须抽取样本量为500个，预算费用为25 000元，但客户只愿意付20 000元，请问还有没有其他方案可供选择？

三、计算题

1. 某企业准备对中间商进行调查，已知中间商的年平均营业额为3 000万元，标准差为200万元。如果要求95%的置信度，最大允许误差不超过50万元，请问应该抽取多少家中间商进行调查？
2. 某电器供应商对产品售后服务的满意率进行抽样调查，要求最大允许误差不超过3%，置信度为95%，已知过去三年的顾客满意率分别为89.15%、89.50%和90.10%，根据以上资料计算至少抽取多少顾客进行调查？

☆实训题

1. 实训目的：掌握抽样调查的技术和方法。
2. 实训内容：陕西卫视欲了解西安市居民收看电视节目的偏好，请为该项调查设计一份抽样方案。
3. 实训要求：抽样方案中要明确调查总体、抽样单元、抽样框、抽样方法、样本量、抽样实施等。

☆扩展阅读

广东省个体工业抽样调查方案

一、调查目的

准确、全面地反映工业经济的运行状况，了解农村和城镇全部个体工业的生产经营情况，为各级政府管理非公有工业经济提供翔实的决策依据，为国民经济核算提供客观的基础资料。

二、调查范围和对象

调查范围为辖区内未纳入企业(单位)名录库的全部农村和城镇个体工业户。个体工业户必须符合以下四个条件：①有固定的生产经营组织、场所、设备和从事工业生产经营的人员；②常年从事工业生产经营活动，或从事季节性工业生产经营活动，但全年开工时间在3个月以上；③具有独立核算条件，能够独立核算收入、支出、盈亏情况；④依法经核准登记，领取工商执照，从事工业活动的个体工业户。

三、调查内容

调查全部个体工业户的主要经营状况、经营规模及发展情况，具体内容见《整群抽样个体经营工业单位基层表》，主要指标有营业收入、上缴税金、从业人数等。

四、抽样方法

抽样方法综合采用分层抽样、二级抽样、不等群整群抽样调查的方法。

(1)以全省(A级)、市(B级)为总体，按行政区划的市(县、区)(C级)为抽样层进行分层抽样设计。全省有县区122个，分122个层，另外东莞市、中山市各作为一层，全省共124个层。

(2)首先依据全部城镇居委、行政村个体工业户的营业收入的规模对市(县、区)总体分层，在每一层中，依据不等群整群抽样原理抽取一个样本村(居委)，并进行代表性检验，使抽样误差控制在限定范围内。对抽中样本村(居委)内全部个体工业企业进行调查，依据调查资料推算县级总体目标总量。

(3)各市将所辖市(县、区)推算的总体总量汇总得出市总体目标总量。

(4)以各市(县、区)抽中的样本村(居委)为全省第二级抽样的全部总体，依据分层不等群整群抽样方法抽选省级样本村(居委)，据此推算省级总体目标总量，从而达到省级总体目标总量监控市级和县级推算的目标总量的目的。

五、样本村(居委)的抽选

1. 确定抽样框

首先由各市(县、区)统计局从有关部门搜集资料或组织各镇(乡)、街道开展村(居委)全部个体工业户基本情况的摸底调查，并依次由各镇(乡)、街道、市(县、区)对本辖区内各居委及村的个体工业户的营业收入进行审核把关。要求各居委、村的资料能确切地反映各居委、村的个体工业活动在本辖区的规模、水平及位次。经各省、市审核后，以此作为各市(县、区)组织实施全部个体工业抽样调查的抽样框。2001年各市(县、区)组织一次个体工业户的摸底调查，往后每两年组织一次。全省各县(市、区)的样本居委、村构成全省二级抽样的抽样框。

2. 抽选样本村(居委)

各市(县、区)样本量依据其总村(居委)数确定，根据有关资料的测算结果为总村(居委)数的2%，若2%的样本量不足10个，则按10个村(居委)进行计算。其抽选办法如下。

(1)将本县全部居委、村按个体工业户经营收入总额从大到小排序，并依次累计经营收入总额。

(2)用全部个体工业户的营业收入累计总额除以样本量计算出组距,按组距对全部居委、村进行分层。

由于各市所辖各市(县、区)一级样本确定的样本单位较少,不宜进行二级抽样,二级抽样样本总体直接由各市(县、区)样本村(居委)合并而成。

省级样本村(居委)依据分层不等群整群抽样的原理,从省级二级抽样框中抽取适当比例的样本村(居委)作为省级样本村(居委)。抽中的居委为样本居委,抽中的村为样本村。

资料来源:http://www.hzsin.gov.cn/.

第六章

问 卷 设 计

【学习目标】

通过本章的学习，知晓调查问卷的概念和作用，了解问题和答案的类型、问题与答案设计的技巧以及应注意的问题；掌握问卷的基本结构和设计程序，能针对具体项目独立完成简单问卷的设计。

在市场调查特别是一手资料的调查中，大多数情况下都要使用问卷来收集调查所需的资料。问卷作为一种标准化的数据收集程序，对于保证访谈调查的效度与信度具有重要作用。作为调查信息的主要载体，问卷能体现调查设计、调查实施、数据处理乃至报告撰写各个环节之间的联系，其作用贯穿于整个调查过程中。因此，问卷设计是市场调查中的一个重要环节，掌握问卷设计的套路是做好市场调查的一门基本功夫。

第一节 问卷的作用及基本结构

一、问卷的含义

问卷又称调查表，是调查者根据调查目的和要求所设计的，由一系列问题、备选答案、说明及编码等组成的书面文件。问卷是用来收集所需资料和信息的一种调查工具，在市场研究和社会调查中的应用非常广泛。

在市场调查活动中，获取足够的信息资料是实现调查目的的基础。收集资料往往要通过问卷方式来进行。特别是在获取第一手资料时，问卷调查是最基本的方法。因此，问卷设计在整个调查活动中具有重要的地位，问卷的设计水平是提高市场调查质量的关键因素。设计完美的问卷能够帮助调查者全面准确地收集资料，而问题设计不当、结构不完整的问卷则往往造成所需资料的差错和遗漏，加大整理和分析的难度，降低资料的可信度，有些偏离调查目的、设计粗糙的问卷甚至会导致调查的失败。

二、问卷的作用

1. 方便实施调查

调查者将所要获得的内容按照一定的顺序以提问的方式在问卷中列出，并提供大多数问题的答案选项供被调查者选择，使之易于接受。如果没有问卷，应答者的回答可能受到访问员用词的影响，而不同的访问员会以不同的方式提问，导致的结果是所收集的资料精度下降，严重影响调查的质量。

2. 便于对资料进行处理和分析

问卷可以将被调查者的态度、观点、行为及动机等定性内容转化为定量数据的形式，这样就有利于对所获得的信息和资料进行后期的计算机处理和数据分析。如果没有问卷，对不同应答者进行比较的有效基础就不复存在。

3. 能提高调查效率

由于问卷设计已将调查目的、调查内容转化为具体的问题和备选答案并罗列出来，除一些特殊情况需要被调查者做文字方面的解答以外，调查对象只要对所选择的答案做上记号即可，这样就使调查者能在较短的时间内收集更多的信息，可大大节省调查操作所经历的时间，提高调查工作的效率。

三、问卷的基本结构

因调查形式的不同，调查问卷在具体结构、题型、措词、版式等设计上会有所不同，通常来说，一份完整的调查问卷一般包括开头部分、甄别部分、主体部分、背景部分及作业证明记载。

(一)开头部分

开头部分是对调查项目本身的说明，其作用是引起被调查者对调查的重视，争取他们的协作和配合。开头部分一般包括标题、问候语、填写说明、问卷编号及编码等内容。

1. 标题

标题概括说明调查研究的主题，使被调查者对所要回答什么方面的问题有一个大致的了解，标题要求简单明确，能引起被调查者的兴趣，一般不超过15个字，如"西安市居民商品房需求状况调查问卷"等。标题不能简单写成"调查问卷"或"问卷"。

2. 问候语

问候语常以简明扼要的一段话语出现，一般放在问卷的开头，主要是向被调查者说明调查者的身份、代表的组织或机构、调查的内容与意图、受访对象的选取方法、保密措施、希望被调查者能够配合以及对他们的合作表示感谢等。问候语有着特殊的作用，它能引起被调查者对调查的重视，使他们消除心理上的压力和顾虑，激发他们的参与意识，争取合作，以顺利完成调查。问候语要语气亲切、谦虚诚恳，文字要简洁明确。访问式(可口头表达)可短一些，自填式可长一些，但不要超过300字。问候语举例如下。

先生/女士：

您好！

我是××市场调查公司的访问员程××，我们受厂家的委托，正在进行一项关于××产品的市场调查，您是我们按照科学的方法随机抽中的访问对象。这项调查主要是想了解大家对这个产品在使用过程中的意见，您的意见可以帮助厂家为消费者生产更好的产品和提供更好的服务。请将您的真实想法提供给我们。本问卷不记姓名,答案无所谓对错,我们将按照《统计法》对您的回答予以保密。本次调查大概会耽误您十几分钟,希望能得到您的支持和帮助。

访问结束后我们将送您一份小礼物以表谢意。

3. 填写说明

问卷的填写说明也叫指导语,通常在自填式问卷中出现,旨在帮助被调查者准确顺利地回答问题,包括应注意事项、填写方法、交回问卷的时间要求等。填写说明可集中说明,写在问题前面;也可以分散在每个问题中说明,用括号括起来。下面是一份留置问卷的填写说明。

填写说明

(1)请在每一问题后适合自己情况的答案号码上划圈。
(2)所有的单选题只能选择一个答案;限选题的选项不能超过题目要求的选项数目。
(3)对于表格中选择答案的题目,在所选的栏目内画钩。
(4)对注明要求您自己填写的内容,请在规定的地方填写您的意见。
(5)填写问卷时,请不要与他人商量。

问卷回收注意事项:此次调查的期限是4月20日至4月27日,请您在4月27日之前务必将问卷填写完毕,您可在完成问卷之后及时来电告知,我们将派员与您商定取回问卷的具体时间,并赠送礼品一份,以示谢意!

4. 问卷编号

问卷编号是指按顺序对问卷编写序号,以便于识别问卷以及对问卷的数量进行控制,编号一般位于问卷封面的右上方。

5. 编码

编码可以在问卷设计时编好,称为预编码,也可以在调查完成后进行,称为后编码。编码常放在问卷每一页的后面,并用一条竖线将它与其他问题及答案分开。

(二)甄别部分

甄别部分主要用来对被调查者进行过滤,筛选掉不合适的人,然后对特定的被调查者进行调查;另外,甄别部分可以排除与调查项目有直接关系的人,减少干扰因素。这些都是为了确定哪些人才是最合适的被调查者。

1. 确定合适的调查对象

一般情况下,市场调查总是有比较明确的调查对象。有的市场调查在开始进行主要内容的调查之前,通过甄别部分的提问,确定面前的人士是否符合调查对象的条件。如果符合就进行调查,否则就放弃,以确保调查资料的针对性和有用性。

2. 排除其他调查干扰因素

为了能够收集真实的信息资料,需要排除一些可能会给调查活动带来不利影响的因素。例如,与调查内容在职业上有关联的调查者;在三个月或半年内曾经接受过调查的人士（职业受访者）；在调查活动中可能提供虚假信息的人士；等等。

甄别部分是通过提出问题及备选答案来对被调查者进行过滤的，至于提什么问题，主要是与对调查对象的界定有关。例如，某项关于高档住宅消费情况的调查对调查对象的界定是：年龄在 22～55 岁，在西安居住 5 年以上，月收入 5 000 元及以上者。

问题 1. 请问您的年龄属于哪一个阶段呢？
21 岁及以下 ·· 1 【终止访问】
22～50 岁 ··· 2 【继续访问】
51 岁及以上 ·· 3 【终止访问】

问题 2. 请问您在西安居住多长时间了？
5 年以下 ··· 1 【终止访问】
5～10 年 ··· 2 【继续访问】
10 年以上 ··· 3 【继续访问】

问题 3. 请问您目前的月收入是 5 000 元以下还是 5 000 元及以上？
5 000 元以下 ·· 1 【终止访问】
5 000 元及以上 ··· 2 【继续访问】

问题 4. 请问您和您的家人以及与您交往密切的朋友中是否有人在下列单位或行业工作？
广告/媒体公司/公司的广告部门 ······················ 1 【终止访问】
市场调查公司/公司的研究部门 ······················· 2 【终止访问】
房地产公司 ··· 3 【终止访问】
都没有 ··· 4 【继续访问】

问题 5. 请问您在过去 6 个月内有没有接受过同类调查？
有过 ·· 1 【终止访问】
没有 ·· 2 【继续访问】

(三) 主体部分

主体部分是调查所要收集的主要信息，是问卷的核心内容，也是问卷需要了解和掌握的主要信息资料部分，由一系列问题和相应的备选答案组成。此外，对于某些复杂的问题要采取答案卡片的方式。问卷设计是否合理、能否满足调查目的的要求，关键就在于这部分内容的设计水平和质量。

(四) 背景部分

如果被调查者是个人，则背景部分的基本情况包括性别、年龄、家庭人口、职业、文化程度、收入等特征分类资料；如果被调查者是单位，则背景部分的基本情况则包括行业类别、员工人数、经营的商品种类、资产总额、营业额等特征分类资料。背景部分所列出的项目是为了方便对调查资料进行分类和分析，具体要列出哪些项目，应根据调查目的和资料分析的要求确定，并非多多益善。

(五) 作业证明记载

作业证明记载主要包括被调查者姓名、联系方式、家庭住址，调查者姓名与编号，核对员姓名、录入员姓名等，调查地点、调查开始时间和结束时间等，以便于校对检查、复核、更正错误、明确责任，以评价访问员的工作质量。这一部分规范的做法是应该将其放在最后，但现在很多研究人员为了操作上的方便，在制作问卷时习惯将作业证明记载设计在封面上。

现在，很多市场研究公司在制作问卷时，将标题、问卷编号、问候语、访问员誓言、作业证明记载等放在一个页面，作为封面。

四、问卷结构的变通

利用问卷获取第一手资料的方式有多种，不同的调查方式对问卷设计的要求也不一样。前面介绍的问卷结构就其具体格式来讲最适合作为个人面谈访问问卷。对于小组座谈提纲、电话调查、自助调查的问卷设计而言，由于交谈双方接触的方式不同，问卷结构各部分内容须做适当变通，只有这样才能适应调查的要求。

(一)电话调查问卷结构

由于电话调查一般不宜时间过长，因此其问卷结构必须简单明了。其具体特点如下。

(1)前言要简洁。电话调查一开始，就必须开门见山，直截了当地向对方说明自己的身份和通话目的，内容不能冗长，以避免对方因不耐烦而挂断电话。

(2)被调查者情况要间接提问。电话调查问卷中被调查者情况一项不能像个人面谈问卷那样直接列出，那样容易让对方感觉好像在接受审问，既不礼貌，也不易获得对方的配合。因此要用探询性的语气提问，通过对方的认可或更正来间接地获取有关信息。

(3)问卷主体部分要口语化，而且要简短。电话提问不能太长，否则可能会使对方不理解或误解。答案设计也要简单，一般应该采用二项式提问法。调查时，答案不用讲给对方，只供调查员自己记录用。

(4)作业证明记载设计与个人面谈问卷相同，且不用设计填写说明。

(二)自助调查问卷结构

自助调查问卷是指由调查者面送(或邮寄)给被调查者，由被调查者自己填写的问卷，包括留置问卷和邮寄问卷。采取这种调查方式的双方不是面对面的交流，被调查者遇到问题不能得到及时解答，调查者对问卷填写的进度和结果无法采取其他控制措施，因此对问卷的设计和结构就有特别的要求。

(1)前言要详细全面。调查的时间控制和回收结果都依赖于问卷本身，被调查者是否愿意合作也直接与问卷的设计有关。因此，前言部分就担负着重要使命，除了说明调查意义、目的，激发被调查者的兴趣外，还要详细说明回收问卷的时间、回寄的地址、邮政编码、收件人名称等。为了鼓励被调查者认真回答问卷，提高回收率，前言中还要写清楚有关的奖励办法。

(2)填写说明非常重要。由于被调查者是在无人指导的情况下独自完成的，在回答问卷时，他们唯一可参考和依据的就是填写说明。因此，这一部分在引导被调查者正确回答问卷方面起着非常重要的作用。在设计时，要认真细致地对各种形式问题的回答方法加以解释，说明词要通俗易懂，清晰简练。

（3）问卷主体内容可长可短，关键在于问句和答案的设计要含义准确明晰，以免被调查者产生误解或不知如何回答。

（4）被调查者基本情况设计与一般问卷要求相同，作业证明记载可不设计。

（三）小组座谈提纲结构

小组座谈与个人面谈调查最大的区别在于资料的获取是通过集体讨论形式完成的。在进行小组座谈时，调查人员作为主持人要围绕主题不断地进行引导性提问，激发讨论深入展开，从而获得深层次的、用其他方式无法获取的资料。小组座谈的调查提纲或调查表，在收集资料方面比其他调查问卷更为灵活和简练，具体差异表现为以下几点。

（1）前言较长。必须充分说明讨论的目的、意义，以调动参会者的积极性。对讨论的方式也要加以介绍，故内容较长。特别要注意的是，这里的前言实际上是讨论开始前的开场白，语言要平实、口语化。

（2）背景部分不必设计。由于小组讨论收集的资料是总体的看法和意见，甄选参会者及对其分组时的记录已经说明了被调查者的情况，因此不必特别设计这一项。

（3）主体部分按大纲形式设计。小组座谈的问题是引导参会者深入展开讨论的提纲，设计时一般不提供答案，而是不断追问式的引申。问题本身也要灵活可变，以适应拥有各种个性特点的参会者。为此，可设计多种提问方式以供选择。

（4）无须设计填写说明。小组座谈时，被调查者不用填写讨论结果，而是由调查者自己记录，或者用录音录像记录，因此不必设计填写说明。

（5）作业证明记载详细。作业证明记载项目较多，一般包括座谈会名称、组别、讨论时间、地点、参会者、主持者、记录者等。

五、电子问卷

电子问卷是依托电子科学技术，采用相关程序、软件或插件制作的可供被调查者根据提示自主填写的调查问卷，主要用于采取现代网络信息系统开展的各类调查。

1. 电子问卷的方式

电子问卷的方式包括：①使用插入宏代码或 ActiveX 控件制作的 Word、Excel 文件格式的问卷；②使用 Adobe acrobat 制作的交互式 PDF 文件格式的问卷；③使用网页技术制作的网络问卷；④使用专门的调查系统设计的系统专用调查问卷。

2. 电子问卷的特点

电子问卷的特点如下。

（1）可利用当代电子信息系统进行快速而广泛的发布，即主要利用电子邮箱、在线网页及 QQ 等社交软件进行发布和传播。

（2）问卷具有交互性，被调查者可利用电脑等电子工具填写，电子问卷可将选择类题目设计成下拉选项菜单，将配对问题设计成点击两点即可自动划线，具有可在线验证回答问题的逻辑关系并提示错误、可根据选项自动跳转、可根据填入的分项数字自动合计等多种交互功能。

(3)电子问卷通过电子信息渠道回收，回收速度快，成本很低。

(4)一般设计电子问卷时都考虑了回收后的后台数据支持，多数电子问卷可以自动实现数据导入并具有自动计数、汇总等基本数据整理功能。

设计电子问卷除了要求问卷设计者了解调查问卷设计的一般要求外，还要了解问卷题目之间、备选选项之间的逻辑关系，更要精通各类程序和编程语言代码的使用，只有这样才能编写出具有一定功能和水准的问卷。

第二节　问卷主体部分的设计技术

问卷主体部分由一系列问句及备选答案构成，是市场调查的主要内容，这部分的设计技术直接影响调查质量。问题用词不当可能会使被调查者产生误解，甚至引起其反感；答案选项的顺序排列不同也可能引致不同的选择，影响调查的结果。因此在设计问卷时，必须反复推敲和斟酌，以设计出高水平的调查问卷。一份好的问卷应该做到内容简明扼要、通俗易懂，信息包含齐全，问题安排合理，便于后续资料的分析处理。

一、问题的类型

问题设计就是确定调查所要询问的问题及其表达方式。在问卷设计中，一份问卷中问题的数量多少是由问卷调查的方式决定的，入户问卷、邮寄问卷、留置问卷可多一些，街访问卷较少，电话问卷最少。问卷主体部分的问句设计按照问题是否提供备选答案，可分为开放式问题、封闭式问题、混合式问题三种类型。

(一)开放式问题

开放式问题又称非结构化问题，是指只提问题，不给具体答案，要求被调查者根据自身实际情况自由作答，对被调查者的选择不加任何限制的问题。开放式问题的设计方式很多，常用的有以下几种。

1. 自由回答题

这是开放式问题设计中最为常见的一种类型，是指设计问句时不提供备选答案，让调查对象自由回答而不给予任何限制。例如，"您对网上购物有什么看法？"这类问题可以直接了解被调查者的态度和观点，而且回答形式不限，被调查者可以自由发挥。但这种调查方式并不适合所有的被调查者，因为在有限的时间里，有些被调查者不愿对问卷做更深入的文字描述，宁愿接受选择答案的方式。

2. 填入式

对于答案不固定的问题，只能设计成开放式，如您的年龄是_____岁，您家里冰箱的品牌是_____。

填入式设计简便、易答，多数情况下是用来填答数字的。

3. 回忆法

回忆法是指通过回忆了解被调查者对不同的品牌、广告等的印象的强弱程度。例如，请列出最近您在电视广告上看到的洗衣粉品牌；请说出您所知道的牙膏品牌；您知道在西安小寨这个区域有哪些超市吗?

4. 再确认法

再确认法是指通过给被调查者提供与调查对象相关的某种线索来刺激其回忆确认。回忆程度可分为"知道、听说过、不知道"或"见过、好像见过、没见过",刺激材料可以是文字、图画或照片等。例如,"请问您知道这个品牌吗?"如果回答知道,可以继续询问:"您是通过什么渠道知道的?"直到调查对象不能确认为止。通过这类问题的提问和确认,可以了解产品给予消费者的不同印象,了解产品市场的知名度,了解广告媒体的选择方式及广告设计创意的成败之处等。

开放式问题具有明显的优点,主要表现在提问方法比较灵活,既可以以一般的问卷形式提出问题,也可以以产品实体、图片等形式提出问题,这有利于激发被调查者的回答兴趣,得到他们的合作。另外,由于没有限制答案,被调查者可以根据自己的想法回答问题,因而能够得到较为深入的观点和看法,有时还能获得意外的信息资料,其在动机调查中应用尤为广泛。因此,开放式问题适合于答案复杂、数量较多或者不太清楚的问题。

开放式问题的不足之处则主要表现在:每个被调查者的回答差异较大,加大了编码和统计分析的难度和工作量;回答此类问题需要花费时间和精力,因而容易遭到调查对象的拒绝;调查人员在记录时也会发生遗漏、误解等差错,被调查者有时容易产生理解偏差;对被调查者的表达能力要求较高,文化水平高、表达能力强的被调查者回答的问题详尽,提供的资料比较多,表达能力差的被调查者则不能充分表达自己的观点,这就有可能造成代表性误差。鉴于这些局限,在一份问卷中开放式问题不要太多,一般为1~3个。

(二) 封闭式问题

封闭式问题是指在提出问题的同时,还设计各种可能的答案让被调查者从中选取自己认为合适的答案。通常把封闭式问题分为二项选择题、多项选择题和量表题(量表题在第三节专门讨论)三种类型。

1. 二项选择题

二项选择题是指对提出的问题只设计两个对立的备选答案供选择,如"是"或"否"、"有"或"无"等,也称是否题。这两种答案必须是互斥的,被调查者的回答非此即彼,没有更多的选择,二项选择题适合于询问较简单的事实性问题。对这种提问常见的说明是:请选择两者之中的一个作为回答,用"√"表示。例如:

请问,您家里有太阳能热水器吗?
□有　　　□没有

这种问题明确简单,容易理解,答案易于选择,便于统计处理。其缺点是:只有意义对立的两极答案,难以反映被调查者意见的程度区别;在涉及被调查者的态度问题时,不能反映应答者在意见及其程度上的细微差异。在设计这类问题时,要注意有些问题看似只有两个选择,其实并非如此。例如,"您是否准备购买小轿车?"这个问题从表面上看答案只有"是"或"否",实际上却有五个答案:是、否、可能买、可能不买、不一定。所以，对于态度方面的调查很少用二项选择题。

2. 多项选择题

多项选择题是指对提出的问题给出两个以上的备选答案，让被调查者从中选择，这是各种调查问卷中出现最多的一种题型。根据要求选择答案的多少，多项选择题又分为三种不同的类型。

(1)单项选择型。单项选择型要求被调查者在所给出的多项答案中只选择一项。例如：

请问，如果买私家车，您认为什么样的价位适合您？（任选1项，并在选项前的□里打√）

□10万元以下　　　□10万～15万元
□15万～20万元　　□20万～30万元
□30万元以上

(2)多项限选型。多项限选型要求被调查者在所给出的多个答案中，选择自己认为合适的答案，但数量受到一定限制。例如：

请问当初您选择到这家公司工作时，主要考虑哪些因素？（限选3项，在所选答案的题号上打√）

① 能改变生活处境　　　　② 公司的名气大
③ 能解决家属的工作问题　④ 和老板是同乡，能得到照顾
⑤ 工资和福利待遇好　　　⑥ 能见大世面，增长见识

(3)多项多选型。多项多选型是指让被调查者选择自己认为合适的回答，数量不限。例如：

请问，您在购买小轿车时，主要考虑哪些因素？（可多选，在所选答案的题号上打√）

① 价格　　　　② 款式　　　　③ 品牌
④ 耗油量　　　⑤ 售后服务　　⑥ 维修费用
⑦ 安全性能　　⑧ 内部配置

多项选择题比二项选择题的强制选择有所缓和，答案有一定的范围，便于统计处理。在设计多项选择题时应注意以下事项。

第一，必须对多个答案事先编号，以方便资料的统计处理。

第二，答案应尽可能包括所有可能情况，但不能互相包含。

第三，答案个数不宜过多，一般不超过9个。

(三)混合式问题

在实践中，有时根据需要还会采用开放式问题与封闭式问题相结合的方式。例如，将封闭式问题的最后一个答案设计成开放式，这样既可以使问题的答案相对集中，又能扩大信息量，也避免被调查者找不到合适答案的情况。例如：

请问，您家的大米是在哪儿购买的？

□超市　　□粮油商店　　□农贸市场　　□其他（请注明）_____

封闭式问题无论采取哪一种形式，答案都是事先设计好的，标准化程度比较高，有

利于被调查者回答，同时也便于以后对资料的整理分析，因此问卷中的绝大部分问题都是封闭式问题。封闭式问题的缺点主要表现为列出的答案有限，影响被调查者提供更多的信息。另外，当需要调查的问题比较复杂时，答案设计的难度增大，难免产生遗漏重要信息或者不能收集到较深层次资料的情况。一旦问题设计有缺陷，被调查者就无法正确回答问题，从而降低回答的真实性和可靠性。

二、设计问题应注意的事项

问卷所要调查的资料由若干个具体问题组成，无论所研究的调查项目是大还是小，设计一份科学合理的问卷都是一项复杂的系统工程。除了考虑一些必要的原则、程序以外，在问题的设计中要注意一些技术和技巧。

(一)措词选择恰当

问题的措词是指将所需的问题内容和结构转化为被调查者能清楚、容易地理解并接受的问句。如果措词不当，被访者会拒答、错答或不能正确回答，从而导致调查误差的产生。

1. 用词要通俗

进行大规模的调查时，由于调查对象的文化背景、教育水平、知识经验都有很大差别，因此应尽量少用生涩难懂的专业性词汇。例如，应该避免"您喝酒的频率如何？""您家的恩格尔系数是多少？""您觉得百姓大药房的 POP 广告怎么样？"等等。

2. 词义要确切

用词一定要保证所要提的问题清楚明了，具有唯一的含义。不确切的用词和含糊不清的问句会使被调查者感到茫然，不知从何答起，甚至根本就不作答。例如，"您经常坐飞机吗？"这个问题中的"经常"让被调查者很难把握，不知该怎样去理解多久才算"经常"。类似的词语还有"通常""大概""可能""也许""偶尔""有时"等。

3. 避免使用冗长复杂的语句

例如，"假如你注意到冰箱的制冷功能并不像你刚把冰箱买回来时的制冷效果那样好，于是你打算修一下，这时你脑子里有什么想法？"这一问题不如改成"假如你的冰箱制冷功能不正常，你会怎样解决？"

(二)避免用否定形式提问

否定式提问又称假设性提问，是指对有些要提的问题先做出某种假设，以此为前提让被调查者做出单项或多项的选择。例如，"您觉得这种产品的新包装不美观吗？""您赞成对当前的薪酬制度不改革吗？"日常生活中人们受习惯思维的影响，不太适应否定形式的提问。这种提问方式会破坏被调查者的思维，造成相反意愿的回答或选择，因此尽量不要使用否定形式提问。

(三)避免诱导性和倾向性提问

问卷中的每个问题都应该是中立的、客观的，不带有任何倾向性或诱导性，应让被调查者自己去选择答案。例如，问一个爱喝啤酒的人："汉斯啤酒制作精细、泡沫丰富、口味清纯,您是否喜欢?"这种提问带有明显的肯定倾向,会诱导被调查者选择"是"。如果把提问改为:"您觉得汉斯啤酒怎么样?"这样就可以消除倾向性和诱导性。

还有一些提问中含有从众效应及权威效应,这也要避免。例如,"有品位的男人都戴金利来领带,你喜欢什么品牌的领带?"又如,"您认为在我国汽车工人有可能失业的情况下,作为一个爱国的中国人应该购买进口小汽车吗?"再如,"计划生育是我们国家的一项基本国策,您认为独生子女和多生子女哪个更利国利民?"这些提问中所使用的字眼并非中性,而是有意识地向被调查者暗示答案的方向,会让被调查者产生随大流的思想,受权威观念影响而放弃自己的意愿,这都是问卷设计所忌讳的。

(四)避免断定性提问

断定性提问是指先假定被调查者已有某种态度或行为,基于此进行提问。例如,"您每天抽多少支香烟?"或"您喜欢喝什么酒?"事实上该被调查者很可能根本就不抽烟或不喝酒,正确处理这类问题的方法是在断定性提问之前加一条"过滤"问题。例如,"请问您抽烟吗?"如果被调查者回答"是",那么接下来再用断定性问题继续问下去,这样才有意义;如果被调查者回答"否",则应停止提问。

(五)避免直接提出敏感性问题

有些关于个人隐私方面的问题,或者不为一般社会公德所接纳的行为或态度类问题,通常被称为敏感性问题或困窘性问题,如偷税漏税、吸毒、酗酒等。若直接提问这类问题往往会使被调查者疑虑不安,被调查者可能拒答或给出不真实的回答。例如,"您每周打几次麻将?""您总是用公款吃喝吗?""您的小轿车是分期付款买的吗?""您是否逃过税?逃过几次?数量是多少?""您光顾过按摩房吗?"等等。这类问题属于敏感性问题,被访者往往出于本能的自卫心理,产生种种顾虑,有时还会因反感而中断调查。如果一定要获得这类问题的答案,那么应该避免被调查者不愿回答或不真实回答,最好采取间接提问的方式,并且语气要特别委婉,以降低问题的敏感程度。对此可采用以下几种方法。

(1)释疑法。释疑法是指在敏感性问题的前面写上一段功能性文字,或者在问卷引言中写明严格替被访者保密,并说明将采取的保密措施,以消除其疑虑。如果是入户或拦截访问,可由访问员在提问敏感性问题之前,做如下解释:"下面要问的这个问题比较敏感,会涉及您的个人隐私,希望您不要介意,我们保证会替您保密"。又如,"打麻将是我国民间传统的一种消遣娱乐活动,您每周打几次麻将?"通过肯定打麻将是一种娱乐活动来消除人们心理上的疑虑。

(2)假定法。假定法是指用一个假定性条件句作为问题的前提,然后再询问被调查者的看法。例如,"假定允许各类人员自由调动工作的话,您会考虑跳槽吗?"

(3)转移法。转移法是指让被调查者不以第一人称,而是以第三人称来回答这类问题。例如,"汽车消费将是我国未来消费中的一个热点,您周围的朋友对分期付款购买私家车怎么看?""您的邻居害怕坐飞机吗?"

(六)避免隐含的假定和选择

隐含的假定是指问题中没有表述清楚的假设。例如,"您赞成在我国采取高收入政策吗?"这样的询问隐含了工资和物价同步增长的假定,将导致过高的"赞成"比例,不如改成"如果提高工资和提高物价同步进行的话,您赞成在我国采取高收入政策吗?"

隐含的选择是指问题中没有明显地表达清楚的可能选择。例如,"在市区内购物时您愿意乘坐出租车吗?"这种询问隐含了乘坐公交车或开私家车的选择,不如改成"在市内购物时,您是愿意乘坐出租车还是愿意开私家车(或乘坐公交车)?"

(七)一项提问不能包含太多内容

一个问句中最好只问一个要点,包含过多的询问内容会使被访者无从答起。例如,"您对某产品的价格和服务质量满意吗?"这种提问可以分解为两个问题。此外,更不要笼统地提问,如"您觉得东方航空公司怎么样"这样的问题过于笼统,应当避免,可以提问"您觉得东方航空公司的安全性怎么样?"等。

(八)要考虑时间性

时间过久的事情易使人遗忘,如果询问时间过久的事情,会让被调查者不愿意回答。例如,"您家去年的生活费用支出是多少?"这个问题不如改成"您家上个月的生活费支出是多少?"这样就缩小了时间范围,便于回忆。

(九)避免推算和估计

提出的问题必须避免让被调查者去推算和估计。例如,"您家平均每人每年生活费用是多少?"要回答这个问题,被调查者可能就需要在脑子中做一些推算,大多数人不愿意费神去回忆和估算,最好将上述问题拆成两个问题,即"您家每月的生活费是多少?""您家有几口人?"然后由调查人员根据回答进行必要的计算。

(十)明确问题的界定

家庭人口有常住人口和暂住人口;经济收入有基本工资、奖金、补贴、其他收入、实物发放折款等;年龄有虚岁、实岁;等等,这些问题通常会产生有歧义的理解,故拟定此类问题时应该有明确的界定。

三、设计答案应注意的事项

封闭式问题的答案设计是问卷设计的重要组成部分,必须经过多方面周密而细致的考虑和反复推敲。

(一)选项要穷尽

将所有的答案尽可能地列出,只有这样才能使每个被调查者都有答案可选,不至于因为所列答案中没有合适的选项而放弃回答。例如:

请问,您家目前的收支情况是下列哪一种?

□较多节余　　□略有节余　　□收支平衡

该问题只设计以上三个备选答案就违背了穷尽性原则,须加上第四个备选答案"入不敷出",这样答案就全面了。有时为了防止列举不全的现象发生,可在备选答案中的最后列出一项"其他(请注明)",这样被调查者就可以将问卷中未穷尽的项目填写在所留的空格内。但需要注意的是,如果选择"其他"类答案的被调查者过多,则说明答案的设计选项是不全面的。这种缺陷可以通过预调查暴露出来，然后可根据被调查者填写在"其他"处的答案，选一些具有代表性的答案对问卷进行补充和完善。

(二)答案须互斥

多项选择题中所列出的答案之间不能相互包含或重叠，否则应答者会做出重复内容的双重选择。例如：

请问，您每月的支出中，花费最多的是哪一项？
□食品　　□服装　　□书籍　　□洗衣液
□日用品　□娱乐　　□水果　　□其他

该问题备选答案中的食品与水果、日用品与洗衣液都不是互斥的，需要去掉洗衣液和水果这两个选项。

(三)合理排列选项

有些问题答案的排列顺序也会影响被调查者的选择倾向，在选项较多的情况下，受访者容易接受排在前面的答案，认为这些选项重要。而从设计人员的角度来说，也很容易产生一种倾向，将自认为重要的选项排在前面。例如：

请问，下列电脑品牌中，给您留下印象最好的是哪个？
□联想　　　　　□IBM
□IBM　　　　　□康柏
□方正　　　　　□方正
□康柏　　　　　□同创
□同创　　　　　□联想

实验证明上述第一种排列会造成选择联想的比例高，而第二种排列中选择联想的比例大幅度下降。避免这种偏差的一种办法是设计若干种不同排列的问卷，比如欲发放300份问卷，用5套问卷，每套印刷60份，问题完全相同，只是在该问题的具体选项排列上进行轮换，最后将5套问卷的结果分别进行汇总；另一种方法是访问员在念问卷时，通过在问卷上添加人为的记号修改顺序。

(四)尽量不用贬义词

答案中如果使用贬义词，会影响被调查者的选择。特别是语意差别量表的设计，量表两端的形容词最好不要用"恶臭"对应"香甜"、"厌恶"对应"喜欢"。通常的做法是在褒义词的前面加上否定，如在"喜欢"前面加上"不"，而不用厌恶或讨厌。

(五)选项不宜过多

被调查者在阅读与回答时，记忆答案的数量是有限的，多选题答案一般不超过9个。特别是面访调查时，如果答案过多，被访者在回答时会有遗忘或不耐烦现象。

(六)要有可读性

可读性即趣味性，答案设计要形式多样。过于呆板、形式单一的设计，会使被调查者失去回答的兴趣。对文化程度较高者可使用一些成语、专业术语；对一般市民则要用词通俗；对少年儿童可设计一些漫画等。

(七)讲究语言技巧

问卷答案设计也要讲究语言技巧,用词不当会引起被调查者反感。例如,在问到被调查者为什么不买私家车的原因时,如果设计的备选答案为

☐买不起　　☐学不会　　☐怕出交通事故　　☐养不起　　☐没多大用处

这样的答案设计会使被调查者感到窘迫和难堪,很伤自尊和面子,导致拒绝回答。可以改为

☐等待降价　　☐不如租车划算　　☐不喜欢开车　　☐不环保　　☐其他

在询问月收入或女士年龄等敏感性问题时,为消除被调查者的顾虑,方便资料处理分析,可采用"数值归档法"进行设计,即将要研究的变量取值划分成几个连续的区间,由被调查者自行选择。例如:

请问,您的月收入是下面哪一项呢?

☐1 000元以下　　　☐1 001～2 000元　　　☐2 001～3 000元
☐3 001～4 000元　　☐4 001～5 000元　　　☐5 000元以上

第三节　态度测量技术

封闭式问题的备选答案设计只是针对一般性问题和事实性问题,而对于态度性问题的设计比较复杂,要用到量表设计技术,故在本节专门叙述。

一、态度测量的含义与类型

市场调查所涉及的问题不外乎两类,一类属于客观特性,如价格、收入、年龄、购买的数量等,可以用数字表示,还有一些事实性的问题,可以直接询问;另一类属于主观特性,如了解消费者对产品、品牌和企业等的评价、看法、意见等态度性问题,就不能通过直接询问或观察获得,也难于用数字表达。

在很多情况下,市场调查的主要目的是了解被调查者的态度或意见,通过直接询问的方法一般无法准确地测量人们的态度。为了解被调查者态度的强弱程度,人们在市场调查的实践中逐渐形成了一些测量态度的特定方法和技术,这就是态度量表,它被用于测量被调查者的态度,把主观特性的问题用数量的形式表示出来。

态度量表的设计包括两步。第一步是设定规则,并根据这些规则为不同的态度特性分配不同的数字。这些数字和态度变量的取值必须一一对应,每个数字代表唯一的态度变量值,而每个态度变量值对应唯一的数字。第二步是将这些数字排列或组成一个序列,根据受访者的不同态度,将其在这一序列上进行定位。例如,将对某商品的态度这一变量的可能取值,用不同的数字来代表,即"1"代表"喜欢","2"代表"无所谓","3"代表"不喜欢";接着根据受访者是回答"喜欢"、"无所谓"和"不喜欢"来填写调查问卷或调查表,这就是一个典型的3级态度量表。

量表中用数字代表态度的特性是出于以下两个原因。首先,数字便于统计分析;其次,数字使态度测量活动本身变得容易、清楚和明确。态度测量的方法有多种,根据精确程度,由低级到高级可分为四种类型,即定类量表、定序量表、定距量表和定比

量表。

(一)定类量表

定类量表又称类别量表或命名量表,是最低水平的量表,它用数字来识别事物或对事物进行分类,数字本身无意义,只代表每类答案的编号,其目的在于对调查资料进行分类。例如,将男性赋值为"1",女性赋值为"2",此时"1"和"2"只表示分类,不存在比较关系。

定类量表可用于两个方面:一是对被调查者的品质属性,如性别、民族、职业、文化程度等进行分类处理;二是对被调查者的态度、意见进行分类处理,如对某种商品是喜欢还是不喜欢等问题的测量与处理。使用定类量表获得的资料可以进行频次分析和百分数分析,也可以计算众数和中位数等。

(二)定序量表

定序量表也称顺序量表,它比定类量表的水平高,不仅能指明事物的类别,同时还指明不同类别的大小或含有某种属性的多少,如销量的名次、质量的等级、对各品牌的喜欢程度等。这里给出的只是相对的程度,只能表示不同类别的顺序关系,并不能指明其绝对差距。

定序量表可应用于两个主要方面:一是对多种产品的质量、性能、式样、包装、价格等进行评价,也可对不同人员的能力、知识水平等进行评价;二是对被调查者的态度进行测量。定序量表在数值处理上,可汇总求出各被调查者对不同商品或不同项目评价的总得分、平均得分和标准差,进而可对各类别进行排序和做出评价,所能应用的统计方法有百分数、四分位数、中位数、相关系数等。

(三)定距量表

定距量表也称区间量表,这种量表不仅能够将社会现象或事物区分为不同的类别、不同的等级,而且还可以确定它们相互之间的间隔距离和数量差别,如1与2之差等于3与4之差,但是定距量表中的任意零点限定了调查人员对量表值的表述。例如,在评价传真机时,如果东芝的得分为20而惠普的为10,这时不能说消费者对东芝的喜爱程度是惠普的两倍,因为在测量中没有给出表示不喜欢的零点。

使用定距量表得到的数据可以计算算术平均数、标准差和相关系数,也可以进行 t 检验和 F 检验。

(四)定比量表

定比量表具有绝对零点,可以对变量的实际数值进行比较,是测量数据中水平最高的量表,其测量结果可以进行分类、排序以及加、减、乘、除等运算,并能做各种统计分析。例如,可以说体重100千克的人是体重50千克的人的两倍,零的标准是客观存在的,无论体重的单位如何制定,这两个人之间都存在两倍的比率关系。

以上四种态度测量表中,最常用的是定类量表和定序量表。在市场调查中,使用何种测量量表首先取决于被测对象自身的特性,其次取决于测量的目的和研究的要求。例如,对于利润这类数量指标,如果仅要求将企业分为有无盈利两类的话,可以采用定类测量;如果要求将盈利企业分为10万元以下、10万~50万元、50万~100万元、100

万元以上四个等级，则应进行定序测量；如果要求计算出各类企业利润的具体差距或其比例关系，则应进行定距测量或定比测量。

二、态度测量的基本技术

如前所述，量表作为一种测量工具，试图确定主观的，有时甚至是抽象的定量化测量程序，即用数字来代表测量对象的某一特性，从而以多个不同的数字来表示测量对象的不同特性的过程，根据要测量的概念或对象的复杂性和不确定性，量表的四种测量水平又有比较量表和非比较量表之分，主要包括评价量表、等级量表、配对比较量表、语意差别量表、瑟斯顿量表、李克特量表等。

(一)评价量表

评价量表也叫评比量表，它是由调查人员事先将各种可能的选择答案标示在一个评价量表上，然后要求应答者在测量表上指出自己的态度或意见，获得的数据通常作为等距数据使用和处理的量表。根据量表的形式，评价量表又分为列举评价量表和图示评价量表。

(1)列举评价量表。列举评价量表要求应答者在有限类别的表格标记中进行选择，以计量水准为依据，列出评价性的询问语句和备选答案，量表尺度的两端是极端答案，相反的备选答案数量相等或不相等。常见列举评价量表的形式主要包括以下几种，即评价满意度为"非常满意、比较满意、一般、不满意、很不满意"；对某事物的好恶程度为"非常喜欢、喜欢、一般、不喜欢、很不喜欢"；等等。

例1 您认为相貌对面试成功的影响程度怎样？
□非常重要　　□重要　　□无所谓　　□不太重要　　□不重要

例2 让明星做保健品广告的代言人，你的意见是哪一项？
□很不合适　□不合适　□不太合适　□不知道　□比较合适　□合适　□相当合适

(2)图示评价量表。图示评价量表要求应答者在一个有两个固定端点的图示连续体上进行选择，量表的两端是极端答案，中点是中性答案，并且每个答案都事先给定一个分数。图6-1表示三种图示评价量表。

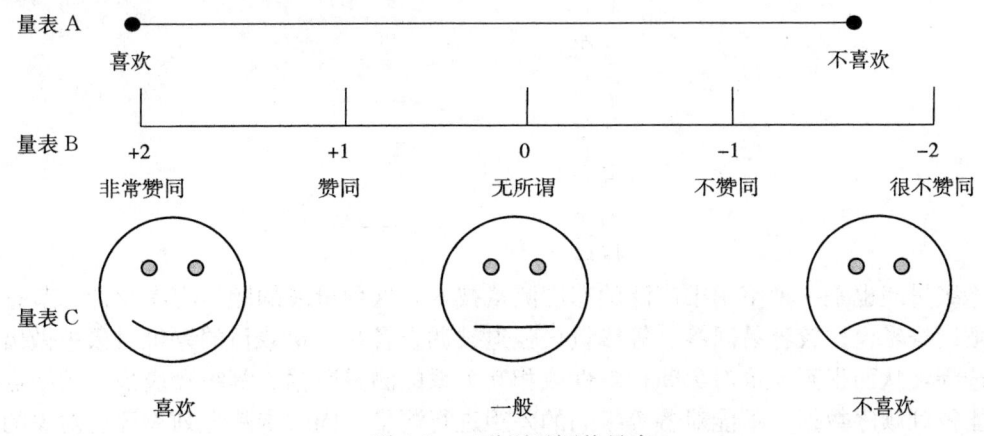

图6-1　三种图示评价量表

图6-1中，量表A是最简单的一种形式，应答者只需要根据自己的喜好程度在连续

直线的适当位置做出标记，然后研究者根据整体的反应分布及研究目标的要求，将直线划分为若干部分，每个部分代表一个类别，并分配给一个对应的数字，这种量表属于非比较量表。

量表 B 用数值的大小来表示态度的强度，设计时将直线分为 5 段，分别为非常赞同、赞同、无所谓、不赞同、非常不赞同，记分可采用＋2、＋1、0、－1、－2 或 5、4、3、2、1，事先在连续体上标出刻度并分配相应的数字，应答者在适当位置做出标记即可。这种设计也可划分为 3 段和 7 段，但 5 段最常用。

量表 C 也称笑脸量表，在本质上与量表 B 没什么区别，但是由于在连续体两端分别增加了对应的笑脸和哭脸，量表更具生动性和趣味性。这种设计适合文化程度比较低的被调查者和少年儿童。

列举评价量表比图示评价量表容易构造和操作，有研究表明，其在可靠性方面也比图示评价量表效果好，但它不能像图示评价量表那样能衡量出客体的细微差别。总的来说，评价量表有很多优点，即省时、用途广、趣味性强，可以用来处理诸多变量，因此在市场调查中被广泛采用。

(二)等级量表

等级量表是一种顺序量表，它将许多评价对象同时展示给被调查者，并要求他们根据某个标准对这些评价对象进行排序或者将其分成不同等级。例如，要求被调查者根据总体印象对不同品牌的商品进行排序，要求他们将自己认为最好的品牌排"1"号，次好的排"2"号，依次类推，直到量表中列举出的每个品牌都有了相应的序号为止，一个序号只能用于一种品牌。下面是一个典型的等级量表的例子。

下面的卡片中列举的是一些电视机的品牌，请您根据对各品牌的喜爱程度进行排序，分别为 1～7 等级，等级 1 表示你最喜欢的品牌，等级 7 表示你最不喜欢的品牌，以此类推(请注意：一个等级号码只能用于一个品牌)。

电视机

品牌名称	品牌等级
TCL	_____
海尔	_____
康佳	_____
长虹	_____
海信	_____
创维	_____
厦华	_____

等级量表也是一种使用很广泛的态度测量技术，这种量表的题目容易设计，节省时间，被调查者也比较容易回答。等级量表强迫被调查者在一定数目的评价对象中做出比较和选择，从而得到评价对象间相对性或相互关系的测量数据。等级量表最大的缺点在于只能得到顺序数据，不能对各等级间的差距进行测量，同时卡片上列举评价对象的顺序也有可能带来顺序误差。此外，用于排序的评价对象个数不能太多，一般要少于 10 个，评价对象个数越多，被调查者越难以分辨对各评价对象偏好程度的差别。

(三)配对比较量表

在配对比较量表中,应答者被要求对一系列评价对象两两进行比较,并根据某个标准在两个被比较的评价对象中做出选择。这种量表实际上是一种特殊的等级量表,不过要求排序的是两个评价对象,而不是多个。配对比较量表克服了等级量表存在的缺点。首先,对被调查者来说,从一对评价对象中选出一个肯定比从一大组评价对象中选出一个更容易;其次,配对比较量表可以避免等级量表的顺序误差。但是,因为一般要对所有的配对进行比较,所以如果有 n 个对象,则要进行 $n(n-1)/2$ 次配对比较,是关于 n 的一个几何级数。下面是一个配对比较量表的例子。

下面是 10 对牙膏的品牌,对于每一对品牌,请指出您更喜欢其中的哪一个,在选中的品牌旁边选择框内打钩。

① 中　华□　　草珊瑚□
② 中　华□　　两面针□
③ 中　华□　　高露洁□
④ 中　华□　　黑　妹□
⑤ 草珊瑚□　　黑　妹□
⑥ 草珊瑚□　　两面针□
⑦ 草珊瑚□　　高露洁□
⑧ 两面针□　　黑　妹□
⑨ 两面针□　　高露洁□
⑩ 高露洁□　　黑　妹□

访问结束之后,将每个被调查者的回答整理成表格,获得该被调查者对 5 个牙膏品牌的偏好,再将所有被调查者的回答结果进行汇总,经过处理和分析,即可得到所有被调查者对 5 个牙膏品牌的喜爱程度。

当评价对象的个数不多时,配对比较法是有用的。但如果评价对象的个数超过 10 个,会使被调查者产生厌烦情绪而影响回答的质量,也不便于进行统计处理。配对比较量表的另一个缺点是"可传递性"的假设可能不成立,在实际研究中这种情况常常发生;同时列举的顺序可能影响应答者,造成顺序反应误差;这种二选一的方式和实际生活中做购买选择的情况也不太相同,被调查者可能在 A、B 两品牌中对 A 要略为偏爱些,但实际上可能两个品牌都不喜欢。

(四)语意差别量表

语意差别量表又叫语义分化量表,是美国心理学家查尔斯·奥斯古德等于 1957 年提出并发展的一种态度测量技术。在市场调查中,语意差别量表可以用来测量人们对商品、品牌、商店的印象。在设计这种量表时,首先要确定与测量对象相关的一系列属性,对每个属性选择一对意义相反的形容词,分别放在量表的两端,中间划分为 7 个(也可以是 5 个或 9 个)连续的等级;其次是要求被调查者根据他们对测量对象的看法评价每个属性,在合适的等级位置上做标记。在语意差别量表的形容词中,习惯将肯定的词放在量表的左边,否定的词放在右边。但是,有时为了减少反应误差,可将一半肯定的词放在左边，另一半否定的词放在左边，也可以将项目的顺序随机排列。语意差别量表可以用来测量一个或几个测量对象，下面是一个语意差别量表的例子。

图 6-2 是三个不同汽车品牌的一系列评价标准，每个标准两端是两个描述它的形容词，这两个形容词的意义是相反的。在你认为合适的地方打钩，请不要漏掉任何一项标准。

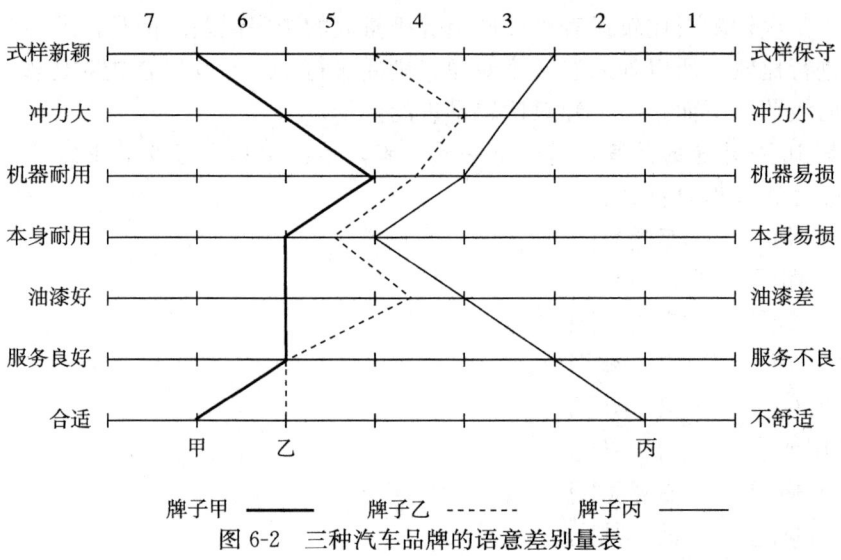

图 6-2 三种汽车品牌的语意差别量表

消费者心目中三种汽车品牌的特性之间的差别，可以通过语意差别量表清楚地表示出来。在语意差别量表中，将各种汽车特性的形容词所代表的分数相加，即可得到每种品牌的总分数，最不利的位置为 1 分，其次不利的位置为 2 分，依次类推，所得总分包括所有决定消费者态度的因素。接着统计出每对反义词的平均值，把这些平均值用不同的线条连接起来，就可以清楚地、直观地看到消费者对三种不同品牌汽车的印象。

语意差别量表的主要优点是可以清晰有效地描述测量对象的形象。由于功能的多样性，语意差别量表被广泛用于市场调查中，用于比较不同品牌商品或厂商的形象，帮助企业制定广告战略、促销战略和新产品开发计划等。

(五)瑟斯顿量表

瑟斯顿量表是指由美国著名心理学家 L. 瑟斯顿为了对态度测量达到客观量化的目的，于 1929 年创造的一种间接量表。瑟斯顿量表通过应答者在若干条(一般为 11 条)与态度相关的语句中选择是否同意的方式，获得应答者关于主题的看法。一个测量态度的瑟斯顿量表，其构作的基本步骤如下。

(1)列出若干条与测量主题的态度有关的语句，通常可以是几十条甚至上百条，保证其中对主题不利的、中立的和有利的语句都占有足够的比例，并将其分别写在特制的卡片上。

(2)将这些表述提供给选定的一组评判人员(通常在 20 人以上)，要求他们按照每条语句所表明的态度，将其分别归入 11 类，第 1 类代表最不利的态度，……第 6 类代表中立的态度……第 11 类代表最有利的态度。

（3）计算每条语句被归在这 11 类中的次数分布。

（4）删除那些次数分配过于分散的语句。

（5）计算各保留语句的中位数，并将其按中位数进行归类，如果中位数是 n，则该态度语句归到第 n 类。

（6）从每个类别中选出一、二条代表语句（各评判者对其分类最为一致的语句），将这些语句混合排列，即可得到所谓的瑟斯顿量表。

在设计瑟斯顿量表时，有关态度语句并不一定非要划分为 11 类，7 类和 9 类也可以，但最好划分成奇数个类别，以中点为中间立场。分类后在每个类别中至少选择一条代表语句，每条语句根据其类别都有一个分值。每个被调查者应该只同意其中的分值相邻的几个意见。如果在实践中一个被调查者的语句或意见的分值过于分散，则可判定此人对测量主题没有一个明确的态度，或者说明量表的制作可能存在问题。下面是一个典型的瑟斯顿量表所包含的 11 条态度语句，可以用来测量电视观众对商业广告的评价。

①所有的电视商业广告都应该由法律禁止。
②看电视商业广告完全是浪费时间。
③大部分电视商业广告是非常差的。
④电视商业广告枯燥乏味。
⑤电视商业广告并不过分干扰我欣赏电视节目。
⑥对大多数电视商业广告我无所谓好恶。
⑦我有时喜欢看电视商业广告。
⑧大多数电视商业广告是挺有趣的。
⑨只要有可能，我喜欢购买在电视上看到过广告的商品。
⑩大多数电视商业广告能帮助人们选择更好的商品。
⑪电视商业广告比一般的电视节目更有趣。

瑟斯顿量表通过对应答者所同意的陈述或意见的分值的平均数进行计算，求得应答者的态度分数。例如，某人同意第 8 条意见，则他的态度分数就是 8，如果同意第 7、8、9 三条意见，则他的态度分数为 $(7+8+9) \div 3 = 8$。分数越高，说明应答者对某一问题持有的态度越有利；分数越低，说明应答者持有的态度越不利。

在市场调查中，经常会涉及对某一主题的态度测量，如人们对电视商业广告的态度、对品牌的态度、对人寿保险的态度等，态度测量可以用瑟斯顿量表去测量。这种量表的实地测试和统计汇总都很简单，但在调查实践中使用的并不是很多，主要原因是其制作非常麻烦，即使单一主题的量表制作也要耗费大量的时间，多个主题的制作就更加困难。瑟斯顿量表是顺序量表，可以用两个被调查者的态度分数比较他们对某一问题所持态度的相对有利和不利的情况，但不能测量其态度差异的大小。另外，不同的人即使态度完全不同，也有可能获得相同的分数。

（六）李克特量表

李克特量表是由美国心理学家伦斯·李克特根据一般量表方法发展而来的，该量表为许多调查者所采用，并且在实践中不断地发展和调整。李克特量表在形式上与瑟斯顿量表相似,都要求受测者对一组与测量主题有关的陈述语句发表自己的看法。它们的区别是:瑟斯顿量表只要求受测者选出他所同意的陈述语句,而李克特量表要求受测者对每一个与态度有关的陈述语句表明他同意或不同意的程度;另外,在瑟斯顿量表中,一组有关态度的语句按有利和不利的程度都有一个确定的分值,而李克特量表只需要对态度语句划分是有利还是不利,以便事后进行数据处理。李克特量表构作的基本步骤如下。

(1)收集大量(50~100条)与测量的概念相关的陈述语句。

(2)根据测量的概念,研究人员将每个测量的项目划分为"有利"或"不利"两类,一般测量的项目中有利的或不利的项目都应有一定的数量。

(3)选择部分受测者对全部项目进行预先测试,要求受测者指出每个项目是有利的或不利的,并在下面的强度描述语中进行选择,一般采用"五点"量表,即"非常同意、同意、无所谓、不同意、非常不同意"。

(4)对每个回答给一个分数,如从非常同意到非常不同意的有利项目分别为5分、4分、3分、2分、1分,不利项目就为1分、2分、3分、4分、5分。

(5)根据受测者各个项目的分数计算代数和,得到个人态度总得分,并依据总分多少将受测者划分为高分组和低分组。

(6)选出若干条在高分组和低分组之间有较大区分能力的项目,构成一个李克特量表。例如,可以计算每个项目在高分组和低分组中的平均得分,选择那些在高分组平均得分较高并且在低分组平均得分较低的项目。

目前在商业调查中很少按照上面给出的步骤来制作李克特量表,李克特量表通常由客户经理和研究人员共同研究确定。

在实际应用李克特量表时,受访者要对每一条语句分别表示同意的程度,一般采用5个等级:1表示非常赞同,2表示赞同,3表示无所谓,4表示不赞同,5表示很不赞同。当然也可以是相反的顺序,如1表示很不赞同,5表示非常赞同。可以在题目开头给出各数字代表的含义,然后让受访者根据对每个陈述语句的同意程度勾选1~5中的某个数字,这种方式看起来不太简洁,但便于受访者理解和回答。李克特量表在设计上比较灵活,可以表现为多种形式,最常见的是矩阵式和表格式。下面是两个李克特量表的例子。

下面是对个人生活方式的一些不同的意见,请您指出对这些意见赞同或不赞同的程度,在最能反映您的态度的空格内划√。

关于消费者生活方式调查的李克特量表

陈述	非常赞同	赞同	无所谓	不赞同	很不赞同
1. 我买了许多商品使自己保持"特殊"	□	□	□	□	□
2. 我通常拥有一套或几套最新款的衣服	□	□	□	□	□
3. 我的孩子们是我生命中最重要的人	□	□	□	□	□
4. 我总是使我的房子保持干净整洁	□	□	□	□	□

5. 晚上我总在家里待着，从不去参加聚会	□	□	□	□	□
6. 我做任何事都会制订一个计划	□	□	□	□	□
7. 我喜欢收看或收听篮球、足球比赛	□	□	□	□	□
8. 我认为我比大多数人自信	□	□	□	□	□
9. 我常会影响我的朋友们购买商品	□	□	□	□	□
10. 明天我可能会比现在更有钱	□	□	□	□	□
11. 我从不抽烟也不喝酒	□	□	□	□	□

……

表 6-1 中的说法是有关个人对公司的态度，请您考虑一下目前您对公司的感受，表中的数字 3 代表同意、2 代表无所谓、1 代表不同意，请您就每个说法表示同意或不同意的程度，并在相应的数字上画圈。

表 6-1　职工对所在公司感受的李克特量表

观点	同意	无所谓	不同意
1. 为了公司取得成功，我愿意付出最大的努力	3	2	1
2. 为了有个稳定的工作，我能接受任何条件	3	2	1
3. 我觉得公司对员工的条件太苛刻	3	2	1
4. 我为自己是这个公司的一员感到自豪	3	2	1
5. 只要一有机会，我就会跳槽到另一个公司	3	2	1
6. 我们的老板很有人情味	3	2	1
7. 我认为公司的前途对我的成长和发展有利	3	2	1
8. 我会对我的亲戚朋友推荐说我们公司不错	3	2	1
9. 我觉得公司给我的报酬太少	3	2	1
10. 我非常高兴选择了为这个公司工作	3	2	1
11. 让我离开这个公司，对我来说无所谓	3	2	1
12. 在公司待的时间越长，我越离不开这个公司	3	2	1
13. 当消费者称赞我们公司的产品时，我觉得很高兴	3	2	1
14. 决定来这个公司工作，是我的一个错误选择	3	2	1
15. 长期待在这个公司，对我的将来没有任何好处	3	2	1

在进行实地调查时，调查人员通常会给受访者一个回答范围卡，请他从中挑选答案。在数据处理时，给受访者对每项态度语句的回答分配一个分值，如 1～5 分。分析时可以汇总计算每条态度语句的得分，从而了解受访者对测量对象各个方面的态度，也可以计算每个受访者对测量对象的态度总分，以了解不同受访者对测量对象的不同态度。通过对上述两个例子的分析，会发现高得分者的受访者和低得分的受访者对生活的态度和对公司的态度是截然不同的。

李克特量表在市场调查实践中应用非常广泛，因为其构作比较简单且易于操作，受访者容易理解和填答，也便于事后进行统计处理，在人员访问、邮寄问卷及留置问卷中很适用。李克特量表是顺序量表，每条态度陈述语句的得分及每个受访者的态度分数都只能用做比较态度有利或不利程度的等级，不能测量态度之间的差异。李克特量表的主要缺点是回答时间长，因为受访者需要阅读每条态度的陈述语句。

三、量表选择时应考虑的问题

随着市场调查定量化程度的提高，态度量表的作用愈加重要。上面介绍的几种量表可以用于对不同对象的测量，在设计时应注意一些问题。

1. 量表种类的选择

量表制作与测量的难易程度是研究人员选择的重要因素。绝大多数研究人员都倾向于使用制作简单且操作比较容易的量表。所以在实践中，制作相对容易的评价量表、等级量表、配对比较量表和李克特量表经常被使用，而制作过程冗长复杂的瑟斯顿量表则很少被使用。语意差别量表的制作和开发也比较复杂，但是此量表对特定问题的测量效果非常好，所以使用的场合比较多。究竟采用哪种量表，原则上取决于所要解决的问题和想要知道的答案。通常，在一份调查问卷中会使用多种不同的测量量表。

2. 平衡量表与非平衡量表的选择

平衡量表是指在量表中肯定态度的答案数目与否定态度的答案数目相等，否则就称为非平衡量表。一般来讲，如果研究人员想得到广泛的意见，并且估计有利的意见和不利的意见的分布是对称的，那么采用平衡量表比较好。如果以往的经验或预先研究已表明，大多数的意见都是肯定的，那么量表就应该给出更多的肯定答案，这样能使研究人员更确切地测出被调查者的肯定程度。

3. 量级层次的个数选择

量表主要是用于测量态度、感觉或动机等的倾向程度，如果层次个数太少，如只有同意、无所谓、不同意3层，就过于粗略而不够全面，难以反映出态度的强度。然而，如果量表层级太多，如10层以上的量表，可能会超出调查人员的分辨能力，也让被调查者无从判断。研究表明，评价量表、李克特量表等基本上以5～9层为宜，如果采用电话访问方式，量级层次个数只能为2层或3层。一般来讲，5层量表使用的最多。

4. 量级层次的奇数与偶数选择

偶数个量级的量表意味着没有中间答案。如果没有中间答案，被调查者就会被迫选择一个正向或负向答案，但那些确实持有中立意见的人就无法表达他们的观点。另外，研究人员也认为给被调查者设立一个中间答案，事实上就给被调查者提供了一个简单的出路。假设他确实没有某种很强烈的意见，就不必集中思考真实感觉而可以简单地选择中间答案。

5. 强迫性与非强迫性量表的选择

强迫性与非强迫性量表的选择与奇数和偶数量表有关，通常强迫选择就是剔除量表中的中立答案，使受测者被迫给出正面或负面的答案。事实上，在实际工作中人们对某些问题的态度可能是中立的，量表要测量准确全面的数据就要给出中立选择。但是，有时在涉及一些行为选择和决策时，中立的态度无法使研究人员做出满意的决定，在这种情况下使用强迫选择是必要的。

根据调查者拟收集资料的性质和目标被调查者的特点，综合以上五个因素，可以设计出千变万化的量表形式。例如：

请问，你喜欢"脑白金"的广告语吗？
□喜欢　　□一般　　□不喜欢　　□很不喜欢

请问，你对海尔家用电器的售后服务满意吗？
□非常满意　　□满意　　□比较满意　　□一般　　□不满意

第四节　问卷设计的程序

问卷设计的整个过程大体上分为事前准备、实际设计、事后检查三个阶段十个步骤。

一、事前准备阶段

事前准备阶段包括确定调查的目标总体，确定调查所需的资料，确定调查所采用的方式和方法。

(一)把握调查的目的和内容

问卷设计的第一步就是要充分地了解调查的目的和内容，这一步的实质就是确定问卷设计所需的信息。为此，需要认真就研究方案、主题和理论假设进行讨论，将问题具体化和条理化。

(二)搜集有关调查所需的资料

根据研究的需要，确定调查所要了解的内容和所要收集的资料，对已有的资料进行分类整理，分析哪些是主要资料，哪些是次要资料，哪些是调查的必备资料，并分析哪些资料需要通过问卷取得，需要向谁调查等，特别要搜寻与调查对象各种特征相关的资料。例如，能够反映被调查对象社会阶层、行为规范、社会环境等特征的资料；还有反映其文化程度、知识水平、理解能力等文化特征的资料；再有反映其需求动机、行为等心理特征的资料。

(三)确定调查方法的类型

不同类型的调查方式对问卷的格式和要求有所差别。在面访调查中，被调查者能与访问员面对面地交谈，因此可以询问较长的、复杂的和各种类型的问题；街头拦截式的面访调查要求问卷内容尽量简短；电话访问要用丰富的词汇描述问题，可用对话的风格来设计；邮寄问卷由被调查者自己填写，要给出详细的指导语；计算机辅助电话访问可以实现复杂的跳答和随机化安排问题，以减少由排列顺序造成的偏差。

二、实际设计阶段

在准备工作做完的基础上,研究者就可以按照设计原则和要求着手设计问卷初稿。其内容主要包括调查中所要提问问题的设计、备选答案的设计、提问顺序的设计及问卷版面格式的设计等。

(一)确定每个问题的内容

一旦决定了调查方法的类型,下一步就是确定问卷中具体包括哪些问题以及这些问题都应该询问些什么内容,能否准确有效地反映调查所需信息。一份问卷的内容不宜过多,否则不但浪费时间和增加资料处理的费用,还会使被调查者感到厌烦,影响调查的质量。把所有的问题提出来后,要对已编写好的题目逐一进行检查,将重复的、可要可不要的题目删掉,对表达不准确、不适当的题目加以修改,当有的题目不能充分体现调查内容时,还要加以补充。

(二)决定问题的结构

调查问卷的问题有封闭式问题和开放式问题两种类型,大多数问卷的题目都以封闭式问题为主,也含有少量的开放式问题。两种形式的问题各有利弊,用哪种形式完全取决于所研究问题的性质及特点。一般来说,在需要快速回答、对量化结果感兴趣、受访者教育水平较低的情况下,采用封闭式问题比较合适。但在有些预备性调查中,让被调查者充分陈述自己的观点和看法,就需要采用开放式问题。在实践中,为了避免两种形式的缺点,有时需要采用两种类型相结合的方式。

(三)决定问题的措词

问卷中的问题是了解被调查者的意图和提供资料的依据,将所需内容转化为被调查者容易接受的句子,就必须注意措词的技巧。提问的措词要准确清楚,易于被理解和接受。如果措词不当,会造成拒答或理解偏差。

(四)安排问题的顺序

在问卷设计中,根据难易程度安排问题的顺序是很重要的,要站在被调查者的角度,顺应被调查者的思维习惯,先易后难、循序渐进。总的来说,安排问题的顺序应遵循以下规则。

1. 简单的问题放在前面

把简单的、容易回答的问题放在前面,而复杂的、较难的问题放在后面,这样会使被调查者开始时感到轻松,有能力继续回答下去。如果让被调查者一开始就感到很难回答,就会影响他们回答的情绪和积极性。

2. 能引起被调查者兴趣的问题放在前面

把被调查者感兴趣的问题放在前面,把比较敏感的问题放在后面,这样可以引起他们回答问卷的兴趣并吸引他们的注意力,而如果一开始就遇到敏感性问题,会引起被调查者的反感,使其产生防卫心理,不愿意回答或拒绝回答。

3. 开放式问题放在后面

开放式问题一般需要较长时间的思考，而被调查者一般不愿花太多时间甚至动脑筋来完成问卷。如果将开放式问题放在前面，会使被调查者产生畏难心理，影响被调查者填写问卷的积极性。此外，开放式问题不宜过多。

4. 按问题的逻辑顺序排列

问题的安排应具有逻辑性，以符合被调查者的思维习惯，否则会扰乱被调查者的思路，不利于其对问题的回答。

(五)确定格式和排版

问卷的格式、问题的排放位置、题与题之间的距离等都可能会对结果有影响，特别是对自填式问卷显得更为重要。因此，在排版时应特别注意以下两方面。

1. 版面严肃

版面应避免使用过多的颜色、字体和不必要的插图等，要使被调查者感觉这是一次科学的调查活动。在一些带有娱乐性质的调查中，如出于新闻性的宣传目的而进行的趣味调查，可以设计较活泼的版面，以使被调查者感到轻松。

2. 问题排列合理

不要将一个问题(包括可选择的答案)分列在两页纸上。如果条件允许的话，每个题的可选择的答案最好写成一列，这样使被调查者易于回答，最好不要为了节约纸张而将可供选择的答案分排成几列。将问答题紧凑地排列以使问卷显得短一些也是应当避免的，特别是开放式问题，如果空间过少可能使回答变短、变少。尽管短一些的问卷比长一些的更合适，但不应当通过紧密排版来减少问卷的长度。

三、事后检查阶段

事后检查阶段包括问卷的模拟试验、制成正式问卷。

(一)问卷的模拟试验

问卷设计完成后，在进行大规模正式调查之前，需要对问卷的内容、措词、问题的顺序等进行全面的检查。其具体办法是通过试调查来检查问卷中是否存在问题。试调查是指在正式调查之前组织访问员、督导按照调查方案设计的问卷内容、调查对象、调查地点环境、调查方式进行的试验性调查，对问卷暴露出来的问题进行适当的修改。从问卷测试的内容来看，首先，要测试被调查者对问题的设计是否存在理解障碍和分歧，考察有无引起曲解和误导的地方；其次，要对整个问题的设计结构进行检查，从中发现有无疏漏和重复的问题；最后，检查问卷设计的量是否过大，以防超过被调查者的心理承受值。如果试调查是按调查设计严格执行的，试调查的样本可以用做实际调查的样本，从而可以节约试访问所付出的成本。

(二)制成正式问卷

问卷经过修正后，就可进入最后的印制阶段。如何印刷和装订也会影响调查结果。如果纸张质量很差或外形很破旧，答卷人会认为该调查项目不重要，那么回答的质量会受到影响。因此，应当用质量好的纸张印刷，使问卷有一个"专业性"或"职业性"的外形。如果问卷有多页，不应该简单地用订书机订一下了事。每页最好是双面印刷并装订成册，这样看起来会更正规。

☆思考练习题

一、问答题

1. 一份完整的问卷包括哪些部分？
2. 问卷设计的程序是什么？
3. 问卷设计应注意哪些问题？

二、判断改错题

下面是在一些问卷中挑出的不恰当问句，请你指出其错误之处，并改正。

1. 您是经常还是偶尔坐飞机？
2. 您用什么剃须刀？
3. 请问去年以来，你喝过多少瓶啤酒？
4. 请问您有过考试作弊的经历吗？
5. 您认为黄酒的分销是否充分？
6. 您认为《销售与市场》杂志是最好的营销杂志吗？
7. 为了减少环境污染，所有的洗衣粉都应该是无磷的，您是否同意？
8. 您对我们的服务满意吗？（请在下列选项前划对钩）
   □非常满意　　□满意　　□不好说

三、辨析题

1. 有人说问卷设计的关键在于问句及答案是否恰当，至于问题的排列可以随意，放在前面还是放在后面都无所谓。你同意这种观点吗？为什么？你认为怎样排列比较合理？

2. 对一项调查进行预调查后，发现大部分被调查者对问卷中的某些封闭式问题最终选择了"其他"这一选项，这意味着什么？如何修正它？

☆实训题

1. 按照第三章的调查项目，每个调查小组设计一份配套的调查问卷。要求不少于15个问题，形式多样，题型不能太单一。
2. 为评价学生餐厅满意度的调查问卷设计一个李克特量表。
3. 为评价你所在大学的形象设计一个语意差别量表。

☆案例分析

2013届大学毕业生就业状况调查问卷

就业竞争越来越激烈，大学生就业问题已经引起了社会的普遍关注，在校大学生对此更为关心。为了了解大学生就业状况及其在就业中面临的问题，西安某院校市场营销辅修班的学生利用业余时间进行了一次应届毕业生就业状况调查,下面是他们设计的调查问卷。

亲爱的学长/学姐:

您好!我们是在校大学生,为了解各专业大学本科毕业生的就业状况,以分析社会对各专业毕业生的需求趋向,给以后各届毕业生提供就业参考指导,我们利用业余时间组织了这次调查。这里要说明的是,本次调查纯属学术研究活动,无任何商业企图,我们既不代表学院,也不代表某个企业单位,调查资料仅供我们自己研究所用,不会转交透漏给任何组织机构,故您不用担心由此可能引起的任何麻烦。希望您能在百忙中抽出一点时间,回答下述问题,请在答案前划对钩。

1. 您理想的就业地区是
   □发达城市　　　　　　□沿海开放城市
   □西部地区　　　　　　□其他(请注明)_____
2. 您理想的薪水标准是(月薪)
   □3 000 元以下　　　　□3 000～4 000 元
   □4 000～5 000 元　　 □5 000 元以上
3. 您理想的就业单位的性质是
   □国企　　　　　　　　□外企
   □合资企业　　　　　　□私企
4. 您是否找到了工作?
   □是　　　　　　　　　□否
   (如果您已经找到了工作,请回答 5~18 题)
5. 您什么时候应聘得到第一份工作?
   □毕业前半年　　□毕业前三个月　　□毕业离校前夕
6. 您的就业地区是
   □原籍　　　　　　　　□西部
   □沿海城市　　　　　　□其他(请注明)_____
7. 您的就业单位是
   □国企　　　　　　　　□外资
   □合资企业　　　　　　□私企
8. 就业单位给您的月薪是
   □3 000 元以下　　　　□3 000～3 500 元
   □3 500～4 000 元　　 □4 000～4 500 元
   □4 000～4 500 元　　 □5 000 元以上
9. 您所找的工作与所学专业的关联程度是
   □专业对口　　□有一定关联　　□几乎没有联系
10. 您签了几年合同?
    □1 年　　□2 年　　□3 年　　□4 年以上
11. 您对目前这份工作满意吗?

□非常满意　　　　　　　　　□基本满意
□不满意，随时准备跳槽　　　□不满意，但暂时不考虑跳槽

12. 在选择就业单位时，下述因素对您的影响程度有多大（请在您认为合适的空格上打对钩）？

	重要	无所谓	不重要
离家近	___	___	___
属于高新技术企业	___	___	___
有利于个人发展	___	___	___
待遇好	___	___	___
地理位置好	___	___	___
企业效益好	___	___	___

13. 您有没有参加面试？
□有　　　　　　　　　　　　□没有

14. 您认为面试在求职过程中的重要程度是
□非常重要　　　　　　　　　□重要
□一般　　　　　　　　　　　□不重要

15. 您认为以下因素对面试是否成功的影响程度是（请在您认为合适的空格上打对钩）？

	重要	一般	不重要
专业知识	___	___	___
人生观	___	___	___
外语水平	___	___	___
语言表达能力	___	___	___
相貌	___	___	___

16. 您认为以下证书对能否应聘成功的影响程度是（请在您认为合适的空格上打对钩）？

	很重要	重要	一般	不重要	很不重要
外语四级证书	___	___	___	___	___
学位证书	___	___	___	___	___
辅修专业证书	___	___	___	___	___
计算机等级证书	___	___	___	___	___
各类获奖证书	___	___	___	___	___

17. 根据您找工作的亲身经历，就以下几方面对重点院校和一般院校毕业生应聘时的优劣势进行比较：

应聘机会　　□名牌重点院校远大于一般院校
　　　　　　□机会均等，重在个人临场表现

应聘岗位　　□名牌院校明显优于一般院校
　　　　　　□机会均等，重在个人临场表现

工资待遇　　　　　□名牌院校明显高于一般院校
　　　　　　　　　□机会均等，重在个人临场表现

18. 您认为企业在招聘人员时最重视应聘者下面哪些条件（请在您认为合适的空格上打对钩）？

	最重视	一般重视	不重视
名牌院校与一般院校	＿＿＿	＿＿＿	＿＿＿
个人事业心	＿＿＿	＿＿＿	＿＿＿
个人身体状况	＿＿＿	＿＿＿	＿＿＿
敬业与开拓精神	＿＿＿	＿＿＿	＿＿＿
个人能力表现	＿＿＿	＿＿＿	＿＿＿
性别与相貌	＿＿＿	＿＿＿	＿＿＿

（如果目前您还没有找到工作，请回答19~21题）

19. 您认为没有找到工作的原因是？
　□不打算毕业后立刻工作　　□准备考研
　□对口专业少　　　　　　　□个人能力有限
　□缺乏必要的社会关系　　　□其他原因（请注明）＿＿＿

20. 您还打算继续找工作吗？
　□继续找　　　□等机会　　　□没必要

21. 您对将来就业持什么态度？
　□乐观　　　　□无所谓　　　□忧虑

22. 个人资料：
性别：　□男　　　□女
籍贯＿＿＿＿＿＿＿＿＿＿＿＿＿＿＿＿＿
专业＿＿＿＿＿＿＿＿＿＿＿＿＿＿＿＿＿

问题：
1. 这份问卷中封闭式问题的答案设计都用到了哪些题型？
2. 你如何评价这份问卷？这份问卷还有需要补充的问题吗？

第七章

访谈法

【学习目标】

通过本章的学习，了解原始资料的一般收集方法；熟知各种访谈法的特点、种类和主要内容，掌握访谈法中各种具体方法的运用。

原始资料的收集是市场调查中一项复杂、辛苦的工作，但又是必不可少的一项工作，其质量高低将直接影响到调查结果。根据调查的具体方式可将原始资料的收集方法大致分为访谈法、观察法和实验法三大类（图7-1）。

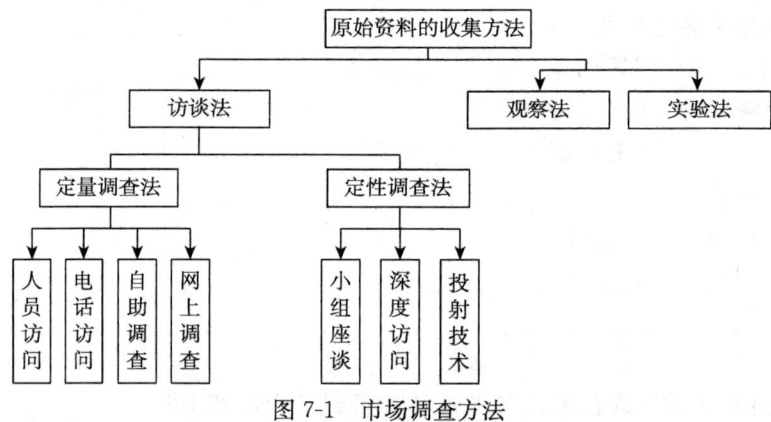

图7-1　市场调查方法

按照所收集资料的特征，可将访谈法分为定量调查法和定性调查法。定量调查法包括人员访问、电话访问、自助调查和网上调查等；定性调查法包括小组座谈、深度访问和投射技术等。观察法和实验法将在第八章专门介绍。

第一节　定量调查法

定量调查法又称问卷调查法，是一种利用结构式问卷，抽取一定数量的样本，依据标准化的程序来收集数据和信息的调查方式，是市场调查中应用最为广泛的方法。根据调查人员与被调查者接触方式的不同，又可将定量调查法分为人员访问、电话访问、自助调查和网上调查等。

一、人员访问

人员访问又称面访，它是指通过访问人员和被访者之间面对面的交谈从而获得所需资料的调查方法。人员访问首先要对访问员进行培训，给每个访问员指派任务，对访问地点、访问人数、访问对象、访问技巧等都要进行具体说明，以及给他们分发问卷、文具和礼品等。人员访问有入户访问和街头拦截访问等形式。

(一)入户访问

入户访问是指由访问员对被抽到的样本逐一进行访问，访问在被访者家中进行。访问员按照抽样地址表找到受访户后，严格按照问卷的题目顺序向被访者询问并做记录。被访者的作答范围是有限制的，只能从问卷提供的答案中做出选择。入户访问的流程如图7-2所示。

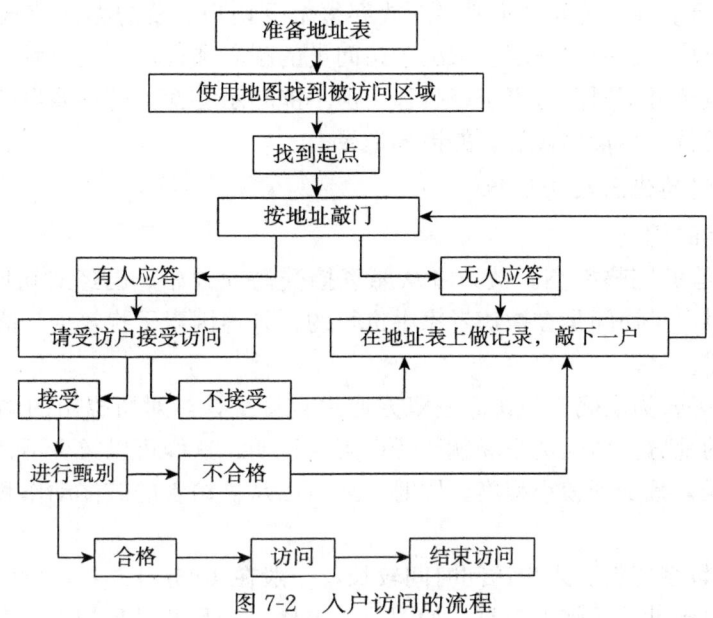

图7-2 入户访问的流程

1. 入户访问的流程

入户访问从寻找受访户开始。在寻找受访户时，常会发生找不到受访户的现象，其原因一是地址不详；二是受访户无人；三是访问时间不合适。如果是地址不详，访问员要跟抽样人员进一步核实；如果是家中无人，可按要求寻找下一户；如果是访问时间不合适，访问员要另找时间访问。

找到受访户之后，访问员就要想方设法登门访问。登门既有客观的障碍（如防盗门），也有主观的障碍（受访者不愿接受访问）。访问员一定要耐心地介绍说明，个别受访户经反复沟通无果，可放弃。

进门后，访问员要根据抽样要求抽取家中的受访者。当抽中的人同意接受访问时，访问员就依照问卷的题目顺序或培训时的要求进行询问并做记录。有时被抽到的受访者会要求由家中的其他成员代替接受访问，访问员应该坚持原则，委婉拒绝并解释。如果被抽中的受访者没有在家，访问员应另约时间登门访问，不能以家庭其他成员替代。

受访者回答完所有问题，访问员要当场检查答案，看有无遗漏问题，发现问题及时解决。访问结束后，访问员要向受访者以及受访户中的其他人致谢，并赠送礼品或礼金。

2. 入户访问的注意事项

(1)准备材料。在访问之前，访问员应注意带好各种材料，包括胸卡、介绍信以及能证明身份的证件、入户访问地图及详细地址表、充足的问卷、记录工具、给受访者的礼品或礼金等。

(2)取得居委配合。入户访问是以住房所在市、镇、街道和住宅门牌号组成的体系为抽样框，通过抽样确定调查对象的。在当前情况下，采取入户访问宜先取得当地居委的支持、配合，方可保证成功入户的可能性。

(3)访问注意事项。访问员不要轻易放弃每个受访户，要想办法使被访者让自己进门，访问能否成功，在一定程度上取决于访问员的耐心和技巧。入户后，访问员应严格按要求提问，被访者不明白时可予以解释，但不能暗示答案，更不能自己作答。对于开放式问题，访问员应尽量用被访者的措词记录。

3. 入户访问的优点及局限性

1)入户访问的优点

(1)问卷回答的完整率高。被访者从愿意接受访问开始，已经对访问员产生信任，愿意合作，同时由于访问是在被访者家中进行的，外界因素干扰较少，能够保证调查从容、顺利地完成。

(2)调查结果较为准确。在访问中双方通过直接交谈，对所提出的调查事项如有不明确或不理解的地方，访问员当场就能予以解释说明，这样可以减少不完整答案或遗漏答案，使答复误差减少到较小程度。同时，还可以从被访者的肢体动作和表情来判断答案的真实性。

(3)可获得较多资料。入户访问时间较长，一般在40分钟左右，所以能提问较多的问题。同时可以借助其他辅助工具，如图片、表格、产品的样品等进行询问，能获得较多的资料。

(4)易于回访复核。由于双方建立了信任关系，可以很方便地记录被访者家庭或单位的地址甚至联系方式，能实现事后的回访或复核，以检验访问的真实性。

2)入户访问的局限性

(1)拒访率高。近年来，由于社会治安等原因，家庭住户对陌生人有较强的戒备心理，防盗门成为横亘在访问员与被访者之间的一道屏障，能否登门成为一件难事，这也是很多市场调查公司不愿意做入户调查的原因。

(2)调查费用高。实地访问要求访问员对受访者一一进行访问，访员的劳务费、交通费及受访者的礼品费等，是不菲的支出，另外，调查也很耗时。

(3)对访问过程的控制较为困难。由于访问员是分散作业，难以对他们的工作进行监督检查，有的访问员在登门受挫、不能完成问卷的情况下，很可能会在问卷上弄虚作假。

(4)受访问员自身素质影响较大。若访问员本身形象较差、业务素质较低，则可能会导致访问受阻，回答不准确、不完整或记录不正确等，由此产生较大的访问偏差。

(二)拦截访问

拦截访问又称街头访问(简称街访)，是指访问员在特定场所(超市、写字楼、车站、停车场等)拦截过往行人，对符合条件者进行面访调查。这是一种十分流行的询问调查方法，约占个人访谈总数的三分之一。在街头抽取的样本具有较强的特殊性，因此其调查结果不能简单地用于推断城市总体消费者的意见。作为一种辅助性研究方法，拦截访问通常应用于对时尚性、随意性较强的产品或服务的简短调查上。由于目前入户访问受到客观条件的限制，难度越来越大，很多调查公司把拦截访问作为入户访问的替代方式。

1. 拦截访问的方式

拦截访问常用在商业性的消费者行为及态度研究中，如调查消费者购买方便食品的偏好、购买习惯、决策方式等，或者在某个商业街区中心拦截街区购物消费者，了解其来此街区购物所考虑的因素等。拦截访问主要有以下两种方式。

第一种方式是街头不定点拦截访问。该方式是指由经过培训的访问员在事先选定的若干个地点，如交通路口、户外广告牌前、商场或购物中心内外、展览会内外等，按照一定的程序和要求选取访问对象，征得其同意后，在现场按照问卷进行简短的面访调查。这种方式常用于需要快速完成的探索性研究。

第二种方式是定点拦截访问。定点拦截访问又称中心地调查或厅堂测试，该方式是指在事先选定的若干场所内，租借好访问专用的房间或厅堂(根据研究的要求，可能还要摆放若干供被访者观看或试用的物品)，然后按照一定的程序和要求在事先选定的若干场所的附近拦截访问对象，征得其同意后，带其到专用的房间或厅堂内进行面访调查。这种方式常用于需要进行实物展示的或特别要求有现场控制的探索性研究，有时还可用于进行实验的因果关系研究，如广告效果测试、某种新开发产品的试用实验等。下面是西安方元市场研究公司为某乳业集团做的液态奶口味测试调查的拦截访问流程(图 7-3)。

2. 拦截访问的样本选取

由访问员对出现在拦截地点的人进行抽样，通常采取任意抽样或判断抽样，有时也采取等距抽样。例如，每隔几分钟拦截一位，或每隔几个行人拦截一位，等等。拦截访问的时间通常安排在星期六、星期日或节假日，以保证时间的充裕及街头的人流量。选择的地点要求活动的人员相对较均衡，能覆盖来自各个地区及各个社会层次的人群。

3. 拦截被访者时的注意事项

(1)不要拦截一些有特殊障碍的人，如盲人、聋哑人、痴呆者、残疾者。

(2)不要拦截携带婴儿的被访者(除非有特殊需要)。

(3)不要拦截那些看起来很匆忙(赶时间)的人。

(4)不要在人们进入商店之前或者他们在商店前的橱窗前观看时进行甄别访问。

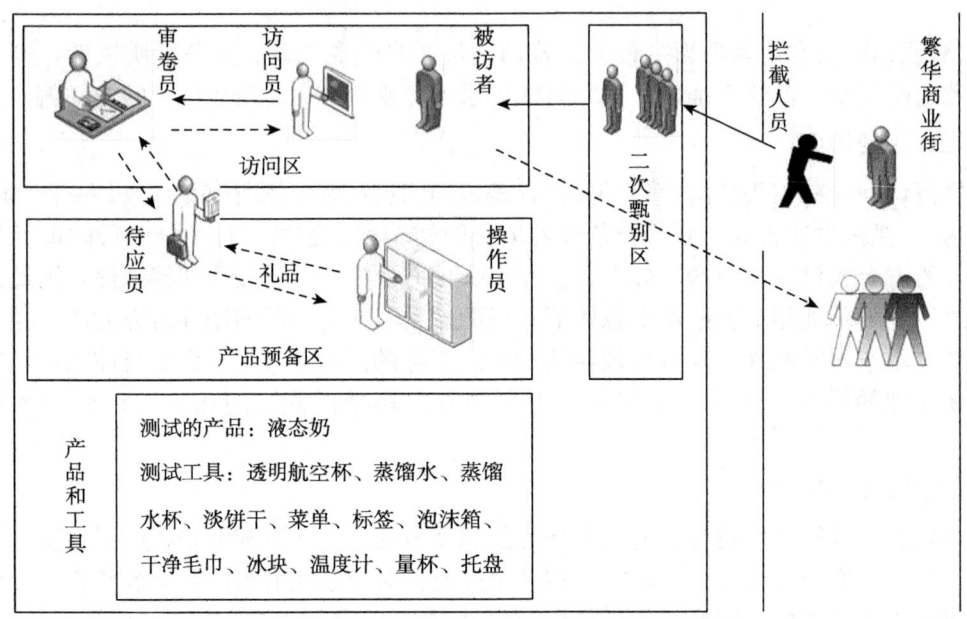

图 7-3　街头定点拦截访问的流程

(5)不要站在商店的通道或阻碍人群通过的购物中心。

4. 拦截访问的优点及局限性

1)拦截访问的优点

(1)效率高。访问在现场进行，免去寻找被访者的麻烦，省时省力，可以在短时间内访问多个调查对象。

(2)费用低。由于访问地点和时间都比较集中，对调查对象要求也不是很严格，可以节省每个样本的访问费用。

(3)便于对访问员进行监控。拦截访问过程中需要安排督导员现场监控，以保证调查的质量。由于这种访问的时间、地点通常比较集中，因此指派督导员在现场对访问员的工作加以监督是可行的。

2)拦截访问的局限性

(1)事后回访较难实现。由于访问是第一次与被访者在公共场合接触，被访者非常敏感，不愿将真实的个人信息留给访问员，因此很难进行事后回访复核。

(2)调查误差较大。调查对象在特定地点出现带有偶然性，访问员在拦截行人时经常会加入个人主观判断，影响样本的代表性和调查的精确度。另外拦截访问的题目较少，也不适合复杂和敏感问题的调查。

(3)访问过程容易被中止。行人在公共场所被访问员意外拦截，有些人因为忙于办事，怕耽误时间会拒绝访问，有些人当时接受访问但中途因被人围观等原因可能中止访问，这些因素都会影响到调查所收集的信息的质量。

二、电话访问

电话访问是调查者通过查找电话号码簿用电话向受访者进行访问，以收集市场调查资料的一种方法。电话访问在西方发达国家使用较多，在我国，企业直接用电话向消费者进行访问调查的现象还不很普遍。随着市场竞争的日益激烈及电话的日益普及，电话访问将在市场调查中发挥迅速收集资料的作用。电话访问分为传统电话访问和计算机辅助电话访问两种形式。

（一）传统电话访问

传统电话访问先选取受访者的样本，然后拨通电话，询问一系列问题。访问员用一份问卷和一张答案纸，在访问过程中用笔随时记下答案。访问员集中在某个场所或专门的电话访问间，在固定的时间内开始访问工作，现场有督导人员进行管理。访问员都是经过专门训练的，一般以兼职的大学生为主，或者有些公司由于电话访问项目较多而设有专职的电话访问员。

1. 传统电话访问的程序

传统电话访问的程序为：①根据调查目的划分为不同的区域；②确定各个区域必要的调查的样本单位数；③编制电话号码本（抽样框）；④确定各个区域被抽中的电话号码；⑤确定各个区域的电话访问员；⑥利用晚上或节假日与受访者通电话。

2. 传统电话访问的技巧

要成功地进行电话访问，必须先解决好以下几方面的问题。

第一，设计问卷。传统电话访问的问卷调查表不同于普通问卷调查表，由于受通话时间和记忆规律的约束，大多采用两项选择法对被调查者进行访问，而且问卷时间一般控制在 15~20 分钟。

第二，挑选和培训合适的访问员。电话访问要求访问员具有良好的语言表达能力，如口齿清楚、语气亲切、语调平和等，而对仪表等方面相对要求不高。一般要挑选深谙交际之道、口才较好、语音清晰悦耳的女性作为访问员。

第三，抽取调查样本。调查样本的抽取以及访问对象的确定等问题对电话访问来说也很重要。解决抽样框不完整问题的通常做法是，先随机抽取几本电话号码簿（按随机数字表随机抽取），再从每个电话号码簿中随机抽取一组电话号码，作为正式抽中的被调查者中无反应、经过一定努力后仍无反应时的替补。选择的访问对象要和调查项目的内容相符合。

第四，选择适宜的访问时间。电话访问要考虑调查对象的作息习惯。例如，访问年轻人有关消费者偏好问题时，最好选择在工作日的晚上；而对老年人购买习惯进行访问时，则可以选择白天。

（二）计算机辅助电话访问

自 1970 年计算机辅助电话访问在美国出现后，经过 40 多年的发展，许多国家半数以上的访问均通过计算机辅助电话访问完成，有些国家计算机辅助电话访问的访问量甚至高达 95%。计算机辅助电话访问在国外之所以如此流行，一方面得益于电话的高普及率，另一方面也是迫于城市入户访问成功率越来越低的现状。在中国，直到 1987 年，电话调查才开始在大陆和港台地区被一些专业的调查机构使用，主要用于民意测验和媒体接触率研究。2004 年以后，计算机辅助电话访问被许多市场调查机构及政府部门广泛应用于品牌知名度研究、产品渗透率研究、品牌市场占有率研究、产品广告到达率研究、广告投放后的效果跟踪研究、消费习惯研究、消费者生活形态研究、顾客满意度调查、服务质量跟踪调查、家庭用品测试、选举民意测验、健康问题调查,以及客户回访、电话营销等诸多领域。

计算机辅助电话访问是由电话、计算机、访问员三种资源组成一体的访问系统,其主要工作原理是利用计算机来导入已设计好的问卷,选取一定的受访者样本,进入计算机辅助电话访问系统后,电脑屏幕上会出现访问的主画面,包括问卷中各题的访问状况、访问题目及各种视窗。访问员坐在计算机前,面对屏幕上的问卷,向电话对面的被访者读出问题,并将被访者回答的结果通过鼠标或键盘记录到计算机中去;督导在另一台计算机前借助局域网和电话交换机的辅助对整个访问工作进行现场监控。通过该系统,调查者可以用更短的时间、更少的费用,获得更加优质的访问数据。也不再需要数据的编码和录入等过程,导出的数据能够被各种统计软件直接使用。由于回答可以直接输入计算机中,关于数据收集和结果的最新报告几乎可以立刻得到。

(三)电话访问的优点及局限性

计算机辅助电话访问,虽然能提高调查的效率,但由于计算机在普通消费者中还未普及,所以电话访问的形式还是以传统电话访问为主。

1. 电话访问的优点

(1)反馈速度快,调查费用低。由于电话访问不需要登门,访问员在单位时间里完成的访问量多。在跨地区的访问项目中,不需要有异地旅行,节省时间和费用。对于一些急于收集的资料而言,采用电话访问的速度最快。

(2)覆盖面广。电话访问可以对任何有电话的地区、单位和个人直接进行调查。

(3)可以访问不易接触到的人群。有些受访者不容易接触到,如工作繁忙,或者个人访问方式不易得到接纳,而比较适合短暂的电话访问的被调查者。

2. 电话访问的局限性

(1)拒答率高。由于电话访问采用不见面方式,进行电话访问时,对受访者当时的心态、手头正在从事的工作等情况均无法做出判断,因此拒答率高。

(2)不能深入了解问题。由于调查的项目过于简单明确,而且受通话时间的限制,问题不便深入,因此调查内容的深度远不及其他调查方法,一般只适合进行一些意向性调查或者了解一些市场行情。

(3)不能使用视觉辅助手段。有的调查项目需要得到受访者对一些图片、广告或设计等的反应,电话访问无法达到直观的效果。

(4)无法判断信息的真实性。由于电话访问不能见到受访者,无法观察他们的表情和反应,只能凭听觉得到资料,因此对受访者回答问题的真实性很难做出准确的判断。

尽管电话访问存在着诸多缺陷,但对那些调查项目单一、问题相对简单明确并须及时得到调查结果的调查项目而言,仍不失为一种理想的访问方式。例如,信息中心、调查咨询公司等借助电话向企业了解商品供求状况及价格信息;股民通过电话了解股票行情;电视台通过电话调查收视情况;等等。目前在国内,电话访问主要应用于热点问题或突发性问题的快速调查、某个特定问题的消费者调查、企业调查、特殊群体调查等。

(四)基于移动终端的面访调查

基于移动终端的面访调查是综合运用现代通信技术设计的一套计算机辅助调查数据采集、管理与分析系统,既可用于移动终端面访调查也可用于网络在线调查,可实现数据、图像、声音、位置信息的实时获取。

基于移动终端的面访调查由服务器端和移动终端应用(application,APP)(网络调查时采用web方式)两个部分组成,通过有线或无线通信网络传输数据。服务器端软件由数据库软件和调查系统软件两大部分组成。其中,调查系统软件具有调查项目管理、样本管理、问卷设计与发布、调查信息记录与统计、访问员权限管理、调查进程实时监测等功能模块,具有访问前的样本、问卷设计,访问中的数据、图像、声音实时监控、调查数据传输时自动逻辑审核,访问完成后的问卷审核、基本信息统计、访问报表输出等功能。移动终端应用采用两种方式获取数据,一种是在基于安卓系统的移动终端安装移动面访APP应用,打开应用软件,经过简单设置即可进行调查员注册,注册成功后经服务器端管理员授权即可将经过授权的调查问卷下载到移动终端实施面访调查,在线填写问卷,调查获取的数据可实时上传到服务器;另一种是浏览器方式,访问员(或被调查者)打开指定的网址,经简单注册并授权后即可打开问卷填写,填写完成的问卷也将实时上转到服务器端。需要强调的是,在使用移动终端进行调查时,管理员可以要求并控制客户端打开GPS定位功能,从而在后台采集到调查时访问员的经纬度位置及移动信息,即使没有打开GPS或室内无法接收GPS信号,只要调查时有移动通信信号,系统也可以通过移动基站进行大致定位。这一功能保证了访问员在指定的地点进行调查,从而大大提高了调查的真实性和可靠性。基于移动终端的面访调查的构成如图7-4所示。

基于移动终端的面访调查具有以下明显的优点。

第一,由于基于移动终端的面访不再使用纸质问卷,从而大大节约了社会资源,降低了调查成本,既省钱又环保。

第二,由于调查数据实时上传到服务器,取消了独立手工录入问卷数据环节,在缩短项目执行时间的同时,也避免了独立手工录入问卷数据而产生的错误,提高了调查数据的正确性。

第三,实现了调查数据的实时汇总和调查结果的实时分析,从而提高了调查效率。

第四,实现了声音、图像等多种方式的远程实时监控,保证了调查数据的真实性。

第五,实现了精确的调查点空间定位,为空间数据分析提供了调查数据支持。

由于以上特点,基于移动终端的面访调查广泛应用于政府、物流、高校、电力、电信、移动、网通、银行等,第六次全国人口普查普查员登门调查采用的就是该系统。

三、自助调查

自助调查是一种自我管理调查的形式,是调查者将调查问卷邮寄(或面送)给被调查者,由被调查者自己阅读和填答,然后再由调查者收回的方法,包括邮寄调查、留置调查、固定样本调查等。

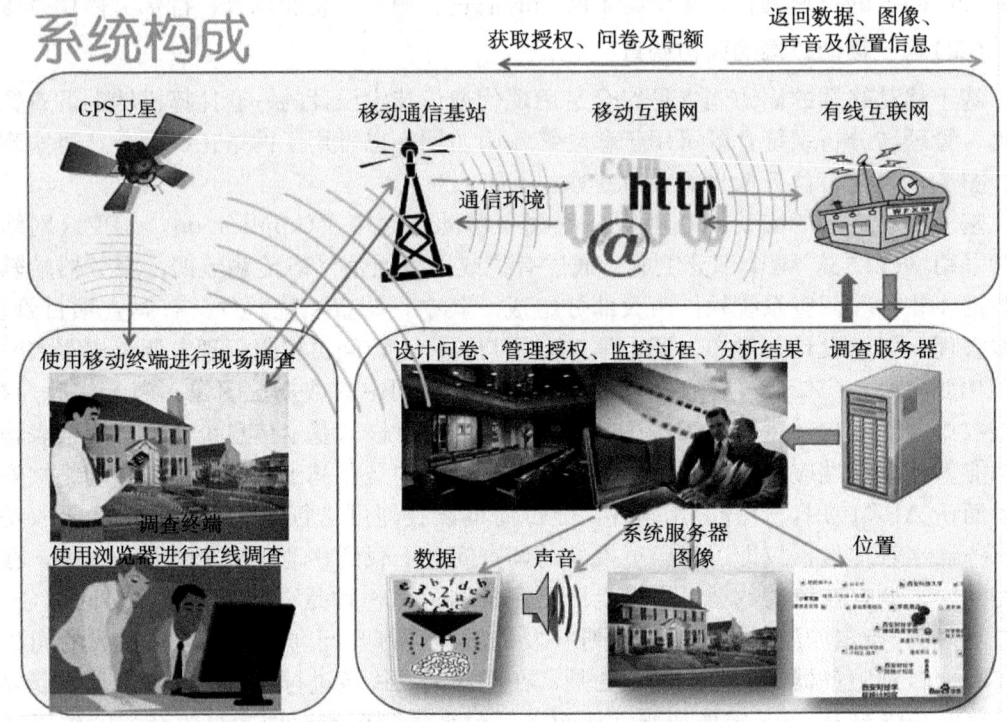

图 7-4　基于移动终端的面访调查系统构成

(一)邮寄调查

邮寄调查是指调查人员将设计好的调查问卷或调查表格通过邮政系统向被调查者寄发，让他们按照要求和规定时间填写问卷并且寄回给调查者。如果在很大的地域范围内开展调查，派员访问所耗成本又很大，则邮寄问卷不失为一种替代方法。

一个典型的邮寄调查由如下几部分组成，即邮出信封、封面信、问卷、回邮信封以及可能附上的小礼品或其他谢礼。一般情况下，为了提高邮寄问卷的回收率，在开始收集数据之前，要对被调查者进行广泛的确认，因此最初的工作是要获取一份有效的抽样框，即邮寄名单。由于这种抽样框资料很难获得，邮寄访问目前在我国应用还不大普遍，除了书籍、杂志、报社等出版单位较多采用此种方法了解读者需求外，一般这种方式较少运用在商业市场调查研究中。但在企业已掌握其客户名单及地址的情况下，对客户满意度的研究及读者调查则较多地使用这种方式。

1. 邮寄调查的优点及局限性

1)邮寄调查的优点

(1)调查区域较广。只要通邮的地方，都可以进行邮寄调查。同时，对于从事市场调查行业的公司来讲，由于比较容易接近目标受访者中的特定群体，邮寄调查是很方便而有效的。

(2)调查成本低。调查实施过程不需要进行访问员的招聘、培训、监控及支付报酬，只须花费少量邮资和印刷费用，整个调查过程无需更多的人力投入，它是所有调查方式中成本最低的。

(3) 被调查者自由度大。被调查者可根据自己的时间安排完成访问,如果需要,还可以查阅有关资料,以便准确回答问题。

(4) 调查信息含量大。被调查者有较充分的时间填写问卷,设计问卷时可提问较多的内容,能获得较多的信息。

(5) 调查方式容易被接受。由于邮寄调查能以匿名方式回答问题,适合对某些敏感问题或隐私情况进行调查,易于被调查对象接受。

2) 邮寄调查的局限性

(1) 问卷回收率低。被调查者收到调查邮包后,可能并不在意问卷中调查人员对他配合的致谢,也不在乎调查后可能得到的礼品,或者收到礼品后没有热情完成调查问卷,还有些人由于距离邮局较远,不方便将完成的问卷填好邮出等原因,从而放弃调查。

(2) 信息反馈时间长。从问卷寄出到被调查者填答完成,再寄回调查机构,耗费的时间长,被调查者的问卷回收期具有不确定性,不能及时得到信息。

(3) 可能出现自我偏差。由于缺乏调查员的指导、监督和检查,有些被调查者对于问卷中的个别问题可能会因为不解题目原意而导致回答偏差。还有的被调查者有意无意漏掉一些问题,使问卷缺乏完整性。

(4) 无法避免替代作答的情况发生。有的被调查者在收到问卷后,随便让家里不符合条件的人填写,影响样本的代表性。

(5) 对被调查者的要求较高。被调查者要有一定的文字理解能力和表达能力,所以这种调查方法对文化程度较低者不适用。

邮寄调查有许多其自身无法避免的缺点,其中最大的缺点是问卷回收率低。实践证明,在我国邮寄调查的回收率低于 15%。除此之外,另一大缺陷是问卷回收期长,时效性差。由于各种主客观原因,问卷滞留在被调查者手中的时间往往较长,当很多问卷回收以后,往往已经失去其分析研究的价值。

2. 提高邮寄问卷回收率的方法

既然问卷回收率低是困扰邮寄调查的一道难题,那么努力提高邮寄问卷回收率将是市场调查不可回避的问题。要提高邮寄问卷的回收率,不妨试试以下几种方法。

(1) 跟踪提醒。试着做些事后性的工作,如发跟踪信、打跟踪电话、寄明信片等,也许会收到一些意想不到的效果。研究表明,跟踪提醒一般可将问卷回收率提高大约 20 百分点。

(2) 附加一些实惠的东西。例如,给予一定的中奖机会,赠送一些购物优惠券,享受会员待遇,等等。有时候附加一点实惠的东西也许比打 n 个跟踪电话更有效。当然,使用物质刺激也可能导致一些趋利性动机的产生,如被调查者填写问卷仅仅是为了那一张可享受八折优惠的购物卡,这样的结果当然是大大降低了问卷的完成质量,因此在给予实惠的同时要把握好度。

(3) 预先通知。预先通知也许并不会花费太多的时间和精力,却能在一定程度上满足被调查者的情感诉求,激发其合作热情,提高问卷作答质量和问卷回收率。

(4)请权威机构主办。市场调查由受人尊重的权威机构主办将大大提高问卷的回收率。在美国,通常由大学主办的调查会得到最高的回收率,其次是政府机构。在我国,情况有点不同,由政府机构主办和支持的市场调查受到"礼遇"的可能性和收集资料的容易程度大大高于其他机构。

此外,附上回邮信封和邮票等小小的细节问题也被认为是提高回收率的有效方法。设计问卷时,提出的问题要便于回答、便于汇总;问题要少、篇幅要短,以免占用答卷者过多时间而使其失去兴趣;要求回答的问题,最好采用画图、打钩等选择形式,避免书写过多。

(二)留置调查

留置调查也称面送调查,是指调查员与事先确定好的被调查者取得联系,向他们介绍调查的目的,获得预约被调查者的合作,再将问卷送到其单位或家中,留给他们在闲暇时间自行完成,调查员会在某一个时间去取回调查问卷。

留置调查是介于面访和邮寄调查之间的一种调查方法,可以消除面访和邮寄调查的一些不足。留置调查又分为产品留置调查和问卷留置调查。产品留置调查是指调查员先将测试产品及问卷留置给被调查者,由被调查者试用产品后填写问卷,调查员在一段时期后取回填好的问卷。在有的研究项目中,问卷不完全由被调查者填写,部分问题由调查员提问被调查者。问卷留置调查不需要进行产品测试,只将问卷留给被调查者由其完成。

通常情况下,调查员会在随后几天内取回完成的问卷。以这样的方式,一位调查员可通过开始时的送达和后来的回收,在一天里跨越数个居民区或商业区进行调查。留置调查特别适合在交通比较便利的市区内进行的调查。有资料表明,留置调查收集资料迅速,反馈率高,并能较好地对被调查者的选择加以控制,另外留置调查也比较经济。

留置调查有很多不同的方式,包括将问卷送到被调查者的工作地点,要求他们在家完成,然后返回问卷;一些旅游业连锁店会将调查问卷留置于客人的房间里,请他们填完后交至结账柜台;一些商店有时会对消费者的人文特征、媒体习惯、购买意向等做简短的调查,顾客可以在家里完成后在下一次购物时带来,作为一种鼓励,有时会赠送一件小礼物给被调查者。

1. 留置调查的优点

(1)问卷回收率高。由于当面送交问卷,可以向被调查者说明填写的要求和方法,解答被调查者的疑问,因此能减少自我偏差,而且能控制回收时间,提高问卷回答的完整率和回收率。

(2)被调查者自由度较大。在听清楚访问员给他讲解如何填写问卷等事宜后,被调查者可自行安排时间填写问卷,配合程度较高。

(3)费用相对较低。填写过程不需要访问员和督导,在一定程度上降低了资料收集的成本。

2. 留置调查的局限性

(1)无法进行过程的控制。由于整个问卷都是由被调查者自行完成的,因此只能凭被调查者填写的问卷来评定资料是否有效,至于被调查者是不是按照事先的规定程序使用产品,是不是按照规定完成问卷等,则没有更好的办法去控制。

(2)会有较高的偏差。由于没有调查员的现场指导,被调查者很容易误解题目,或不正当操作测试产品而导致测试结果失真。

(3)实施时间较长。由于被调查者的信息不能立即反馈,一般需要一周左右的时间才可以取回问卷。

(4)调查区域范围有一定限制。一般只局限于被调查者比较集中的区域,边远的郊区及其他远离市区的地方采用这种方法的成本偏高。

(三)固定样本调查

除邮寄调查与留置调查外,还有一种自助调查方式,即固定样本调查。这是一种在随机抽样的基础上,对固定的调查对象在一定期间内施以反复数次的调查。对抽取的样本家庭户,征得其家庭或个人同意后,由调查机构向该固定样本家庭中的成员定期面送或邮寄调查表。如果采用面送形式,可把印有各种调查项目的日记簿交给样本户的家庭主妇,请她把每日购买的日用消费品逐项据实记录,其项目包括商品的种类、品牌、包装规格、价格、数量、购买场所、购买时间等。样本成员将调查表按要求填好后,调查员每周访问样本户一次,送交新日记簿以及回收上周的日记簿,并当场检查日记簿的记录是否正确,如发现错误则请该主妇即时改正。如果采用邮寄方式,家庭主妇填好调查表后应及时寄回调查机构。为确保数据的可信度,市场调查公司的访问督导将对回收的日记簿再次进行检查,并且每周抽取10%的样本户,再次到样本户家庭中复核其记录。将经过检查和复核的日记簿资料输入电脑,进行统计分析。

近年来,我国的政治、经济、社会、科技和人口状况的快速变化,对传统入户访问的影响尤其巨大。由于人们观念和认识的变化,社会无偿协作的精神已越来越淡薄;工作和生活的节奏加快,人们可支配的空闲时间大大减少,不愿受到他人打扰;一些新的住宅楼都有许多安全防护措施,住户对陌生人有戒备心理。以上种种原因造成较高的拒访率,使样本的代表性较差。随着企业对访问质量等问题的质疑和投诉,调查者对研究消费者需求的速度要快、费用要压缩、调查的覆盖面要广,并给予客户企业更多的策略建议。在这种情况下,固定样本调查越来越受到重视。

固定样本调查在把握整个市场的变化、了解各种品牌的市场占有率、品牌转移状况、产品需求的季节性变化等方面有着极为重要的意义。虽然固定样本调查具有如此强大的作用,可惜因为时效与费用等因素,在国内只是统计机构用于城市居民家庭生活结构等调查,并未被市场调查公司普遍使用。

四、网上调查

网上调查又称网络调查,是指利用互联网搜集和掌握市场信息的一种调查方法。网络具有传送电子邮件、信息查询、运程登录、文件传输、新闻发布、电子公告、网上聊天、网上寻呼、网上会议、IP电话等多种功能。与传统调查方法相比,网上调查在组织实施、信息采集、信息处理、调查效果等方面具有明显的优势,能够为客户提供领域更广、周期更短、成本更低、精度更高、效能更佳、应用更灵活的市场调查服务。20

世纪 90 年代中期以来，我国互联网的发展十分迅速。截止到 2013 年，中国互联网网民已达到 2 亿多人，年均增长 8%，网民普及率为 15%。互联网的迅速发展客观上为网上调查提供了必要的基础。

(一)网上调查的方法

网上调查的应用领域十分广泛，主要集中在产品消费、广告效果测试、生活形态、社情民意、市场供求、企业生产经营等方面的调查研究。尽管也不可避免地存在一些问题，但网上调查因其自身强大的功能，还是备受调查者欢迎。网上调查有多种方法，主要包括电子邮件调查法、网页调查法、在线访谈法、搜索引擎法等。

1. 电子邮件调查法

电子邮件调查法是指通过电子邮件方式获取信息的资料收集方法。该方法先将调查问卷及调查说明制作成电子邮件发送给目标受访者，要求他们在收到邮件之后抽空填答并以电子邮件的方式发回。电子邮件调查与邮寄问卷调查基本相似，不同的是电子邮件调查比邮寄问卷调查的速度更快、费用更省，受访者填答问题和寄回问卷更加方便，但电子邮件也可能在目标受访者接受之前就被当做病毒邮件给删除掉。

2. 网页调查法

网页调查法是指在网站上制作好电子问卷，然后邀请被随机抽到的目标受访者到特定的网站填答问卷。网页调查与电子邮件调查的区别主要在于：前者是在线回答，研究者可以根据受访者的回答进一步提问，并通过逻辑查错及时了解受访者是否认真完成问卷作答；后者的受访者在离线的情况下还可以自由选择合适的时间作答，但作答过程、是否出错不能得到及时反馈。

3. 在线访谈法

在线访谈法是指调查人员利用网上聊天室或 BBS 与不相识的网友交谈、讨论问题，向其寻求帮助、获取有关信息。在线小组讨论由调查者充当实际上的主持人，小组成员在网上平等讨论、自由沟通，既可进行网上个别访问，也可组织在线座谈会。在线访谈法与传统的访问法相似，不同之处在于调查者与被调查者无须见面，这可以消除被调查者的顾虑，自由地发表个人的意见，较之面对面的小组座谈，更便于做深度交流，同时也能进行一些敏感性、隐私性话题的探讨。

4. 搜索引擎法

搜索引擎法即利用网络的搜索服务功能，键入关键词就可以通过搜索得到大量的现成资料，也可直接进入政府部门或行业管理网站，搜集有关的统计数据和相关资料。此外，搜索引擎还能够为市场调查策划提供许多相关的信息支持和帮助。

5. 站点法

站点法是指将调查问卷的 HTML 文件附加在一个或几个网络站点的 web 上，由浏览这些站点的网上用户在此 web 上回答调查问题，即将问卷置于网络中供受访者自行填答后传回。站点法属于被动调查法，是目前网上调查的基本方法，既可在企业自己的网站进行，也可在其他公开网站进行。

6. 随机 IP 法

随机 IP 法是以产生一批随机 IP 地址作为抽样样本进行调查的方法。随机 IP 法属于主动调查法，其理论基础是随机抽样。利用该方法可以进行简单纯随机抽样调查，也可依据一定的标准组织分层抽样、系统抽样或分段抽样。

(二) 网上调查的程序

网上调查必须以企业网站和公共网站为技术平台，调查程序因调查主题的难易程度不同而有所差异。以产品消费、广告效果测试等网上调查为例，其一般程序如下。

1. 建立抽样框

网上调查的关键是样本的真实性和代表性问题。如今上网的人经常使用假身份，如果不能确切地了解目标调查者的基本情况，那么调查结果的可靠性就值得怀疑，因此在抽取调查对象之前建立抽样框是有必要的。许多门户网站都有大量注册用户，这些用户的资料就是网上调查的抽样框。

2. 抽取调查对象

网上调查对象一般有产品消费者、企业的竞争者与合作者、行业管理者和政府机构人员。应根据决策的信息需求，确定向谁做网上调查。此外，对产品消费者进行网上调查时，还应明确必要的样本量，以便网上调查能控制受访者的数量。抽样框建立起来之后，研究者可以根据抽样框中总体的大小及已知的情况来决定采用简单纯随机抽样还是分层抽样。在没有抽样框的条件下，也可以在人流量较大的网站，采用随机自动弹出的方式，对每隔一定数量的网上登录者，在其电脑屏幕上弹出邀请信，邀请他们到特定网址接受调查。

对于网上调查如何保证样本的质量，这方面"态度 8 调查网"的做法是：事先通过不同方式招募与筛选自愿参与市场调查的受访对象，并由此组成在线俱乐部，待执行调查项目时，根据受访者条件对这些受访对象进行抽样，抽选到合格的受访者，以短信、电话、邮件等方式邀请他们参与在线调查，即在线可访问样本组调查。为保证可靠的样本来源，在线样本库拥有完善的质量控制体系，从样本和数据两个方面进行监控。以身份证号码、邮箱及 IP/COOKIE、手机号码的校验为主要手段，结合对注册信息的逻辑验证及二次校验形成完备的在线样本库身份及资料校验机制，贯穿于会员的招募、日常维护及应用环节，确保样本库会员的质量。

3. 选择网上调查的方法

根据调查的目的要求和调查对象的特点，决定网上调查的具体方法及其组合运用，如对产品消费调查可采用站点法、电子邮件法、在线访谈法等搜集资料，对竞争者、行业管理者等可采用搜索引擎法收集有关的现成资料。

4. 进行问卷设计

问卷或调查表是网上调查的重要载体，网页问卷设计对调查的质量有着十分重要的影响。为此，应围绕问卷内容、措词、篇幅、页面显示方式、填答方式、视觉要素等方面认真做好设计，特别应考虑被调查者参与调查的兴趣、满意度和回答问题的难易程度，以提高应答率。

5. 上网调查

问卷设计好之后，则可上网发布或以电子邮件方式将问卷传至受访者，或将问卷置于网站中供受访者自行填答传回。对于通过抽样框选定的调查对象，研究者可以通过电子邮件邀请他们在某段时间之内到特定的网站接受调查。如果是用电子邮件调查法，可直接向调查对象邮寄问卷，让他们选择合适的时间填答并发回。

6. 数据处理

数据处理包括问卷的复核检验、被调查者身份验证、数据的分类与汇总、统计图表的生成等，一般由计算机根据设定的软件程序和控制条件自动完成。因此，数据处理应利用有关的统计软件，同时还应注意只有当样本量达到预先设定的要求后，才可结束调查，再进行数据处理。

7. 提出结论报告

对网上调查获得的数据和相关资料进行对比分析，通过深度开发研究，得出调查结论和有重要价值的启示，也可展开对策研究，最终成果一般用调查报告来反映。

(三) 网上调查的优点及局限性

1. 网上调查的优点

(1) 辐射范围广。只要调查者将制作的问卷投放到网络，它将在几秒钟之内辐射全球互联网；网上调查不受空间限制，可以实施大范围的大样本调查。

(2) 收集资料速度快。网上调查的问卷发送、信息采集、统计处理都可以由计算机自动完成，调查的周期短，还能够通过网络迅速地获取信息、传递信息和自动处理信息，因而可以大大缩短调查周期，提高调查的时效性。此外，网上调查还能进行24小时的全天候调查，不间断地接受调查填表，直到满足样本量的要求为止。

(3) 匿名性好。与邮寄调查相比，网上调查的优势更为突出。对于一些人们不愿在公开场合讨论的敏感性、隐私性问题，在网上展开讨论能使各方畅所欲言。

(4) 费用低廉。网上调查节省了大量的印刷、邮寄、录入费用；在信息采集过程中，不需要派出调查人员，不受天气和距离的影响，能节省调查人员的开支；信息采集和录入工作可以通过分布在网上的众多用户的终端完成，信息检验和信息处理也由计算机自动完成。因此网上调查成本低，具有经济性。

(5) 能提供独特的视觉及音响效果。网上调查能够设计出多媒体问卷，互联网的图文及超文本特征可以用来展示产品或介绍服务内容，有的还可以将声音及播放功能插入问卷中，这是其他访问方式所无法比拟的。

2. 网上调查的局限性

(1) 样本的选择有一定的局限性。很多消费者不经常上网，即使上网，主动浏览调查问卷的人也很少，这就使样本的代表性受到一定的限制。

(2) 要求访问员有较强的计算机操作能力。无论在计算机辅助电话访问还是在计算机辅助面对面访问中，访问员都须借助计算机完成访问任务，这就要求访问员不仅要有一般传统访问的经验,还要具备操作计算机的经验。

(3)信息失真。网上调查对受访者无限制,任何人都可以随便回答,甚至多次重复填写,故有时会产生大量的无效问卷,影响调查结果的真实性和可靠性。

以上讨论了七种调查方式,每种方式都有各自的优点及局限性,很难绝对地说哪种方式明显优于其他方式。在具体选择调查方法时,必须根据具体的调查内容和项目要求以及操作可行性来定。下面是四种访问方法在不同评价标准下,各自的优点及局限性比较(表7-1)。

表 7-1 各种调查方式的比较

评价标准	人员访问	电话访问	邮寄调查	网上调查
处理复杂问题的能力	很好	差	好	一般
收集大量信息的能力	很好	好	一般	很好
敏感问题答案的标准性	一般	一般	很好	很好
对调查者反应的控制	差	一般	很好	很好
样本控制	很好	好	一般	差
收集资料的时效	一般	很好	一般	很好
灵活程度	很好	好	差	一般
调查费用	高	低	低	很低
问卷回收率	高	较高	低	一般
收集资料的真实性	好	一般	好	一般

在调查实践中,可以根据不同的调查人群,结合应用具体的访问调查法,从而达到最优的调查目的。例如,希望调查全国不同地区、不同年龄段人群的环保意识,单一的访问调查法难以做到,那么可以采取如下策略:在发达地区,对年轻人群的调查采用网上调查法,对其他年龄段的人群采用面谈调查法和电话调查法;在欠发达地区或山区,则可以采用邮寄调查法等。

第二节 定性调查法

定性调查是指依据调查人员的直觉来获取资料,通过感受、判断得出调查结果。定性调查是一种一般只针对小样本进行研究,且更多地探索消费需求心理层次的调查方式。定性调查的方法主要有小组座谈会、深度访问和投射技术等。

一、小组座谈会

小组座谈会又称焦点小组访谈,是指采用小型座谈会的形式,挑选一组具有代表性的消费者或客户,在一个装有单面镜或录音录像设备的房间内,在主持人的组织下,就某个专题进行讨论,从而获得对有关问题的深入了解。小组座谈会的特点在于,它不是一个一个地访问被调查者,而是同时访问若干个被调查者,即通过集体座谈来了解市场信息。小组座谈会作为定性调查中最常用的方法,在发达国家十分流行,近年来,国内的许多调查机构也越来越多地采用这种研究方法。

小组座谈会可以应用于需要初步理解或深入了解的几乎所有的问题。例如,理解消费者对某类产品的认识、偏好及行为;获取对新产品概念的印象;产生关于老产品的新想法;研究广告创意;获取价格定位的印象;获取消费者对具体的促销策略的初步反应。

(一)小组座谈会的实施步骤

1. 明确座谈目的,准备调查提纲

调查提纲是小组座谈会的问题纲要,既要给出小组讨论的所有主题,又要对主题的顺序做合理的安排,是一项十分重要而又需要技巧的工作。会议的主题应简明、集中,且应是与会者共同关心和了解的问题,只有这样才能使座谈在有限的时间内始终围绕主题进行讨论。下面是一个关于手机网络消费的小组座谈会提纲。

手机网络消费小组座谈大纲

一、预热话题(约15分钟)(主持人)

1. 欢迎词、熟悉参与人员

(1)欢迎词、参加人员简单介绍和目的说明。

(2)对访谈小组的说明。

(3)录音的说明——因为我只能专心地听你们谈话,所以只能以这种方式来记录最珍贵的原始资料,重视你们的意见,确保没有被歪曲和误解。

2. 小组座谈规则说明

(1)没有正确与错误的答案——只有你的宝贵意见。你是代表许多和你一样的人在发表看法。

(2)各抒己见,尽可能地发表你对每一个问题的看法、意见,有些不知道也无所谓。

(3)只发言和补充,不反对——每个人只针对某个问题发表你自己的看法或补充他人的看法,但不反对他人的看法。

(4)每个人尽可能发言——我们需要知道所有人的意见、想法,要提出你的意见、建议。

3. 特别强调

(1)请注意,为了不漏掉每个人的宝贵意见,在发言时,请一个一个地讲。

(2)在某个人发言时,希望其他的嘉宾认真听,并随时准备补充你的意见。

(3)为了更集中地讨论几个主要的话题,我有可能会冒昧地打断你的谈话,请多包涵!

(4)还有什么不清楚的问题吗?

4. 分发背景资料填写卡,请嘉宾填上其相关的背景资料;资料卡预先按座位进行编号,发言时,称"请第几号嘉宾发言"。

二、有关品牌的认识和选择(约 20 分钟)

请各位谈谈你自己和你所了解的当地消费者在手机入网方面的一些情况。

1. 请回忆一下，当时你自己在选择手机入网时，是怎样选择了以 130 或 135～139 开头的手机号码的？选择的依据是什么？是名气、通话费的高低、服务的好坏还是其他的原因？还有吗？你认为目前中国移动与中国联通在名气、通话费、服务方面做得好的、不足的和严重不足的地方有哪些？

2. 就目前你所了解的情况而言，你身边的家人、熟人、同事是怎样选择中国联通和中国移动的？选择的依据是什么？他们对中国联通和中国移动的服务满意和意见较大的地方是什么？还有其他吗？

3. 如果你换网，主要是由于什么原因？你觉得目前中国联通哪些不好的方面会导致人们换网，从而导致顾客的流失？

4. 你认为中国联通目前给你的主要印象是什么？最好的和最不好的印象分别是什么？

5. 你认为中国联通为了给消费者更好的印象，尽可能地争取消费者使用其提供的服务，同时尽可能地让现有的消费者满意，其在品牌方面还应当做些什么？

三、有关手机业务的使用及反馈意见(约 20 分钟)

1. 请谈谈你目前所了解的中国联通提供的业务情况。中国联通有哪些业务？你对哪些比较感兴趣？你还需要哪些业务？

2. 你认为，中国联通和中国移动在业务开展方面各具有什么优势和不足？

3. 你认为，中国联通在提供业务方面还应当多做哪些工作？

4. 就你所知，一般消费者常使用的主要是哪些业务？除目前已提供的业务外，中国联通还应当再提供哪些业务？

四、有关中国联通服务方面的意见、建议(约 30 分钟)

下面请谈谈中国联通提供的服务方面的一些情况。

1. 业务、话费等方面的咨询是否方便？喜欢通过什么方式进行咨询？咨询电话容易打吗？人工服务态度好吗？在咨询服务方面中国联通还存在哪些问题？

2. 缴费方面的问题，如缴费是否方便？在当地有哪些地方可以缴费？在营业厅、银行、代理点缴费时，常碰到哪些问题？消费者比较喜欢在哪些地方缴费？你认为中国联通在缴费服务方面还应当着重解决哪些相关问题？

3. 有关话费查询方面的问题。查话费方便吗？要求打印话单吗？中国联通在提供话费查询业务方面存在哪些不足？哪些方面做得比较好？在有关咨询、查询方面，中国联通存在哪些主要问题？在投诉的处理方面，消费者对中国联通抱怨或不满的地方主要有哪些？

五、结束语(略，约 3 分钟)

2. 邀请参会者

小组座谈会的参会者一般是采用判断抽样或配额抽样来甄选的，常见的方法有商业街上的随机选取、随机电话邀请以及依据数据库进行邀请等。实际上，被邀请者通常是有条件限制的,需要根据具体情况事先设计好一些标准进行筛选,只有满足条件的人才能参加座谈会。控制好每个小组参会者的数量,一般 8~12 人比较合适。对参会者的分组,一般是以某个参数是否同质为准的,做到同质同组,目的在于减少参会者之间的抵触,提升认同感,这样有利于互相激发灵感。一般的调查项目,组织 3~4 次座谈会为宜。

找到足够的、合适的参会者并不是件容易的事,经常会发生参会者不足的问题,为此,要了解参会者参加座谈的目的。研究表明,参加小组座谈的动因按重要性排序分别是报酬、对调查内容的兴趣、有无时间、对调查课题比较了解、好奇心理、有发表观点的机会。向目标人选描述座谈会的趣味性及意义,强调目标人选的参与对研究十分重要等方法,都能有效地吸引人们参与小组座谈。为了防止所邀请的参会者突然因故不能参会,每组可多邀请 2~3 人。在座谈会开始前要落实参会者的出席情况,告知其开会的确切时间。

被邀请的参会者应该尽量普通一些,如果没有十分必要,应该把有"专家"行为倾向的人排除在外,包括一些特殊职业(如律师、记者、讲师)的消费者,因为他们很容易凭借自己的"健谈"过多占用发言时间,并且影响其他参会者,同时增加主持人的控制难度。曾经参加过小组座谈的人也不是合适的参会者。参会者中应该避免有亲友、同事关系,因为这种关系会影响发言和讨论,如果存在这种现象,应该请一人退出。

3. 确定会议主持人

小组座谈过程是主持人与多个参会者相互影响、相互作用的过程,要想取得预期效果,不仅要求主持人熟练掌握主持技巧,还要求主持人有驾驭会议的能力。拥有合格的参会者和一个优秀的主持人是小组座谈取得成功的关键因素。一个合格的主持人必须具备以下条件。

(1)有良好的专业基础知识,并受过主持座谈会技巧的训练,最好有过成功主持座谈会的经验,否则很难胜任这个角色。

(2)具有较强的组织、协调和语言表达能力,同时有较强的亲和力,能迅速与参会者建立良好的沟通关系。

(3)具备良好的商业沟通技巧,以便与委托方进行交流。

(4)能够倾听参会者的意见,客观地分析参会者的语言中蕴含的有效信息。

(5)思维敏捷,有较强的应变能力,能引导和激励整个小组积极讨论。

(6)对待事物能分清主次,抓住重点,合理掌握时间进度。

4. 座谈会的场所选择和布置

传统意义上的小组座谈场所,从外观上来看跟普通会议室差不多,不同的是要在一面墙上安装单向镜,在某个隐蔽的地方安装麦克风和摄像头,为了保证录音效果,墙壁和天花板可能会用一些特殊材料。单向镜的另一边是观察室,观察室内配备各种控制仪器。观察室的工作人员能看到座谈室里面的情况,而座谈室内的参会者却看不到观察室的存在。不同的调查项目会需要不同的现场布置。例如,广告效果座谈需要投影仪和屏幕;概念测试需要制作概念板;口味测试则需要更多的准备,如苏打水、饼干、笔、纸等。座谈会有时还可能应用一些特殊的调查技术，如测试态度的量表等；还有一些特殊的仪器，如在广告效果测试时常需要瞬间显露器、投影仪和屏幕等，这些都需要提早落实，准备到位。另外，还要配备一些监控设备及 1~2 名工作人员，主要是操作仪器，以协助座谈的实施。

座谈会也可以安排在一个较大的房间中，广告公司的会议室、主持人的家中、某一参会者的家里、客户的办公室、酒店的会议室等均可作为座谈的场所。理想的小组座谈应在市场调查公司专门用于进行小组座谈的房间内进行，便于使用各种仪器设备。会场的环境十分重要，最好室外能泊车，周围安静无噪声。一般来说，小组座谈的时间为 1.5~3 个小时，因此要注意室内的舒适性。室内的桌椅应以圆形桌或椭圆形桌的形式摆放，这样可以减轻参会者的压力，使其畅所欲言。总之，场地的布置要营造一种轻松、非正式的气氛，以鼓励大家自由、充分地发表意见。图 7-5 展示了一个典型的小组座谈的房间布置情况。

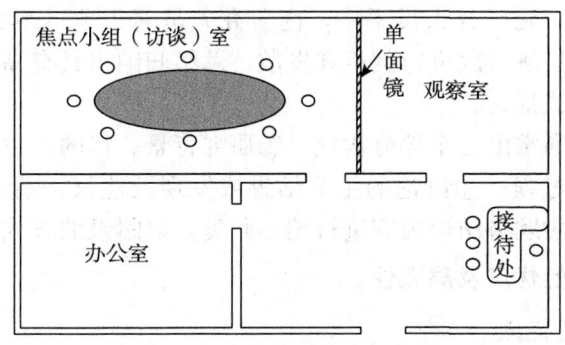

图 7-5 焦点访谈的房间布置

例如，西安方元市场研究公司拥有两套进行定性研究的国际标准监听室及会议室的小组座谈的专业设施，包括两套高清晰度的监听、监测设备的单面镜会议室及监控室，可以方便客户观察会议情况，可以同声传译；配备的 A/V 监听监控设备，能够满足全方位的实况录像需要。

另外，在每次座谈前，把参会者的名字写在桌牌上，预先放置妥当。这样做很有好处，首先，可以使参会者能够按设定的次序就座，方便记录和数据分析处理；其次，主持人在座谈过程中能够直接称呼参会者，可以迅速建立良好的沟通关系，也方便主持人的工作；最后，每一位参会者能从此举中感到被人尊重，增强其自信心，有利于调动参会者发言的积极性。

5. 实施座谈

主持人在座谈开始时应首先真实坦诚地介绍自己，亲切热情地欢迎和感谢大家的参与，解释本次小组座谈的目的和意义，然后请所有的参会者一一做简短的自我介绍。

会场气氛活跃后，主持人宣布讨论的主题和规则，并告诉参会者：第一，所有问题都不存在标准的答案，你怎么想的就怎么说，只要你说出真心话；第二，你的意见代表着其他很多像你一样的消费者的意见，所以很重要；第三，应该认真听取别人的观点和意见，不允许嘲笑贬低；第四，不要互相议论，应该依次大声说出；第五，不要关心主持人的观点,主持人对这个调查主题跟大家一样,主持人不是专家;第六,如果你对某个话题不了解或没有见解,不必担心,也不必勉强地临时编撰;第七,为了能在预定时间内完成所有问题的讨论,请原谅主持人可能会打断你的发言;等等。当然,还有其他很多变通和技巧,这些规则主要靠主持人去把握。

6. 对资料进行分析总结,撰写调查报告

小组座谈会的数据和资料分析要求主持人和分析人员共同参与,必须重新观看录像,不仅要听取参会者的发言内容,而且还要观察发言者的面部表情和肢体语言。对会上反映的一些关键事实和重要数据要进一步查证核实,对于应当出席而没有出席座谈会的人,或在会上没有充分发言的人,如有可能也最好进行补充询问并记录下来。一般的做法是,先让主持人在所有小组座谈结束后尽快递交一份即时分析报告,以便及时与营销专家取得沟通,在深刻印象淡化以前产生更多的碰撞,挖掘出更多的创意。比较好的做法是要求主持人、参与座谈的工作人员、观察者(营销专家、调查人员)每人都递交一份分析报告,然后集中到研究人员手中,由研究人员召集项目组成员举行头脑风暴会议,对每个人的独到见解再次进行剖析和发散,总结归纳出具有高度概括性的结论,最后由研究人员撰写正式报告。

小组座谈会报告通常由三个部分构成:①研究背景、目的、主要内容、小组参会者个人情况简介及甄选过程;②讨论的主要结果或发现及建议,通常为2~3页的篇幅;③访谈记录资料,按主题将访谈内容进行精心归类,以附录的方式附在报告后面。

(二)小组座谈会的优点及局限性

1. 小组座谈会的优点

(1)资料收集速度快、效率高。小组座谈会可同时访问若干个被调查者,从而节约了人力和时间。

(2)结构灵活。在覆盖的主题及其深度方面,都可以由主持人灵活掌握,调查结果更具针对性和有效性。

(3)取得的资料较为广泛和详尽。由于有多个被调查者参加座谈会,在主持人的适度引导下,大家能够开动脑筋、互相启发,从而可以获得大量有创意的想法和建议。

2. 小组座谈会的局限性

(1)对主持人的要求较高。调查结果的质量依赖于主持人的水平和能力,而挑选理想的主持人往往是比较困难的。

(2)代表性较差。小组座谈会的结果对总体的代表性较差,且受客户或调查者的影响容易出现偏差。因此,不能把小组座谈的结果当做决策的唯一根据。

(3)回答结果散乱,导致使用者对资料的分析和说明都比较困难。

(4)受会议时间限制,有时很难进行深入细致的交流。有些涉及隐私、保密的问题也不宜在会上多谈。

小组座谈会的目的决定了其所需要的信息,从而也决定了其所需要的参会者和主持人。

小组座谈会的最新发展趋势有电话焦点小组访谈、在线焦点小组访谈、双向焦点小组访谈、电视会议焦点小组访谈、儿童焦点小组访谈等。

二、深度访问

在市场调查中，常须对某个专题进行全面深入的了解，同时希望通过访问发现一些更深层次的信息，要达到此目的，仅靠表面观察和一般的访谈是难以实现的，这就需要采用深度访问的方法。

深度访问是一种无结构的、直接的、一对一的访问形式，又称个别访问。调查者按照拟定的调查提纲或腹稿，对被访者进行个别询问，以获取信息。在访问过程中，由掌握高级访谈技巧的调查员对调查对象进行深入的访问，可以揭示被访者对某一问题的潜在动机、情感和态度。

与小组座谈会一样，深度访问主要也是用于获取对问题的初步理解或深层理解的探索性研究。不过，深度访问的使用不如小组座谈会的使用那么普遍。尽管如此，深度访问在有些特殊情况下也是比较有效的。例如，详细刺探被访者的想法（如高级小轿车的买主）；讨论一些保密的、敏感的或让人窘迫的话题；了解调查对象容易随着群体的反应而动摇的情况（如大学生对出国留学的态度等）；详细地了解复杂行为（如选择购物的商店、见义勇为行为等）；访问专业人员（如房地产开发商、新闻工作者等）；调查的产品比较特殊（会引起某些情绪及富有感情色彩的产品，如香水等）；访问竞争对手（他们在小组座谈会上不太可能提供信息）；等等。

（一）深度访问的技巧

（1）在开始访谈之前，应先使被访者完全放松，与其建立融洽的关系。访问员所提出的第一个问题应该是一般性的问题，能引起被访者的兴趣，并鼓励其充分而自由地谈论其感觉和意见。一旦被访者开始畅谈之后，访问员应避免打岔，做一个被动的倾听者。为了掌握访谈的主题，有些问题可以直截了当地提出来，并且提出的问题必须是开放式的，不可有任何的提示或暗示。

（2）访问员的访问技巧是很重要的，绝不可把深度访问变成访问员和被访者之间一问一答的访问过程。访问员通常会在访问前准备好一份大纲，列举所要询问的事项，但并不一定按照大纲上所列的顺序一项一项地问下去，问题的先后顺序完全按照访问的实际进行情形来决定。

（3）在访问过程中，访问员通常只讲很少的话，尽量不问太多的问题，只是间歇性地提出一些适当的问题，或者表达一些适当的意见，以鼓励被访者多说，以刺探更多的信息。

（4）访问员如能适当运用沉默的技巧，常可使被访者暴露无意识的动机。沉默可以使被访者有时间去组织他的思想，使他感到不舒服，或者认为访问员希望他继续说下去，因此他会继续发表意见以打破沉默。

（5）人的记忆有一定的期限，超过了这个期限便渐渐忘记。经过相当长的时间，人们会忘记购买某种商品时的动机，即为何选择该商品。对该商品所感到的以及使用该商品时所意识的一切，也都无法记忆。为了使被访者回想起这些，访问员最好请他回忆决定购买商品的过程，或者重新把当时购买该商品的感受以及如何行动，做详细的说明。

从这种说明当中，可以发现他当时的购买动机。

(6) 深度访问的地点以在被访者的家中进行效果最好，对被访者来说也比较方便。不论在何处实施，深度访问应单独进行，不应有第三方在场，因为那样会使被访者感到困窘或不自然，不愿提供真实的想法。

(7) 深度访问的时间通常为1～2小时，不宜过长。

在实际的市场调查活动中，能够胜任深度访问的访问员（一般是专家，需要有心理学或精神分析学的知识）是很昂贵的，也难于找到。调查的无结构性使得结果易受访问员自身的影响，调查质量完全依赖于访问员的技巧，调查结果也常常难以分析和解释，因此需要一定的心理学知识来解决这个问题。由于占用的时间和所花的经费较多，因此在一个调查项目中深度访问的受访者数量是十分有限的。

(二) 深度访问的优点及局限性

1. 深度访问法的优点

(1) 能更深入地发掘消费者内心的动机、态度。在访问过程中，将被访者的反应与其自身相联系，便于评价所获资料的可信度。与小组座谈相比，深度访问能更深入地探索被访者的内心思想与看法。

(2) 能更自由地交换信息，常会取得一些意外资料。深度访问可以使被访者更自由地交换看法，而在小组座谈中也许做不到，因为被访者有时会有群体压力而不自觉地形成小组一致的意见。

(3) 便于对一些私密、敏感问题进行调查。

2. 深度访问法的局限性

(1) 调查的无结构性使这种方法比小组座谈更受调查员自身素质高低的影响。

(2) 结果的数据常难以解释和分析，它的样本通常较小，样本代表性较差。

(3) 由于访问时间长，故所需经费较多，有时不易取得被访者的合作。

三、投射技术

(一) 投射技术的意义

小组座谈会和深度访问都属于直接调查法，即在调查中明显地向被调查者表露调查目的，但这些方法在某些场合却不太合适。例如，对动机、原因、态度、情感等方面的提问，对较为敏感性问题的提问等，由于被询问者心存戒备，很难得到正确的答案，此时研究者就应采取间接的调查方法，其中最有效的方法就是投射技术。

投射技术又称投影技术，是能够穿透人的心理防御机制，使真正的情感和态度浮现出来的一种方法。它采用无结构的、非直接的询问方式，可以激励被访者将他们所关心话题的潜在动机、态度或情感反映出来。投射技术并不要求受访者描述自己的行为，而是让他们在解释他人的行为时，间接地将自己的动机、信仰、态度或感情"投射"在无规则的刺激上。因为受访者并不认为是在谈论自己，所以就绕过了心理防御机制。受访者认为谈论的是其他的人或事情，然而却无意识地间接透露了自己的内在情感。

(二)投射技术的类型

市场调查中最常用的投射技术有词语联想法、句子完成法、故事完成法、漫画测试法、角色扮演法、照片归类法等。

1. 词语联想法

词语联想法又称引导性联想，是指通过让应答者听或看一些词语，然后在规定的时间内说出其最初联想到的词语(反应语)，最初联想到的东西往往是最重要的。这是利用人们的心理联想活动或者在事物之间建立的某种联系，向应答者提及某种事物或词语，询问他们联想到什么，以获取人们对调查问题的看法、动机、态度和情感。例如，调查者说出"葡萄酒"一词，要求应答者马上说出或写出所能联想到的品牌，如"长城""张裕""中国红"等。在市场调查中，词语联想法多用于测试品牌形象、新产品命名、广告用语、产品需求定位、关联产品研究等。例如，某面包店欲顺带卖其他食品，可用词语联想法对目标人群进行测试，设计"面包"这个词语，问应答者想到了什么，可能会有如蛋糕、奶油、果酱、黄油、全麦、反式脂肪等的回答，这说明人们希望在面包店还可以买到蛋糕、果酱和黄油等产品，说明人们喜欢绿色的食品，担心面包中会含有反式脂肪酸，影响健康。

词语联想法有以下三种形式。第一种是自由联想法，如看到"面包"这个词，你首先想到什么？第二种是控制联想法，如看到"面包"这个词，你想到了什么食品？第三种是提示联想法，如这张纸上写了一些词汇，请你把与"面包"密切相关的词汇用笔勾出来。

在使用词语联想法进行调查时，要注意记录应答者回答问题的时间。其实这是一种条件反射，因为回答速度越快，说明应答者对这个字词印象越深，越能反映他们的态度；回答越慢，则说明应答者的态度不肯定，答案的可靠性越差。

2. 句子完成法

在句子完成法中，调查人员会给应答者一些残缺的句子，要求他们将其补充完整，然后，调查人员分析这些句子，确认人们的想法或观点。在市场调查中，句子完成法多用于分析客户特征、产品需求定位、用户态度测试、广告效果评估、品牌形象定位等研究。句子完成法对应答者提供的刺激是更直接的，不像词语联想法那么隐蔽，许多应答者可能会猜到调查的目的。例如，①在电视上看到××保健品的广告_____；②在药店看到××保健品_____；③喝××保健品的人都是_____。

调查人员根据所有应答者对句子的完成情况，归纳出××保健品的广告效果、人们对该保健品的态度以及该保健品适宜的人群。与词语联想法相比，句子完成法不用强调应答者回答问题的时间，由于完成的是句子，调查结果也比较容易分析。因此，这种方法常用于调查消费者对某种事物的态度或感受。为了减少被调查者回答时的顾虑，在设计问题时应避免使用第一人称或第二人称。

3. 故事完成法

由调查人员向应答者提供有头无尾的故事，让他们按自己的意愿来完成故事的后半部分，以分析应答者的隐秘动机。例如，在某服装商场进行的消费者光顾情况的调查研究中，要求应答者完成下面的故事。

一位男士在他所喜爱的一家服装商场里买上班穿的西服,他花了40多分钟试了几套之后,终于选中了一套他所喜欢的。当他往结账柜台走去的时候,一位店员过来说:"先生,我们现在有减价的西服,同样的价格但质地也不错。您想看看吗?"这位消费者的反应是什么?为什么?从应答者完成的故事中就有可能看出他对花费时间挑选商品的相对价值方面的态度,以及他在购物中的情感投资行为。

又如,"一个朋友对我说,前天她在商场看到一件新款服装,非常时尚漂亮,做工及面料也很好,只是价位偏高,朋友当时出于价格方面的考虑没有买。朋友总结说,买一套特贵的衣服,不如买很多套中等质量的衣服,还能经常换着穿,我对她说……"。通过应答者对故事的完成情况,可以看出女性在服装问题上的态度和情感动机。

4. 漫画测试法

漫画测试法是指按照调查目的设计出一张有两个人物的漫画,其中一人向另一人提出有关问题,而对方正在考虑,还未给出答案(图7-6)。在调查时将设计好的漫画展示给应答者,要求其在漫画中另一人的空白对话框上写出他自己的回答。漫画测试法的优点是能够把不便表达的问题用图画的方式表现出来,以实现调查的目的。为了使应答者易于理解和接受调查,设计漫画时要注意整个画面的主体是文字而不是画,漫画内容尽量不要对语言反映有影响,可不画人物的眼睛、鼻子或反映个性的其他特征,使人物具有中立性。

图7-6 漫画测试图

5. 角色扮演法

角色扮演法是指在角色表演中,让被调查者扮演某种角色或假定按其他人的行为来行动。调查者的假定是,被调查者将会把他们自己的感情投入角色中。通过分析被调查者的表演,可以了解他们的感情和态度。例如,在百货商场顾客光顾情况的调查中,要求被调查者扮演负责处理顾客抱怨和意见的经理的角色。被调查者如何处理顾客的意见反映了他们对购物的感情和态度。在表演中用尊重和礼貌的态度对待顾客抱怨的表演者,作为顾客是希望商店的经理也能用这种态度来对待他们的。

6. 照片归类法

照片归类法是指让应答者从所提供的很多照片中，挑选出与所要描述的事物相匹配的照片，这种方法多用于竞争对手分析、品牌形象定位、广告效果评估、产品市场定位等研究。例如，一个汽车品牌经过一系列包装上市了，厂商希望了解该品牌的概念是否能很好地传达给消费者。调查者给出象征高贵、经济、廉价、结实、轻便、可爱等的一些图片，让消费者从中选取他们认为与该品牌汽车类似的图片并解释他们选择的原因，使用这种方法可以得到用户对某汽车品牌从形象到功能的认知和情感信息。

(三) 投射技术的特点

与小组座谈会和深度访问相比，投射技术的一个主要优点就是，可以获得被调查者在知道研究目的的情况下不愿意或不能提供的回答。在直接询问时，被调查者常常有意无意地错误理解、解释或引导调查者。在这种情况下，投射技术可以通过隐蔽研究目的来增加回答的有效性。特别是当要了解的问题是私人的、敏感的或有着很强的社会标准时，其作用就更明显。当潜在的动机、信仰和态度处于一种下意识状态时，投射技术是十分有用的。

投射技术也有无结构性的直接调查法的许多缺点，而且在程度上可能更严重。这些方法通常需要有经过专门高级训练的调查员去做个人面访，在分析时还需要熟练的解释。因此，一般情况下这种方法的费用都是高昂的，而且有可能出现严重的解释偏差。除了词语联想法之外，其他的投射技术都是开放式的，因此分析和解释起来就比较困难，也容易产生主观片面性，因此投射技术一般不像小组座谈会和深度访问那样常用。

☆ 思考练习题

一、问答题

1. 入户访问应该注意哪些事项？
2. 拦截式访问有哪些主要方式？
3. 应用电话访问时要注意哪些问题？
4. 邮寄调查有何局限性？怎样克服其缺陷？
5. 网上调查可应用于哪些方面的研究？
6. 利用小组座谈会收集资料应事先做好哪些准备工作？
7. 什么是深度访问？深度访问有哪些访问技巧？
8. 什么是投射技术？可具体应用于哪些方面的研究？

二、思考题

1. 目前入户访问面临的难题是什么？应该如何解决？
2. 你认为怎样操作才能保证网上调查信息的真实性？
3. 你怎么看待访问员作弊的问题？应该采取什么措施来防止作弊行为？
4. 调查人员在进行深度访问时，应如何营造融洽的访谈气氛？

☆ 实训题

1. 某市场研究公司受某食品厂的委托,计划进行关于消费者对月饼包装的态度、意见和偏好的小组座谈,请草拟一份座谈会提纲。

2. 以每个小组为单位,利用之前设计的调查问卷,到相应的地点做拦截访问调查,或者到当地的市场研究公司做兼职访问员。访问完成后,每人撰写一份做访问员的心得体会。

要求:写明标题、执行访问的地点、访问的时间、访问中碰到的情况、自己是怎么解决的等内容,字数为 2 000 左右。

☆ 扩展阅读

"雅典娜"互联网移动调查系统简介

据 2011 年 10 月工业和信息化部(简称工信部)公布通信业运行状况实际情况,全国移动电话用户累计净增 10 498.9 万户,达到 96 399.1 万户。移动电话用户中,3G 用户净增 6 346.0 万户,达到 11 051.1 万户;基础电信企业互联网宽带接入用户净增 2 620.9 万户,达到 15 250.0 万户。另根据工信部调查,中国内地目前拥有 GPRS 功能手机用户超过 4 000 万户,2003 年用 GPRS 手机登录 WAP 网络的用户数量超过 700 万户,用户群的高速增长表明一个巨大的新的网络应用正在普及。

在这样一个信息网络飞速发展的背景下,统计调查数据采集方式也在发生着剧烈的变革。"互联网+"已成为未来产业发展的新模式,也成为一个新的创业热点领域。

"雅典娜"互联网移动调查系统就是在这样一个背景下诞生的新一代调查和数据采集系统软件。

一、"雅典娜"互联网移动调查系统软件简介

"雅典娜"互联网移动调查系统由前端访问系统和后台支持系统两大部分构成,利用有线或无线数据网络,具有实现调查数据的总体设计、数据采集、数据传输、调查监控、数据分析等一整套调查分析的功能。采用这一系统,可编入多种题型,并可实现良好的逻辑控制,除传输调查数据外还可传输多媒体元素(音频、视频、图片等),使调查更具灵活性。从使用的角度看,其包括掌上移动调查系统、网络调查系统及在线报告展示系统。

"雅典娜"互联网移动调查系统基本结构如图 1 所示。

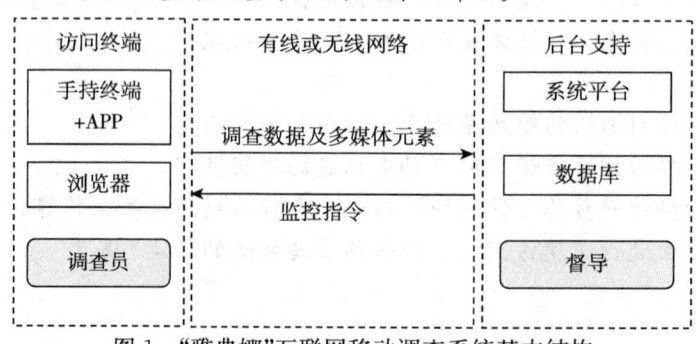

图 1 "雅典娜"互联网移动调查系统基本结构

(一)掌上移动调查系统

掌上移动调查系统是以智能手机、掌上电脑或平板电脑等移动信息设备为数据采集终端设备，通过安装专用 APP 应用，以无线网络为数据传输链路，以系统平台和数据库为管理端的数据采集、分析系统。

该系统在远端系统平台的支持下，访员手持该终端，定点或入户接触访问对象，面对屏幕上的问卷，与受访者共同阅读问题，了解受访者的回答结果，通过触摸屏直接记录到终端中，数据可离线回收或直接联网实时回传远端数据库；督导在远端的计算机前对整个访问工作进行实时监控。该系统集数据采集、数据管理、数据分析于一体，具有以下特点：实现了精确的调查点空间定位，为定点调查提供了技术支持；面访不再使用纸质问卷，节约了成本，降低了消耗；不再需要手工录入问卷数据，实现了调查结果的实时数据汇总和基本分析，提高了调查效率；可实时验证调查项目之间的逻辑关系，保证了数据的合理性，实现了多种方式的远程监控，保证了数据的真实性。

该系统后台问卷设计系统示例如图 2 所示，手持终端问卷数据采集界面如图 3 所示。

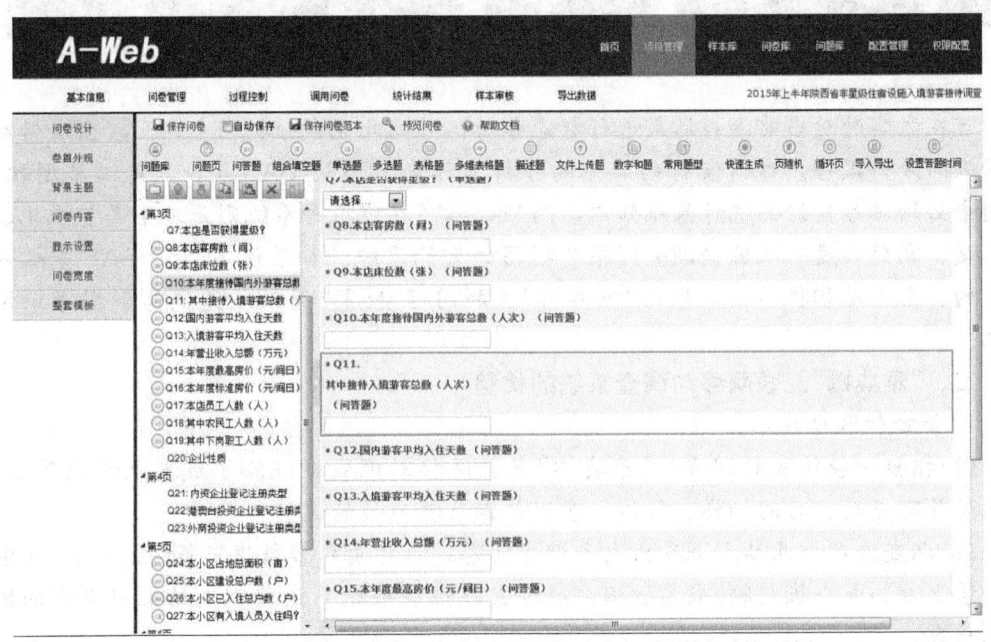

图 2 "雅典娜"互联网移动调查系统后台问卷设计系统示例

(二)网络调查系统

网络调查系统是以浏览器为数据采集终端设备，以有线或无线网络为数据传输链路，以系统平台和数据库为管理端的数据采集、分析系统。

"雅典娜"网络调查系统通常的工作形式是：将预先设计好的网页式问卷，以超链接形式采用电子邮件或挂接到门户网站等方式，推送给受邀请的受访者进行自主填答，填答后的数据直接传入后台服务器，供系统平台进行数据分析。

(三)"雅典娜"在线报告展示系统

"雅典娜"在线报告展示系统集调查数据分析、分析图形制作、分析报告生成于一

图3 "雅典娜"互联网移动调查系统手持终端问卷数据采集界面示例

体,可在线实时对当前调查结果进行智能分析,并据此生成分析图表,同时生成针对分析结果的分析报告。目前流行的其他的分析工具如SPSS、SAS等,只是工具型软件,使用者必须具备良好的统计基础知识,而"雅典娜"在线报告系统则是一个高智能化、高集成度、高简易度的从数据调查到报告撰写的智能系统。如果说SPSS、SAS等软件是传统的、全手动相机的话,那么"雅典娜"互联网移动调查系统就是高清数码摄录像一体机。

二、"雅典娜"互联网移动调查系统的优势

1. 便捷性和低成本

(1)相较一般传统的调查,"雅典娜"互联网移动调查系统除了成本上的优势之外,还同时具有速度、时间抽样、弹性、多媒体以及精确性的优势。

(2)调查者在企业站点上发出电子调查问卷,由访员携带数据采集终端设备(智能手机、掌上电脑或平板电脑)采集数据,通过在线报告展示系统将调查结果以丰富的图表展示出来。

2. 交互性和充分性

互联网移动调查系统最大优势是交互性和充分性。其交互性体现在:应用互联网移动网上调查时,被访者可以及时就问卷相关的问题提出自己的看法和建议,可减少因问卷设计不合理而导致的调查结论出现偏差等问题。其充分性体现在:互联网移动网上调查的问卷相比纸质问卷包含的问题更多,更能了解被访者的信息与需求,所建立的数据库也就会更加全面。

3. 可靠性和客观性

(1)被调查者在完全自愿的原则下参与调查,调查结果的针对性更强。

(2)"雅典娜"互联网移动调查系统在跳答、分枝问卷(branching,即根据某项问题的不同回答，呈现不同版本的问卷提供填答）的设计上具有高度弹性，可以设计出逻辑性、复杂性较强的问卷来精确区分不同族群，从而获得更加精确的结果。同时，网友填答时也不需要阅读与自己无关的指导语，程序会自动跳到符合其自身条件的答题部分，因此可以提高正确性并缩短答题时间。

（3）"雅典娜"互联网移动调查系统可以避免传统市场调查中人为因素所导致的调查结论的偏差，被访者是在完全独立思考的环境中接受调查的，能最大限度地保证调查结果的客观性。

4. 可控制性

利用互联网进行网上调查收集信息，可以有效地对采集信息的质量实施系统的检验和控制。

（1）网上市场调查问卷可以附加全面规范的指标解释，有利于消除因对指标理解不清或调查员解释口径不一而造成的调查偏差。

（2）问卷的复核检验由计算机依据设定的检验条件和控制措施自动实施，可以有效地保证对调查问卷的100%的复核检验，保证检验与控制的客观公正性。

（3）通过卫星定位技术和身份验证技术，可显示访员采访的时间、地点，并根据其提供的调查数据质量对被调查者的身份进行验证，以有效地防止信息采集过程中的舞弊行为。

（4）由于其便于携带的特点，"雅典娜"互联网移动调查系统成为户外调查的好工具，实时调查、实时录入、同步统计分析，大大提高了效率，省去了录入环节，提高报告撰写的效率，并且通过交互式的方式，变静态报告为动态报告，使调查更加生动。

三、"雅典娜"互联网移动调查系统具备的功能

"雅典娜"互联网移动调查系统是北京商智通信息技术有限公司在充分总结科研实践和市场研究实践经验的基础上，提炼出的通用的调查管理流程。在平台系统设计过程中，"雅典娜"互联网移动调查系统的功能完全按照调查前准备工作、调查中执行过程和调查后成果管理工作三个部分设计（表1）。

表1 "雅典娜"互联网移动调查系统功能列表

调查前	调查中	调查后
项目管理子系统	互联网（3G 面访）访问子系统	样本审核子系统
问卷设计子系统	项目执行过程控制子系统	数据导出子系统
样本管理子系统	进度管理子系统	结果分析子系统
配置管理子系统	权限管理子系统	样本库、问卷库、问题库管理子系统

图4为"雅典娜"互联网移动调查系统实际使用流程示意图。

北京商智通信息技术有限公司是互联网调查系统的主要开发商之一。该公司成立于2005年，是国内知名的调查软件开发商和调查咨询服务商，总部位于北京，在中国台北、山东、广州设有分公司。在知名统计学家、市场调查专家谢邦昌教授的指导下，该公司开发了拥有自主知识产权的"雅典娜"系列数据采集分析软件产品，包含"计算机辅助电话调查、网络调查、移动掌上调查"等企业级多渠道快速回馈解决方案。"雅典娜"

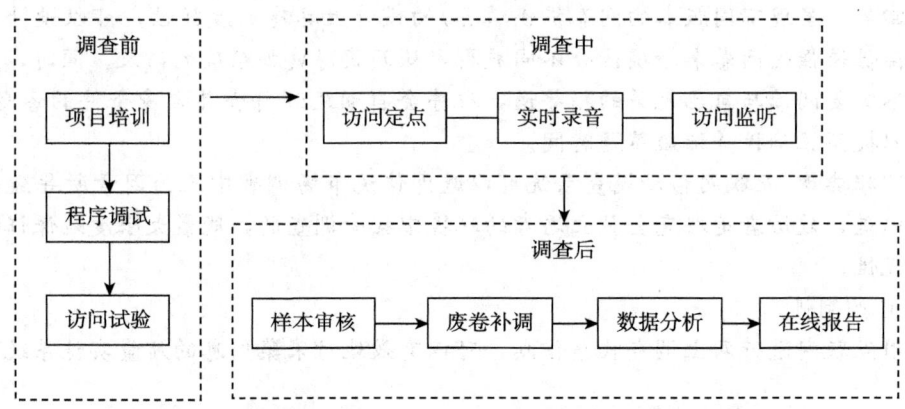

图 4 "雅典娜"互联网移动调查系统实际使用流程示意图

系列数据采集分析软件已经成功地应用于包括中国香港、中国澳门、中国台湾在内的百余所高校调查中心、政府民意调查中心、专业市场研究机构和企事业单位，形成了超过上万个电话调查坐席的调查中心大联盟。

第八章

观察法和实验法

【学习目标】

通过本章的学习，了解观察法的特点及种类，掌握利用观察法收集资料的技术，能够针对调查项目进行调查表格和程序的设计。理解实验法的概念、特点及主要形式，熟悉实验设计的步骤，了解实验设计的种类，掌握利用实验法收集资料的各种技术。

第一节 观察法

一、观察法的定义

观察法即观察调查法，是指根据调查目的，调查者在现场利用直观感觉器官（视觉、听觉、嗅觉、味觉、触觉）或者凭借其他科学手段及仪器，跟踪记录、考察被调查者的活动和现场事实，有目的地对研究对象进行考察，以取得所需信息资料。这种方法主要应用于对原始资料的收集。其特点在于调查人员不是强行介入，不须向被调查者提问，在被调查者毫无察觉的情况下获得真实的信息。由于商业的连锁经营、电子收款机的普及、观察技术的日臻成熟、设备的日益完善，观察法的应用愈加广泛。

二、观察法的种类

观察法的种类很多，调查者可以根据特定的调查任务，选择合适有效的观察方法。

(一)按调查对象是否参与调查活动分为参与性观察和非参与性观察

1. 参与性观察

参与性观察也称局内观察，是指调查者参与到被观察对象群体中并成为其中的一员，直接与被观察者接触以收集资料的一种调查方法。观察者隐瞒自己的真实身份，较长时间置身于被观察者的群体之中，能更快、更直接地取得信息。在市场调查中，参与性观察往往通过神秘顾客购物来组织实施。

2. 非参与性观察

非参与性观察也称局外观察，是指观察者以局外人（旁观者）的身份，置身于调查群体之外观察、记录所发生的市场行为，以获取所需的信息。在非参与性观察中，观察者像记者一样进行现场采访和观察，他们不参与被观察者的任何活动，只是如实地记录事件发生、发展的真相。这种观察方式虽然比较客观，但往往只能看到表面现象，无法深入了解在行为背后的真实原因。非参与性观察往往需要配备一定的观测仪器和记录设备，如望远镜、反窥镜、摄像机等，以尽量保障观察的隐蔽性，减轻调查人员的记数负担，提高资料的可靠程度。

（二）按观察的内容分为结构式观察和非结构式观察

1. 结构式观察

结构式观察是指事先制订好观察计划，并严格按照规定的内容和程序实施的观察。市场调查人员事先设计好一份观察问卷，并且按照问卷上的内容对调查对象进行观察，观察后为每位调查对象填写一份调查问卷。这种观察方法的最大优点是观察过程标准化，它对观察的对象、范围、内容、程序都有严格的规定，一般不得随意改动，因而能够得到比较系统的观察资料供解释和研究使用。当然，要制订一个既实用又科学的观察计划很不容易，这本身就需要做许多探索性的调查研究。结构式观察可以防止观察内容的遗漏，但是比较死板，也不可能对更多的事物进行观察。一般情况下，结构式观察适合调查内容比较简单的市场调查项目。

2. 非结构式观察

非结构式观察是指对观察的内容、程序事先不做严格规定，观察的内容没有规范的、严格的要求，视现场的实际情况随机决定的观察，调查人员需要尽量全面地记录他们看到的调查对象的各种行为。非结构式观察的优点是比较灵活，调查者在观察过程中可以在事先撰写的初步提纲的项目基础上，充分发挥调查者的主观性、创造性，可以记录更多的内容，要求观察人员有比较好的素质和观察技巧。其缺点是得到的观察资料不系统、不规范，受观察者个人因素影响较大，可信度较差。

（三）按观察的手段分为人员观察和仪器观察

1. 人员观察

人员观察是指观察人员通过自己的感觉器官或借助简易设备（如望远镜等）进行的观察。通过对人的各种活动，如表情、言语、声调、动作等的观察，了解被调查者的行为表现，通过科学的分析，进而可以掌握被调查者的内心活动及偏爱，实现认识被调查者的目的。对人的行为观察可以分为两种：一是对消费者的购买行为和消费行为进行观察；二是对经营者的行为进行直接或间接的观察。

2. 仪器观察

人员观察会受到感觉器官观察能力局限的限制，资料收集的范围、精确度和速度均受到影响，所以有时需要借助仪器设备达到观察目的。现代科技已使电子仪器和机械设备成为市场调查的有力工具，在特定的环境中，仪器观察比人员观察更便宜、更精确、更容易完成工作。市场调查中有代表性的观察仪器有视向测定仪（即眼相机）、自动记录仪、条码扫描器、阅读器、瞬间显露器、精神电流测定器、皮肤电流反射器等。

三、观察法的记录技术

(一)记录技术

在采用观察法进行资料收集时,要注意选择良好的记录技术,以减轻观察者的负担,避免因忙于记录而顾此失彼。常用的记录技术主要包括观察卡片、符号、速记、记忆和机械记录五种。

(1)观察卡片。观察卡片的结构与调查问卷相似。在卡片上列出所有观察项目和每个项目可能出现的各种情况,并加以合理编排。在实施时,观察人员直接在观察卡片上填写观察记录,这样可以加快记录的速度。

(2)符号。根据所出现的情况记下相应的符号,或在事先写好的符号上打钩,不需要再用文字叙述,这样可以加快记录速度,便于资料的整理。

(3)速记。速记是用一套简便易写的线段、圈点等符号系统来代表文字进行记录的方法。

(4)记忆。记忆是指在观察中采取事后追忆的方式进行记录的技术。通常在调查时间紧迫或不宜进行现场记录的情况下使用。由于人的记忆力有限,因此必须抓住要点进行记忆,事后及时进行整理。这种记录技术虽然可以避免被调查者的顾虑,但却容易遗忘一些重要的信息。

(5)机械记录。机械记录是指在观察中,运用录音机、摄像机、照相机等各种专用仪器进行记录。这种方法能详尽地记录所要观察的事实,减轻观察人员的负担,但容易引起被调查者的顾虑,使调查结果失真。

(二)观察记录表的设计

相对于询问法的调查问卷,观察法所使用的观察记录表的格式要简单得多,此表只是由必要的作业记载和观察问题构成,它没有必要设计引言,也没有紧跟引言之后的指导语。作业记载包括观察活动的时间地点和观察对象,以及观察员的姓名或编号,观察问题与问卷中的问题在形式上基本相同。观察记录表的设计要简明、科学、结构化、易于操作。设计的关键是要根据实验的假说,对估计可能出现的结果内容进行条理化、结构化,从而形成一个层次不同的纲目,再制成表格。有了这样较为周密的量表,在观察时既可以做出合适的详尽记录,又简单易行,有的只要填写数目或符号就行,这样可使观察者有边观察边思考的余地。

四、观察法的主要步骤

一次完整的观察调查,应包括以下主要步骤。

第一步,确定观察的目的,选定观察的对象。

第二步,确定观察内容,并设计、印制观察记录表。

第三步,做好观察前的准备工作。观察之前,要准备好所用的观察仪器。现代化的观察仪器主要有录音机、光学照相机和数码照相机、摄像机、录像机、闭路电视装置等,还要有进行图像和声音处理的多媒体计算机等。

第四步，进入观察场所，进行观察并做记录。

第五步，整理观察结果，分析资料并撰写观察报告。

五、观察法的具体应用

运用观察法的一般做法是在精心选择的观察地点（如超市、繁华地段的过街天桥和专门设置的观察室等），由训练有素的观察员或调查人员，利用感觉器官或设置一定的仪器，观测和记录诸如消费者购物时的行为与举动、道路的拥挤堵塞状况以及观众对广告的反应等。观察法可用于很多方面，这里介绍几种有代表性的方法。

(一)"神秘顾客"调查

"神秘顾客"又称伪装购物者，"神秘顾客"调查是指让接受过专门训练的"神秘顾客"作为普通消费者进入特定的调查环境（如商场、超市等），进行直接观察，亲身对企业的服务、业务操作、员工诚信度、商品推广情况及产品质量等进行体验、感受，并做出客观评估，一般用来收集有关商店、营业厅的销售或服务人员如何对待顾客方面的数据。"神秘顾客"与一个正常购买商品的顾客一样，会与服务人员进行交流，咨询与商品有关的问题，挑选商品，比较商品，最后做出买或不买某种商品的决定。但是，"神秘顾客"与服务人员的交流并不是访问式，而是观察服务人员的态度、行为并对此做出评价。"神秘顾客"在对受测对象进行观察中以第三方的身份出现，这些受过专门培训的购物者在体验过程中不掺杂任何个人主观偏好，可以保持检测对象的客观、公正、隐秘性。"神秘顾客"还可以通过观察商场的环境、商品的陈列、货架的摆放、橱窗和广告的内容等，了解和判断企业的经营管理水平，及时提出改进的建议。"神秘顾客"调查的应用有利于企业改进服务质量，提升服务水平。

近年来，利用"神秘顾客"检测、评估一线服务的顾客满意度及终端市场管理，正被广泛使用于各品牌及窗口服务机构，以及对服务质量要求较高的分支行业，成为商家竞争和制胜的绝招。很多调查公司都为电信、IT产品、汽车、银行、医院、连锁店等各种服务机构提供过这种服务。根据调查目的，调查人员可以设计和运用各种不同形式的"神秘购物"，收集不同深度和类型的信息。

(二)顾客行为观察

顾客行为观察是指调查人员在商场、超市、展销会、交易会等现场，秘密跟踪和记录顾客的行为，观察商品销售和顾客的购买情况，以获取所需信息。其观察的方式有人员观察和仪器观察两种。

顾客行为人员观察是指调查人员以局外人的身份，利用视觉和听觉，到特定的商场观察顾客的流量、行走的路线、平均逗留的时间、停步留意商品的时间、对商场各种促销活动的反映、对产品的评价、购物的品种和数量等。在消费者购买的高峰期，对进入商场的消费者的购买行为及言谈进行观察和记录，观察之后的建议可以为商场的采购、市场定位，甚至人员的分配等各种经营管理决策提供依据。

顾客行为仪器观察是指在特定的场所，通过放置仪器对顾客的购买行为进行观察，以获取有关信息的调查方法。例如，有些商场常在店门的进出口处安装流量计数仪器，用以观察顾客流量，并对顾客进行分类；某些商场在柜台安装录像录音设备，自动拍摄顾客挑选、评议、购买商品的过程，然后通过音像的加工整理，即可了解顾客的购买行为、购物偏好及其对商品和商场的评价及意见；在超市使用电子收银机、光学扫描仪等，当顾客通过出口结账处时，光学扫描仪通过阅读购货清单，记下品牌、规格和价格，这些数据进入计算机后由计算机帮助分析，以改进存货和即将制订的营销方案。

(三) 以被调查者的电子标识码为基础的调查

随着集成电路芯片卡(integrated circuit, IC)技术、无线射频(raido frequency identification, RFID)技术及激光扫描技术的发展，以被调查者的电子标识码为基础的市场调查越来越广泛。这些技术不仅可以用于消费者个人识别，也可广泛应用于物流货物识别、车辆识别。利用这些技术，可以在不直接访问被调查者的情况下，记录被调查者的行为或运动信息。例如，比较常见的超市会员卡就是一种典型的顾客标识码，每个卡都有一个唯一编码，在这个卡中写有会员的姓名、年龄、性别、电话等基本信息，会员购物时，结账收费员在通过相关技术读取卡片信息的同时就记录了该客户一次购买的记录，调查人员即可根据这些记录分析消费者的购买时间、购买频率、购买类型、购买额度、常用付款方式等信息。这些信息也可以用来调查消费者对价格促销的不同反应，以及这些反应差异如何影响促销活动的效果；可以知晓消费者所购商品结构，有利于了解消费者的购买力和购物习惯；利用这种观察方法可以测量出各种影响因素（如广告、促销、新产品的推出等）所引起的市场变化。目前，客户信息电子标识码广泛应用于零售、银行、保险、交通等行业。

(四) 竞争对手行为观察

竞争对手行为观察是指在对方不知晓或者己方蓄意隐瞒的情况下，对主要竞争对手行为采取的特殊调查方法。例如，以顾客的身份到对方的销售现场购买产品，进行关于商品结构、商品定价、促销技巧等方面情报的记录；在特定市场上，有的公司派出人员在竞争对手目标市场所在地建立办事处或维修站之类的机构，办事处工作人员的任务就是时刻密切注视竞争对手的行为动向和消费者的反应；还有的公司利用竞争对手召开的新产品新闻发布会、新产品展销会、意见征询会、内部观摩会等收集信息；在竞争对手进行新产品实验、生产或产品试销现场进行秘密观察。随着市场竞争的加剧，这些观察调查手段越来越接近间谍手法。

(五) 实物痕迹观察

实物痕迹观察是指通过对现场遗留下来的实物或痕迹进行观察，了解顾客行为规律或其他市场情报的调查方法。例如，国外流行的食品橱观察法是指调查者通过察看顾客的食品橱，记下顾客所购买的食品品牌、数量和品种，来收集家庭食品的购买和消费资料。又如，通过对家庭丢掉的垃圾等进行痕迹观察，在居民小区的垃圾点等地址进行垃圾的收集和分类工作，从消费者丢弃的包装物、容器和其他废物中，了解该区域消费者的消费结构、消费水平以及各种产品的市场占有率、社会普及率等资料。

(六) 电视收视监控法

电视收视监控是仪器观察的一种典型应用形式。AC·尼尔森公司的电视监控系统是仪器观察最知名的调查系统,它被用来估测全国的电视观众数量。AC·尼尔森公司在所选定的一个消费者小组(5 000个家庭)的电视机上安装一种电子扫描装置,实时获取节目选择、观看时间的长度及观众的基本情况等各种重要数据。当消费者打开电视机的时候,荧屏上会出现一个问号,提示其是谁在观看节目。然后该观众就会使用一个电子设置,记录下观看电视节目的人群。安装在电视上的一种配置可以自动向AC·尼尔森公司发送观测到的数据,即观众的性别、年龄及其所观看的节目。

随着数字电视的广泛使用,专业调查公司正在研制一种更高级的数字有线技术,主要是利用置顶盒解码系统,该系统将会"问"置顶盒在做什么,并确认荧屏上的频道或节目。这些数据将发送至中心处理地点,而观众是看不到也听不到这些数据的。

(七)流量记录观察

流量记录观察是指在一定的时间内,对经过某个地点的人口或事物的数量进行现场记录的调查方法,主要的方法有人口流量观察和交通工具流量观察两种。

人口流量观察是指调查人员在预定的地点对特定内容进行的观察。例如,在机场、车站、码头和旅游胜地的进出口处进行观察统计,对过往的人口流量数目或其他行为进行观察和记录,获得的数据主要用于商场、餐馆等的选址,还有利于对企业的多种市场营销决策的启发和修正。

交通工具流量观察是指对某个具体时间通过某个路段的交通工具的数量和种类进行观察统计的调查方法,包括汽车流量观察和物流观察。汽车流量观察是指在某个交通要道上对过往汽车的数目、种类、运载情况和行驶方向进行观察统计,所获得的关于旅客数量、类型和流向,关于货物运载数量和类型等方面的资料,可以为多个部门提供决策依据,如对加油站的设立,酒店、餐馆的增减,汽车维修和零配件的供应,货物运输等多个方面的决策很有启发。物流观察是指在某个具体的地点,通过对各种交通工具的类型、品牌、载重等情况进行统计,了解各种产品的流向、市场供应量、市场普及率、市场占有率、顾客的品牌爱好等。例如,在某个商场门口,对出入的车辆类型、运输内容和车辆的来源进行观察和统计,可以了解该类商场的货源和采购类型、商场的进货量、进货周期、大宗商品的主要品牌等情况,并且可以间接预测出该商场主要商品的销售情况,商场采购网络和销售网络的分布等。如果结合商场内外部的观察,还可以对该商场的经营环境、经营状况等进行分析和预测。

六、观察法的优点及局限性

1. 观察法的优点

(1)在被调查者不知情的情况下进行有目的的观察,直接记录被调查者的现场行为和活动事实,调查结果客观真实,所获资料准确性较高。

(2)可以随时随地进行调查,对现场发生的现象进行观察和记录,或通过摄像、录音等手段,如实反映、直接测度或记录现场的特殊环境和事实,有较强的灵活性。

(3)基本上是调查者的单方面活动,特别是非参与观察,一般不依赖于语言交流,有利于排除人际交往中可能发生的种种误会和干扰。

2. 观察法的局限性

(1)只能取得表面性资料，无法深入探究其内在原因、态度和动机等问题。

(2)时间长、费用高。需要大量观察员进行长时间的观察，加之配备仪器的费用，调查成本高，因而不太适合研究大范围、大规模的社会现象。

(3)对调查人员的业务技术水平要求较高，调查人员应具有敏锐的观察力，良好的记忆力，必要的心理学、社会学知识以及对现代化设备的操作技能等，否则将无法胜任此项工作。

(4)小样本，代表性差。

基于以上缺点，为减少观察者误差，在应用观察法时，应注意以下事项。

第一，为了使观察结果具有代表性，能够反映某类事物的一般情况，应注意选择那些有代表性的典型对象，在适当的时间内进行观察。

第二，在进行现场观察时，最好不要让被调查者有所察觉，尤其是使用仪器观察时更要注意隐蔽性，以保证被调查者处于自然状态。

第三，在实际观察和解释观察结果时，必须实事求是、客观公正，不得带有主观偏见，更不能歪曲事实真相。

第四，观察项目和记录用纸最好有一定的格式，以便尽可能详细地记录观察内容的有关事项。

第五，挑选有丰富经验的人员充当观察员，并进行必要的培训。

第二节　实验法

一、实验法的概念

实验法即实验调查法，是指从影响调查问题的许多可变因素中，选出一个或多个因素，将它们置于同一条件下进行小规模实验，然后对实验获得的数据进行处理和分析，确定调查结果是否值得大规模推广，从中提取有价值的信息，为市场决策提供依据。简单地说，实验法是研究者通过控制某一个或某几个自变量(如价格、包装或广告)，研究其对因变量(如销售量、品牌态度等)的影响的方法。实验法运用类似于自然科学中的实验室求证的原理来研究市场问题，单纯从逻辑上说，实验法最具科学色彩，因为只有实验法才能证明实验变量与目标变量之间是否存在因果关系，因此实验调查又称因果性调查。

从某种意义上说，实验法是把研究对象放在某一特定的条件下进行观察的，因而也可以认作是一种特殊的观察法。但从本质上看，在访问法和观察法中，调查人员是一个被动的信息收集者，而在实验法中，调查人员成了研究过程中的主动参与者。单纯的观察只能在自然条件下进行，无论直接用感觉器官观察还是借助仪器观察，观察者都没有改变或干预自然状态。在这种情况下，由于事物现象错综复杂，不利于人们认清现象背后的、最本质的、起着决定性作用的东西，因此单纯的观察已经不能满足人们的需要了，这时就要求人为地去干预并尽可能控制所研究的现象，或者在实验条件下再现它最本质的方面，排除偶然，这就是实验法产生的背景。

实验法在市场调查中的应用比较广泛。例如，一种产品在进入市场或者改变原有产品的包装、款式、价格、广告、陈列方法、推销方法时，均可先做一个小规模的试验，然后再决定是否需要大规模的推广。例如，要研究价格对销售量的影响，研究者可选择几个购买力等条件基本相同的地区或商场，将同一品牌的产品分别以几种不同的价格销售，然后观察这几个地区在销量上有什么不同。如果较高价格地区的销量明显较大，则说明价格高反而有助于产品的销售。反之，如果中等价格地区的销量较大，则说明中等价格比较适合消费者。

二、市场实验的形式

根据人工或自然水平，市场实验的形式可以分为现场实验和实验室实验两种形式。

实验的人工水平是指在某一实验环境中，一个应答者的行为与他在自然环境下的正常行为之间的差异程度。例如，在一个实验室做一项关于消费者味觉偏好的测试，实验环境的人为程度就偏高，而同一个实验若由一些商场采用联合展销的方式进行，人为程度就较低。前者属于实验室实验，后者则是现场实验。

1. 现场实验

现场实验的一个最突出的特点是实验环境非常接近于真实环境。但是现场实验缺乏对自变量的控制，也缺乏对外生变量的控制。例如，许多现场实验要求批发商或零售商合作，但是这种合作经常难以保证，一些正试图大规模降价的商场可能会拒绝以某特定价格经营某种商品的要求。对外生变量的控制更困难，像天气变化、竞争者的活动这样的因素都无法由实验者控制。从某种意义上讲，现场实验不如实验室实验应用广泛，但是由于它的结果有较高的预测效力，因此在市场研究中经常被用于新产品大范围推出前的最后验证。

2. 实验室实验

实验室实验在新产品、包装和广告设计的初始测试中有着广泛的应用。实验室实验可以通过实验环境，有意识地控制、操纵实验条件，最大限度地减少外生变量的影响，这是现场实验所不能及的。另外，与现场实验相比，实验室实验既省钱又省时，所以调查者常常在调查的初始阶段使用这种方法。

实验室实验的最大弱点是预测效力差。预测效力是指用实验结果推断实际情况的能力，因为实验室实验最大限度地消除了外生变量对实验结果的影响，所以它的环境就与真实环境相差甚远，从而降低了它的预测效力。另外，实验室实验可能导致反应误差，也就是说，被测试者可能只是对环境有所反应，而对自变量没有反应或反应很小。反应误差可能来自两个方面，一是来自实验环境，二是来自实验实施者。被测试者在实验环境中并不总是被动的，他们试图了解测试人员正在干什么，并且总是希望有正确的（即实验实施者所希望的）行为。如果环境中有任何线索会透露出实验者的实验意图，那么被测试者就会按照"好"的行为行事，结果就出现了反应误差。例如，在实验室中对一组被测试者进行某种产品广告促销效果实验，事前测量被测试者对这个产品的态度，而后在 30 分钟的电视录像节目中插播包括此产品在内的几则广告。由于事前测量，被测试者猜到实验者希望通过广告改善消费者对这个产品的态度，那么在进行事后测量时，被测试者就很可能按照实验者希望的样子做出反应。

三、实验调查的基本要素

(1)自变量。自变量又称实验变量或处理变量，是指那些可以操纵处理的，而且效果可以测量和比较的变量，如产品的形状、包装、价格水平、促销方法等。

(2)因变量。因变量是指由自变量的变化而引起变化的变量，是测量自变量结果或效应的变量。例如，在包装设计与销售量的关系中，销售量就是因变量。在市场调查中，常见的因变量有销售量、市场占有率、品牌态度、品牌知名度等。

(3)实验处理。实验处理是指改变实验对象所处的市场环境的实验活动，如改变价格或改变包装形式。

(4)实验组。实验组是指一组被研究对象或实验实体，实验组可以是消费者、商场、零售商、销售地区、电视观众或广播电台的听众等。

(5)对比组。对比组又称控制组，是指由在实验中自变量维持不变的那些个体所组成的组，即不引入处理的实验组。

(6)干扰变量。干扰变量是指自变量和因变量以外的影响因素，又称外部变量或无关变量。干扰变量有两类：一类是调查者可以加以控制的各实验对象之间的差别，如商场规模、地理位置等；另一类是调查者难以控制的，如气候、季节、竞争对手的行动等。这些干扰变量可以把因变量的测量值搅乱，干扰测量结果的准确性，在市场实验中必须努力对其加以控制和排除。

四、实验调查的步骤

在市场调查中，实验法主要应用于产品测试、包装测试、价格测试、广告测试、销售测试等方面。无论是工业品、消费品、企业试制新产品，或者老产品改变质量、包装、设计、价格、广告、陈列方法等因素时，均可通过实验法先做小规模的实验性改变，以调查顾客反应，了解市场对商品的评价和商品对市场的适应性。在应用实验法时，必须明确实验的目的，所选择的实验变量或指标对所研究的问题必须能提供重要的信息，要选择好可控因素及其不同状态或水平，优化实验设计，认真监视实验过程，做好实验数据的记录、处理和综合分析。实验法的操作步骤如下。

(1)根据调查项目和主题要求，提出研究假设，确定实验自变量。例如，某种新产品在不同的地区销售是否有显著的差异？哪个地区的销售效应最好？不同的广告设计方案的促销效果是否存在显著的差别？哪个方案的促销效果最佳？等等。

(2)进行实验设计，确定实验方法。实验设计的方案很多，有单因素实验设计、双因素实验设计和多因素实验设计三大类，其中每一类又分为许多具体的实验设计形式。一般来说，应根据因素个数、因素的不同状态或水平、可允许的重复观察次数、实验经费和实验时间等综合选择实验设计方案。

(3)选择实验对象，进行实验。按实验设计方案组织实施实验，对实验结果进行认真观测和记录，对实验观察数据进行整理，并编制统计表，运用统计对比分析、方差分析等方法对实验数据进行研究和推断，得出实验结果并加以解释。

(4) 撰写实验调查报告。实验结果验证确认无误后，可写出实验调查报告。实验调查报告应包括实验目的说明、实验方案和实验过程的介绍、实验结果及解释，并提出有价值的信息和行动方案，为市场决策提供依据。

五、实验设计

实验设计是指调查者控制实验环境和实验对象的规划和方法，常用的实验设计主要有非正规实验设计和正规实验设计。

(一) 非正规实验设计

非正规实验设计是指在进行实验设计时，对实验组的选择不是随机的，因此处理实验所引起的变化不能完全通过统计检验分离出来。这种方法耗费小、易于操作，常被用于市场研究。在对调查的对象情况比较熟悉、实验单位数目不多的条件下，采取判断分析法选定实验单位，可用此种设计进行实验调查。非正规实验设计有很多种，这里介绍常用的几种方法。

1. 无对比组的事前事后实验设计

这是一种最简便的实验调查方法。在这种实验设计中，调查人员只选择一批实验对象作为实验组。在相似的市场内，实验前对实验组在正常情况下的数据进行测量，经过一定的实验期后，收集实验过程中产生的资料数据，通过对比实验组在实验前和实验后所要观察的现象的变化，研究分析实验的效果，得出实验结论。这种实验调查方法，可用于企业改变产品功能、花色、规格、款式、包装、价格等因素后的市场效果测试。其实验过程如表 8-1 所示。

表 8-1 无对比组的事前事后实验设计

项目	实验组	对比组
事前记录	X_1	—
实验处理	有	—
事后记录	X_2	—

实验效果 $E=$ 实验后检测效果 $-$ 实验前检测效果 $=X_2-X_1$

实验效果一般情况下只测定绝对效果，也可同时测定相对效果。

例如，某饮料厂为了扩大产品的销售，计划改变某纯天然果汁饮料瓶的形状，由于改变形状后的果汁瓶成本较高，企业不能贸然行动。为了测试新设计的果汁瓶的外形效果，在某市选定 6 家超市进行为期 1 个月的实验调查。事先对这 6 家超市在实验前 1 个月的旧瓶装饮料的销售量做了统计，计得总销售量 $X_1=6\,750$ 箱，实验开始后，对 6 家超市销售新瓶装饮料的销售量进行连续 1 个月的统计，得到的结果是 $X_2=8\,725$ 箱。实验测试表明，改变饮料瓶的形状后，设计的新瓶装果汁饮料比旧瓶装果汁饮料的销售总量增加了 1 975 箱，上升的幅度为 29.26%，即

实验绝对效果 $E = X_2 - X_1 = 8\ 725 - 6\ 750 = 1\ 975$（箱）

实验相对效果 $= 8\ 725 \div 6\ 750 \times 100\% \approx 129.26\%$

这说明改变饮料瓶的形状对产品的销售确实有刺激作用，如果经过分析无其他因素影响，就可做出该果汁饮料瓶是否推广新的形状设计的决定。

此方法最大的优点是简便易行，缺陷在于没有考虑干扰变量的影响，因而难于肯定测量的结果是由改变自变量所致，由此结果做出的决策有较大的风险。

2. 有对比组的事后实验设计

在无对比组的事前事后实验设计中，由于不能排除其他非实验因素的影响，只能粗略地估计实验效果。采用有对比组的事后实验设计，将实验组和对比组的观察对象在同一时间上进行对比，就可以排除其他非实验因素的影响。假如用 X 代表实验组事后测量值，用 Y 代表对比组事后测量值，则实验绝对效果 $E =$ 实验组事后检测效果 $-$ 对比组事后检测效果 $= X - Y$，实验相对效果 $= X \div Y \times 100\%$，如表8-2所示。

表 8-2　有对比组的事后实验设计

项目	实验组	对比组
事前记录	—	—
实验处理	有	无
事后记录	X_2	Y_2

例如，某企业想了解店面POP广告对其销售量是否有促销作用，决定采用有对比组的事后实验设计来观察效果。从所有的零售商中选择了10家商场，其中5家商场为实验组，5家商场为对比组，实验期为1个月，规定实验组自实验开始起悬挂POP广告，而对比组不悬挂POP广告。实验开始后连续1个月分别记录两组的销售量。实验结束后，实验组的销售量 $X_2 = 6\ 100$ 件，对比组的销售量 $Y_2 = 4\ 800$ 件。

实验绝对效果 $E = X_2 - Y_2 = 6\ 180 - 4\ 850 = 1\ 330$（件）

实验相对效果 $= X_2 \div Y_2 = 6\ 180 \div 4\ 850 \times 100\% \approx 127.42\%$

采用这种实验方法，应当注意实验组和对比组的可比性，如两组商场的规模、类型、地段等要大体一致，只有这样才能保证实验的效果。在有对比组的事后实验设计中，对比组和实验组是在其他因素影响相似的条件下进行实验的，其结论可以代表同类事物，因此具有一定的准确性，但却无法剔除实验前后其他因素的影响。

3. 有对比组的事前事后实验设计

以上两种实验设计都具有简便易行的特点，但都无法排除非实验因素对因变量的影响。要消除非实验因素的影响，必须先确定它对实验效果的影响程度，再将它从实验结果中剔除，对此采用有对比组的事前事后实验设计效果比较好。这种方法在同一周期内，选择两组条件相似的研究对象，一组为实验组，一组为对比组，然后对实验前后的观察数据进行处理，得出实验结果。它是上述两种实验方法的结合，设实验组在实验前一定时期内某现象变量的测量值为 X_1，实验后相同时期内该现象变量的测量值为 X_2，对比组实验前后与实验组相同时期的该现象变量的测量值相应为 Y_1 与 Y_2，实验结果如

表 8-3 所示。

表 8-3　有对比组的事前事后实验设计

项目	实验组	对比组
事前记录	X_1	Y_1
实验处理	有	—
事后记录	X_2	Y_2

$$实验绝对效果 E=(X_2-X_1)-(Y_2-Y_1)$$
$$实验相对效果=(X_2-X_1)\div X_1-(Y_2-Y_1)\div Y_1$$

其中，X_2-X_1 表示实验组的实验变量在实验前后不同时期的增（减）量，它不仅反映了实验效果，而且包含着由其他非实验因素引起的增（减）量。Y_2-Y_1 表示对比组的同一变量在实验前后不同时期的增（减）量，它完全由其他非实验因素引起。所以上面的 E 值表示的是实验的实际效果，即如实地反映了给定实验条件而引起的增（减）量。

例如，某食品公司欲测试改进虾条包装的市场效果，选定 5 家超市作为实验组，销售新包装虾条；另选 5 家超市作为对比组，销售旧包装虾条，实验期为 1 个月。实验前后 1 个月的销售量统计如表 8-4 所示。

表 8-4　虾条新包装销售测验统计　　　　　　　　单位：件

项目	实验前月销售量	实验后月销售量	变动量
实验组	2 200	3 360	+1 160
对比组	1 800	2 170	+370

$$\begin{aligned}
实验绝对效果 E &= (X_2-X_1)-(Y_2-Y_1) \\
&= (3\,360-2\,200)-(2\,100-1\,800) \\
&= 1\,160-370 \\
&= 790(件)
\end{aligned}$$

$$\begin{aligned}
实验相对效果 &= (3\,360-2\,200)\div 2\,200-(2\,170-1\,800)\div 1\,800 \\
&= (1\,160\div 2\,200-370\div 1\,800)\times 100\% \\
&= 52.73\%-20.56\% \\
&= 32.17\%
\end{aligned}$$

由此可以判断，产品采用新包装有利于扩大销售。

有对比组的事前事后实验设计的优点是可以控制外来因素对实验过程的影响，也可以反映实验前后的变化程度。其缺点是在进行消费者行为、态度测量时，将会受到调查者、被调查者态度的相互影响以及实验前后调查者与被调查者人员变动的影响。

4. 所罗门四组实验设计

所罗门四组实验设计的设计思想与有对比组的事前事后实验设计相似。为了控制所有干扰变量对实验的内在有效性的影响，可以通过加入第二个实验组和对比组，进行六次测量，即两次事前事后测量和两次事后测量，它被称为"最理想实验模型"。这种设计实际上是由有对比组的事前事后实验设计和有对比组的事后实验设计结合而成的,其基本思路是:第二个实验组不接受预先检测,否则与第一个实验组没什么区别,第二个对比组只接受后期测量。其实验设计效果如表 8-5 所示。

表 8-5 所罗门四组实验设计

组别	实验组 1	对比组 1	实验组 2	对比组 2
事前记录	Z_1	Y_1	—	—
实验处理	有	—	有	—
事后记录	Z_2	Y_2	Z_2	Y_2

实验效果的检测可以有三种方式,即

$$E = (Z_2 - Z_1) - (Y_2 - Y_1)$$
$$E = Z_2 - Y_2$$
$$E = Z_1 - Y_1$$

如果在这些测量中实验效果有一致性,即发现效果都比较显著,那么对实验处理影响所得出的推断更加有力。但是,按照上面的实验方法,还应注意到因为实验单位的不同,也会产生一些误差。另外,寻找在各方面都相同或极其类似的实验单位在实际操作中有很大的难度。有时也可以将对比组与实验组在实验一次以后互相交换再试一次来抵消误差,但除非是为了要求非常精确的实验结果,这种办法不太常用,因为它所耗费的时间太长。在这种时候,往往对实验方法进行一些变通。例如,只用 1 个月时间在两组商店分别销售新、旧包装的食品,第 2 个月再相互交换,观察记录两个月中两组商店销量的变化是否相同,变化情况有多大。

(二)正规实验设计

当实验单位很多,市场情况十分复杂时,按主观的判断分析选定实验单位比较困难,这时可以采用随机抽样方法来选定实验单位,这种方法称为正规实验设计。正规实验设计必须在各阶段抽样中遵循随机原则,然后再根据分析研究的目的,利用相应的统计方法进行信息处理与分析。正规实验设计的方法很多,这里简要介绍两种重要的正规实验设计,其具体方法见第十章第三节中方差分析的相关内容。

1. 单因素实验设计

单因素实验设计是指在实验设计中只选择一个影响因素作为实验因子,通过几组样本的同类观察数据进行统计分析比较,得出实验开始前所做的假设是否能够成立的结论。这种设计的所有实验单位都是完全采用简单随机抽样抽取的,众多的实验单位被选中的概率相同,从而保证实验结果的准确性。单因素实验设计在统计处理上是不同的。如果只有两种处理,就用 t 检验来检验两种处理之间的差异;如果是两种以上处理,则先用 F 检验来检验各处理之间的差异是否显著,若 F 检验不显著,则说明各处理之间无显著差异;相反,若 F 检验显著,则说明各种处理之间的确存在差异,在此基础上可进一步采用 t 检验对每两种处理之间的差异进行检验。

2. 多因素实验设计

多因素实验设计是指在实验设计中引进两个或两个以上的因素，这些因素是定类变量或定比变量。若目标变量受到几个实验因素变动的影响，就要采用多因素实验设计，它的优点是可以研究因素间的交互作用。当一个因素对因变量的影响依赖于另一个因素的水平时，就可能发生这种交互作用。多因素实验设计的统计处理过程与单因素实验设计的处理过程类似。对因变量的整体影响效应、交互作用效应及各个单因素的效应，均可通过 F 检验进行检验。只有当交互作用效应不显著时，才对主要因素进行检验，方可获得比较准确的结论。

对于实验对象的代表性以及测量上的随机性所产生的影响，一部分可以在实验设计时加以控制和消除。例如，通过实验组与对比组比较的方法来消除一部分外来因素的影响，通过科学方法选择实验对象来消除代表性偏差；另外，还有一部分剩余下来的不可控制因素和随机误差，是实验设计者没有能力加以消除的，它们形成了最终实验误差，实验误差的存在影响到实验结果的可靠性。为了说明实验调查结果误差的大小和其可靠程度，可以利用统计分析的方法加以测定。一般在正规的市场实验中，实验的组织者都需要测量实验误差的大小，以保证实验调查结果的准确性和可信度。但是，由于正规实验设计所需要的费用大、时间长，且操作技术较为复杂，因此一般的实验调查者较多地采用非正规实验设计。非正规实验设计一般不需要做实验误差的测量。这样做，虽然实验的结果稍欠精确，但因节省费用和时间，且操作简单，所以在市场调查的应用方面具有较为广泛的使用价值。

六、市场测试

实验法主要用于市场销售实验，即所谓的市场测试。通过小规模的实验性改变，以观察消费者对产品或服务的反应，从而分析该改变是否值得在大范围内推广。实验法常用的领域包括以下几种。

(1)市场饱和度测试。市场饱和度反映市场的潜在购买力，是制定市场营销战略和策略的重要参考指标。企业通常通过将消费者购买产品或服务的各种决定因素（如价格等）降到最低限度的方法来测试市场饱和度，或者在出现滞销时，企业投放类似的新产品或服务到特定的市场，以测试市场是否真正达到饱和，是否具有潜在的购买力。前述两种措施由于利益和风险的原因，不可能在企业覆盖的所有市场中实施，只能选择合适的实验市场和对照市场加以测试，得到近似的市场饱和度。

(2)产品的价格实验。这种实验往往将新定价的产品投放市场，对顾客的态度和反应进行测试，了解顾客是否接受这种价格及其接受程度。

(3)新产品上市实验。波士顿矩阵研究的企业产品生命周期图表明，企业为了生存和发展往往要不断开发新产品，并使之向明星产品和金牛产品顺利过渡。然而新产品投放市场后的失败率却很高，为 $66\%\sim90\%$。因而为了降低新产品的失败率，在产品大规模上市前，运用实验调查对新产品的各方面（外观设计、性能、广告和推广营销组合等）进行实验是非常有必要的。

市场测试是指利用实验的方法对一种新产品或营销组合的某种要素进行测试，即将产品投放到一个典型的市场上去进行有限规模的销售并测定销售结果。这样制造厂家在进行全国性或区域性大量销售活动之前，或者说在其将承受大量开支之前，就能够搜集到各种市场情报和对产品不同质量的反应。市场测试的研究的目的是通过提供一种真实市场的测试，来评估产品和营销计划，协助营销经理确定产品在全国推广后得到的估计利润是否超过潜在风险，从而对全新产品做出更好的决策，并对现有的产品或营销战略进行调整。

在市场竞争日益激烈、消费者越来越"喜新厌旧"的今天，没有新产品的企业是注定要被淘汰的，然而新产品的开发和推广往往带有很大的风险性。如何降低和规避风险是企业开发新产品时必须面对的问题，在新产品上市前进行市场测试是降低风险的一种有效手段，产品测试在新产品创新开发及品牌管理中都发挥着重要作用。当然，市场测试并不局限于新产品，它还常被用来评价价格变化、新式包装、分销渠道的变化和不同的广告战略。大部分市场测试的主要目的有两个：一是确定产品在市场上被接受的程度；二是对几种相互可以替代的营销组合进行测试，找出效果最佳者。另外，它还有一个附加作用，即发现营销管理中的问题和新的市场机会。

(一)进行市场测试前须考虑的因素

市场测试的费用很高，还有可能向竞争者提供早期信号，对手很可能仿效测试公司的做法，并抢先进入全国性分销渠道。所以在进行市场测试之前，先确定是否需要进行市场测试，对此应考虑以下四个主要方面。

(1)对测试成本、失败的风险、成功的可能性及相关利润进行比较。

(2)竞争者仿制产品并推向全国市场的可能性和速度。如果产品能轻而易举地被复制，最好直接将产品推向全国市场而不必进行市场测试。

(3)企业为市场测试生产产品所需投资与面向全国市场生产一定数量的产品所需的投资。有时，两者之间的差异可能很小，在这种情况下，不进行市场测试而向全国推广产品可能更有意义。然而，若两者之间存在很大差异，在决定向全国推广产品之前进行市场测试更有意义。

(4)考虑如果不进行市场测试，新产品直接上市失败对公司声誉的影响程度。新产品投放市场的失败可能会严重损害公司的声誉，还会损害分销渠道的其他成员的声誉，并破坏公司与之今后合作的可能性。

(二)市场测试的步骤

一旦决定进行市场测试，那么按既定的步骤进行将有利于提高测试的效率。市场测试的步骤如下。

(1)确定测试目标。确定测试目标包括估计市场份额和销售量、决定产品购买者的特征、决定购买的频率和目的、决定在什么地方购买、测量新产品的销售对产品线和现有相似产品销售的影响。

(2)选择测试市场。确定市场测试的目标后，就要决定适合既定目标测试方法的类型，有三种可行的基本类型可供选择，即标准的市场测试、控制的市场测试、模拟市场测试。在选择测试市场时，应确保市场测试结果能被用到产品销售的整个地区。

(3)制订详细的测试计划。确定了目标和基本的测试方法后,就要制订详细的市场测试计划,制造和分销决策的制定必须保证提供适当的产品,而且出售具体产品的方式在大多数商场是可行的。另外,用于测试的营销计划细节必须详尽地加以规定。应当以市场定位为依据,根据目标市场消费者的特性,制订合适的商业广告计划、价格策略、媒体计划及促销活动方案等。

(4)执行计划。有了合适的计划后,下一步就是执行计划。将测试商场中所有品牌在上述几个方面的信息列表并加以分析,调查人员可以据此研究测试产品与其他品牌的关系,同时确定出测试产品的相对优势和劣势。测试应持续足够长的时间,起码能观察到重复购买行为。竞争者反应的预期速度和进行测试的成本是另外两个需要考虑的因素。如果有理由预计竞争者对正在从事的活动能迅速地做出反应,那么测试时间应尽可能短。最后,必须考虑到从测试中获得的附加信息的价值与继续进行测试的成本之间的关系。在某些情况下,测试的成本有可能超出所获得的附加信息的价值。如果测试成本过高,就要考虑修改市场测试计划。测试结束后,对根据市场测试目标所收集的数据进行分析,从而做出是否将新产品投放市场的决定。

(5)分析测试结果。尽管在实验进行过程中也评估所产生的数据,但是在实验完成之后,必须进行一次更详细、更彻底的数据分析。该分析主要集中在四个方面,即购买数据、认知数据、竞争反应、销售来源。根据这些分析结果,企业可以对产品生产或营销计划进行修订,决定终止该产品还是使之进入全国或地区分销系统。

七、模拟市场测试

目前,使用越来越普遍的测试方法是模拟市场测试。模拟市场测试并不是真实市场测试,它是指在实验室以外的某个场合,利用实验室的方法和条件,营造一个与实际市场比较接近的环境而进行实验调查的方法。这种方法介于实验室实验和市场测试之间,可以借用商场的一个局部作为临时实验场所,但更多的是在一个经过挑选的其他场合,如大学的广场、礼堂或会议厅等。典型的模拟市场测试包括以下几个步骤。

(1)在购物商场里拦截顾客。在实验中,把被拦截的顾客领入一间测试室,要求他们完成一份有关人口统计特征、购买实践以及新产品类别的购买行为的调查问卷。根据使用类别进行筛选,或者从新产品的目标市场获得有代表性的消费者样本来参与一系列的实验。

(2)让这些顾客作为受测试者观看竞争环境中的新产品测试广告。这些商业广告在实际电视节目中播放,其中包括许多属于产品类别中的现有品牌的商业广告,也有一些其他种类的产品和服务的商业广告。其目的在于测试环境要尽可能现实,而并不仅仅是覆盖产品类别中的每一种品牌。

(3)受测试者被给予机会在现场或实验室环境中购买新产品。让受测试者组成小组进入一家模拟商场。在节目中做了广告的品牌和一些测试实验内没有包括的其他竞争品牌都可以在此商场找到。给予受测试者一定数量的钱或代金券,让他们在此商场购买东西,但所给的钱要低于测试产品的价格。之后要求他们根据自己的喜好进行购物(或决定不买)。很显然,要想购买测试产品就需要他们补上一部分钱。在这个测试中,只有那些受到品牌特征和用途的强烈吸引的受测试者才会加钱去购买产品。

（4）让受测试者讨论他们的选择以及做出选择的原因，同时填写覆盖同样问题的结构化问卷。在完成问卷调查后，消费者回到家中，按平常的方法使用他们购买的产品。

（5）在经过足够长的一段时间后，打电话给受测试者或登门征询他们使用产品的态度，以确定他们对产品的评价和再次购买的可能性。值得注意的是，受测试者事先并没有被告知会再次回访他们。回访跟踪调查的目的是为了了解：①他们对自己所选的产品感觉如何；②其他家庭成员对产品有怎样的反应；③对产品的满意程度；④是否满意的原因；⑤他们对所选的产品与其他曾经用过的同类型产品的比较；⑥使用产品的数量、频率；⑦如果产品在市场上可以买到的话，他们是否已购买了更多的产品，以及将来他们购买此产品的可能性。

（6）将先前做出的试用和重复购买的估计值输进数学模型，用来预测如果产品在全国上市时的份额和销售量。另外，管理层必须提供关于广告、分销和为新产品做出营销战略中的其他要素的信息。

模拟市场测试依赖的是实验方法和数学模型，现在它的使用越来越普遍。模拟市场测试以更低的成本，利用询问数据和数学模型来模拟市场测试结果，该数学模型用来进行销售量的估计，并提供评价产品特性和预期营销组合的信息。导致模拟市场测试日趋普及的主要原因包括：①保密性好。由于采用的是实验室设计，竞争者并不太可能了解正在进行什么测试、测试的细节以及有关测试的产品的特性。②模拟市场测试比标准市场测试进行得更快。模拟市场测试通常最多在3～4个月里就能全部完成，而标准的市场测试则需要更长时间。③模拟市场测试比标准市场测试更省钱。④最重要的一点是，已有证据表明模拟市场测试非常精确。

八、实验法的优点及局限性

1. 实验法的优点

（1）可以探索不明确的因果关系。

（2）通过合理设计，有效控制实验环境，使实验结论有较强的说服力。

（3）可以主动进行变量控制，从而观察各种因素之间的相互关系，这是其他调查方法无法做到的。

2. 实验法的局限性

实验法在市场调查实践中并不经常使用，究其原因，主要是实验成本、保密问题、实施难度等方面的局限。

（1）费用高。从某种程度上讲，实验法在费用方面比访问法和观察法都高。为保证实验的实现，一系列其他工作必须完成，这些花费有可能超过所获信息的价值。

（2）花费时间长。一般在短时间内不能获得有效的信息，实验变量与有关因素的关系会因其他多种干扰因素的变化而发生变化，所以实验结果用于实际推广必须有一定的时间约束。

（3）保密性差。在现场实验和市场测试中，要进行的某个营销计划或营销计划的某些关键部分容易暴露，这种信号会使竞争者做出快速反应，极有可能在本企业大规模市场推广之前率先采取行动。

(4) 实施难度大。实验法只能识别实验变量与有关因素之间的关系,而不能解释众多因素的影响,不能分析过去或未来的情况。由于影响实验变量的因素是多种多样的,要想准确地掌握实验变量与有关因素之间的关系,在技术和分析上有一定的难度。此外,在市场测试中,既要考虑不影响企业的正常工作,又要考虑取得实验对象及其他人员的合作,实施起来不容易,尤其是非实验变量不可控制,很难找到有充分代表性的实验对象和实验环境,会使实验结果失真。

基于以上原因,实验法在我国目前还缺乏系统的研究,一般只局限于新产品的试销、展销、试用等。

☆思考练习题

一、问答题

1. 什么是观察法？其代表性的方法有哪几种？
2. 观察法有哪些优点、缺点？
3. 什么是实验法？实验法有哪些基本要素？
4. 简述市场测试的步骤。
5. 对观察法和实验法进行比较。

二、思考题

请通过查找外国企业收集我国经济情报的个案或案例,谈谈你对一些公司利用网络黑客窃取商业情报的看法,为什么有这种看法？

☆实训题

以组为单位,完成下列任务。

1. 如果请你为一家书店做神秘顾客调查,你认为应该包括哪些方面的观察？请你设计一份暗访评分表,寻找一家书店进行三次实地观察,填表并进行分析总结,最后将之递交给书店经理。

2. 某公司想推出一款新的洗发水,但不知道推出之后顾客的反应会怎么样,所以想做一个市场测试。在做市场测试之前应该注意哪些问题？请为该公司制订一份市场测试计划。

☆案例分析

市场调查的作用和力量

一、案例介绍

市场调查作为一种营销手段,对于许多精英企业来说已成为一种竞争武器。市场调查自1919年美国柯蒂斯出版公司首次运用成功后,即在世界范围内迅速扩展开来,并由最初的简单搜集、记录、整理、分析有关资料和数据,发展成为一门包括市场环境调查、消费心理分析、市场需求调查、产品价格制定、分销渠道开发、促销方法研究、竞争对手调查、投资开发可行性论证等在内的综合性科学。随着世界经济的不断发展，国际上一些著名企业更是把精确而有效的市场调查作为企业经营发展的必修课，各种做法可谓洋洋大观。

（1）开设意见公司。日本有一家由日本实践技术协会开设的咨询公司，十分注重与不同年龄、不同层次的消费者建立固定联系，经常请他们对各种商品提意见；同时，该公司还刊登广告征求意见，并提供相应报酬。他们将搜集到的各种意见整理分类并及时反馈给有关企业，从中谋取回报。公司的人员来自社会各个层次，知识结构也力求搭配合理。

（2）免费电话巧问计。美国一家生产化妆品等日用化学品的著名企业，为了听取用户意见，别出心裁地用免费电话向消费者征询意见。他们在产品包装上标明该公司及各分厂的800个电话号码，顾客可以随时就产品质量问题打电话反映情况，费用全部记在公司账上。公司则对所来电话给予回复，并视情况予以奖励。仅1995年，该公司就接到近25万个顾客电话，从中得到启发而开发出的新产品销售额近1亿美元，而公司支付的电话费不过600万美元。

（3）研究垃圾。一般人会认为研究垃圾是荒唐之举，对经营决策不会有什么影响，但事实恰恰相反。美国著名的雪佛隆公司曾重金请亚利桑那大学教授威廉·雷兹对垃圾进行研究。雷兹教授每天尽可能多地收集垃圾，然后按垃圾的内容标明其原产品的名称、重量、数量、包装形式等并予以分类，以获得有关当地食品消费情况的准确信息。雷兹教授说："垃圾绝不会说谎和弄虚作假，什么样的人就丢什么样的垃圾。"雪佛隆公司借此做出相应决策，大获全胜，而其竞争对手却始终也没搞清雪佛隆公司的市场情报来源。

（4）巧设餐馆。日本企业界有一则流传甚广的故事，日本人对英国纺织面料在世界久享盛誉一直不服，却无从得知其中的奥秘，于是萌生一计——集中本国丝绸行业的部分专家进行烹调培训，然后派往英国，在英国最有名的纺织厂附近开设餐馆。于是，在纺织厂的一些工人前来就餐时，日本人千方百计地搜集情报，结果一无所获。不久之后，这些餐馆宣布"破产"，由于很多"厨工"已同工厂的主管人员混熟，因此部分人就进入了这家工厂工作。一年后，日本人分批辞职回国，成功地把技术带回了日本，并运用更先进的工艺制造产品且返销给英国。为了得到技术情报，日本人可谓煞费苦心，打了一个"迂回战"。

（5）"皱眉信息"。秘鲁一家百货公司的经理库克先生，提出要捕捉"皱眉信息"，即观察顾客挑选商品的过程，若顾客皱眉便说明其不满意，售货员要主动承认商品有不足之处，随后商场在营销方法上加以改进。库克的这一招使这家百货公司的效益迅速提高。

（6）"顾客的影子"。找人充当顾客的影子是美国一些市场调查公司的杰作，这些公司专门为各商场提供市场调查人员。当这些人接受商场聘请之后，便时刻不离顾客左右，设法了解顾客购买哪些商品、停留多久、多少次会回到同一件商品面前以及为什么在挑选很长时间后还是失望地离开等。美国许多企业得益于这类调查，并因而使经营更具针对性，更贴近消费者。

(7)住进客户家里。一次,一个美国家庭住进了一位"不幸"的日本人。奇怪的是,这位"落难者"每天都在做笔记,记录美国人居家生活的各种细节,包括吃什么食物、看什么电视节目等。一个月后,这个日本人走了。不久,丰田公司就推出了针对美国家庭需求而设计的价廉物美的旅行车,并大受欢迎。同时,丰田公司发现,美国男士(特别是年轻人)喜欢喝玻璃瓶装的饮料而非纸包装的饮料,日本设计师就专门在车内设计了能冷藏并能安全放置玻璃瓶的柜子。直到此时,丰田公司才在报上刊登了他们对美国家庭的研究报告,并向那户人家致歉,同时表示感谢。

(8)"半日游逛"。德国的哈夫门公司特别善于捕捉市场信息,拥有"新鲜公司"之雅号。他们的方法是经理和高级职员每天半日坐班,半日深入社会,以搜集更多的信息。一次,公司的管理部长进剧院看戏,无意间听到不远处一对青年男女的对话:"你能给我买顶有白花饰物的绒帽吗?我们公司的女孩们都想得到那样漂亮的帽子。只有赫德公司卖过一批,可以后再也见不到了。""亲爱的,我保证给你买到。你知道吗,我们公司的同事们都想买那种双背带背包,省力又不会使肩膀变形,你要是能为我买来,他们肯定既羡慕又嫉妒。"管理部长坐不住了,出门直奔几家商店,经打探发现问的人多,可店里没货。于是部长连夜找来几位设计师。两周后,大白花绒帽和双背带背包作为哈夫门公司献给人们的圣诞礼物摆上了柜台,生意很是红火。

(9)经理捡纸条。在澳大利亚昆士兰州,许多远道而来的顾客,特别是生怕忘事的家庭主妇,在到商店购物前总喜欢把准备购买的商品写在纸条上,买完东西后则随手丢弃。一家大百货公司的采购经理注意到这一现象后,除了自己经常捡这类纸条外,还悄悄发动其他人员行动起来。他以此为重要依据,制订了一套扩大经营的方案,结果可想而知:许多妇女从前要跑很远的路才能购买到的商品,现在到附近的分店同样也能买到。

资料来源:齐华.市场调查新景观.销售与市场,2006(6):25-26

二、问题

(1)该案例涉及哪几类调查方法,它们具有怎样的优点?
(2)以上实例对于你认识市场调查的作用和意义有何启发?

第九章

调查资料的处理

【学习目标】

通过本章的学习，了解调查资料处理的一般程序；掌握问卷编码和数据录入技术；熟悉调查资料的描述方法；掌握 Excel 及 SPSS 软件的基础知识和操作方法，并能运用其进行问卷资料录入及制作统计图表。

调查资料的处理，广义上是指在对调查资料进行统计分析之前要做的所有准备工作，包括对定性资料的分类、简化，对定量资料的汇总和分组等。随着现代市场调查越来越趋向于将定性资料量化研究和普遍应用计算机进行统计分析，汇总、分组、制表等许多工作被划入后续的计算机统计分析中。因此，现在调查资料的处理主要是指把调查中收集到的资料转换为适合汇总、制表和数据分析形式的过程。它包括资料收集完毕之后、做分析之前对资料进行加工处理的所有活动，主要包括检查资料中潜存的错误、将数据资料转化为数字形式，录入数据、核查数据、对不完整的数据进行插补以及将资料变成计算机的数据文件，对数据资料进行分组、汇总、制作图表，等等。现以纸制问卷为例，进行简要说明。

第一节 问卷资料的预处理

问卷收回标志着现场调查阶段结束，调查工作开始进入资料处理阶段，这是整个市场调查工作中较为费时费事、技巧强的一项工作。这个过程要确保调查的环节符合既定程序，每份要送去进行编码和数据录入的问卷都是有效的，为下一阶段的工作创造良好的条件。这个阶段主要有问卷审核、问卷校订及对问卷进行编码三项工作。

问卷资料收集工作完成之后，摆在研究者面前的是一大堆填答完毕的问卷，少则几百份，多则上千份，问卷处理是一项烦琐、细致的工作，每个步骤都有各自需要解决的问题和原则要求。在对调查资料进行处理时，首先是对回收的问卷进行审核、校订，其次要对审核过关的调查问卷进行编码、录入、核查，最后进行统计汇总与描述。一般来讲，对现场信息的整理工作不一定要等到现场作业完全结束以后再开始，由于调查问卷是一批一批收集上来的，因此只要收回第一批调查问卷，对信息的整理和加工就应该开始。这样做的好处是，一旦发现问题，即可迅速进行修正。

一、问卷审核

为了确保每份要进行数据录入分析的调查问卷都是有效的,对回收的问卷进行审核是市场调查特别是数据分析过程中必不可少的步骤。

1. 登记与编号

对于一个大规模的调查,对不同的地区和访问员提交上来的问卷,应当认真细致地做好接收与核对工作,资料采集之后,所有获得的资料都要汇总在一起,以便进行统计处理。在汇总过程中,为了避免信息损失以及评价访问员的工作成绩,有关负责人要对先来后到的资料进行登记分类。负责接收问卷的人员一般要事先设计好一定的表格,用于登记提交上来的问卷。表格上的项目一般包括调查员姓名、调查地区、调查实施的时间、提交的日期、实发问卷数、未答或拒答问卷数、丢失问卷数、其他问卷数、合格问卷数及合格问卷的编码区间等。其中重要的是,对不同调查员和不同地区(或单位)提交上来的问卷在登记之后要及时在问卷表面编号或注明调查员和调查地区等,否则大量的问卷混在一起,弄乱之后容易失去很多信息。

2. 查验存在问题

对于访问员当天完成并交回的问卷,要组织专人进行面审及电话复核,对于存在漏问的问卷当时就安排补问,对于不合格的问卷则予以剔除,以确保问卷的高质量。资料的审核一般是指对回收问卷的完整性和访问质量的检查。完整性是对访员和受访者的疏忽、遗漏、错误进行检查,如是否有缺损问卷、是否都填写齐全、是否有答案模糊不清的问卷。这些检查常常是在调查进行的过程中就已经开始的,多为人工操作。访问质量是指审核访谈是否按照规定的方式进行、被调查者是否符合过滤条件、是否遵循了规定的跳问路线、开放式问题的答案是否真实合理、核实被调查者是否真正接受了调查、访问员有没有造假行为等,目的是要确定哪些问卷可以接受,哪些问卷要作废。

3. 筛选出无效问卷

对每份调查问卷的完整性和访问质量做审核,以便发现不合格的调查问卷。事实上,在调查人员收集调查问卷时就应该及时进行调查问卷的审核。如果现场作业交由外界专门机构来完成,无论是入户调查、购物场所的拦截调查还是电话访谈,通常在所有现场调查结束后,客户单位或调查机构都要对每位访员所做的调查问卷进行复查,复查的比例一般为10%~20%。在进行问卷审核时应当注意以下两个要点。

第一,规定若干规则,使检查人员明确问卷完整到什么程度才可以接受。例如,至少要完成多少、哪一部分是应该全部完成的、哪些缺失数据是可以容忍的,等等。

第二,对于每份看似完成了的问卷都必须彻底地检查,要检查每一页和每一部分,以确认调查员(或被访者)是否按照指导语进行了访问(或回答)并将答案记录在了恰当的位置上。

通常,一份不合格的调查问卷有以下特点:①问卷缺损,如个别页码丢失,或页面破损;②问卷的回答不完全,即有相当多的部分没有填写;③被调查者没有理解问卷的内容而错答的,或是没有按照指导语的要求来回答的问卷;④答案几乎没有什么变化,如在五级量表都选择中性答案；⑤由不符合要求的其他人填写的问卷；⑥由于调查人员的记录不准确而造成的模糊答案，特别是对开放性问题；⑦前后矛盾或有明显错误的问卷，如某人年龄为50岁，职业为中学生。

一般情况下会有一些审核人员难于判断的问卷，这些问卷应该先放在一边，通知研究人员来检查以决定取舍。因此，通常建议审核人员将原始问卷分成三部分：可以接受的，明显要作废的，对是否可以接受有疑问的。

如果有配额的规定或对某些子样本有具体的规定，应将可以接受的问卷分类并数出其数量。如果没有满足抽样的要求，就要采取相应的行动，如在问卷校订之前对不足份额的类别再做一些补充的访问。

二、问卷校订

问卷校订是为提高数据的准确度而进行的审查，这个阶段实际上就是在筛选出的合格问卷中找出不满意的答案，并对这些不满意答案进行处理的过程。

1. 检查不满意的答案

为了提高资料的准确性，对那些初步接受的问卷还要进一步地检查和校订，找出属于下列情况之一的答案：①答案记录模糊不清，如字迹不清楚，无法辨认，或把"√"打在两个答案之间等；②前后矛盾或明显的逻辑错误，如从未用过某产品，却对该产品的功效表达用后感受；③模棱两可，如对某些要求单项选择的封闭式问题选择了多个答案；④不符合作答要求，如在问卷上随笔划个大钩，一笔带过若干问题；⑤调查对象不符合要求，如在调查某些针对性较强的产品的使用效果时，无关人员成为调查对象。

2. 处理不满意的答案

对于上述不满意的答案，通常有三种处理办法。

(1)返还现场。对于那些存在不合格回答的调查问卷，返还调查现场，再次接触被调查者，以便取得符合要求的答案。

(2)作废。在这一阶段，做出不合格回答的问卷将被剔除，适用于这种情况的前提条件是：这类调查对象占样本容量的比重较小（如少于10%）；样本容量较大；在较为明显的特征上，如人口统计学特征、产品使用特性等方面，不合格的调查对象与令人满意的调查对象之间几乎不存在差异；不合格的答案在一份调查问卷中所占的比重较大；缺少对关键变量的回答。

(3)按缺失值处理。如果不可能将调查问卷返还现场，或由于不合格调查问卷数量较多造成成本的大幅度增加，那么审核人员可以找出调查问卷中的不合格回答的遗漏值，以便在进一步的信息处理工作中避开这些被遗漏的信息，保留剩余的有用信息。

可以针对具体情况将不合格调查问卷的处理方法归纳为两类。第一类是当调查的样本容量较大时，可舍去不合格调查问卷，并对合格的调查问卷做进一步加工处理；第二类是当样本容量较小时，应将调查问卷返还现场，以便取得符合要求的回答，然后再将正常的或有问题但不能返还调查现场的调查问卷做细致处理。

需要注意的是，不满意的问卷与满意的问卷之间一般都会有差异，而将某份问卷

(某个被调查者)指定为不满意的问卷也可能是主观的。找出遗漏值或将调查对象排除，都可能会使数据产生偏差。因此，当研究者决定要丢弃不满意的问卷时，应该向客户报告识别这些问卷(被调查者)的方法和作废的数量。

三、对问卷进行编码

目前市场调查工作一般采用电子计算机汇总处理技术，在对资料进行编码后录入计算机，再通过 Excel、SPSS、SAS 等软件进行处理。为了充分利用问卷中的调查数据，提高问卷的录入效率及分析效果，在问卷数据录入之前，必须对问卷选项进行编码。编码就是对一个问题的不同答案给出一个计算机能够识别的数字代码的过程，以便录入和制表。在同一道题目中，每个编码仅代表一个观点，然后将其以数字形式输入电脑，将大量文字信息转换成一份数据报告，使信息更为清晰和直观，以便对数据进行分组和后期分析。

编码可以在设计问卷时进行，也可以在资料收集结束后进行。通常，问卷中的问题有两类：一类是封闭式问题，即在提出问题的同时，列出若干可能的答案供被调查者进行选择；另一类是开放式问题，即不向被调查者提供回答选项的问题，被调查者使用自己的语言来回答问题。封闭式问题的每一个答案在设计问卷时就有了代码，叫预编码或前编码；开放式问题的答案一般是在调查结束后根据答案的具体情况再编定代码，叫后编码。问卷调查中大部分是封闭式问题，因此编码比较方便，一般只要按问卷中相应的数字来规定变量和编码即可。编码设计的具体内容包括问卷代码、变量的定义(名称、类型、位数、对应问题等)及取值的定义(范围、对应含义等)。

一份调查问卷的结果通常表现为文字型和数字型两大类，其中文字型包括二项式选择问题、单项选择问题、多项选择问题、排序问题、开放式问题、连线问题等调查结果；而数字型包括百分比、绝对数等。对于数字型，可直接录入数据；文字型则需要进行事前或事后编码，且不同类型的调查结果有不同的编码表现。此外，无论数字型还是文字型，都有可能碰到调查数据缺省或不应该有的情况，也同样需要事先编码。

(一)问卷代码编码

问卷代码是对调查问卷基本背景信息的编码，目的是在问卷分析中发现异常数据时可以核对原始问卷，查看数据异常产生的原因，以便对数据进行正确处理。对问卷代码进行编码可以采用两种方式。

第一种是将各类信息通过编码统一在一个编码中，通常表现为问卷编号。问卷编号包括三个部分，即空间范围[省、市、县(区)、街道]、被调查者类型及问卷顺序号。每个部分需要预留几位，应根据一项调查中各部分最大可能的位数来确定。例如，全国有 31 个省级区域，因而代码为 2 位；一个省区内市级区域不会超过 100 个，因而代码为 2 位；同理，县代码一般为 3 位，客户类型代码根据调查所需的分类详细程度一般取 2～4 位；问卷顺序号编码根据该区域调查样本的数量，百份以内取 2 位，千份以内取 3 位。又如，一份仅面向北京地区高校的调查问卷代码为"01160608"，开头代码"01"表示北京大学，后面两个数字"16"代表具体班级，再后面"06"代表调查人员的编号，最后两位"08"表示调查员在这个班级收到的第 8 份问卷。

第二种方式是调查问卷编号只是调查顺序号,其他背景信息如调查地区、地点、样本类型、调查员、督导员等在调查问卷中另外设置选项,各个选项单独编码。这样编码相对比较简单清晰,不容易出错。

此外,为了管理方便,还可以编制调查开始时间、结束时间和合计时间的代码,调查完成情况的代码,调查员和调查结果评价的代码,复核员和复核意见的代码等。所有这些,都是对问卷分类和处理的依据。

(二)封闭式问题的编码

大多数问卷中的封闭式问题都已在事先设计好答案,给每个答案一个代码。通常,事先编码的问卷将每个答案的编码都印在问卷上。因为有些问题的答案范围研究者事先是知道的,如性别、学历等,在问卷中以封闭式问题的形式出现,被调查者回答问题时只要选择相应的现成答案就可以了。

1. 二项式问题的编码

二项式问题是指只有两个选项的问题,如性别、是否,一般用 1 代表是,2 代表否。

2. 单选问题或量表的编码

无论这种问题或量表有几项备选答案,被访者只能选择其中的一项,这时仅涉及一个变量,变量值即为选项号码。例如:

请问,您选购电冰箱时最注重哪个因素?(可以用 1~6 分别代表 6 个选项)
①□制冷效果好　　②□容积大　　③□外观漂亮
④□耗电少　　　　⑤□噪音小　　⑥□维修方便

对于可选择答案在 1~9 的,编码只给一个数字就足够了,超出 10 个的,则给两位数字,如 01,02,…,12。对于未答项(又称为缺失值)和无须回答的问题,如因被调查者未婚,无须回答子女教育开支的有关问题,无须编码,更不能按 0 值处理,否则会造成重大信息失真,在系统录入时会自动按缺失值(空白)处理。

3. 多选问题或量表的编码

多选问题需要使用多个变量来表示,编码的常用方法之一是:所设立的变量个数与问卷提供的选项个数相同,即每个选项就是一个变量,每个变量取值都是 0 或 1,如果被访者选择该项,则变量值取 1,否则取 0。例如:

请问,您是通过哪些渠道了解手机品牌的?
①□电视广告　　　　②□销售专柜
③□报纸广告　　　　④□商品展销/促销活动
⑤□广播广告　　　　⑥□网站
⑦□户外广告　　　　⑧□朋友介绍

这个问题的答案有 8 个答案项,编码时,可将 8 个答案看成 8 个变量,用 1 表示选择了该项答案,用 0 表示没有选择该项答案。若该问题的答案顺序从左到右、一行一行排列,那么当某份问卷结果的编码是"00110100"时,表示该被访者勾选了第 3 个、第 4 个和第 6 个答案。

4. 等级顺序量表的编码

对这类量表的编码同样设立多个变量，编码的常用方法之一是变量个数即选项个数，按照选项的顺序排列，分别定义各变量为对应选项所排次序号，取值即为次序号。把每个序位当做一个变量，而需要排序的那些选项作为每个变量的取值。下面这个例子在某份问卷中是第3个问题，有7个选项要排序。编码时将"选择航空公司时考虑的最重要因素"作为第一个变量，记为"Q301"；取值可为航班时刻、票价、声誉、安全、服务、机型、常旅客计划中的任何一个，可分别编码为1、2、3、4、5、6、7。同理，可将"选择航空公司时考虑的次重要因素""选择航空公司时考虑的第三重要因素"等依次作为第二个、第三个变量等，记为"Q302""Q303"等；而每个变量的取值都与"Q301"相同，同样也编码为1、2、3、4、5、6、7。若某份问卷结果的编码是4、2、5、7、3、1、6，则表示该被调查者认为安全是选择航空公司的最重要因素，票价是次重要因素，最不重要的因素是机型。例如：

请将下列影响您选择航空公司的因素按照重要性排序，1代表最重要因素，2代表次重要因素，以此类推，请在各因素后面的横线上标出你的顺序。

　　　　因素　　　　　　　　　所排顺序
　①航班时刻　　　　　　　　　_____
　②票价　　　　　　　　　　　_____
　③声誉　　　　　　　　　　　_____
　④安全　　　　　　　　　　　_____
　⑤服务　　　　　　　　　　　_____
　⑥机型　　　　　　　　　　　_____
　⑦常旅客计划　　　　　　　　_____

（三）开放式问题的编码

对于开放式问题或封闭式问题中的"其他"项及个别填空问题的编码，只能在调查已经实施、问题已经作答之后，再根据被调查者的答复来决定类别的指定代码。这些问题由于事先不知道有多少类答案，需要事后抽查部分调查问卷，对抽查结果进行统计后才能初步确定其编码，对此可按照以下步骤进行：①列出所有答案。②将所有有意义的答案列成频数分布表。③从调查目的出发，确定可以接受的分组数。④根据拟定的分组数，对整理出来的答案进行排序，并结合主观判断，然后合并意思相近的答案，并且对明显相同的答案统计其出现的次数；在符合调查目的的前提下，保留频数较多的答案，然后把频数较少的答案尽可能归并成含义相近的几组，以"其他"来概括那些难以归类的答案。⑤为所确定的分组选择正式的描述词汇。⑥根据分组结果制定编码规则，进行编码。

例如，在对某市彩电消费者需求的调查中，其开放式问题是"您为什么选择××品牌的电脑？"，研究人员浏览所有受访者的答案后，将购买电脑品牌的原因，列出答案如下（假设有15个样本）。

（1）该品牌知名度高。

(2)买这个品牌的人多。
(3)主要是品质不错,还实惠。
(4)售后服务不错。
(5)价位便宜。
(6)该品牌质量好。
(7)购买时有很多优惠活动。
(8)在朋友店里低价拿的。
(9)孩子喜欢它的造型。
(10)性能好,耐用。
(11)设计轻巧,好看。
(12)大家都说这个牌子好,所以就买了。
(13)没有想过为什么。
(14)不知道,随意买的。
(15)好像没有啥特别的原因。

若对 300 个人询问,可能会得到五花八门的答案,如果不进行归类处理就很难进行分析。所以可将一些意思相近的答案归到某一类中去,从而分析消费者购买该品牌电脑的主要原因。可将上例的答案分为 6 个类别,如表 9-1 所示。

表 9-1 消费者购买某品牌手机的原因

回答类别描述	回答归类	分类的数字编号
品牌知名度高	1,2,12	1
质量好	3,6,10	2
价格便宜实惠	5,7,8	3
外形好看	9,11	4
售后服务好	4	5
不知道	13,14,15	6

如果样本量很大,编码时可从全部问卷资料中随机抽取 20% 来确定答案类别。注意不要设太多类别,答案类别过多会掩盖研究对象在该项目上的本质特征,并且一些类别上的回答者比率小于 5% 对分析没有太大的意义。

此外,对于数字型开放题,如年龄、收入等,要求尽量使用直接回答的数字作为编码,变量取值即为该数字。例如,某个被访者年龄填答为 36 岁,就直接用 36 作为代码。变量所占字节数可以根据事先预计的数字最大值的位数确定。设计编码时取变量名为 NL,所占字节为 2,小数点位为 0,取值范围为 0~60 或 99(99 表示该题选项缺失)。为数字型问题设计编码时,根据取值范围可以核对该题的回答有无明显错误,是否合乎逻辑。此外,根据问卷的填写要求,对变量统一规定格式,如小数位数、数量单位等,以便数据的对比分析。开放式问题也可以通过数据分析时的关键词检索来实现归类。此外,编码还需要考虑数据录入软件对数据记录的要求。

没有答案,即漏答或不愿意回答的问题,则应该当做缺失值,缺失值可以直接用空白表示,数值型变量的缺失值切记不能用数字 0 表示。

(四)制作编码对照表

在对问卷中的所有答案进行编码以后,通常要制作编码对照表(编码手册或编码簿),用以说明各种符号、代码的意思。因为在市场调查中,通常都有大量变量名称及数码的意义,如果不制作一本手册,录入时则很可能会忘记它们所代表的含义,查阅起来也不方便。编码手册一般包含以下信息。

(1)代码序号。代码序号是指代码的顺序号,为了便于录入时查询,一般按照该代码在一份问卷中位置的先后顺序排列。

(2)变量的名称及变量说明。变量是指问卷中的问题;相应问卷题号是指变量属于问卷中的第几题,便于查询原来的题意;变量名称是指变量的代号,代号便于计算机识别和统计操作,列入编码簿可使研究者便于根据代号查询其含义。

(3)变量性质和位数。变量性质和位数是编写问卷录入程序和设计数据分析程序的重要依据,特别是开放式问题必须根据问题答案的性质和所有可能慎重确定。变量性质按照计算机录入的要求通常分为文本型(字符型)变量、数字型变量、时间型变量、备注型变量、判断(是否)型变量,其中需要特别注意的是,数值型变量是直接输入数值,是未来要直接参与计算的变量,如被调查者的年龄、月收入、月支出、当月销售量等开放性问题,需要事先估计好最大可能的值从而决定变量的位数。位数过大会增加计算机占用的存储空间,位数过小,在录入时一旦问卷调查获得的数据超过设定位数就会造成出错。另外,用于输入文本的开放式题目,变量位数一般默认的长度是 255 个字符,如果估计录入的文本量比较大,就应当设计成备注型变量。注意有些变量是以数字形式表示的文本,如问卷代码,在制作编码表时就应注明变量性质为文本型。

(4)编码说明。编码说明是对不同代码含义的进一步说明,也是问卷调查时填写的说明,表明各代码代表被调查者的何种反应。

例如,某次针对电脑用户开展的市场调查,涉及 4 个城市,每个城市对 16～60 岁的 500 个样本量进行问卷调查,制作的编码表如表 9-2 所示。

表 9-2 电脑用户调查问卷编码表

代码序号	变量名称/说明	变量性质	变量位数	编码说明
1	BFZBH/被访者编号	文本	3	从 001～500
2	CSBH/城市编号	文本	2	1=北京,2=上海,3=广州,4=成都
3	FYBH/访员编号	文本	2	从 01～50
4	Q1XB/被访者性别	是否	1	1=是,2=否
5	Q2NL/被访者年龄____岁	数值	2	按照被访者实际年龄填写
6	Q3XL/被访者学历	文本	1	1=小学及以下,2=初中,3=高中,4=大专,5=本科,6=研究生及以上
7	Q4SR/被访者月收入	数值	5	按被访者实际月收入填写(单位:元)

续表

代码序号	变量名称/说明	变量性质	变量位数	编码说明
⋮	⋮	⋮	⋮	⋮
17	Q12/购买电脑时考虑的因素（限选3项）	文本	1	1＝性能，2＝品质，3＝外观，4＝品牌，5＝价格，6＝售后服务，7＝其他
18	Q13/产品销售不是靠广告而是靠口碑	数值	1	5＝非常赞同，4＝赞同，3＝无所谓，2＝不赞同，1＝很不赞同
19	Q14/对电脑系列产品降价的态度	文本	1	5＝肯定购买，4＝会买，3＝说不准，2＝不会买，1＝肯定不买
⋮	⋮	⋮	⋮	⋮

在大多数较为复杂的市场调查中，制作编码表是一项必要的程序。有了编码表之后，储存于计算机中的资料的含义就一清二楚。在目前常用的 SPSS 统计软件中，编码表其实就是在变量视图中要设置的内容，编码表的主要内容需要设置到各个变量的属性中，以便直接在统计结果中体现出来。

至此，所有的问卷已经成为编辑完好、核对无误、编码清楚的有效信息载体，可以转交给数据录入人员。

第二节 数据的录入

数据录入是将调查的结果转换成有序存储的数据，以便使用数据分析软件进行分析，从而获取有效信息的过程。数据录入包括录入软件选择、录入设计、录入校验、数据录入、数据保存五个环节。

目前使用较多的数据录入软件主要有 SPSS、Excel、Access、CSPro 等，大型调查数据录入则采用以 SQL server、Oracle 等大型数据库为后台的、专门设计的软件。数据录入软件不仅可以存储数据，而且通过事先对数据属性和数据间关系的设计，可以在录入过程中，对录入的数据进行有效性验证和逻辑性检查，避免数据录入过程中出现某种类型的错误，如录入无效的编码。同时对于市场调查问卷中经常出现的条件跳转回答问题的录入也能进行很好的控制，从而最大可能减少录入错误。

录入设计是根据所选择的录入软件的特点，针对一项具体调查问卷中问题的类型、各个问题之间的关系，对问卷数据录入的顺序、方法、逻辑验证关系进行设计的总称。数据录入设计是数据录入的关键环节，决定着数据录入的效率和后期数据分析的成败。

录入校验是在数据录入设计完成后，用少量实际调查完成的问卷进行验证性录入的过程，包括变量属性验证、变量间逻辑关系验证、问题录入顺序验证以及数据录入效率验证。录入校验的目的是检验数据录入设计的正确性和是否达到最佳的录入效率。根据校验的结果，对数据录入设计进行必要的修改和优化。

数据录入和数据存储是将调查结果输入录入软件中，并命名、存储，将调查结果变成有序存储的数据资料的过程。数据录入和数据存储是数据分析的基础和前提。

根据录入方式不同，数据录入分为独立录入和直接录入两种类型。独立录入是指调查人员与录入人员分离，由录入人员独立进行问卷数据录入。独立录入又有人工录入和自动录入之分，对于样本量较小、问卷长度较短的情况，通常采用人工录入；但对于样本量较大或问卷长度较长的情况，则多采用自动录入，如采用光电识别实现自动录入。直接录入是指调查人员同时也是数据录入人员，在调查的同时就实现了数据录入。目前在调查领域大量采用以后台数据库为基础、信息化程度较高的计算机辅助电话调查、计算机辅助面访调查、网络在线调查及基于移动终端的面访调查等调查方式，在这种方式下，因调查数据在记录并确认的同时已经存储到后台服务器的数据库中，当然也就不再需要专门的数据录入了。直接录入取消了独立的数据录入环节，也就避免了独立录入过程中可能产生的录入差错，提高了调查的效率，越来越受到调查行业的青睐。但是，直接录入因缺少一个第三者验证环节，又增大了直接录入过程中可能产生的差错。因此，直接录入对数据录入设计——特别是数据有效性和变量间逻辑关系验证的设计提出了更高的要求。

一、使用 SPSS 录入调查数据

SPSS(statistical products and service solutions)，即统计产品与服务解决方案，原名社会科学统计软件包，是由美国 SPSS 公司在 SPSS/PC+的基础上发展起来的大型通用专业统计分析软件。2009 年，IBM 公司收购 SPSS 公司，并将软件更名为 IBM SPSS，如今 SPSS 已更新至 22.0 版本，并推出了简体中文版[①]。SPSS 能够对多种来源的不同类型数据进行全面而深入的统计分析，可以快速生成分析报表、创建多种统计图形，具有强大的统计分析功能。该软件界面友好、简单易学，被广泛应用于各类数据分析行业和教学科研部门。

(一)SPSS 的常用窗口

SPSS 软件的窗口主要有数据编辑窗口、结果观察窗口、语法编辑窗口、草稿编辑窗口和脚本编辑窗口等，其中最常用的是数据编辑窗口和结果观察窗口。

1. 数据编辑窗口

数据编辑窗口是 SPSS 的主程序窗口，在软件启动时自动打开，并一直保持打开状态直到退出 SPSS，SPSS 处理数据的主要工作都在此窗口完成。数据编辑窗口自上而下由菜单栏、工具栏、编辑栏和数据表组成，数据编辑窗口包括数据视图和变量视图两个视图。鼠标单击数据编辑窗口下方的标签，可以在两个视图之间切换。

变量视图的作用是定义所有变量的属性。变量视图主界面的每一行是一个变量，每一列是一个变量属性。变量属性包括变量名称、变量类型、变量所占的字节宽度、变量小数点后的位数、变量标签名、变量标签值、缺失值类型、变量所显示的列宽、数据对齐方式、数据的测度方式（即定义变量类型是连续有序分类还是无序分类）。SPSS 数据的每一个变量都要首先在这个视图下进行定义，然后才能开始使用。

---

① 本书中有关 SPSS 的介绍和使用以 IBM SPSS 20.0 中文本为准。

数据视图主界面是类似于 Excel 的表格区域，可对数据进行编辑，是 SPSS 进行数据录入、数据整理、数据分析的主视图。数据编辑窗口上方是主菜单栏和工具栏，包含了 SPSS 从文件管理到数据整理、数据分析的几乎所有功能。

2. 结果观察窗口

在 SPSS 中大多数统计分析结果都将以表或图的形式在结果观察窗口中显示。当对数据进行某项统计分析，点击确定后，结果观察窗口将被自动打开。结果观察窗口分为左右两栏，右边部分显示 SPSS 统计分析的结果，左边部分是输出结果导航栏，显示输出结果的目录，可以根据需要在输出结果目录中选择，在右边窗口中显示相应的统计分析结果。分析结果图、表可以复制粘贴到其他文本中，分析结果也可以保存为"*.spv"格式的独立查看器文件。

(二)在 SPSS 中录入调查数据

在此，以 IBM SPSS 20.0 为例，简要说明调查数据的录入过程。

第一步，录入设计。

1. 定义变量

在 SPSS 中，问卷录入设计首先从定义变量开始。

双击 SPSS 20.0 程序图标，在弹出的文件选择卡右侧选择"输入数据"，点击确定后，即打开一个新的数据编辑窗口，默认打开的是与 Excel 界面相似的数据视图。在窗口的左下方可以看到"数据视图"和"变量视图"两个标签，单击左下方的"变量视图"标签就可以切换到变量视图，定义变量都在这个视图下完成。

编码表是定义变量的依据，在 SPSS 中，按编码表设置变量并定义变量属性。以表 9-2 中第 6 个变量为例介绍如何定义变量。

第一列"名称"。名称即变量名，是显示在数据视图第一行的名称，变量名用于在录入或处理数据时识别不同的变量，可以使用中文、英文或数字，本例编码表中的变量名为 Q3XL，因此在第一列输入"Q3XL"。注意，为了区别变量的不同属性，在一个数据文件中变量名不能有重复。

第二列"类型"。类型即变量性质。点击第二列，在弹出变量类型对话框中可看到 9 种类型，市场调查中常用的主要有数值型、日期型、字符串、货币型等，可根据编码表从中选择。其中数值型、货币型变量，还可以在右侧选择小数点后的位数，默认保留 2 位小数；日期型变量可以在右侧选择日期变量的格式，如 yyyy-mm-dd、mm-dd-yyyy 等。本例中字段性质为文本，因此选择"字符串"。变量类型是使用 SPSS 进行问卷录入设置的重点之一。

第三列"宽度"。宽度是指标签值的字节宽度，SPSS 默认为 8 位，可根据代码表中标签值的字节宽度进行设置。设置字符宽度主要为了减少数据存储的空间，当数据量很大时也有利于优化程序运行速度。但因市场调查的数据通常不是海量数据，只要计算机配置不是很低，实际进行市场调查数据录入设计时，除了像身份证号码、手机号等超出 8 位码的特殊属性需要定义字节宽度外，一般采用默认值。

第四列"小数"，即小数点后保留的位数，在变量属性设置的同时设置。

第五列"标签"。标签是每个变量在数据分析过程及结果中显示的真实名称，可根据最终需要显示的名称设置标签。本例中，标签为"被访者学历"，也可简化为"学历"。

第六列"值"，即标签的具体数值，即该标签所代表的变量的变量值，也就是问卷中各题的选项或需填写的数量值。

对于数值型变量、日期型变量、货币型变量，问卷中填写的具体数量就是变量值，因此标签值无需设置。

对于其他类型的变量则需设置标签值。单击"值"框右半部的省略号，会弹出变量值标签定义对话框，在"值"输入框里输入标签值，如1，在"标签"输入框中输入"小学及以下"(不带引号，引号为自动生成)，然后单击添加，即可在标签值显示框中显示已添加的标签值。依次定义每一个标签值，完成后点确定即完成标签的定义(图9-1)。

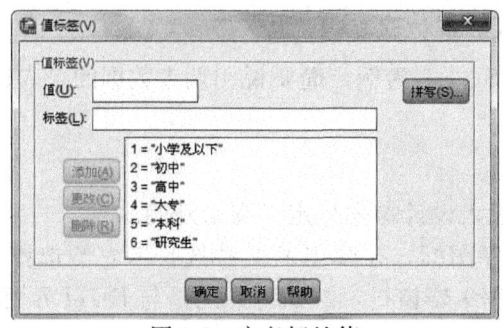

图9-1 定义标签值

需要注意的是，对于以文字形式表现的定序变量(如等级、学历序列、职称序列等)，如在数据分析时需要参与计算(如需要计算平均等级、平均受教育年限等)，则应将其定义为数值型，值标签仍按编码说明设置。

第七列"缺失"。缺失即缺失值，用于定义变量缺失值的类型。单击"缺失"列右侧的省略号，会弹出缺失值对话框，界面上有三个单选钮，默认值为最上方的"无缺失值"；第二项为"离散缺失值"，最多可以定义3个值；最后一项为"缺失值范围加可选的一个缺失值"，用于定义连续变量的缺失值。缺失值一般情况下不用设置。

第八列"列"。列即列宽，用于定义在数据视图中该变量所在列显示的列宽，如果录入时输入的变量值长度超出列宽，则变量值在数据视图中会显示不完整，但可以通过拖动列边界将该列拖宽，因此一般也不用设置。

第九列"对齐"，即在数据视图中变量值对齐的方式，可选择居左、居右、居中三种方式。

第十列"度量标准"。其用于定义该变量度量的性质，是连续变量、有序分类变量还是无序分类变量。单击"度量标准"列，会弹出度量标准下拉选项。对于数值型变量、日期型变量、货币型变量默认为可度量变量；对于其他变量默认为名义变量。

2. 常用调查题类型的变量设置

(1)开放式题型的设置。例如，你所在的省份是_____、您上个月的总收入是_____元。这样的填空题即为开放题，这类题应按照1个空设置1个变量，无须设置标签值，但需注意设置变量类型和度量标准的设置，填写内容为文本类时(如前者)，变量类型为"字符串",度量标准为"分类变量";填写内容为数量时(如后者),变量类型为数值型,并注意设置小数点位数,度量标准为连续变量。

(2)单项选择题型的变量设置。单项选择题是调查问卷中出现最多的题型,单项选择题按1个题设置1个变量,变量类型根据选项类别设置,变量标签值按选项内容设置。变量根据选项的类别分为文本型选项(如企业经济类型、个人政治面貌等)和数值型选项(如收入区间、年龄区间等),文本型选项主要用于分类,属于分类变量;数值型选项主要用于计算,属于连续变量。

(3)多项选择题型的变量设置。多项选择题一个题有多种选择,因此需要设置多个子变量。多项选择题大致分为限制选项个数和不限选项个数两种类型,应分别采用不同的变量设置。

限制选项个数的多选题即要求在该题所有选项中只允许选中有限的几个,如表9-2中第17个变量"Q14购买电视时考虑的主要因素",该题有性能、品质、价格等7个选项,但题目要求限选其中3项。这类题型应按限选的个数设置子变量个数,每个子变量的标签值按题中的选项设置。该题应设置3个子变量,子变量名依次为"Q14_1""Q14_2""Q14_3",这三个子变量的标签值均设为"1=性能""2=品质""3=外观"……"7=其他"。

不限制选项个数的多选题是指不限制选项的个数,所有的选项都允许选中。这类多选题应按选项个数设置子变量个数,每个子变量的标签值均设为二分变量,即是或否。仍以表9-2中第17个变量为例,假定该题没有限选三项的约束,则该题应设7个子变量,子变量名依次为"Q14_1"、"Q14_2"、"Q14_3"、……"Q14_7",将每一个子变量的标签值均设置为"1=是"、"0=否",即选中该项和不选中该项。

多项选择题型的变量属于无序分类变量。需要注意的是,为一个多选题设定的多个子变量名,尽量采用"题号－下划线－子变量序号"格式,这会为后期对多选题进行数据分析时建立多重响应集提供很大方便。

(4)排序类题型的变量设置。市场调查中经常会遇到对给出的多个选项进行排序的题目,这类题与多项选择题有类似之处,也有限制排序个数和不限排序个数两类。在变量设置时,与多项选择题不同的是无论哪种排序题,都按题目中允许的排序数设置子变量个数,每个子变量的标签值均为该题中的所有选项,且每个变量的标签值均相同。其中第一个子变量的值表示排第一的选项,第二个子变量的值表示排第二的选项,……以此类推。还以表9-2中第17个变量为例,假定该变量对应的Q14问题不是从所给的7个选项中选择"有哪些",而是要求对所列的7个选项,根据重要程度不同,按第一、第二、第三的顺序标出排前三位的选项,那么,本题可设置3个子变量,子变量名依次为Q14_1、Q14_2、Q14_3,每一个子变量的变量值均为"1=性能"、"2=品质"、"3=外观"……"7=其他"。如果题目没有要求对排序数量的限制,则子变量个数与选项的个数相同。排序类题型属于等级量表,其变量属于有序分类变量。

(5)配对比较类题型的变量设置。调查问卷中还有一种要求在两组选项中进行配对比较的题型,多用于态度测量。

配对比较题型大致分为两种,第一种是要求从已给出的两两配对中选择更倾向的一方，这种题本质上是一种特殊的排序。例如，本书第六章第四节关于 5 种牙膏品牌态度测量的配对比较题例。这类调查题在设置变量时应按配对选项的个数设置子变量个数，子变量标签值均为二分变量值，即是或否，"是"表示选择两者中的前者，"否"表示选择两者中的后者。

第二种是在两个选项序列中进行划线连接，调查的目的是从多种可能的配对中选出最受被调查者喜欢的配对类型。例如，某一手机配件生产商想了解手机壳使用者对材质配合的偏好，问卷中设置了如下问题。

Q100 请问，手机壳材质怎样搭配您最喜欢？请从下列两列选项中进行连线选择。

         ①铝合金
   A 边框   ②不锈钢
         ③硅胶
   B 背面   ④工程塑料
         ⑤玻璃
   C 全部   ⑥皮质
         ⑦其他

对这类问题应按第一列选项的个数设置子变量个数，按第二列选项设置子变量标签值。本例中应设置 3 个子变量，变量名分别为"Q100_1""Q100_2""Q100_3"，标签值均为"1=铝合金""2=不锈钢""3=硅胶"……"7=其他"。

(6)对多个因素进行评分类题型的变量设置。调查问卷中经常会出现要求对多个内容进行评分的题型，如本书第六章第四节中提到的评比量表、语义差别量表、李克特量表等。

这种类型的调查题应按选项的个数设置子变量的个数，子变量类型为数值型，子变量标签值按调查题选项设置。但需注意标签值应从高到低排列，以便使分值大小的顺序与评价高低的顺序相同。如满意度调查中采用李克特五级量表时，标签值应设为"5=非常满意"，"4=满意"……"1=非常不满意"；若调查题选项量表要求在选项后直接填入评分数值时，标签值无须设置。

所有变量设置完成后点击保存，选择文件保存路径，输入文件名，SPSS 将保存为"*.sav"格式的独立数据文件，即完成了录入程序的初步设计。完成变量属性设置后的变量视图如图 9-2 所示。

	名称	类型	宽度	小数	标签	值	缺失	列	对齐
1	BFZBH	字符串	3	0	被访者编号	无	无	8	左
2	CSBH	字符串	2	0	城市编号	{1, 北京}...	无	8	左
3	FYBH	字符串	2	0	访员编号	{1, 张三}...	无	8	左
4	Q1XB	数值(N)	8	0	性别	{1, 男}...	无	8	右
5	Q2NL	数值(N)	8	0	年龄	无	无	8	右
6	Q3XL	数值(N)	8	0	学历	{1, 小学及...}	无	8	右
7	Q4SR	数值(N)	8	2	月收入	无	无	8	右
8	Q5ZC	数值(N)	8	2	月支出	无	无	8	右

图 9-2 SPSS 中变量属性设置

第二步，定义并验证变量之间的关系。

变量定义完成后即完成了问卷录入程序的基本框架设计，应进入变量间关系的设置。变量间关系设置是为了建立起变量之间的正常逻辑关系或数量对比关系，以便在数据录入过程中发现问卷中存在的逻辑错误或数量关系错误。这种校验关系的设置在数据库中比较容易实现，但SPSS中设置校验关系比较复杂，需要使用表达式。所以，SPSS中的逻辑校验一般采用后校验，即在录入数据后根据实际数据来进行校验（详见本章第三节）。

为此，可以抽取一部分问卷，进行问卷数据的试录入。

第三步，数据试录入。

问卷数据试录入是从已经完成的问卷中抽取一部分问卷，在设计完成的SPSS数据文件中进行数据录入的实验，其目的是检验每个变量属性设计得是否正确，能否满足不同问卷答案录入的要求；测试录入问卷是否方便快捷；根据试录入的数据进行主要分析测试，看能否达到分析的要求等。

点击SPSS数据编辑窗口左下方的"数据视图"标签，进入数据视图界面。这个界面的列标题行列出了在变量视图中设置的全部变量名，每一行为一份问卷的全部信息，SPSS中称为一个"个案"。问卷信息从数据视图界面录入。

正式录入前，参加录入的人员应首先熟悉问卷和编码，特别是问卷中每个题对应的变量名、子变量名和变量的标签值。为尽可能减少数据录入时发生错误，应两人配合录入。其中一人读出应录入的信息，另一人根据读取的信息输入数据，同时重复听到的信息。一份问卷首先录入的应为问卷编号，这个编号是唯一的，与问卷一一对应。问卷编号录入后就可以正式录入问卷调查的信息了。

对于问卷的数据录入，只需在SPSS的数据视图窗口中直接输入就可以了，在这里有以下几点需要注意的事项。

(1) 读问卷的人应按问卷中问题的顺序逐个读出，不要跳跃。

(2) 应读出问题的序号和回答的内容对应的编码信息——变量值，而不是直接读选项。例如，表9-2中第6个变量是问卷第3题，假定某份问卷选择的回答为第5项"本科"，本题变量名为Q3，与选项"本科"对应的变量标签值为5，因此，读问卷信息的人员应读"Q3，5"，录信息的人员在Q3变量名下输入"5"的同时回应"Q3，5"，Q3变量即录入完毕。按这种方法，在同一行依次录完一份问卷中的所有问题（变量、子变量），一份问卷即录入完成。

(3) 问卷录入时需要注意数值型变量的0值与缺失值的区别。例如，一个在调查期间没有工作的人，没有劳动报酬收入，劳动报酬收入应为缺失（空格），而不是0；一个在调查期间有工作，但当月收入因故被全部抵扣，其收入应为0，而不是缺失（空格）。

在每份问卷数据录入完成后，注意及时保存数据文件。

表9-2代表的问卷录入完成后的部分数据视图如图9-3所示。

第四步，数据分析测试。

利用试录入的部分数据进行试分析，测试变量设置是否能够满足数据分析的需要。

	BFZBH	CSBH	FYBH	Q1XB	Q2NL	Q3XL	Q4SR	Q5ZC
1	001	1	01	1	24	5	4500.00	3500.00
2	002	1	01	2	22	4	2600.00	2500.00
3	003	3	03	2	36	5	5400.00	3200.00
4	004	1	01	2	25	4	2600.00	2600.00
5	005	2	02	1	45	4	3900.00	3200.00
6	006	4	04	1	62	3	3600.00	2100.00
7	007	3	03	2	19	4	2400.00	2400.00
8	008	2	02	1	24	5	2800.00	2600.00
9	009	1	01	1	36	5	3700.00	3300.00
10	010	3	03	2	32	6	4500.00	3600.00

图 9-3　数据录入界面图

分析测试除了做一些简单常规分析测试（如简单频率、交叉频率、描述统计等）外，还应选取最接近调查目的的分析内容和方法进行测试。具体分析内容和方法请参考本书第十章，这里不再赘述。

如果在测试中发现变量字节长度、变量类型、度量标准存在问题，及时进行调整。调整完成后就可以正式开始录入数据了。

第五步，正式录入数据。

正式录入的过程与试录入完全相同。正式录入时，因为已对录入程序进行了验证，可以将数据文件复制几份，以不同的文件名分发给若干录入小组同时录入，这样可以大大加快数据录入的速度。全部问卷录入完成后，在主文件上依次点击"数据"－"合并文件"－"添加个案"，可以将分组录入的数据合并到一个数据文件中。

至此，数据录入过程宣告完成。

需要提示的是，在市场调查中，为了数据分析的需要，常常需要调用除问卷以外的其他相关数据资料。SPSS可以直接打开或通过转换导入大部分常见格式的数据，如Excel格式的数据、MS Access 数据库格式的数据、dBASE 格式的数据、SQL server数据库数据、文本格式的数据等。这里不再赘述。

二、数据导出

录入数据是为了进行数据分析。由于不同的数据分析软件具有不同的特点和功能，为了使录入的数据能够在不同的软件中使用，往往需要导出数据。SPSS可以将数据直接导出到已建立好的数据库中，或通过"另存为"存储成为 Excel、1-2-3rel、dBASE、SAS、Stata 等不同格式的数据，最常用的是导出为 Excel 格式数据。从 SPSS 中导出数据的方法是：点击"文件"→"另存为"，在所打开的对话框中根据需要输入文件名，选择需要导出的变量和文件类型，如果导出的数据为 Excel 格式，还可以根据需要勾选"保存值标签而不是保存数据值"。导出的 Excel 文件式样如图 9-4 所示。

导出其他格式的数据与此类似，在此不再赘述。

	A	B	C	D	E	F	G	H
1	BFZBH	CSBH	FYBH	XB	NL	XL	SR	ZC
2	001	北京	01	男	24	本科	4500	3500
3	002	北京	01	女	22	大专	2600	2500
4	003	广州	03	女	36	本科	5400	3200
5	004	北京	01	女	25	大专	2600	2600
6	005	上海	02	男	45	大专	3900	3300
7	006	成都	04	男	62	高中	3600	2100
8	007	广州	03	女	19	大专	2400	2400
9	008	上海	02	男	24	本科	2800	2600
10	009	北京	01	男	36	本科	3700	3300
11	010	广州	03	女	32	研究生及以	4500	3600

图 9-4　从 SPSS 导出的 Excel 数据表（保存标签值）

第三节　数据的核查

数据录入可以通过键盘录入、机读卡、光电扫描和计算机控制的传感器分析完成，但目前我国国内的市场调查主要以纸质问卷调查的形式居多，因此，最常用的还是键盘直接录入。在大量数据录入的过程中，不管组织得如何严密、工作得如何认真，即使在录入程序中设置了检验规则和数据有效性规则，差错仍然有可能出现，为此，在正式进入数据分析之前需要查错。此外，数据分析有时需要一些中间变量，这些中间变量是基于问卷中的变量生成的，如果在录入程序设计时没有考虑进去，就需要在数据分析前将这些变量补充进去。为了防止发生错误，通常从事前和事后两个阶段采取措施。

1. 事前控制

（1）程序自动识别。在设计录入程序时全面考虑字段的属性以及字段与字段之间的关系，设置好字段的有效性规则和记录的检验规则，以在问卷录入过程中及时发现存在的问题。

（2）双机分别录入。用两台计算机同时录入原始数据，然后将录入结果进行比较。完全相同的可视为录入正确，如出现不一致的地方，则认为录入出现了差错，调出原始问卷进行核对。

2. 事后措施

（1）部分复查。一般随机抽取大约 20% 已经录入的数据与原始问卷进行对比复查。

（2）采取一定的技术手段查找已录入数据中存在的错误并进行处理。

问卷录入后的错误主要有逻辑错误、数据缺失错误、奇异值错误。下面主要介绍如何通过一定的技术手段查找已录入问卷数据中的错误及其处理的方法。

一、逻辑错误的检验与处理

1. 逻辑错误的类型

市场调查问卷处理中的逻辑错误一般包括以下两种。

（1）变量的属性错误。例如，"性别"字段的取值范围是 1（男）、2（女）和 9（未回答）。如果出现了 3、4、5 等其他代码，则说明超出了变量的正常取值范围，肯定有错。又如，"电话区号"应为文本但录成了数值型，致使前导字符"0"在所有记录中全部消失；

"家庭月收入"应为数值字段但因变量属性设置时设置成了文本字段，以致数据录入后无法加总和计算；"日期"字段的"年份"超过了千位，"月份"数超过了"12"；等等。

(2)变量间逻辑关系错误。这类错误表现为以下两种变量间的逻辑关系不匹配。一是样本结构上的逻辑错误，如年龄为20多岁的离退休人员。二是回答内容上的逻辑错误。例如，不喜欢某个品牌的被调查者，在后面又对该品牌进行了赞美评价；回答不收看某个频道节目的被调查者在同一问卷上又选择了对该频道播出节目很感兴趣的答案；等等。以上这些都是不符合逻辑的情况。如果逻辑错误被查出，那么一定要找出相应的原始问卷，而且必须在计算机数据文件中进行纠正。

2. 逻辑错误的检验

单变量属性错误可以通过录入程序设计时定义变量属性的阈值来解决，这样在数据录入发生错误时就可以及时提醒；也可以在数据录入完成后数据验证过程中发现并改正。

SPSS中可以采用分析数据的分布特征来发现逻辑错误。其方法是：依次点击"分析"→"描述统计"→"频率"，在弹出的对话框中将需要检验的变量选入变量框，点击"确定"[图9-5(a)]。在随后打开的输出查看器界面中可以看到所选的各个变量的频率分布[图9-5(b)]。如果发现本不该有的数值出现在有效列内即可判定为逻辑错误值。如某项调查只在4个城市进行，但城市编号的频率分布中出现了5，显然在城市编号中是有错误的。

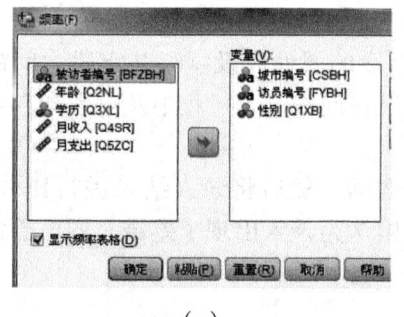

城市编号

		频率	百分比	有效百分比	累积百分比
有效	北京	4	40.0	40.0	40.0
	上海	2	20.0	20.0	60.0
	广州	2	20.0	20.0	80.0
	成都	1	10.0	10.0	90.0
	5	1	10.0	10.0	100.0
	合计	10	100.0	100.0	

(a) (b)

图9-5 单变量逻辑错误检验

变量间逻辑错误检查有多种方法，在SPSS中可以采用选择个案查找存在逻辑错误的样本。其方法是：依次点击"数据"→"选择个案"，在弹出的主对话框[图9-6(a)]中的右侧选择"如果条件满足"并点击"如果"，打开条件对话框[图9-6(b)]，在右上方输入框内输入查找的条件（注意变量名通过双击左侧的变量名输入，数值及运算符号从下方键盘点击获得，如果手工输入，注意半角空格）。本例中查找年龄小于等于20岁，同时已大学毕业的样本，输入完成后点击窗口下方的"继续"返回主界面，在右下方输出选项中选择"将选定个案复制到数据集"并输入一个文件名，如"错误样本"，点"确定"，SPSS会自动新建一个名称为"错误样本"的数据文件[图9-6(c)]，其中就选出了年龄小于等于20岁同时已本科毕业的样本。然后可以据此查阅原问卷，并加以处理。

查找变量间逻辑关系错误的方法还有很多，如通过建立交叉列表的方法、Excel中

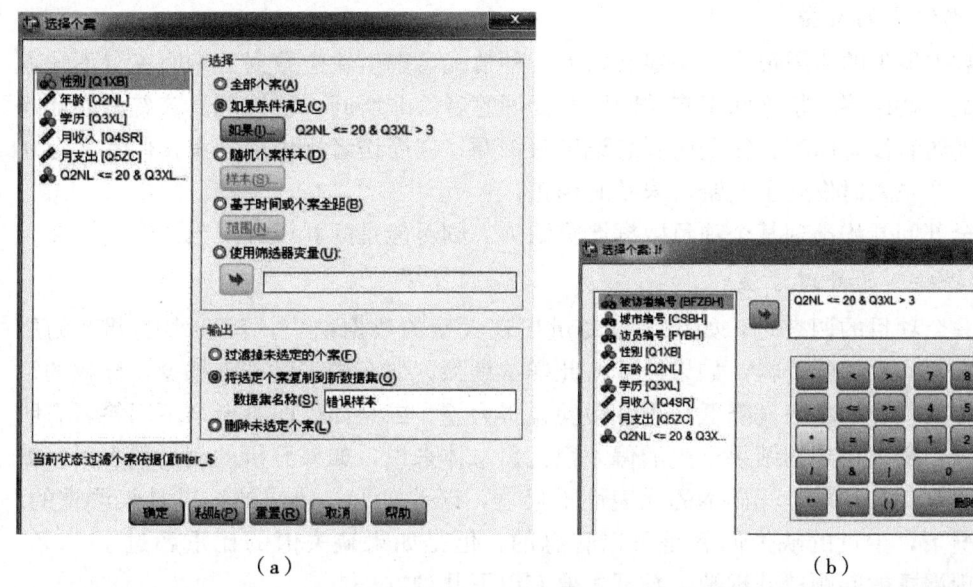

	BFZBH	CSBH	FYBH	Q1XB	Q2NL	Q3XL	Q4SR	Q5ZC
1	002	1	01	2	19	4	2600.00	2500.00
2	007	3	03	2	19	4	2400.00	2400.00
3								

(c)

图 9-6 变量间逻辑关系错误检验

数据透视表的方法等,有些方法会在后续的相关章节中提到,更多的还需要读者自己在使用中探索。

3. 逻辑错误的处理

发现逻辑性错误首先要判断是偶发性错误还是普遍性错误。偶发性错误的产生可能是在录入过程中修改了某一条记录的字段属性或修改前已录入的数据未及时更正,或者是出现错误的字段未定义有效性规则、录入员输入错误而未被发现。偶发性错误须根据记录找出原始问卷对照检查错误所在,并予以纠正。

如果发现某一类错误普遍存在,那就说明一是录入程序设计可能存在重大的错误,如该做跳答的未进行设置,以致录入员随手将该跳答的答案录在了不应录入的地方;二是表内字段间验证关系定义不正确造成关系混乱,表间关系定义不正确以致引用了不该引用的行字段,等等。发现这类问题就需要仔细跟踪检查录入程序,特别是字段有效性规则、表间关系的表达式是否正确、函数使用是否得当,从而重新检查和修改录入程序。此外,也可能是问卷设计存在重大缺陷,因此造成普遍性错误,这时就要考虑重新设计问卷,废弃当前调查结果,重新进行调查。

二、数据缺失错误的检验与处理

数据缺失错误,是指由于被调查者没有给出明确的答案或调查员没有记录下他们的答案而造成的某个变量值的缺失,也称为缺失数据。

1. 数据缺失的类型

产生数据缺失的原因很多,一般有以下几种情况会产生缺失数据:①回答者不知道问题的答案;②回答者拒绝回答有关问题;③回答者答非所问;④访问员疏忽漏问此问题,因此受访者没有回答;⑤受访者忘记填写该题;⑥受访者提供了答案,但答案存在逻辑错误;⑦录入时发生了差错,未及时纠正。

如果全部问卷均出现某个项目数据严重缺失,则可能是问卷设计不当。

2. 数据缺失的处理方法

开展一个项目的调查时,如果关键变量出现大量的数据缺失,就会影响调查的质量。针对有缺失数据的资料,如果简单将此样本剔除,那么样本数越来越少,导致的结果一是使样本估计的精确度降低,统计检验说服力差,二是如果回答者与不回答者有明显特征差异,那么得到的结果产生的偏差很大。总体来说,如果分析的变量很多时,简单将缺失值剔除的结果是其样本的代表性不显著,误差过大,造成的结果是很严重的。在许多情况下,少量的缺失回答是可以容忍的,但是如果缺失值的比重超过了10%,就可能出现严重的问题。处理缺失数据主要有以下几种方法。

(1)删除个案法。删除个案法是指将凡是有缺失数据的问卷(即调查对象)都删除掉,不再参加数据分析。由于许多被调查者都可能会有一些问题没有回答,因此这种方法导致样本量变小,影响样本的代表性。因此,只有在缺失数据的个案的比重较小,并且缺失数据的个案与总体数据的分布没有太大差异的条件下才能采用这种方法。

(2)部分排除法。部分排除法是指在数据分析时,并不删除有缺失数据的问卷,而是在进行数据分析时只排除那部分缺失的变量值,即做某种计算时仅针对那些没有缺失变量值的个案。因此,在数据分析中,不同变量的计算可能会基于不同的样本数来进行。如果某些变量缺失数据的个案和没有缺失数据的个案的分布存在明显差异,使用这种方法有可能会产生较大的偏差。只有在样本容量较大,存在缺失数据的个案数较少而且变量之间不是高度相关时,才比较适宜使用这种方法。

(3)插补法。插补法是指利用其他数值来代替缺失数据,最典型的做法是使用变量的均值代替对应变量某些个案的缺失数据。由于该变量的平均值会保持不变,那么其他的统计量如标准差和相关系数等也不会受很大的影响。例如,一个被调查者没有回答其收入,那么就用整个样本的平均收入,或者用该被调查者所在的子样本(比如说属于社会地位比较高的那个阶层)的平均收入去代替。不过从逻辑上说,这样做也是有问题的,因为被调查者如果回答了该问题的话,其答案可能高于或低于该平均值。另外还有回归估计、随机抽样和最近距离确定等方法。回归估计是指根据现有的数据,用回归分析的方法找出存在缺失数据的变量和其他变量之间的相关关系,然后根据被调查者对其他变量的回答,构造回归模型,来估计缺失数据。考虑到这种替代是基于科学的统计方法,所以用模型计算值替代缺失数据比平均值替代更准确。

(4)加权调整法。加权调整法是指使用加权系数对存在的缺失数据进行调整,以减少缺失数据的影响,此法的实质是加倍使用有效变量值。其具体方法是:

$$最终使用的分析指标 = 根据有效变量值计算的分析指标 \times 加权系数$$

其中，加权系数 = $\dfrac{该变量全部样本数}{该变量有效样本数}$

处理缺失值最常用的方法是插补法，这样能保留所收集的缺省问卷的其他信息资料，避免非随机性引起的偏差。在 SPSS 中可以采用数据转换处理缺失值，其方法是：依次点击"转换"→"替换缺失值"，打开缺失值替换主对话框，将需要插补缺失值的变量选入"新变量"输入框，SPSS 将在下方"变量名与方法"中的变量名输入框里自动产生一个新的变量名，点击"方法"旁的下拉选单，从中选择缺失值插补的方法，点击"确认"后，SPSS 将在原数据表中产生一个新的变量列，该列中已对缺失的变量值进行了插补（图 9-7），其中的 Q5ZC_1 变量即为插补了缺失值的新变量。

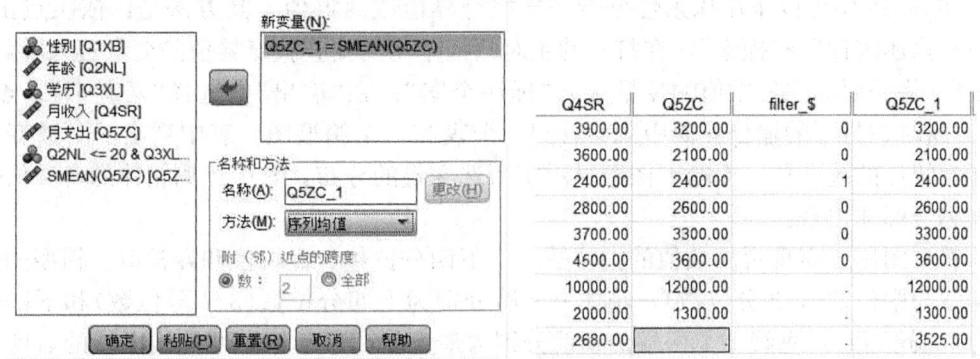

图 9-7　SPSS 中的缺失值插补

在选择处理缺失数据的特定方法时，要认真考虑可能出现的各种问题。不同的缺失数据处理方法可能产生不同的结果，特别是当缺失数据不是随机出现以及变量间的相关程度较强时。因此，应当使变量值的缺失率保持在最低的水平。

三、奇异值的检验与处理

奇异值也称离群值，是指数据表中某变量的部分记录值明显不同于该变量下的多数记录的数值。例如，在"您的月平均收入"变量中，绝大多数的值为 4～5 位数，突然有一个值高达 6 位数，这就是奇异值。奇异值被定义为一个观测值或一组观测值，它的夸大作用常常会歪曲统计结果。

1. 奇异值产生的原因

（1）录入数据时操作失误，如无意中多敲或少敲键盘。

（2）被调查者回答问题时将计量单位搞错，录入时未仔细检查。例如，在入境游客花费抽样调查中就发现大量奇异数值，原因是问卷要求按人民币填写，但很多游客按美元、日元填写，而录入时又没有进行换算。

（3）有可能真实情况就是如此，抽样时抽到了极端值的样本。

2. 奇异值的检测

奇异值的检测是用来发现和确认可疑的记录，最常用的方法是通过绘制散点图进行检验。在数据表中，选中需要检测的数据列的全部数据，点击插入散点图即可快速建立一个散点图，奇大、奇小的数据点会明显凸示出来。将鼠标移到图中的奇异值点上，会显示记录所在的行，即可找到奇异值的位置。

传统上，奇异值是通过测量它们和数据中心的相对距离来辨认的，样本均值和样本方差是度量数据集中趋势和离散程度最常用的统计量。但是由于它们对奇异值比较敏感，因此选择它们并不太合适。例如，如果数据成群偏在一边，样本均值就会偏向奇异值，样本方差也会由于奇异值而显著增大。因此，有些奇异值的 d 值就不会太大，此时检测这些奇异值就较为困难，这种现象被称为屏蔽效应。因为上述原因，四分位数法就成为检测奇异值常用的方法之一。这种方法用中位数度量数据的集中趋势，用四分位数间距度量数据的离散程度，因为这些统计量对奇异值更为稳健。

在 SPSS 中可以采用探索性分析来寻找奇异值或离群值，其方法是：依次点击"分析"→"描述统计"→"探索"，在打开的主对话框中将需要查找奇异值的变量选入"因变量列表"，将需要标注异常值的变量选入"标注个案"；在"输出"中选择"两者都"，点"确定"，这时在打开的输出界面中就会看到一个表和一个箱型图。表中列出了所选变量的描述性统计的统计量，而箱型图则显示了所选变量的分布，其中远离箱体的奇异值按照个案编号标注出来。

箱型图用于表现观测数值的中位数、上下四分位数、极端值和异常值。箱型图的中间粗线为中位数（1/2 分位数），箱体上下沿分别为上四分位数（3/4 分位数）和下四分位数（1/4 分位数），垂线上下两端的横线分别为最大值和最小值，两端线以外的点即为异常值。在 SPSS 中，离群值是指与四分位数全距在 1.5～3 倍的个案变量值，在图中用"○"表示；极端值是指与四分位数全距在 3 倍以上的个案变量值，用"＊"表示。图 9-8 中，11 号样本的月收入值为异常值，月支出值为极端值。

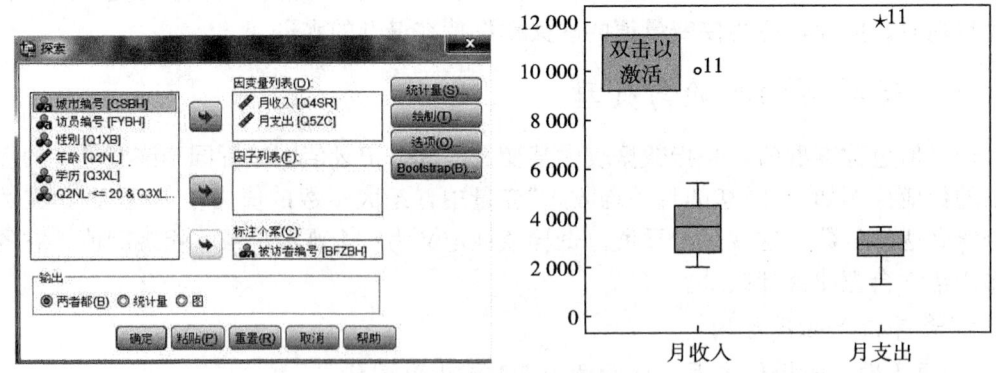

图 9-8　SPSS 中异常值检验

3. 奇异值的处理

经与原始问卷对比，奇异值如果是错误的，改正错误即可。如果属于真实情况，为避免极端值对调查结果造成偏移的影响，可以采用以下方式处理：在样本量较大时可以将这个样本剔除；在样本量不是很大，不想失去这个样本的其他信息时，可以用这个变量的全部样本或同类样本的平均值代替原始值。

对于在调查审核阶段检测出来的奇异值，可以有以下几种处理方法：在手工审核系统中，对奇异值进行检查，如果确认是错误的，就要进行回访并校正；在自动审核系统中，奇异值经常要进行插补处理；有些情况下，如果认为无妨大碍，可以不对奇异值做任何处理。因为忽略或纠正奇异值对数据的质量有很大影响，所以主观判断是非常重要的。

在审核时没有进行处理的奇异值可以在估计时进行处理。简单地忽略未经处理的奇异值会影响估计的效果，并导致估计量的方差增大；给离群值赋予1或0的权数会使估计结果发生偏倚。奇异值处理的目的就是在不引入较大偏倚的前提下，尽量减少奇异值对估计量抽样误差的影响。

在估计阶段有三种方法可以处理奇异值，即改变数值、调整权数、使用稳健估计量。

(1) 改变数值。奇异值可以是极大值或极小值。处理极大值或极小值的一种方法，就是在将样本数据按从小到大的顺序依次排列后，用次小的样本数据代替那些极小值（奇异值），或者用次大的样本数据代替那些极大值（奇异值）。这种处理方法叫做缩尾化，适合于处理单个变量的情况，在多变量中则很少应用。

(2) 调整权数。降低奇异值的权数使它们的影响变小。如果直接将奇异值剔除（相当于赋予这个奇异值的权数为0），则会人为造成数据的缺失，并造成低估（特别是对偏态总体的估计）。但是如果赋予奇异值权数为1，则往往会造成高估，所以实际处理时往往通过缩小奇异值的权数来减少奇异值的影响。

(3) 使用稳健估计量。在经典的估计理论中，总体参数的估计是基于某种分布的假设的。通常，假定估计量服从正态分布，样本均值和样本方差估计量在正态性的假定下是最优的，但是这些估计量对奇异值非常敏感。稳健估计量则能克服这种局限性，因为它对分布的假定不太敏感，如中位数比均值更稳健，四分位数间距比通常的方差估计量更加稳健。

第四节 调查资料的整理与描述

录入人员将编码后的调查数据录入并以数据库的形式存放在计算机里，数据自动清理完成后，就可以进行数据分析了。但在对数据进行分析之前，最好还要使复杂的数据简单化、通俗化、形象化，数据的图表就是达到这一目的的有效方法。图表具有直观、形象、生动、具体的特点，能让人一目了然、印象深刻，具有较强的说服力和吸引力。通过对应的图表，人们可以迅速了解数据的整体情况，获得相关的信息与结论。

一、调查资料的分组整理

市场调查所得的原始资料往往是杂乱无章的，无法发现其中隐含的规律，也不便于进一步分析利用。调查资料分组整理就是根据调查数据分析任务的要求和所调查对象总体的内在特点，把调查对象总体按某一标志划分为若干性质不同但又有联系的几个部分的过程。分组是"分"与"组"的有机整体，对总体而言是"分"，对构成总体的个体而言是"组"。通过分组，可以为揭示调查对象总体内部的构成以及分析各部分之间的依存关系奠定基础。

调查资料分组根据分组标志的性质，分为按品质标志分组和按数量标志分组。

品质标志是说明调查对象的性质或属性特征的，它反映的是每个被调查者在性质上的差异，不能用数值来表现，如调查对象的性别、常住地等。数量标志是直接反映调查对象的数量特征的，它反映的是调查对象在数量特征上的差异，如购买数量、购买价格等。调查资料分组方法就是指按这两种标志对调查资料进行具体分组的方法。

(一) 按品质标志分组的方法

按品质标志分组一般比较简单，分组标志一旦确定，组数、组名、组与组之间的界限也就确定了。例如，决定将调查对象按"性别"这个品质标志分组，那么，必然分成男、女两组；决定将调查对象按"是否已婚"这个品质标志分组，则必然分成"已婚"和"未婚"两组。有些复杂的品质标志分组可根据统一规定的划分标准和分类目录进行，如行政区划、国民经济行业分类、企业经济性质分类等。

(二) 按数量标志分组的方法

按数量标志分组远比按品质标志分组复杂得多。这是因为按数量标志分组的目的不但要确定各组在数量上的差别，而且要通过数量变化的临界点来区分各组的不同类型和性质。采用按数量标志分组的方法时，需要考虑以下几个方面的因素。

1. 选择单项式分组还是组距式分组

对于离散变量，如果变量值的变动幅度小，就可以一个变量值对应一组，称单项式分组。例如，居民家庭按儿童数或人口数分组，均可采用单项式分组。

离散变量如果变量值的变动幅度很大，变量值的个数很多，则把整个变量值依次划分为几个区间，各个变量值则按其大小确定所归并的区间，区间的距离称为组距，这样的分组称为组距式分组。也就是说，离散变量根据情况既可用单项式分组，也可用组距式分组。在组距式分组中，相邻组既可以将相邻组的组限重叠也可以不重叠。例如，将被调查的零售商店按当天接待的顾客人数分组，可以以组限重叠的方式分为100人以下、100～500人、500人以上；也可以以组限不重叠的方式分为99人及以下、100～499人、500人及以上。

连续变量由于不能一一列举其变量值，只能采用组距式的分组方式，且相邻的组限必须重叠，如工资水平、支出额、购买价格等为标志进行分组，就只能是相邻组限重叠的组距式分组。

在相邻组组限重叠的组距式分组中，若某单位的标志值正好等于相邻两组的上下限的数值时，一般把此值归并到作为下限的那一组，称为"上限不在内"原则（适用于连续变量和离散变量）。

通过组距式分组以后，把各组内部各单位的次要差异抽象去了，因而使资料的真实性受到一定程度的损害。但组距式分组把各组之间的主要差异突出出来了，这样，各组分配的规律性可以更容易显示出来。根据这个道理，如组距太小，分组过细，容易将属于同类的单位划分到不同的组，因而显示不出现象类型的特点；但如果组距太大，组数太少，会把不同性质的单位归并到同一组中，失去区分事物的界限，达不到正确反映客观事实的目的。因此，组距的大小、组数的确定应根据研究对象的经济内容和标志值的分散程度等因素安排，不可强求一致。

2. 采用等距分组还是不等距分组

等距分组是各组保持相等的组距，也就是说各组标志值的变动都限于相同的范围。不等距分组即各组组距不相等的分组。

调查资料分组时采用等距分组还是不等距分组，取决于研究对象的性质特点。在标志值变动比较均匀的情况下宜采用等距分组。等距分组便于各组单位数和标志值直接比较，也便于计算各项综合指标。在标志值变动很不均匀的情况下宜采用不等距分组。不等距分组有时更能说明现象的本质特征。

3. 组限和组中值的确定

组距两端的数值称组限。其中，每组的起点数值称为下限，每组的终点数值称为上限。上限和下限的差称为组距，表示各组标志值变动的范围。

组中值是上下限之间的中点数值，代表各组标志值的一般水平。组中值并不是各组标志值的平均数，各组标志数的平均数在调查资料分组后很难计算出来，就常以组中值近似代替。组中值仅存在于组距式分组数列中，单项式分组中不存在组中值。

组中值的计算是有假定条件的，即假定各组标志值的变化在组内是均匀的（与组距式分组的假定条件相同）。一般情况下，组中值＝(上限＋下限)÷2。

对于表述为"多少以下"（称为下开口组）和表述为"多少以上"（称为上开口组）的开口组，组中值的计算可参照邻组的组距来决定，即开口组组中值＝组限±(邻组组距/2)。对于下开口组，组中值＝组上限－(邻组组距/2)；对于上开口组，组中值＝组下限＋(邻组组距/2)。

调查资料经过分组后，就可以进行数据分析了，最终将分析结果绘制成统计表和统计图，以便更直观、形象、生动地反映调查研究对象总体的特点和规律。随着现代市场调查普遍应用计算机进行统计分析，分组、汇总、制表、制图等许多工作被划入后续的计算机统计分析中。

二、统计表的制作和使用

统计表是数据资料表现的一种重要方式，它能够简明地描述资料的特性以及不同资料之间的关系，用统计表对数据进行解释更直观和容易，也便于进行比较分析。

(一)统计表的构成要素

统计表一般包括以下要素。

(1)序号，写在表的左上方，一般以文章或书本中出现的先后顺序列出。
(2)标题，即统计表的名称，概括统计表的内容，写在表的上方居中位置。
(3)横行标题，横行的名称，即各组的名称，写在表的左侧第一列，也称为主词。
(4)纵栏标题，纵栏的名称，即指标或变量的名称，写在表的上方第一行，也称为宾词。
(5)指标数值，列在横行标题和纵栏标题交叉对应处。
(6)表注，写在表的下端，用以对该表的补充及注解，或说明表中数据的来源等。

有时为了编排的合理和使用的方便,主词和宾词的位置可以互换。

(二)统计表的类型

按照主词是否分组,统计表分为简单表、简单分组表和复合分组表,主词与宾词同时分组称为交叉分组表。

1. 简单表

主词未经任何分组的统计表称为简单表,简单表的主词罗列各类指标的名称,宾词为具体的指标单位及指标值,如表9-3所示。简单表主要用于同时展示处于平行地位的各项指标的值。

表9-3　某项调查的主要结果

项目	单位	数额
样本总量	个	1 600
月平均购买次数	次	8
每次购买平均花费	元	165
平均每次购买的种类	种	5

2. 简单分组表

主词只按一个标志进行分组形成的统计表称为简单分组表,如表9-4所示。简单分组表主要用于反映总体的构成。

表9-4　某项调查分性别月购买额

性别	购买额/元	比重/%
男	912 384	43.2
女	1 199 661	56.8
合计	2 112 045	100.0

3. 复合分组表

主词按两个或两个以上标志进行分组的统计表,称为复合分组表,简称复合表,如表9-5所示。复合分组表主要用于展示总体构成的细节。

表9-5　某项调查性别/婚否复合分组表

性别/婚否		购买额/元	比重/%
男性	合计	912 384	43.20
	未婚	209 840	23.00
	已婚	702 544	77.00
女性	合计	1 199 661	56.80
	未婚	503 850	42.00
	已婚	695 811	58.00
合计		2 112 045	100.00

4. 交叉分组表

主词与宾词同时分组的统计表称为交叉分组表或交叉分析表,简称交叉表,如表 9-6 所示。交叉表是市场调查数据分析常用的分析表之一,主要用于展示观察的现象按两个标志分组的交互关系。

表 9-6　某项调查购买额性别/婚否交叉分析表　　　　　　　单位:元

性别	未婚	已婚	合计
男	209 840	702 544	912 384
女	503 850	695 811	1 199 661
合计	713 690	1 398 355	2 112 045

各种分组表既可以用来展示样本单位的分布,也可以用来展示调查数据分析的结果。前者统称为频数分布表,后者统称为统计分析表。

(三)用 Excel 制作统计表

作为专业的电子表格工具,Excel 制作图表既方便快捷又美观,因而成为制作各类图表的常用工具。Excel 制作图表非常简单,制作表格时,首先选定需要制表的单元格区域,点右键"设置单元格格式",打开设置对话框(图 9-9),即可对该区域的数字格式、对齐方式、字体字号、边框类型、单元格填充颜色等进行全面设置,完成后点击"确定"即完成表格的格式设置。需要注意的是,习惯上统计表格不设两侧的边框竖线,即两侧边框是不封口的。

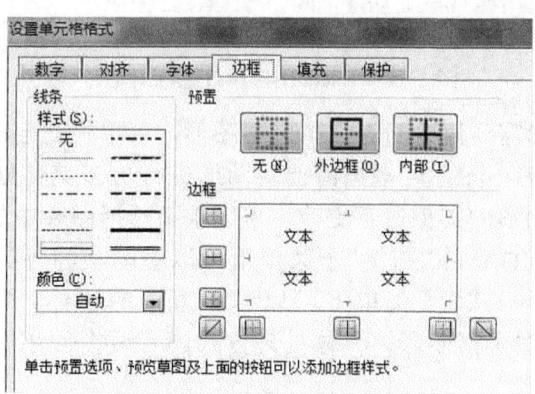

图 9-9　Excel 表格区域单元格格式设置对话框

三、统计图的制作和使用

统计图是统计资料的另一种常用的表达方式,以圆点的多少、直线长短、曲线起伏、条形长短、柱状高低、圆饼面积、体积大小、实物形象大小或多少、地图分布等图形来展示调查数据。用统计图展示调查数据具有"一图抵千字"的表达效果,因为图形能给人以直观而明确的印象,能揭示现象发展变化的结构、趋势、相互关系和变化规律,便于表达，常用于宣传、讲演、广告和辅助统计分析。但统计图能包含的统计项目较少，且只能显示出调查数据的概数，故统计图常配合统计表、市场调查报告使用。图示的主要种类有条形图、圆形图、曲线图和统计地图等。

统计图可以采用手工制作，也可以采用电脑作为辅助工具进行制作。计算机技术的发展不仅提高了图形的绘制速度，而且可以使各种统计图形绘制得更加准确和精美。一些常用的统计软件包和电子图表软件都具有强大的图形处理能力，可以使用户快速生成花样繁多且质量很好的图形来。

Excel提供了强大的制作统计图功能，内置11种标准图形，每种图形又包含2～19种子图，用户还可通过图表工具的设计、布局、格式子菜单进行进一步美化。此外，Excel制作的图形与制作图形的数据区域动态相关，可实现数据即改、图形即现。

Excel中制作统计图的方法是：选中需要制作图的表格区域，点击菜单中的"插入"，在图表区域选择常用图形，或点击图标区域右下角的小箭头打开图像选项对话框（图9-10），从中选择图形类型和子图形。

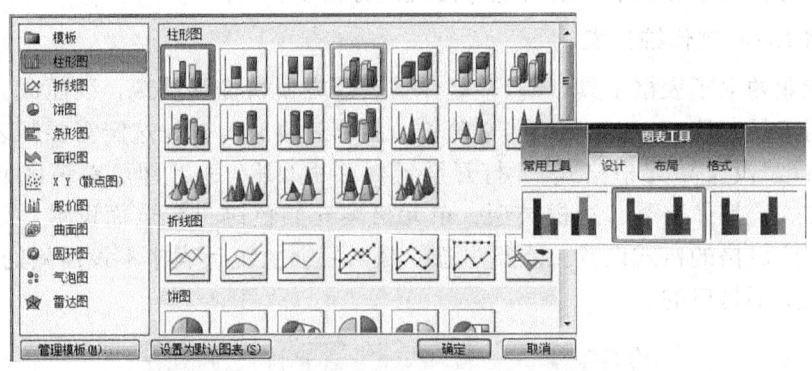

图 9-10　Excel图形设计选项对话框

初步制作好的图形需要修改时，点击选中图形，菜单栏就会出现"图表工具"菜单及子菜单，如图9-10中的小图，可根据需要对图形进行更多美化处理。例如，在"设计"子菜单下，可以对原图形的类型进行更改，可以重新选择图表中的数据、修改图表的布局、修改图形配色的式样；在"布局"子菜单下可以对图表的各类标签、坐标轴进行增补、删除、修改，在"格式"子菜单下可以对图表中的字体、字号、配色进行修改。Excel中处理图形的方法丰富多彩，具体处理方式读者可在使用中根据需要和审美观自行探索。

(一)统计图的要素

完整的统计图应该包括六个要素，即图号、图名、图目、图尺、图形和图注（图9-11）。

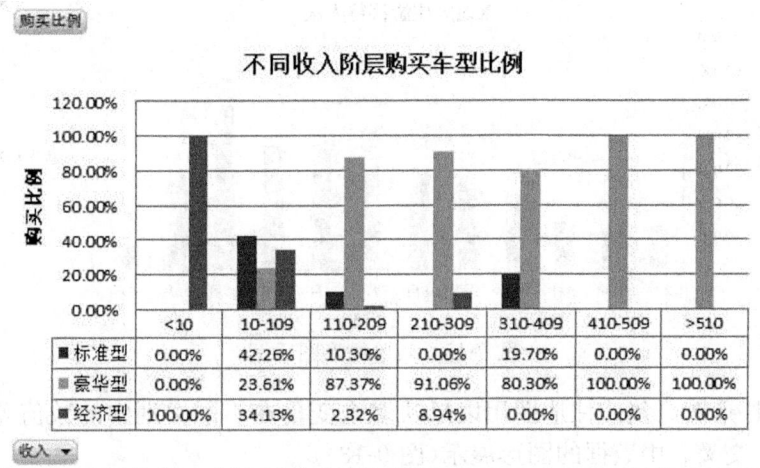

图 9-11 图表要素示例

(1) 图号是指图的序号，以图在调查报告中出现的顺序来确定。

(2) 图名是指统计图的名称，是对图示资料内容的概括。通过阅读图名，读者能很快明白图形的含义。图名一般与图号一起写在图的最下方。

(3) 图目一般是指在统计图的横坐标上所用的单位名称。

(4) 图尺是指在统计图的纵坐标上用一定的距离表示数据的单位。图尺可以是计数单位，也可以是百分比单位。

(5) 图形是图的主要部分，可以由线或面构成。在表述不同的结果时，用不同的图形线或面加以区别。图形的制作要求是使整个图形和谐、美观、均衡。

(6) 图注是指在图形的局部或某一点，用文字或数字加以补充说明的部分。图注的目的是帮助读者理解图形所表达的内容或说明资料来源。

(二) 统计图的类型

统计图的种类很多，常用的主要有柱形图、折线图、饼形图、散点图、雷达图等，此外，利用 Excel 还可以制作各种统计概率的分布图。

1. 柱形图

柱形图采用柱的长度来描述不同类别之间数据的差异，包括简单柱形图、百分比堆积柱形图、单行或多行三维柱形图等多种类型。柱形图可以采用单式柱形图、复式柱形图、直方图等多种表现方式。常用的柱形图有以下几种。

(1) 简单柱形图。简单柱形图用以反映一个变量在不同类别间的数值差异，横轴表示类别，类别可以是分类变量也可以是分组后的数值型连续变量；纵轴表示数量，数量可以是绝对量也可以是相对量。简单柱形图一般用于简单统计表数据的图形展示（图9-12）。

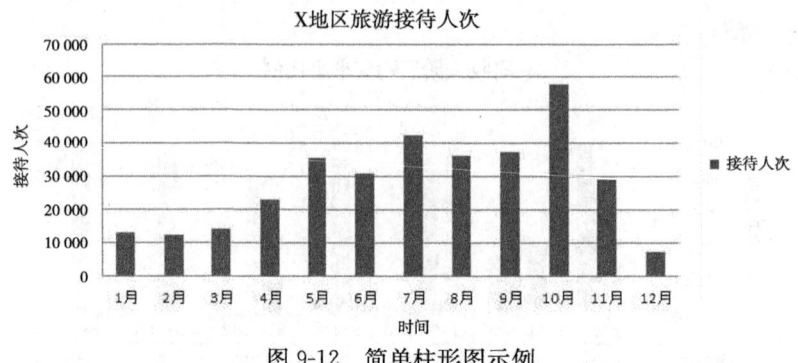

图 9-12　简单柱形图示例

（2）复式柱形图。复式柱形图用以反映多个变量在不同类别中的数值差异。复式柱形图一般用于交叉表中数据的图形展示（图 9-13）。

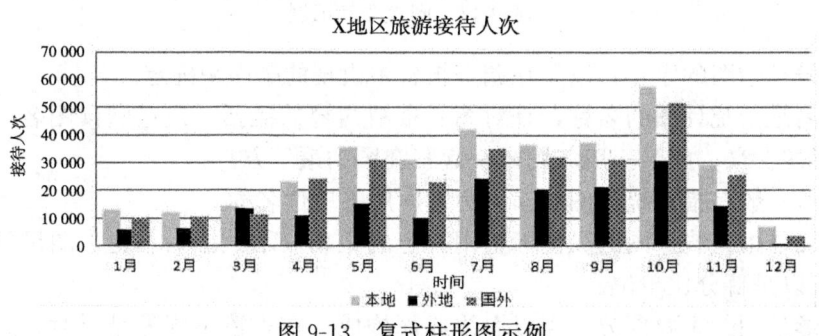

图 9-13　复式柱形图示例

（3）百分比堆积柱形图。百分比堆积柱形图是复式柱形图的另一种表示方式，它将不同类别的数据堆积起来反映相应类别的数据占总计的百分比，一般用于反映不同类别的频率。需要注意的是，Excel 中制作百分比堆积柱形图时，原始数据可以是绝对数也可以是相对数，制作百分比堆积柱形图时会自动转换为百分比，如图 9-14 所示。

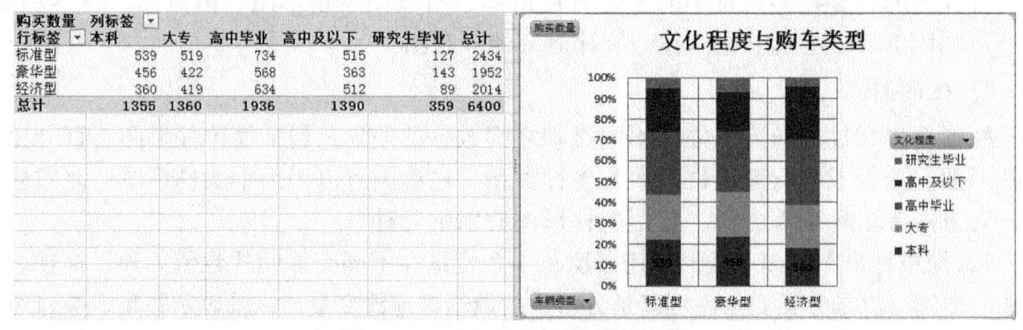

图 9-14　百分比堆积柱形图示例

（4）多行三维柱形图。多行三维柱形图以三个变量值作为 X、Y、Z 轴的坐标值，以三维立体方式表现三个变量之间的关系，具有较强的视觉冲击力（图 9-15）。

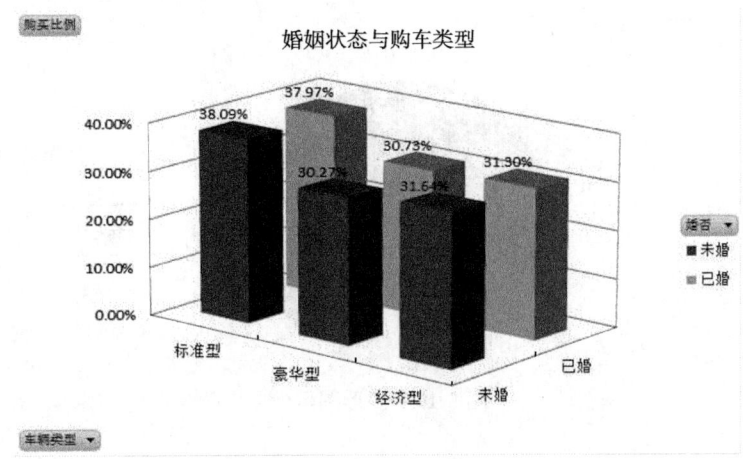

图 9-15　多行三维柱形图示例

2. 折线图

折线图是指用直线段将各个数据点连接起来而形成的图形，通常用于反映数据随时间变化而变化的趋势。水平(X)轴用于反映时间的推移，时间单位可以是年、季、月、日、时、分、秒等间隔相等的分类数据；垂直(Y)轴用于反映数值的大小，可以是绝对数也可以是相对数。折线图可使某种现象随时间变化而变化的趋势一目了然，并且可以用于建立变量随时间变化的时间序列模型，预测未来的变化趋势。折线图是数据分析中最重要的图形之一，如图 9-16 所示。

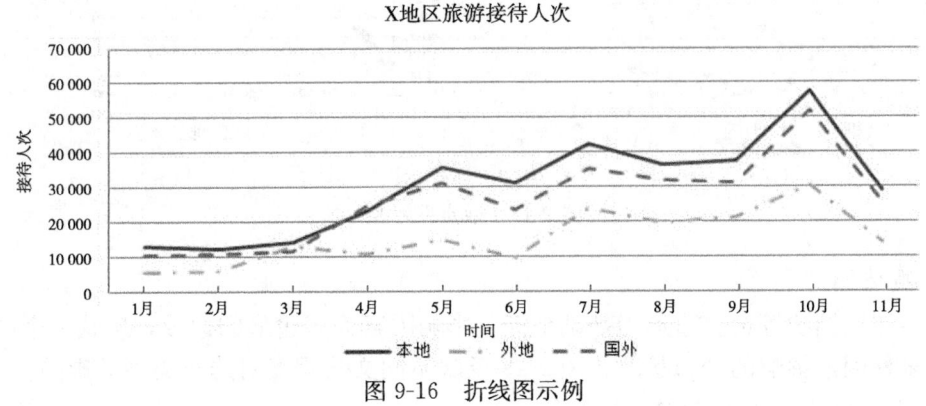

图 9-16　折线图示例

3. 饼形图

饼形图又称为圆形图，以圆形的面积代表总体指标数值，圆形的各扇形面积代表各组指标数值，或将圆形面积分为若干角度不同的扇形，分别代表各组的频率。在实际应用时亦可将圆面改为圆饼或圆台，变成圆形立体图。圆形图适合于表现总体中各部分的构成比重，以及各部分之间的比较。

例如，经调查，某地区销售的车辆中豪华车占 31%，标准型占 38%，经济型占 31%，将其用饼形图直观表示，如图 9-17 所示。

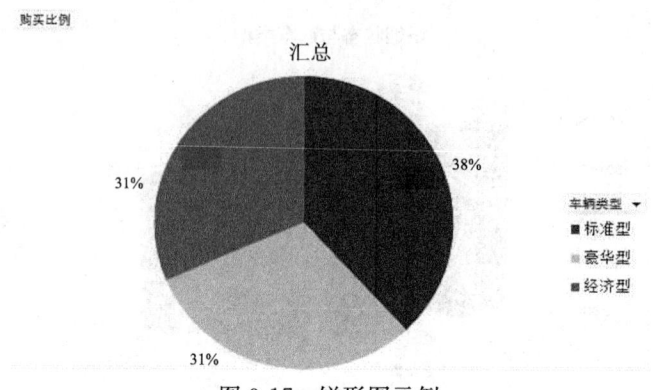

图 9-17 饼形图示例

4. 散点图

散点图也是数据分析时最常用的图形之一，可以以一个变量的数据制作，可用于反映该变量值的分布状况，也可用于检验数据的奇异值[图 9-18(a)]；也可以以两个变量的两组数据制作，两组数据分别代表 X 轴、Y 轴，通常反映两组数据之间的关系，常用于相关分析和回归分析[图 9-18(b)]。

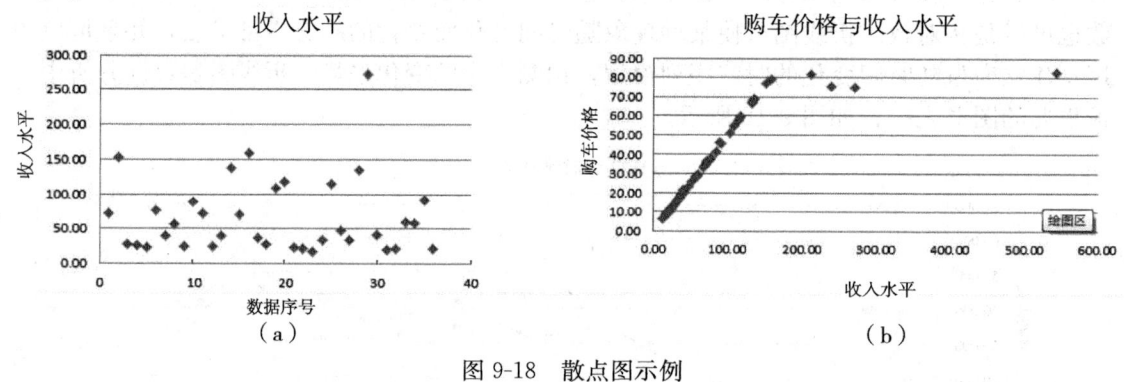

图 9-18 散点图示例

5. 雷达图

雷达图以网状等边多边形为基础坐标，影响因素为多边形的边数，反映一个或多个现象受多种因素影响的分布状况。图 9-19 反映不同文化程度对购车类型的影响。

6. 其他统计概率分布图

Excel 中内置了大量统计函数，利用这些函数可以生成多种统计概率分布的图形。其基本方法为：选择一种随机分布函数（如正态分布函数）→根据函数的需要计算相应的参数数列（如均值、方差数列）→使用该函数根据参数数列计算生成建立数据表→根据数据表建立线型图。图 9-20 展示了使用相应函数生成的正态分布、F 分布、卡方分布三个统计概率分布图形。

第九章 调查资料的处理

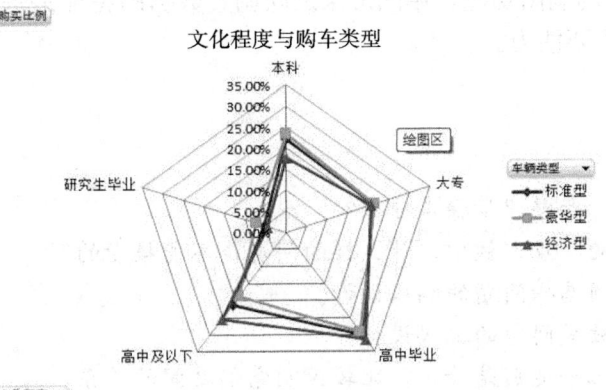

图 9-19 雷达图示例

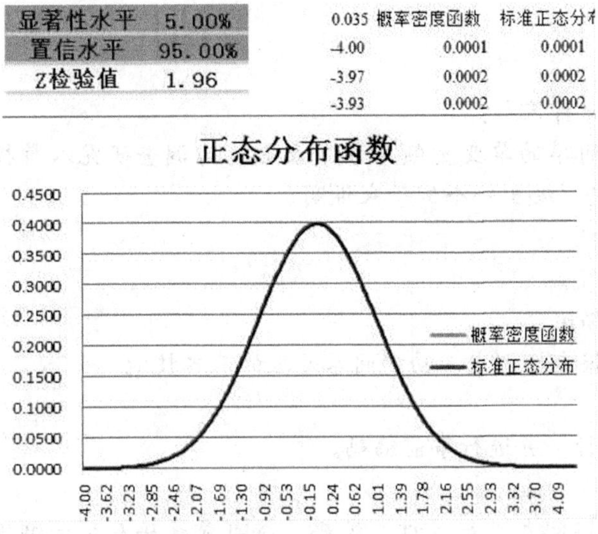

(a)

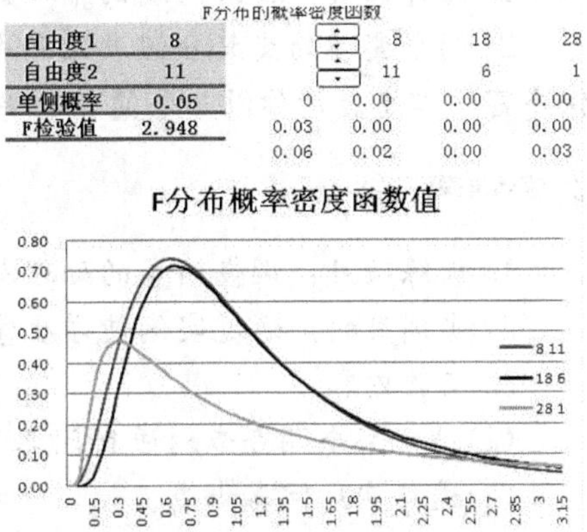

(b)

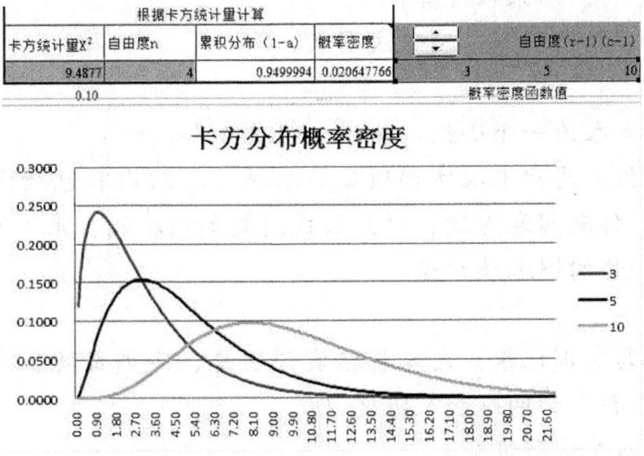

(c)

图 9-20 常用的统计概率分布图示例

Excel 拥有强大的制图功能，用图形来反映调查数据的特征是每一位市场调查与分析人员应该具备的重要能力。

☆ 思考练习题

一、问答题

1. 调查资料的一般整理步骤是什么？
2. 在调查资料的初步审核中，什么样的问卷是不能接受的？
3. 举例说明多项选择问题的编码设计。
4. 举例说明开放式问题的编码设计。
5. 数据审核的三个类别是什么？比较说明它们之间的关系。
6. 对缺失数据进行插补有哪些方法？
7. 什么叫奇异值？如何检测和处理奇异值？
8. 数据资料有哪些描述方法？

二、思考题

1. 为什么说开放式问题的编码是一种艺术？
2. 两个变量的交叉分组表比两个简单的单变量频率分布表更能为调查研究人员提供丰富的信息。请你做一个简易的调查，给出一个例子来说明。

☆ 实训题

1. 训练项目：调查问卷的处理与描述。
2. 实训目的：通过实例使学生掌握市场调查活动中问卷处理的基本技能。
3. 实验内容

(1) 结合某个调查专题进行问卷设计，并进行事前编码。
(2) 进行实地问卷调查。
(3) 把问卷收集、审核之后，对合格问卷进行校订、编码，将事前编码及事后编码制作编码说明表，并将问卷录入计算机。
(4) 对资料进行分组、汇总，制作成图表。

4. 实训组织

(1) 全班同学每 6 人为一个小组，指定小组负责人。
(2) 以小组为单位，写出本次实训项目的总结。总结内容包括问卷审核中发现的问题、合格问卷份数、作废问卷份数、对开放式问题如何编码、录入时如何查错、选择哪些标志进行分组、制作的图表展示等。

5. 实训考核

(1) 每位学生填写实训记录，内容包括实训项目、实训目的、实训过程、本人承担的任务、完成情况、存在的问题和改进建议。
(2) 教师对实训报告进行评分。

☆ 扩展阅读

大数据在市场研究中的国际前沿追踪

数据已经渗透到了全世界市场中的各个领域，并逐渐成为重要的组成因素，对海量数据的运用将提升人们对市场以及未来走向的预知和把控。在互联网时代，数据本身就是资产，而大数据则意味着这些资产正在变得庞大无比，在现实生活中，善于运用大数据的企业已经从数据中获得了丰厚的回报。

一、大数据在当今市场研究中的重要意义

大数据是由数量巨大、结构复杂、类型众多的数据构成的数据集合，可通过云计算的处理技术与应用模式，在合理时间内达到选取、管理、处理并整理成为可以帮助企业经营决策的资讯。大数据具有数量大、实时性、多样性、真实性等特点。

从2009年开始，"大数据"逐渐成为互联网信息技术的热门词汇。美国互联网数据中心指出，互联网上的数据平均每年增长50%，每两年便翻一番，所以目前世界上90%以上的数据是最近几年才产生的。此外，数据不光指人们在互联网上发布的信息，全世界的工业设备、汽车、电表上有着无数的数码传感器，随时测量和传递着有关位置、运动、震动、温度、湿度乃至空气中化学物质的变化，也产生了海量的数据信息。

数据已经渗透到了全世界市场中的各个领域，并逐渐成为重要的组成因素，对海量数据的运用将提升人们对市场以及未来走向的预知和把控。在互联网时代，数据本身就是资产，而大数据则意味着这些资产正在变得庞大无比，在现实生活中，善于运用大数据的企业已经从数据中获得了丰厚的回报。

例如，华尔街的德温特资本市场公司通过分析3.4亿个微博账户的留言判断民众情绪，依据人们在高兴时买股票、焦虑时抛售股票的规律来决定公司股票的买入或卖出。阿里巴巴根据天猫网上中小企业的交易状况筛选出财务健康和讲究诚信的企业，对他们发放无需担保的贷款。目前已放贷300多亿元，坏账率仅0.3%，低于商业银行的平均水平。在宏观经济预测方面，2008年，阿里巴巴根据对交易数据的分析结果提前预测了金融危机的爆发，帮助一些企业躲过了金融危机的冲击。印第安纳大学利用谷歌公司推出的心情分析工具，从近千万条网民留言中归纳出六种心情，进而对道琼斯工业指数的变化进行预测，准确率高达87%。

在公共事业领域，大数据也在发挥着不可小觑的重要作用。欧洲多个城市通过分析实时采集的交通流量数据，指导司机选择最佳出行路线，从而改善城市交通状况。联合国也推出了名为"全球脉动"的项目，希望利用"大数据"来促进全球经济发展。"大数据是未来的新石油"，这已经成为社会的共识。

二、国际知名企业在大数据上的前瞻研究

大数据在市场研究中的精髓是价值，即数据本身可以给企业带来的商业价值，在未来四五年中，越来越多的公司会像IBM、Google、阿里巴巴、Facebook等技术领先的公司一样，学会如何在大数据集群中运用技术来发展自己的业务。下面我们来看几个国际知名企业在市场研究中运用大数据的前沿走向。

1. IBM——大数据可视化

IBM近些年来,一直致力于大数据的前瞻研究,有自己的数据管理系统、数据仓库、Hadoop System、Stream Computing 流计算、信息整合管理平台这一整套的大数据技术,其中数据可视化功能是IBM的一个重要大突破,即分析工具生成的信息以可视化形式呈现在用户面前,给用户一个非常强烈的直觉判断。可视化分析方法,主要包括可视化查询、链接分析、路径分析、群集分析、社会网络分析等分析算法与分析工具。

未来IBM在大数据可视化商业化研发的三大工作方向:一是从结构化、半结构化、非结构化的音频和视频当中抽取特殊数据,即语义分析和语境分析,来帮助企业进行决策和分析;二是将分析得出的结果以可视化的方式让业务用户能够理解;三是可视化与地理位置信息相结合,如在港口监控所有船只时,一旦出现异常情况,可视化软件可以让工作人员更准确地判断现实情况并得到更快的解决方案。

2. Facebook——通过大数据精准定位客户群

Facebook一直是大数据技术最积极的应用者和开拓者,因为它拥有的数据量极其巨大。

目前,Facebook在全球有9亿用户,其中日常活跃用户达5.26亿,每天会采集到500＋TB的数据。面对这大量的数据,Facebook正在分类、提炼,发挥数据真正的价值,根据海量用户的使用习惯做数据挖掘,然后对用户进行"画像",更精准地把握用户需求和广告主的需求,Facebook大数据技术被广泛应用在广告、新闻源、消息聊天、搜索、站点安全、特定分析、报告等各个领域。

海量数据处理的第一步就是归类,将用户发表的评论、上传的图片、音乐、视频这些碎片化、非结构化的数据进行分析,使其集结、归类成结构化的数据信息。第二步是要将这些结构化的数据进行解读,深入到数据背后的潜在意义。每当用户登录Facebook,cookie会一直驻留在用户的浏览器中,从此用户的浏览行为、浏览页面的关键字会被记录,通过对关键字和上传信息的持续分析,Facebook很容易得出用户的长期爱好和近期需求。再加上对你朋友圈的分析,可以获得你的教育、工作、收入、地理位置等诸多方面,这种挖掘和解读往往比个人主动填写的信息还要全面、真实。

为了更便捷、更真实地获得用户的资料,Facebook发布了一款大数据新产品——"时间线"Timeline,它是一个用户可以自我编辑的个人时间轴,在这条时间线的页面记录个人生活故事的应用。Timeline通过帮用户创建个人的时间线和电子传记这一形象化的工具,进行用户数据捕获、存储,将Facebook的数据收集工作带入历史领域。而一旦拥有了这些历史数据,Facebook就如同一个和你从小一起长大的人,对你的档案了如指掌。用户留下的数据越多,Facebook就越了解用户,投放的广告就会更加精准。

3. Google——大数据作预测

Google就是大数据时代的开拓者,Google的大数据技术架构一直都是全球互联网企业争相学习和研究的重点,在市场研究中Google所提供的大数据分析主要是客户情绪分析、交易风险分析、产品推荐、客户流失预测、法律文案分类、电子邮件内容过滤、政治倾向预测、物种鉴定等多个方面。据称,大数据已经给Google每天带来2 300

万美元的收入。具体应用如下。

其一，基于 Map Reduce(映射化简模式)Google 提供了包括数据存储、数据分析、日志分析、搜索质量以及其他数据分析应用。

其二，基于 Dremel 系统(在线可视化系统)，Google 推出其强大的数据分析软件 Big Query，它也是 Google 自主开发的一个云数据分析引擎。Big Query 引擎可以快速扫描高达 70TB 未经压缩处理的数据，并且可马上得到分析结果。这个服务，能帮助企业用户在数秒内完成万亿字节的扫描。

其三，Google 的趋势图应用。通过用户对搜索词的关注度，很快地了解社会上的热点是什么。对广告主来说，它的商业价值就是很快地知道现在用户在关心什么，他们应该在什么地方投入一个广告。如"Brand Lift in AdWords"、"Active GRP"等工具，可以帮助广告客户分析和评估其广告活动的效率，再利用 Google Analytics，可全面掌控营销投资回报率。

Google 的大数据平台架构仍在演进中，追求的目标是更大数据集、更快、更准确的分析和计算，这将进一步引领大数据技术发展的方向。

4. 阿里巴巴——大数据下的新 C2B 模式

阿里巴巴作为中国最大的电商企业，已经通过所掌握的数据以及分析成果，去指导这些生产线的研发、设计、生产、定价。

用户的搜索浏览、驻留时间、商品对比、购物车、下单、评价数据被全程记录，同时用户的个人资料，如性别、地域、年龄、职业、消费水平、偏好、星座等也已进行画像。这时候阿里巴巴可以对用户进行交叉分析、定点分析、抽样分析、群体分析，基于这些分析结果得出市场需求趋势，再通过地域和时间分析指导生产线不同季节不同物品的产量和不同地域不同产品的库存，适时调整生产、销售、推销策略。

阿里巴巴已经启动了数据共享计划，将它们沉淀的行业数据分享给厂商，从价格分布、关键属性、流量、成交量、消费者评价等维度建模，挖掘出功能卖点、主流价格段分布、消费者需求、增值卖点等来指导厂家的研发、设计、生产。并可以将这种模式复制到更多厂家，让他们去承包生产线，引入更多厂商。

这是一种用户不知不觉参与的 C2B 模式，可以总结为"大数据定制"。它既帮助厂家更好地满足用户的需求，也有助于帮助厂家减少库存、提升销量。这种 C2B 模式的 C 是全网用户，所以就不再需要兴师动众地组织团购，组织投票，组织调研。

未来这种基于大数据的 C2B 模式将会从小家电扩展到服装、家居以及一些日用品。除承包生产线之外，阿里巴巴还会尝试其他的一些大数据 C2B 定制模式，如有偿提供大数据成果或定制服务给一些厂家、其他电商卖家或普通互联网。

三、大数据时代市场研究的新方式

传统的市场研究虽然以严谨的抽样理论为基础，但由于受制于主持人的访问技巧、街头拦访的不确定性等缺点，不能完全真实反映总体的客观情况。而大数据的调研方法为市场研究人员提供了以"隐形人"身份观察消费者的可能性，超大样本量的统计分析使得研究成果更接近市场的真实状态，同时具有丰富性、实时化、低投入等特点。总结如下，在大数据时代下新的市场研究方法主要有以下两点。

1. 搭建网络平台进行市场调研

无论是 IBM、Google、Facebook，还是中国的阿里巴巴，都是基于强大的网络平台来进行大数据的采集、分析、研究、盈利。通过网络平台获取海量的非结构化数据，从大量的音频、视频、搜索记录等数据中抽取特殊数据用来市场的决策和分析，包括影像背后语义分析、语境分析、消费者态度和心理分析，得出的结果通过可视化的方法让用户能够理解、分析、判断。这些数据都属于用户主动披露的，与传统访谈形式的被动挖掘相比信息的真实性更高。总之，网络调研具有传统调研无可比拟的便捷性和经济性。

2. 基于云计算的数学分析模型

传统市场调研的采集数据的结构化较好，一般的统计软件 SPSS 甚至 Excel 就能满足数据处理过程，而大数据的数据是海量的、非结构化的，需要如 Hadoop Map Reduce、Info Sphere Streams 等云计算的数据处理技术来实现数据分析，即通过单遍扫描实现对海量数据集的高效聚类，是对 AP 聚类算法的扩展，通过稀疏化各子集，然后融合各子集稀疏化后的数据再次 AP 聚类，从而实现对大规模数据的高速聚类。基于云计算的数学分析模型可以将碎片化信息还原为完整的消费过程信息链条，更好地帮助营销人员研究消费行为及消费心理。这些碎片化的信息包括消费者在不同时间、不同地点、不同网络应用上发布的消费信息、购买信息、商品评论信息等，并且通过连续追踪可以形成一个专属的时间链，更加精准地对想得到的结果作趋势性判断。

未来大数据的 Hadoop 平台将普及，云计算智能化分析的成本低、效率高、收益大的特点促使着 IBM、Google、Facebook 等这些技术领先的公司不断开拓新的大数据分析软件和模型。

大数据时代新的市场研究方法使"无干扰"真实还原消费过程成为可能，智能化的信息处理技术使低成本、大样本的定量调研成为现实，这将推动消费行为及消费心理研究达到一个新的高度，帮助企业更为精准地捕捉商机。

资料来源：路明．大数据在市场研究中的国际前沿追踪．汽车纵横，2015(1)：88-91

第十章

调查资料的分析

【学习目标】

通过本章的学习，熟知调查资料的各种分析技术；能针对具体调查项目和数据资料选择适当的分析方法；掌握 SPSS、Excel 软件在各种统计分析中的基本应用；对高级统计分析方法有一定程度的了解。

第一节 调查资料分析概述

为了探索市场现象背后所蕴涵的数量特征和规律性，需要对调查数据进行分析。调查资料分析是指运用统计分析方法对市场调查中所获得的调查数据进行科学的处理和加工，从中提炼出各种有价值的信息的工作。不同性质的调查数据，适用于不同的统计分析方法。如果是利用全面调查方法得到的总体数据，宜采用描述统计方法；如果是利用抽样方法得到的样本数据，宜采用推断统计方法；对于单一变量，可采用单变量分析方法，对于多变量数据，则可以采用多元分析方法。本章将围绕描述统计、推断统计和多元统计分析三部分内容，对各种常用的调查数据分析方法进行介绍。

一、调查分析方法的选择

用于调查数据分析的方法有定性分析和定量分析两大类。定性分析法贯穿于整个调查研究阶段，也贯穿于整个数据分析阶段。定性分析法更多的是用一些逻辑思维和创造性的方法，因此，在数据分析过程中，对它的选择一般不设定准则。对调查数据的分析主要是采用定量分析法，需要借助统计分析技术来进行。

调查资料的分析是一项技术性非常强的工作，不同的调查项目涉及的分析内容也大不相同，因而所采取的统计方法也不一样。在大多数市场调查项目中，数据分析的内容仅限于计算频数、平均数及一些基本的误差等，常规的描述统计方法基本就可以满足需要。但在某些复杂的大型调查项目中，还需要用一些高级统计分析方法对数据进行深度挖掘，甚至要构造新的模型，推导一些特殊的误差计算公式等。因此，在既定的调查研究目的条件下，存在选择何种分析方法的问题。

1. 根据不同的调查方式选择统计分析方法

市场调查活动有全面调查和非全面调查之分，非全面调查以抽样调查为主，抽样调查又有概率抽样和非概率抽样两种方式。对全面调查数据，可以使用描述统计的方法，即对所收集到的数据进行整理、综合、归纳和分析，对现象的基本数量特征和某些统计规律做出判断，采用的分析方法主要有频数分布描述、统计图表描述、对比分析、集中趋势分析、离散趋势分析等。对抽样调查数据，一般来讲，先要运用描述统计分析方法进行系统整理和初步分析，得到一些样本统计量和初步的统计规律，并在此基础上运用推断统计分析法，在一定的概率保证下，对现象总体的数量特征做出推断，从而认识现象总体的本质和规律。

2. 根据变量多少选择统计分析方法

由于调查研究的目的和具体任务不同，数据分析中有时可能只涉及单变量，有时则要涉及双变量甚至多变量。如果涉及单变量，则调查内容仅包括一个或多个相互独立的概念，此时须研究每个独立变量有几种可能变动的情况、变量的分布特点、数据的集中与离散特征等。如果分析涉及两个变量，此时就要进行命题研究，主要是分析两个变量之间是否存在关系、是何种类型的关系、关系的密切程度如何。若两个变量是数值型的，一般采用相关分析与回归分析；若两个变量是定类型的，则可使用列联表的方法进行分析。如果分析涉及多个变量，且变量之间的联系比较复杂，除了两两之间可能存在关系外，还可能存在网状、键状、一因多果或一果多因等多种联系，在这种情况下，就需要运用多元统计分析方法。

3. 根据研究目的选择分析方法

调查数据的每一种分析都有一定的目的，可根据不同的研究目的来选择不同的分析方法。例如，分析市场某一数量特征（变量）的水平和分布特征时，可选择简单频数分析、交叉频数分析、集中趋势分析、离散趋势分析；分析变量间的相互关系可选择对比分析、方差分析、假设检验、相关分析、回归分析、因子分析、主成分分析、聚类分析等，也可选择经济学中的弹性分析；用样本的数量特征对总体的数量特征进行估计时，可选择参数估计、假设检验等；分析变量的动态变化特征时，可选择动态相对数分析、移动平均分析、指数平滑分析、季节指数分析、回归分析等。

4. 根据数据类型选择统计分析方法

根据计量尺度的不同，调查数据可分为定类数据、定序数据、定距数据和定比数据四种类型。前两类数据属于定性数据或品质数据，后两类数据属于定量数据或数量数据。数据的类型不同，对其进行分析所采用的方法也就不同。对于定类数据，通常要计算各组的频数和频率，计算众数和异众比率，进行列联表分析和 χ^2 检验等；对于定序数据，可以计算其中位数和四分位差，进行等级相关系数等非参数统计分析；对于定量数据，除了可以运用定性数据的分析方法进行分析外，还可以用更多的统计分析方法进行分析，如参数估计、假设检验、回归分析、方差分析、多元统计分析等。

5. 根据问卷题型选择分析方法

市场调查大多采用问卷调查，问卷中的题型一般为单选题、多选题、量表题、数值型填空题、关联选项题、交叉配对题等。就单个问题来看，单选题的数据通常为非连续变量或品质变量数据，一般可采用单变量频数分析、交叉变量频数分析、列联表分析、

χ^2 检验等；多选题的数据为一个问题下的若干个互斥选项，通常用于分析各选项之间的关系，除了可采用频数分析、交叉频数分析外，还可进行联合概率分布分析、因子分析及聚类分析；量表题表现为非连续变量数据，可采用集中趋势分析、离散趋势分析、方差分析、相关分析、t 检验等；数值型填空题的数据通常为连续数值型变量数据，可采用几乎所有的统计分析方法。从题间关系来看，单选题、多选题通常用于分类变量，量表题通常用于解释变量或被解释变量，关联选项题通常用于判断选项间的关系。

总体来说，数据分析方法众多，但各种方法都有其适用性。进行调查数据分析时，应根据研究目的、数据特征、各种分析方法的作用与限定条件，选择适当的分析方法。

二、调查数据分析的过程

调查数据分析通常需要经过以下三个阶段。

(一)拟订数据分析方案

数据分析是一项系统的工作，因此，进行调查数据分析时，通常需要几个研究人员从不同的方面、采用不同的方法协作完成。为了保证调查数据分析的系统性和整体性，需要制订数据分析方案来统一协调运作。数据分析方案是在数据整理完成后、数据分析开始前围绕调查目的和任务，以调查数据为依据编制的分析纲要，是指导数据分析过程的纲领性文件。分析方案应包括数据分析拟达到的总体目标及采用的指标或参数、总体目标的分解及分解的指标或参数、拟采用的分析方法、方法使用中的主要变量、主要计算参数、使用的软件及模块、各部分需要使用的数据、各部分完成的时间及人员分工等。数据分析方案通常需要经过讨论，讨论通过后才能开始执行，讨论的过程本质上是对分析方案的论证过程，可以保证分析的科学性。

数据分析方案拟订中最重要的是根据分析的目的，选择适当的分析方法和分析变量。调查资料如何进行统计分析，研究人员在调查方案设计时一般已经心中有数。图 10-1 是一个统计分析计划的构想，它指明了分析哪些变量、采用何种统计方法、分析的目的是要解决哪些问题。一般是在编码之后，当变量名称及数据类型确定下来之后才能拟订具体的分析计划。

拟订具体的统计分析计划实际上就是列出一张统计分析清单，说明对什么变量采用什么统计方法、要得到什么统计量。例如，对一个具体的消费者调查项目的统计分析清单可能包含下列项目。

(1)对 Q_4 和 Q_5 进行频率分析。

(2)对 $Q_{22-1} \sim Q_{22-15}$ 15 个变量进行因子分析，获得特征值大于 1 的各因子，并生成各因子得分的中间变量($F_1 \sim F_n$)，然后采用聚类分析方法(以 $F_1 \sim F_n$ 为自变量)对样本进行分类，并生成类别变量 C。

(3)采用主成分分析方法将 Q_{12} 和 Q_{13} 合成一个中间变量 M_1(称为产品强度)，并将该产品强度变量转换成为百分位数 M_2。然后以 M_2 为因变量，以 $B_1 \sim B_7$ 和 C 为自变量进行方差分析。

(4)以 M_2 为因变量，以 $Q_{6-1} \sim Q_{6-10}$ 为自变量进行方差分析。

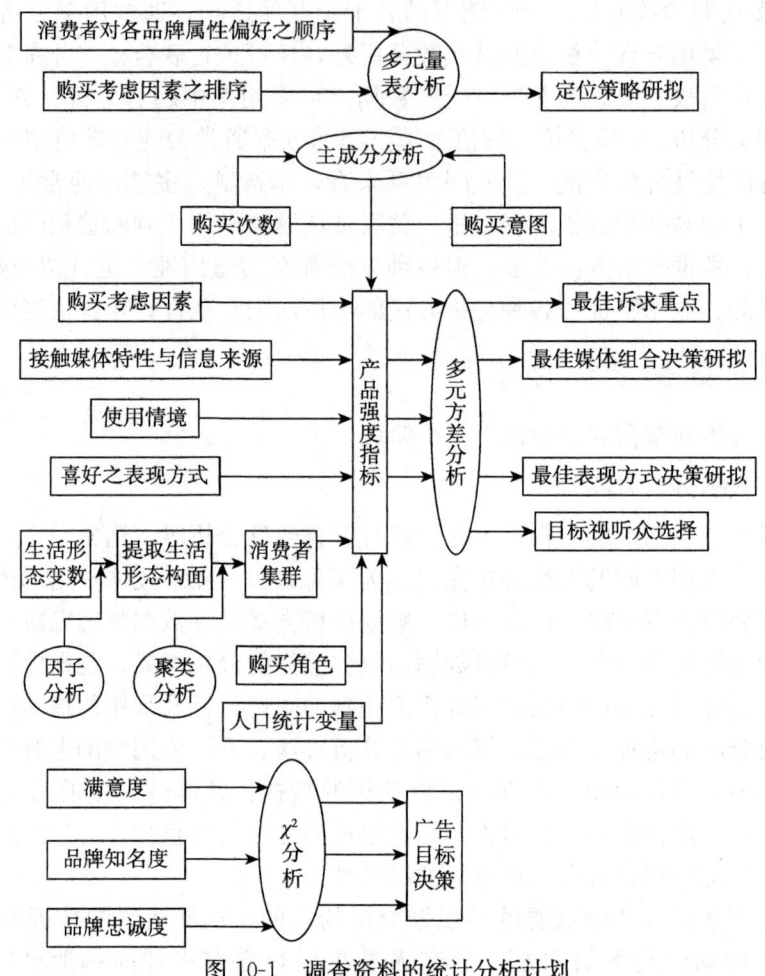

图 10-1 调查资料的统计分析计划

(5) 以 M_2 为因变量,以 $Q_{18-1} \sim Q_{18-8}$、$Q_{19-1} \sim Q_{19-10}$、$Q_{20-1} \sim Q_{20-8}$ 和 $Q_{21-1} \sim Q_{21-5}$ 为自变量进行方差分析。

(6) 以 M_2 为因变量,以 Q_{14}、$Q_{15-1} \sim Q_{15-5}$ 为自变量进行方差分析。

(7) 以 M_2 为因变量,以 $Q_{17-1} \sim Q_{17-8}$ 为自变量进行方差分析。

(8) 以 M_2 为因变量,以 $Q_{23-1} \sim Q_{23-11}$ 为自变量进行方差分析。

(9) 采用多元量表分析方法对 $Q_{11-1a} \sim Q_{11-9f}$ 进行分析。

(10) 采用多元量表分析方法对 $Q_{6-1} \sim Q_{6-10}$ 进行分析。

(11) 求 $Q_{1-1} \sim Q_{1-12}$ 变量的次数分配及百分比,同时分别以 $B_1 \sim B_7$ 和 C 这 8 个变量为自变量,Q_{1-1} 为因变量计算百分比并进行 χ^2 检验。

(12) 求 $Q_{2-1} \sim Q_{2-12}$ 变量的次数分配及百分比,同时分别以 $B_1 \sim B_7$ 和 C 这 8 个变量为自变量,Q_{2-1} 为因变量计算百分比并进行 χ^2 检验。

(13) 分别以 Q_{2-1}、Q_{2-2} 和 Q_{2-3} 为分组变量,对 Q_{3-1}、Q_{3-2} 和 Q_{3-3} 进行频率分析和 χ^2 检验。

(14) 计算 $Q_{7-1} \sim Q_{7-12}$ 与 $Q_{9-1} \sim Q_{9-12}$ 的交叉频率分布。

(15) 统计 Q_{16} 的平均数和中位数。

值得注意的是，上述例子中采用了许多复杂的高级统计分析方法。在市场研究中，实际上最常使用的是频率分析、交叉频率分析和描述统计分析方法。对于大多数问题，运用常规的统计分析方法就可以解决，而对于某些特殊问题，还需要借助高级统计分析方法才能达到研究目的。

(二) 开展数据分析

数据分析方案拟订后即可根据方案分发调查数据，开展数据分析。数据分析中应加强各部分之间的沟通和协调，注意审查每一个分析步骤的正确性，包括数据使用的正确性、软件使用的正确性、中间结果的正确性。特别是在不同内容的分析者相互间需要提供分析中间结果的情况下，更要注意审查中间结果的准确性，以免出现因中间结果错误而影响最终结果的现象，以避免不必要的返工。

(三) 解释和验证分析结果

数据分析初步完成后，应对初步分析得到的结果进行解释和验证。解释是指依据相关理论对分析的结果进行解读，说明所要研究的现象；验证是指当某一参数改变后其结果也应发生相应的可解释的变化。解释和验证的目的是系统检验数据分析各部分之间的协调性和整个分析过程的正确性。

第二节 调查数据的描述统计分析

描述统计分析是指对调查总体所有单位的有关数据做收集、整理和计算综合指标等加工处理，用以描述总体的基本特征，它在市场调查中有着广泛的应用。描述统计分析是数据分析的基础方法，它通过指标、统计图和统计表等形式，描述数据的集中趋势、离散趋势及变量之间的相互关系。在市场调查实践中，描述变量分布情况的方法有单变量频率分析和多变量交叉频率分析，描述变量集中趋势的常用指标有平均数、中位数和众数，描述数据离散程度的常用指标有极差、标准差、四分位差和变异系数等。

一、频率分析

频率分析也称频数分析或次数分析，频数分析以变量分组为前提，是指对某个变量值分组后，各组变量值出现的次数（频数）及其占样本总数的百分比（频率）的分析。根据分析变量的多少，频数分析分为单变量频数分析和多变量频数分析；根据变量的性质分为定量变量的频数分析和定类变量的频数分析，其中定量变量的频数分析又分为连续变量的频数分析和离散变量的频数分析。频数（频率）表明对应组标志值对总体代表性水平的作用程度。频数（频率）数值越大表明该组标志值对于总体代表性水平所起的作用也越大；反之，频数（频率）数值越小，表明该组标志值对于总体代表性水平所起的作用越小。在统计学理论体系中，频率分析属于数据整理的范畴，并不属于统计分析，但在市场调查中，频率分析却是最基本也是最常用的分析方法。这是因为：①频率分析及其结果能很容易被那些并不具有较深统计知识的经营管理人员接受和理解；②许多市场调查项目的数据处理分析可以依赖频率分析方法得到解决；③通过一系列的频率分析，可以深入分析和认识那些复杂的事物或现象；④清楚明确的解释能使调查结果成为经营管理措施的有力依据；⑤这种技术简便易行，尤其是易为一般市场调查人员所掌握。

（一）单变量频率分析

单变量频率分析以变量分组为前提，是指对某个变量值分组后各组变量值出现的次数（频数）及其所占百分比（频率）的分析，它在市场调查中最直观的表现是，在问卷中回答某问题的全部样本中选择不同选项的样本个数及其分布，它是市场调查中最简单、最基本的数据分析。通过某个变量各变量值的频率分布，可以掌握此变量的总体分布特征。

1. 单变量频率分析的应用

频数是指变量（问题）取某一值（选项）的个案数，频率是这个频数占该变量全部回答个案数的百分比。单变量频率分析是仅就一个变量频数进行的分析。如果调查所用样本是有代表性的随机样本，那么百分比就常常用于估计相同的项目在调查总体中所占的比重，即百分比＝频数÷样本量×100％。例如，某调查机构承担了一项旨在了解家用轿车购买情况的调查，调查包括购车者的年龄、文化程度、家庭月收入、累计工作年限、购车价格、曾接触过的车辆广告的类型等在内的信息，以了解不同人群对家用轿车的购买偏好、价格承受能力以及车辆销售广告针对不同目标群体的效果。调查数据整理完成后，先分析各变量（问卷中的问题）的频数。其中，根据"您的最后学历"这一问题的回答了解在已购买家用轿车的人群中受教育程度的结构，就此编制成的单变量频数分布表如表 10-1 所示。

表 10-1 购买家用轿车人群的学历构成频数表

变量类别	变量取值	频数/人	百分比/%	有效百分比/%	累计百分比/%
有效数据	初中及以下	1 363	21.3	21.8	21.8
	高中毕业	1 891	29.5	30.2	52.0
	大专	1 325	20.7	21.2	73.2
	本科	1 320	20.6	21.1	94.3
	研究生及以上	355	5.5	5.7	100.0
	合计	6 254	97.7	100.0	
缺失数据	缺失	146	2.3		
合计		6 400	100.0		—

注：软件输出结果中小数合计后与总数略有差异系小数显示时四舍五入的差异，不影响数据分析

2. 单变量频数分析在 SPSS 中的操作

根据变量性质的不同，单变量频数分析分为定类变量的频数分析和数值型变量的频数分析。定类变量的频数分析是对定类变量进行的频数分析。表 10-1 中的变量是受教育水平，是一个定类变量。以上频数分析在 SPSS 中的操作是：打开待分析的调查数据

表（如何在 SPSS 中建立数据表见本书第九章第二节），依次点击"分析"→"描述统计"→"频率"，打开频率分析选项框[图 10-2(a)]。对于品质变量可直接从左侧变量列表中将待分析的变量选入右侧的变量输入框，必要时可以点击变量输入框右侧的"统计量""图表""格式"等对输出结果进行更多设置。点击"确认"即可在输出文档查看器中输出分析结果[图 10-2(b)]。

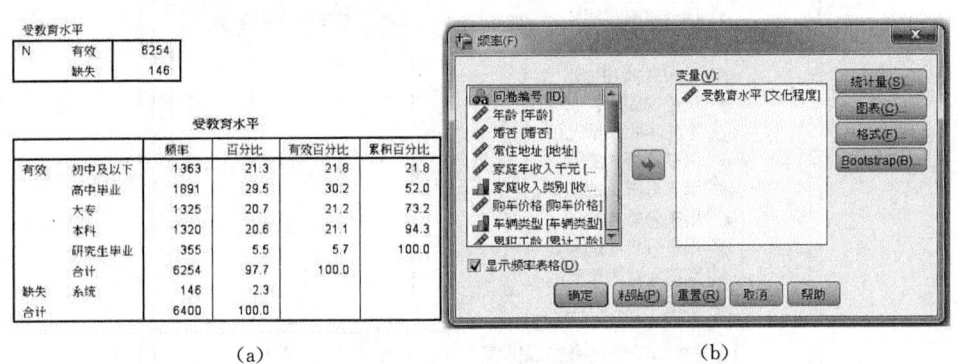

图 10-2 单变量频数、频率分析输入、输出结果

表 10-1 中，第一列是变量类别，是对变量取值的说明，分为有效数据、缺失数据和合计；第二列是变量取值，即该品质变量的各项取值，本例中为从"初中及以下"到"研究生及以上"，若变量中有缺失值或未回答的个案，结果中也会显示出来；第三列是频数，它对应的变量值的频数，即相应的个案数，如"初中及以下"的有 1 363 人；第四列是百分比，是指频数占样本总量 6 400 人的比重；第五列是有效百分比，是指频数占有效个案数（样本总数减缺失值）6 254 的比重；第六列是累计百分比，是指对有效百分比的累加。从表 10-1 中可以看出，购买家用轿车的人群中高中及以下的占到 52.0%。

对于数值型变量需要区分两种情况，若拟分析的变量为离散变量且变量值个数较少，可以与定类变量一样直接计算每个变量值的频数和频率；若拟分析的变量为连续变量或虽为离散变量但变量数值个数较多，则需要先对该变量进行分组处理，在 SPSS 中称为变量离散化，即基于原变量建立一个新的离散变量。其方法是：在数据表中依次点击"转换"→"可视化离散"，打开变量选择对话框，将拟分组的数值型变量（如"家庭年收入万元"）选入右侧变量框（图 10-3），点击下方的"继续"打开可视化封装对话框，在"离散的变量"输入框中输入新建变量的变量名[如"家庭年收入万元"分组，见图 10-4(a)]，点击"生成分割点"打开分割点设置对话框，选择适当的分组方法，输入必要的参数[如选择按照每组 15% 比例分组，见图 10-4(b)]，点击"应用"返回可视化封装对话框，这时，该变量的分组已经形成，可在网格框中对分组结果进行预览，并通过点击"生成标签"按钮添加分组标签。如观察到的分组不理想，可以打开分组设置对话框重新设置，确认无误后点击"确认"，SPSS 即在原数据表中生成一个新的变量，完成对该原变量的分组。此时，即可对新生成的"家庭年收入万元"分组变量按照上述品质变量频数的分析方法进行频数分析。分析结果如表 10-2 所示。

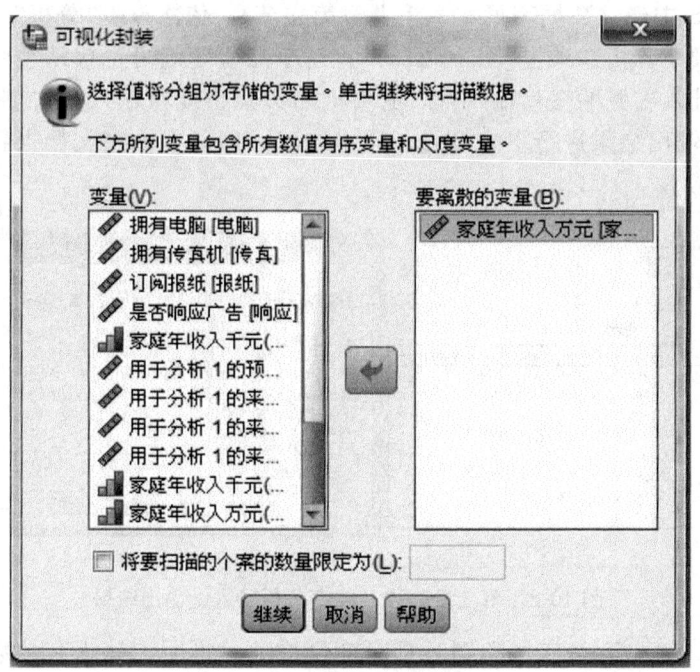

图 10-3　数值型变量分组（一）

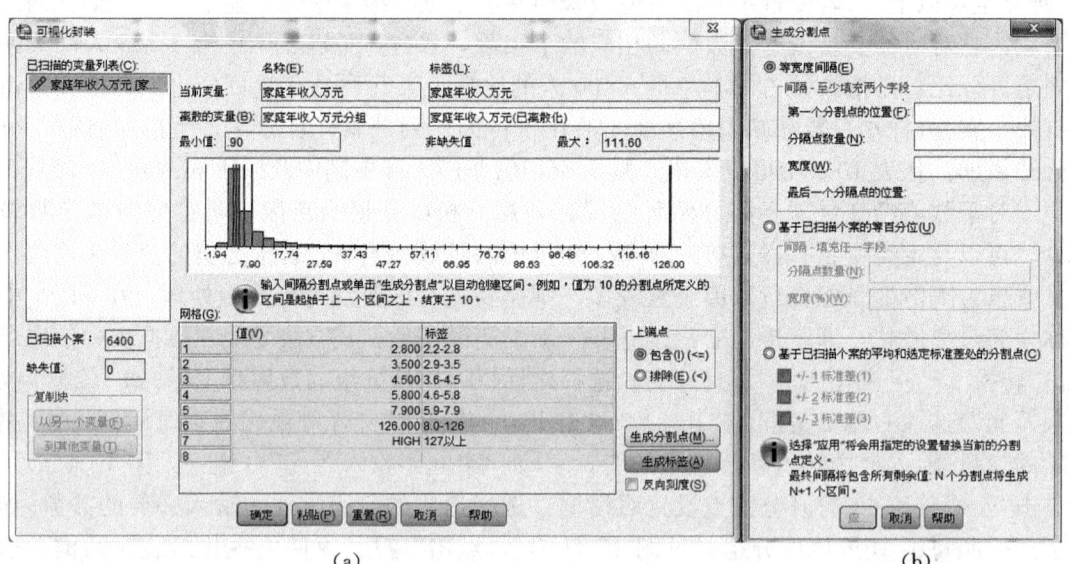

图 10-4　数值型变量分组（二）

表 10-2 数值型变量分组及输出结果

家庭年收入万元(已离散化)		频率/人	百分比/%	有效百分比/%	累积百分比/%
有效	≤2.1	808	12.6	12.6	12.6
	2.2~2.8	857	13.4	13.4	26.0
	2.9~3.5	789	12.3	12.3	38.3
	3.6~4.5	820	12.8	12.8	51.2
	4.6~5.8	766	12.0	12.0	63.1
	5.9~7.9	765	12.0	12.0	75.1
	8.0~12.6	802	12.5	12.5	87.6
	≥12.7	793	12.4	12.4	100.0
合计		6 400	100.0	100.0	

(二) 多变量交叉频数分析

1. 多变量交叉频数分析的应用

多变量交叉频数分析以多变量交叉分组为前提，是指计算某个变量的变量值在另一个(或两个以上)变量的变量值上出现的频数或频率。多变量交叉频数分析采用交叉列表进行，它能够更深入地显示现象之间的相互关系。仍以家用轿车的购买情况调查为例，之前已经通过单变量频数分析分别得到了购车人群的学历结构和收入结构。假如希望进一步了解购车人群中高学历的人群是否收入水平也高，那么这个问题仅靠单变量频数分析是无法解决的，这就需要进行交叉频数分析。

交叉频数分析分为两变量交叉频率分析和多变量交叉频率分析。表 10-3 为被调查者收入水平与受教育程度两个变量的交叉频数分析。

表 10-3 购车者家庭年收入与受教育水平交叉频数分析　　　　单位：人

家庭年收入万元（已离散化）	受教育水平					合计
	初中及以下	高中毕业	大专	本科	研究生毕业	
≤2.1	214	259	163	130	28	794
2.2~2.8	221	256	174	145	32	828
2.9~3.5	174	246	180	139	32	771
3.6~4.5	171	243	168	172	48	802
4.6~5.8	149	219	154	191	37	750
5.9~7.9	159	216	161	160	51	747
8.0~12.6	146	239	161	181	62	789
≥12.7	129	213	164	202	65	773
合计	1 363	1 891	1 325	1 320	355	6 254

从表 10-3 中可以看出，在所调查的 6 254 个有效样本中，受教育水平在初中及以下

的共 1 363 人，其中，家庭收入水平在 2.1 万元以下的有 214 人、家庭收入在 2.2 万～2.8 万元的有 221 人，等等。

多变量交叉频数分析与单变量频数分析一样，除了需要得到各个变量值下频数的绝对数外，还希望得到各个变量值下的频数占总频数的百分比，即频率。进行单变量频数分析时，频率的计算很简单，就是每一个频数除以总频数。但在交叉频数分析时，由于频数分布呈现的是含有多行多列的矩阵表，情况比较复杂，每个频数都至少对应三个总数——行总数、列总数和全总数，因此，交叉频率也就有至少三种——按行变量计算的百分比、按列变量计算的百分比和按总计计算的百分比。这些不同的百分比可以输出在一张表中，也可以分别输出。表 10-4～表 10-7 依次展示的是按行百分比输出、按列百分比输出、按总百分比频率输出以及将频数与三项百分比统一输出在一张表上。

表 10-4　家庭年收入与受教育水平交叉制表——行频率　　　　单位：%

家庭年收入万元（已离散化）	受教育水平					合计
	初中及以下	高中毕业	大专	本科	研究生毕业	
≤2.1	27.0	32.6	20.5	16.4	3.5	100.0
2.2～2.8	26.7	30.9	21.0	17.5	3.9	100.0
2.9～3.5	22.6	31.9	23.3	18.0	4.2	100.0
3.6～4.5	21.3	30.3	20.9	21.4	6.0	100.0
4.6～5.8	19.9	29.2	20.5	25.5	4.9	100.0
5.9～7.9	21.3	28.9	21.6	21.4	6.8	100.0
8.0～12.6	18.5	30.3	20.4	22.9	7.9	100.0
≥12.7	16.7	27.6	21.2	26.1	8.4	100.0
合计	21.8	30.2	21.2	21.1	5.7	100.0

注：在统计上，百分比合计大于 100% 或小于 100% 都是合理的，小数四舍五入时会产生微差

表 10-5　家庭年收入与受教育水平交叉表——列频率　　　　单位：%

家庭年收入万元（已离散化）	受教育水平					合计
	初中及以下	高中毕业	大专	本科	研究生毕业	
≤2.1	15.7	13.7	12.3	9.8	7.9	12.7
2.2～2.8	16.2	13.5	13.1	11.0	9.0	13.2
2.9～3.5	12.8	13.0	13.6	10.5	9.0	12.3
3.6～4.5	12.5	12.9	12.7	13.0	13.5	12.8
4.6～5.8	10.9	11.6	11.6	14.5	10.4	12.0
5.9～7.9	11.7	11.4	12.2	12.1	14.4	11.9
8.0～12.6	10.7	12.6	12.2	13.7	17.5	12.6
≥12.7	9.5	11.3	12.4	15.3	18.3	12.4
合计	100.0	100.0	100.0	100.0	100.0	100.0

表 10-6　家庭年收入与受教育水平交叉表——总频率　　　　单位：%

家庭年收入万元（已离散化）	受教育水平					合计
	初中及以下	高中毕业	大专	本科	研究生毕业	
≤2.1	3.4	4.1	2.6	2.1	0.4	12.7
2.2~2.8	3.5	4.1	2.8	2.3	0.5	13.2
2.9~3.5	2.8	3.9	2.9	2.2	0.5	12.3
3.6~4.5	2.7	3.9	2.7	2.8	0.8	12.8
4.6~5.8	2.4	3.5	2.5	3.1	0.6	12.0
5.9~7.9	2.5	3.5	2.6	2.6	0.8	11.9
8.0~12.6	2.3	3.8	2.6	2.9	1.0	12.6
≥12.7	2.1	3.4	2.6	3.2	1.0	12.4
合计	21.8	30.2	21.2	21.1	5.7	100.0

表 10-7　家庭年收入与受教育水平交叉表——综合表　　　　单位：%

家庭年收入万元（已离散化）		受教育水平					合计
		初中及以下	高中毕业	大专	本科	研究生毕业	
≤2.1	计数	214	259	163	130	28	794
	家庭年收入万元（已离散化）中的百分比	27.0	32.6	20.5	16.4	3.5	100.0
	受教育水平中的百分比	15.7	13.7	12.3	9.8	7.9	12.7
	总数的百分比	3.4	4.1	2.6	2.1	0.4	12.7
2.2~2.8	计数	221	256	174	145	32	828
	家庭年收入万元（已离散化）中的百分比	26.7	30.9	21.0	17.5	3.9	100.0
	受教育水平中的百分比	16.2	13.5	13.1	11.0	9.0	13.2
	总数的百分比	3.5	4.1	2.8	2.3	0.5	13.2
2.9~3.5	计数	174	246	180	139	32	771
	家庭年收入万元（已离散化）中的百分比	22.6	31.9	23.3	18.0	4.2	100.0
	受教育水平中的百分比	12.8	13.0	13.6	10.5	9.0	12.3
	总数的百分比	2.8	3.9	2.9	2.2	0.5	12.3

续表

家庭年收入万元（已离散化）		受教育水平					合计
		初中及以下	高中毕业	大专	本科	研究生毕业	
3.6~4.5	计数	171	243	168	172	48	802
	家庭年收入万元（已离散化）中的百分比	21.3	30.3	20.9	21.4	6.0	100.0
	受教育水平中的百分比	12.5	12.9	12.7	13.0	13.5	12.8
	总数的百分比	2.7	3.9	2.7	2.8	0.8	12.8
4.6~5.8	计数	149	219	154	191	37	750
	家庭年收入万元（已离散化）中的百分比	19.9	29.2	20.5	25.5	4.9	100.0
	受教育水平中的百分比	10.9	11.6	11.6	14.5	10.4	12.0
	总数的百分比	2.4	3.5	2.5	3.1	0.6	12.0
5.9~7.9	计数	159	216	161	160	51	747
	家庭年收入万元（已离散化）中的百分比	21.3	28.9	21.6	21.4	6.8	100.0
	受教育水平中的百分比	11.7	11.4	12.2	12.1	14.4	11.9
	总数的百分比	2.5	3.5	2.6	2.6	0.8	11.9
8.0~12.6	计数	146	239	161	181	62	789
	家庭年收入万元（已离散化）中的百分比	18.5	30.3	20.4	22.9	7.9	100.0
	受教育水平中的百分比	10.7	12.6	12.2	13.7	17.5	12.6
	总数的百分比	2.3	3.8	2.6	2.9	1.0	12.6
≥12.7	计数	129	213	164	202	65	773
	家庭年收入万元（已离散化）中的百分比	16.7	27.6	21.2	26.1	8.4	100.0
	受教育水平中的百分比	9.5	11.3	12.4	15.3	18.3	12.4
	总数的百分比	2.1	3.4	2.6	3.2	1.0	12.4
合计	计数	1363	1891	1325	1320	355	6254
	家庭年收入万元（已离散化）中的百分比	21.8	30.2	21.2	21.1	5.7	100.0
	受教育水平中的百分比	100.0	100.0	100.0	100.0	100.0	100.0
	总数的百分比	21.8	30.2	21.2	21.1	5.7	100.0

从表 10-4 行变量的百分比中可以看出，家庭收入低于 2.1 万元的购车人群中，受教育水平在初中及以下的占 27%、高中毕业的占 32.6%、大专毕业占 20.5%，等等。

从表 10-5 列变量的百分比可以看出，受教育水平在初中及以下的购车人群中，家庭收入低于 2.1 万元的占 15.7%，收入在 2.2 万~2.8 万元的占 16.2%，等等。

从表 10-6 的总百分比来看，初中及以下文化程度且家庭收入低于 2.1 万元的，占购车总人数的 3.4%，高中毕业且家庭收入在 3.6 万～4.5 万元的占购车总人数的 3.9%，等等。

交叉分布的综合表则将频数及三项百分比都反映在表 10-7 这一张表上。

做出这些分析后，还希望了解不同学历、不同收入的人在购车类型上的分布情况，以了解他们之间的差异，这就构成了三个变量的交叉频数分析（表 10-8）。

表 10-8　购车类型、家庭收入、受教育水平交叉表——频数分布　　单位：人

项目			受教育水平					合计
			初中及以下	高中毕业	大专	本科	研究生毕业	
车辆类型	经济型	家庭年收入万元（已离散化）	≤2.1	214	259	163	130	28	794
			2.2～2.8	221	256	174	145	32	828
			2.9～3.5	41	56	41	27	8	173
			合计	476	571	378	302	68	1 795
	标准型	家庭年收入万元（已离散化）	2.9～3.5	133	190	139	112	24	598
			3.6～4.5	171	243	168	172	48	802
			4.6～5.8	149	218	154	190	36	747
			5.9～7.9	16	25	12	19	3	75
			合计	469	676	473	493	111	2 222
	豪华型	家庭年收入万元（已离散化）	4.6～5.8	0	1	0	1	1	3
			5.9～7.9	143	191	149	141	48	672
			8.0～12.6	146	239	161	181	62	789
			≥12.7	129	213	164	202	65	773
			合计	418	644	474	525	176	2 237
	合计	家庭年收入万元（已离散化）	≤2.1	214	259	163	130	28	794
			2.2～2.8	221	256	174	145	32	828
			2.9～3.5	174	246	180	139	32	771
			3.6～4.5	171	243	168	172	48	802
			4.6～5.8	149	219	154	191	37	750
			5.9～7.9	159	216	161	160	51	747
			8.0～12.6	146	239	161	181	62	789
			≥12.7	129	213	164	202	65	773
			合计	1 363	1 891	1 325	1 320	355	6 254

从表 10-8 可以看到，有 1 795 人购买经济型轿车，其中，受教育程度在初中及以下的共有 476 人，这 476 人中，家庭收入在 2.1 万元以下的有 214 人，3.5 万元以上的没有，等等。

从以上分析可以看出，在进行交叉频率分析时，引入不同的变量对分析结果的影响是很大的。选择和确定交叉列表分析中的变量，包括其内容和数量，应根据调查项目的特征而异。在某些应用型的调查项目中，研究人员应该把所有与问题相关的因素都选作交叉频率分析的变量。例如，在一项关于产品销售的调查项目中，研究人员应把可能影响产品销售的因素，如质量、品种、花色、品牌、包装、体积等都加以考虑。总之，在这一类情况中，交叉列表分析的变量取决于客户的要求和调查人员的分析判断。通常情况下，要考虑的变量因素在调查界定中已明确列出，研究人员只需按照要求把各项数据列入已设计好的表格之中即可进行分析。

在探索性的调查中，研究人员可凭直觉选择所有的交叉列表的因素。例如，在调查消费者行为时，研究人员自由地选择那些可能影响购买偏好的因素，如年龄、性别、生活方式、收入、教育等。但不管研究人员有多大的自主权来选择用于横列表中的因素，这些因素的选择都应当在资料收集之前就已决定。这并不是说其他的因素不可能加进去，只是因为交叉频率分析只能在有数据基础的因素上进行。

交叉频率分析有两个局限性：一是如果有几个因素要考虑，就需要相当大的样本；二是很难确保对所有的相关因素都已进行了分析。如果因素选择得不恰当，就会得出错误的结论。即使因素选择得正确，研究人员也许会因为使用不当，而不能找到真实的关系。

2. 交叉频数分析在 SPSS 中的实现

仍以家用轿车购买情况调查为例，交叉频数分析在 SPSS 中实现的方法是：打开调查数据表，在数据视图中依次点击菜单栏的"分析"→"描述统计"→"交叉表"，打开交叉表选项对话框。从左侧变量列表中将拟分析的分组变量分别选入行变量框和列变量框，还可以通过增加"层"分组变量［图 10-5(a)］，输出按层变量分组的交叉分析表，也就是多变量频数分布表。至于什么变量选入行变量，什么变量选入列变量，什么变量选入层变量没有统一的要求，习惯上将主变量选入行变量框，次变量选入列变量框，也可根据变量分组的多少从排版的美化程度上进行选择。点击"确认"，在输出结果查看器中即可显示出分析结果。

分析结果输出表中显示的内容通过点击交叉表选项对话框右侧的"单元格"，打开单元格设置对话框来设置［图 10-5(b)］，勾选相应的选项，即可输出相应的内容。表 10-3～表 10-7 分别是以"家庭年收入万元（已离散化）"为行变量，以"受教育水平"为列变量交叉频数分析时选择显示频数、显示行百分比、显示列百分比、显示总计百分比，以及选择频数、行百分比、列百分比、总计百分比全部显示的结果。表 10-8 则是增加"层"分组变量"车辆类型"后显示的三变量交叉频数。

二、变量的集中趋势分析

1. 变量集中趋势分析的指标和方法

在进行调查数据分析时，往往需要了解被调查者对某一问题回答的代表性水平或一

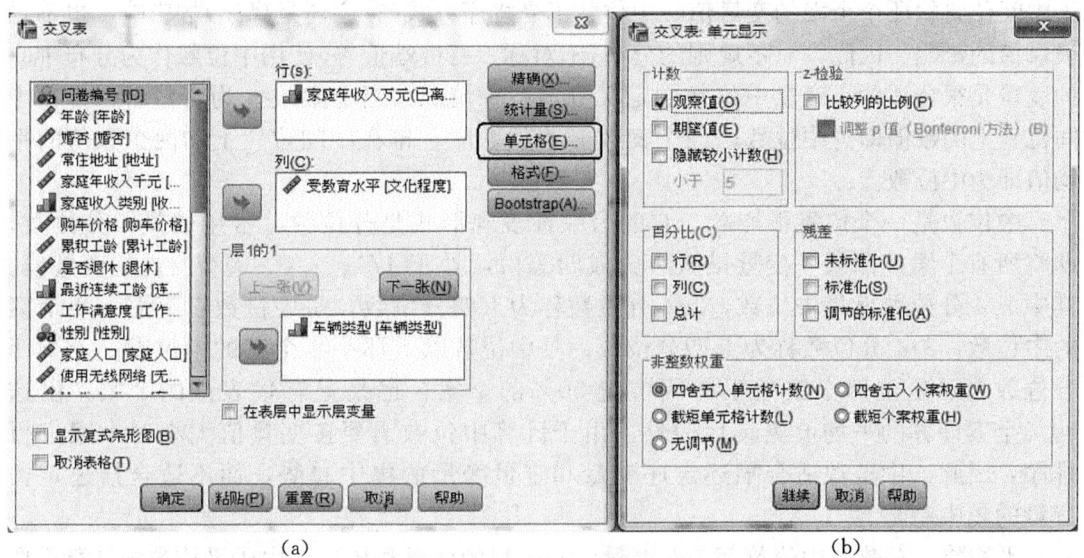

图 10-5 多变量交叉表分析示例

般水平,这在数据分析时称为集中趋势分析。数据集中趋势是指一组数据向某一中心值靠拢的倾向,测度集中趋势就是数据一般水平的代表值或中心值。测定数据集中趋势的常用统计量有平均数、众数和中位数等。

(1)平均数。平均数也称均值,是最常使用的中心趋势度量指标。平均数是总体中各单位标志值之和除以单位总数得到的数值。需要注意的是,只有数值型变量可以计算平均数。平均数的具体计算方法有算术平均数、调和平均数、几何平均数等多种,其中,算术平均数的应用最为广泛,用 $\bar{x}$ 表示。其计算公式为

$$简单算术平均数\ \bar{x} = \frac{\sum x}{n}$$

$$加权算术平均数\ \bar{x} = \frac{\sum xf}{\sum f}$$

平均数对数据中的极端值很敏感,当存在偏离数据中心过大的极大值时,平均数会偏大;相反,则会偏小。因此,使用平均数的时候,需要先观察数据的分布特征,对极端值做出处理后再计算平均数。

(2)众数。众数是一组数据中频数出现最多的变量值。在市场调查中,众数反映个案最多的那个变量值,即大多数是什么水平。例如,一项调查发现,20~25 岁已就业人群中月收入为 2 000~4 000 元的人数最多,则 2 000~4 000 元就是月收入水平的众数。众数简单直观,是衡量品质变量集中趋势的重要量度,在变量的频数分布显著偏斜的情况下,众数比平均数更具说服力。但是也要注意,众数可能会因为分组的不同而有较大的变化,因而是很不稳定的;此外,一组数据中可能不止一个众数也可能没有众数,在这样的情况下,无法用众数进行分析。

(3)中位数。中位数简称中数,是指所有的个案按照某个变量的取值大小排序后居

于中间位置的那个个案的变量值。中位数不受排序方式(升序还是降序)的影响,也不受极端值的影响,因此,对不规则的分布(不对称、有极端值等)使用中位数作为分布中心的度量是很合适的。变量中位数的定义分为两种情况:当个案数 n 为奇数时,排在中间位置上的数值即为中位数;当个案数 n 为偶数时,排在中间位置上的两个数值的平均值即为中位数。

中位数是一个位置平均数,它的另一种表现形式是分位数,常用的是四分位数,即将所有个案按照某一变量排队后分成四等份,处于1/4、2/4、3/4位置的变量值。其中2/4分位数就是中位数,1/4分位数称为下四分位数,是中位数以下那一半个案的中位数;3/4分位数称为上四分位数,是中位数以上那一半个案的中位数;上下四分位数之间是全部个案处于中间位置50%的个案,也是最有代表性的个案,由这50%个案计算的平均值更具代表性。由于计算中位数需要按变量值大小对个案进行排序,因此,中位数适合描述定序变量和定量变量的集中趋势,而不适合描述定类变量的集中趋势。

平均数、众数、中位数都是对变量中心趋势的度量和描述,由于平均数的计算需要用到所有的数据,因此,与中位数和众数相比,平均数所含的信息量最大,最为常用。但是,平均数易受极端值的影响,与中位数相比,它不够稳定。因此,变量值的分布在对中心的偏离程度不大的情况下,用平均数代表分布的中心比较合适;如果存在极端值或分布很偏时,则使用中位数可能更为合适。

2. 变量集中趋势分析在 SPSS 中的实现

SPSS 中的几个地方都可以进行集中趋势的分析,但最常用的是在进行频数分析时顺便就可以进行。其方法是:打开频数分析变量选择对话框选择需要分析的变量后,点击右侧的"统计量"按钮,打开统计量选择子对话框(图 10-6),选中右侧的集中趋势内的选项,点击"继续"返回频率分析变量选择对话框,继续执行频率分析,输出结果中就会显示该变量集中趋势的统计量(表 10-9)。

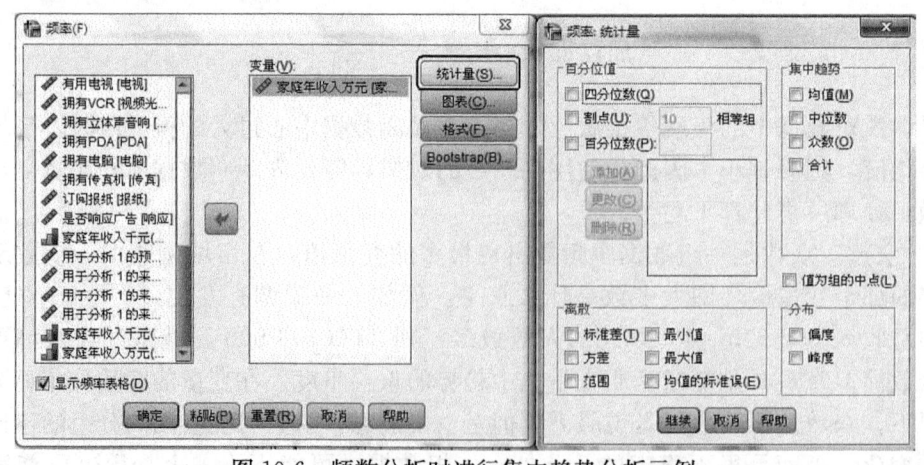

图 10-6 频数分析时进行集中趋势分析示例

表 10-9　集中趋势分析结果

统计量：家庭年收入万元

N	有效	6 400
	缺失	0
均值		6.947 5
中值		4.500 0
众数		2.50
和		44 463.90

注：N 表示样本单位数

三、变量的离散趋势分析

(一)变量离散趋势分析的指标和方法

数据分布特征的另一个测度指标是数据分布的离散程度,它反映各数据远离其中心值的程度,也称离中趋势。在市场调查中,除了需要对集中趋势进行概括,以反映现象的一般水平外,也要对离散趋势进行概括,以反映数据之间的差异程度,从而更全面深刻地认识现象的本质特征。

对不同性质的变量离散趋势度量的统计量是不同的。对品质变量一般采用异众比率,对定序变量一般采用四分位差,对定量变量则可以采用极差、四分位差、平均差、标准差、方差和标准差系数等反映。

(1)极差。极差也称全距,它是最简单的测度数值型变量离中趋势的指标,是一组数据中最大值与最小值之差,记为 R。

对于未分组数据或单列分组数据,极差 $R = X_{\max} - X_{\min}$。对于组距式分组数据,极差可以近似地表示为 $R = $ 最高组上限 $-$ 最低组下限。

极差易受极端值的影响,而且只利用了数据两端的信息,没有反映中间数据的分散状况,如果因特殊情况出现特别大或特别小的数值时,极差就不能准确描述数据真实的分散程度,可见它只是一个较粗略的测量离散趋势的指标。在实际应用中,当一组数据的离散程度比较稳定时,可以使用这一指标。极差主要用于检查数据的散布范围,以便确定统计分组。

在分析时如果对处于样本中间部分的数据比较感兴趣,也可以分析内距,即四分位差。一般地,内距越小,数据的离散趋势越小,平均值的代表性程度越强;反之,则说明离散趋势越大,平均值的代表性越弱。

(2)平均差。平均差即平均离差,是一组样本观测值与样本平均数之差绝对值的算术平均数,记为 $A \cdot D$。其计算公式为

$$简单平均差\ A \cdot D = \frac{\sum |x - \bar{x}|}{n}$$

$$加权平均差\ A \cdot D = \frac{\sum |x - \bar{x}| f}{\sum f}$$

平均差的意义是，平均差越大，平均数的代表性越差；反之，平均差越小，平均数的代表性越好。

(3) 标准差。标准差是一组样本观测值与其平均数离差平方和的算术平均数的平方根，又称为均方根或均方差，表示中心（平均值）的偏离程度或伸展程度的一个度量。标准差用 σ 表示，其计算公式为

$$简单标准差\ \sigma = \sqrt{\frac{\sum(x-\bar{x})^2}{n}}$$

$$加权标准差\ \sigma = \sqrt{\frac{\sum(x-\bar{x})^2 f}{\sum xf}}$$

(4) 方差。标准差的平方就是方差，在方差分析、因子分析、回归分析中，方差是一个重要的统计量。标准差和方差都是用以描述数据资料分布的离散程度，其值越大，则数据离散程度越大；其值越小，则数据分布越集中。由于标准差和方差在计算过程中都利用了样本中的所有数据，数值较稳定且反应灵敏，适合于代数运算，在实际分析过程中，一般使用样本标准差和方差来反映数据的离散程度。

(5) 离散系数。离散系数是离散程度指标和均值的比值。由于标准差是分析离散程度最普遍的统计量，通常所说的离散系数实际上就是标准差系数，用 V_σ 表示，其计算公式为

$$V_\sigma = \frac{\sigma}{\bar{x}} \times 100\%$$

数据的离散程度既受其本身水平的影响，也受数据计量单位的影响，因此对不同（性质）组别的数据，不能用平均差或标准差来比较它们的离散程度，而离散系数消除了来自这两方面的影响，因此可以用它进行不同数据组的比较。

(6) 偏度和峰度。偏度和峰度是对数据分布特征的进一步描述。

偏度是测度数据分布相对于正态分布的偏斜方向及程度的统计指标。如果平均数约等于中位数，数据分布是对称的，则偏度为 0；如果平均数小于中位数，分布曲线的大尾巴会偏向左边，则偏度值为负，称为负偏；平均数大于中位数，分布曲线的大尾巴会偏向右边，则偏度值为正，称为正偏。不对称的程度越大，偏度的绝对值也就越大。

峰度表示数据分布与正态曲线相比的尖峭程度或扁平程度。如果数据分布与正态曲线的形状相同，则峰度为 0；如果数据分布比正态曲线尖峭，则峰度为正，说明数据的集中程度较强，离散程度较弱；如果数据分布比正态曲线扁平，则峰度为负，说明数据的集中程度较弱，离散程度较强。

(二) 离散趋势分析在 SPSS 中的实现

离散趋势分析在 SPSS 中也很容易实现，其方法是：打开频数分析变量选择对话框选择需要分析的变量后，点击对话框右侧的"统计量"按钮 [图 10-6(a)]，打开统计量选择子对话框，选中离散趋势内的选项，点击"继续"返回频率分析变量选择对话框，再点"继续"，输出结果中就会显示该变量离散趋势的统计量。

在调查数据分析实践中，单变量的频数分析、集中趋势分析、离散趋势分析、基本

分布特征分析可以同时进行。只需要在选择分析变量时将所需分析的变量全部选入变量选择框，同时，点击"统计量"按钮，在打开的统计量选择框中勾选所需的统计量，这样，所选变量的分析结果就会同时显示出来。表 10-10 显示了在"统计量"子对话框中选择了集中趋势、离散趋势、分位数，以及偏度、峰度对"家庭年收入万元"这一变量的分析结果。

表 10-10　SPSS 中描述统计分析结果

统计量：家庭年收入万元

N		有效	6 400
		缺失	0
均值			6.947 5
中值			4.500 0
众数			2.50
标准差			7.871 86
方差			61.966
偏度			4.513
偏度的标准误			0.031
峰度			33.877
峰度的标准误			0.061
全距			110.70
极小值			0.90
极大值			111.60
和			44 463.90
百分位数		25	2.800 0
		50	4.500 0
		75	7.900 0

四、在 Excel 中实现变量的描述性分析

作为统计分析软件，SPSS 的统计分析功能十分专业且强大，但是同样具有强大数据分析功能的专业电子表格软件 Microsoft Office Excel 几乎成了每台电脑的标配，更具普及性。从调查数据分析实用的角度来看，对于描述性统计分析，Excel 可能是更适用的分析工具。在第九章里已经介绍了如何将 SPSS 的数据表导出为 Excel 格式的数据表，这里基于导出的数据表简单介绍 Excel 在描述性统计分析中的应用。需要注意的是，在将 SPSS 数据文件另存为 Excel 文件时可以在保存时勾选"在已定义值标签时保存值标签而不是保存数据值"，从而使 Excel 数据表中显示值标签的内容。可以比较一下同一套数据两个软件的表现差异。SPSS 数据表中显示的是变量的值，而在 Excel 数

据表中则显示的是变量值的标签(比较图 10-7、图 10-8)。

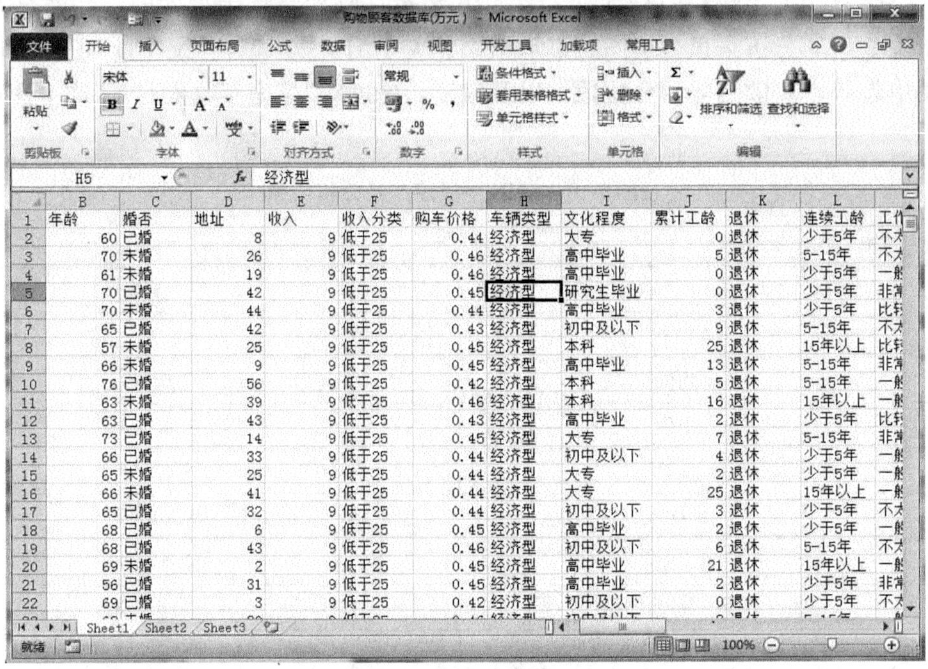

	年龄	婚否	地址	收入	收入分类	购车价格	车辆类型	文化程度	累计工龄	退休	连续工龄
2	60	已婚	8	9	低于25	0.44	经济型	大专	0	退休	少于5年
3	70	未婚	26	9	低于25	0.46	经济型	高中毕业	5	退休	5-15年
4	61	未婚	19	9	低于25	0.46	经济型	高中毕业	0	退休	少于5年
5	70	已婚	42	9	低于25	0.45	经济型	研究生毕业	0	退休	少于5年
6	70	未婚	44	9	低于25	0.44	经济型	高中毕业	3	退休	少于5年
7	65	已婚	42	9	低于25	0.43	经济型	初中及以下	9	退休	5-15年
8	57	未婚	25	9	低于25	0.45	经济型	本科	25	退休	15年以上
9	66	未婚	9	9	低于25	0.45	经济型	高中毕业	13	退休	5-15年
10	76	已婚	56	9	低于25	0.42	经济型	本科	5	退休	5-15年
11	63	未婚	39	9	低于25	0.46	经济型	本科	16	退休	15年以上
12	63	已婚	43	9	低于25	0.43	经济型	高中毕业	2	退休	少于5年
13	73	已婚	14	9	低于25	0.45	经济型	大专	7	退休	5-15年
14	66	已婚	33	9	低于25	0.44	经济型	初中及以下	4	退休	少于5年
15	65	未婚	25	9	低于25	0.44	经济型	大专	2	退休	少于5年
16	66	未婚	41	9	低于25	0.44	经济型	大专	25	退休	15年以上
17	65	已婚	32	9	低于25	0.44	经济型	初中及以下	3	退休	少于5年
18	68	已婚	6	9	低于25	0.45	经济型	高中毕业	2	退休	少于5年
19	68	已婚	43	9	低于25	0.46	经济型	初中及以下	6	退休	5-15年
20	69	未婚	2	9	低于25	0.45	经济型	高中毕业	21	退休	15年以上
21	56	已婚	31	9	低于25	0.45	经济型	高中毕业	2	退休	少于5年
22	69	已婚	3	9	低于25	0.42	经济型	初中及以下	0	退休	少于5年

图 10-7 调查数据在 Excel 中的显示方式

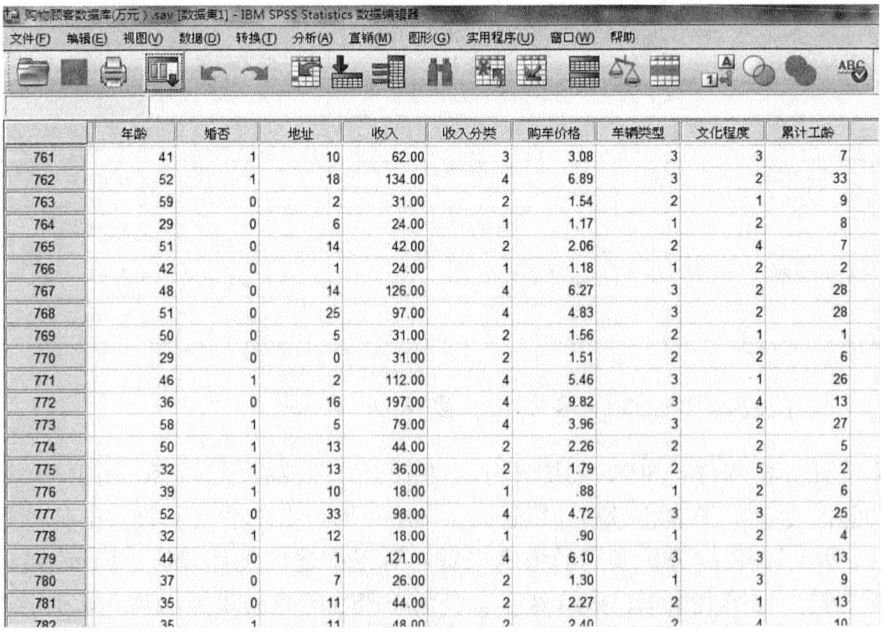

	年龄	婚否	地址	收入	收入分类	购车价格	车辆类型	文化程度	累计工龄
761	41	1	10	62.00	3	3.08	3	3	7
762	52	1	18	134.00	4	6.89	3	2	33
763	59	0	2	31.00	2	1.54	2	1	9
764	29	0	6	24.00	1	1.17	1	2	8
765	51	0	14	42.00	2	2.06	2	4	7
766	42	0	1	24.00	1	1.18	1	2	2
767	48	0	14	126.00	4	6.27	3	2	28
768	51	0	25	97.00	4	4.83	3	2	28
769	50	0	5	31.00	2	1.56	2	1	1
770	29	0	0	31.00	2	1.51	2	2	6
771	46	1	2	112.00	4	5.46	3	1	26
772	36	0	16	197.00	4	9.82	3	4	13
773	58	1	5	79.00	4	3.96	3	2	27
774	50	1	13	44.00	2	2.26	2	2	5
775	32	1	13	36.00	2	1.79	2	5	2
776	39	1	10	18.00	1	.88	1	2	6
777	52	0	33	98.00	4	4.72	3	3	25
778	32	1	12	18.00	1	.90	1	2	4
779	44	0	1	121.00	4	6.10	3	3	13
780	37	0	7	26.00	2	1.30	1	3	9
781	35	0	11	44.00	2	2.27	2	1	13

图 10-8 调查数据在 SPSS 数据视图中的显示方式

1. 频数分析

Excel 中可以有多种方式进行频数分析，但最佳工具是使用数据透视表。数据透视表是 Excel 内置的一个数据整理和分析的工具。建立数据透视表的方法是：将活动单元格定位在数据表区域中的任意非空单元格内，点击菜单栏的"插入"→"数据透视表"，在打开的对话框中，Excel 会在"选择要分析的数据"框内自动选中数据表的全部区域，分析人员只需在下方选择建立数据透视表的位置即可。数据透视表可以建立在新的工作表中，也可以建立在当前数据表中。为方便阅读和理解，这里将透视表建立在当前数据表中（图 10-9）。

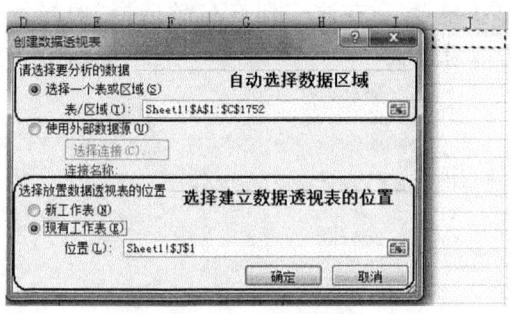

图 10-9　建立数据透视表（一）

为了不影响数据表，建议在实际使用时将数据透视表建立在新的工作表中。点击"确定"后，就会出现数据透视表的基本框架（图 10-10）。这个框架包括透视数据显示区域、字段（变量）列表区域和透视变量位置区域三个部分（注意：只有当活动单元格位于透视数据显示区域时才显示字段列表）。

图 10-10　建立数据透视表（二）

利用数据透视表进行单变量频数分析的方法是：从字段列表区域选择分组变量并拖放到行标签框，在透视数据显示区域即显示该变量值分组的结果；再次拖动该变量放入数值框，这时透视数据显示区域就会显示该变量各变量值的频数分析结果。注意，如果所选变量为字符型变量，数据显示区域默认显示频数，即个案的计数；如果所选变量为数值型变量，数据显示区域默认显示为变量值的合计数，即变量值求和，若需显示频数，只需在这一列点右键，选择"值汇总依据"→"计数"即可。再次将变量拖放到数值框，显示区域会增加相同的一列，在这一列点右键选择"值显示方式"→"列汇总的百分比"，该列数值即显示为以总计为100％的频率，至此得到了需要的变量频数分析的结果（图10-11）。

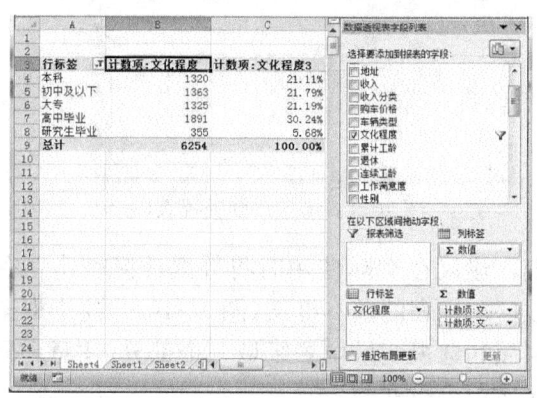

图 10-11　Excel 单变量频数分析方法与结果

多变量交叉频率分析的方法是：分别将需要分析的两个变量拖入行标签和列标签变量窗口，将两个变量中的任意一个再次拖入数值框，交叉频数即出现在数据透视区域[图 10-12(a)]。需要得到交叉频率时，在数据显示的区域内点右键，选择"值显示方式"中的"列汇总的百分比""行汇总百分比"或"总计的百分比"即可得到相应的频率[图 10-12(b)、图 10-13]。

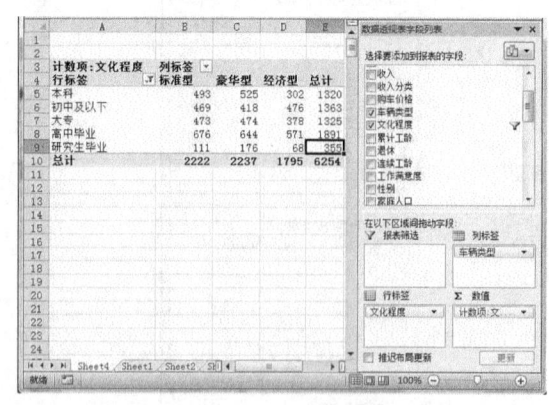

(a)　　　　　　　　　　　　　　(b)

图 10-12　Excel 频数分析结果（一）

计数项:文化程度	列标签			
行标签	标准型	豪华型	经济型	总计
本科	22.19%	23.47%	16.82%	21.11%
初中及以下	21.11%	18.69%	26.52%	21.79%
大专	21.29%	21.19%	21.06%	21.19%
高中毕业	30.42%	28.79%	31.81%	30.24%
研究生毕业	5.00%	7.87%	3.79%	5.68%
总计	100.00%	100.00%	100.00%	100.00%

(a)

计数项:文化程度	列标签			
行标签	标准型	豪华型	经济型	总计
本科	7.88%	8.39%	4.83%	21.11%
初中及以下	7.50%	6.68%	7.61%	21.79%
大专	7.56%	7.58%	6.04%	21.19%
高中毕业	10.81%	10.30%	9.13%	30.24%
研究生毕业	1.77%	2.81%	1.09%	5.68%
总计	35.53%	35.77%	28.70%	100.00%

(b)

图 10-13　Excel 频数分析结果(二)

需要注意：当以数值型变量为行、列分组变量时，标签值默认按该变量的所有不同数值列出，形成单项式频数数列[图 10-14(a)]。这时，只需在行标签数据列点右键，选择“创建组”，弹出的组合选项框会自动填充该变量值的最小值和最大值作为“起始于”和“终止于”的默认数值，并自动填入系统建议的步长即分组的组距[图 10-14(b)]，该数值也可根据需要手工修改，无误后点“确定”即可生成分组数列[图 10-14(c)]。

3	计数项:文化程度	列标签					
4	行标签	本科	初中及以下	大专	高中毕业	研究生毕业	总计
5	0.9	3	7	5	9	1	25
6	1	5	17	3	12		37
7	1.1	4	7	5	10		26
8	1.2	5	5	3	7	1	21
9	1.3	5	7	8	10		30
10	1.4	4	11	15	11	3	44
382	87.4	1					1
383	99.3	1					1
384	103.3	1					1
385	104.5					1	1
386	107			1			1
387	总计	1320	1363	1325	1891	355	6254

(a)

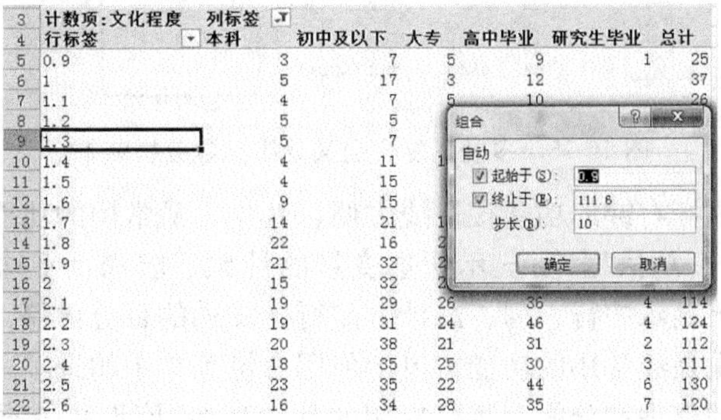
组合
自动
起始于(S): 0.9
终止于(E): 111.6
步长(B): 10
确定
取消

3	计数项:文化程度	列标签					
4	行标签	本科	初中及以下	大专	高中毕业	研究生毕业	总计
5	0.9	3	7	5	9	1	25
6	1	5	17	3	12		37
7	1.1	4	7	5	10		26
8	1.2	5	5	[illegible]	[illegible]	[illegible]	[illegible]
9	1.3	5	7	[illegible]	[illegible]	[illegible]	[illegible]
10	1.4	4	11	[illegible]	[illegible]	[illegible]	[illegible]
11	1.5	4	15	[illegible]	[illegible]	[illegible]	[illegible]
12	1.6	9	15	[illegible]	[illegible]	[illegible]	[illegible]
13	1.7	14	21	[illegible]	[illegible]	[illegible]	[illegible]
14	1.8	22	16	[illegible]	[illegible]	[illegible]	[illegible]
15	1.9	21	32	[illegible]	[illegible]	[illegible]	[illegible]
16	2	15	32	[illegible]	[illegible]	[illegible]	[illegible]
17	2.1	19	29	26	36	4	114
18	2.2	19	31	24	46	4	124
19	2.3	20	38	21	31	2	112
20	2.4	18	35	25	30	3	111
21	2.5	23	35	22	44	6	130
22	2.6	16	34	28	35	7	120

(b)

3	计数项:文化程度	列标签					
4	行标签	本科	初中及以下	大专	高中毕业	研究生毕业	总计
5	0.9-10.9	1072	1188	1113	1621	276	5270
6	10.9-20.9	162	136	138	200	52	688
7	20.9-30.9	56	24	42	36	17	175
8	30.9-40.9	15	9	19	18	5	66
9	40.9-50.9	6	4	7	8	3	28
10	50.9-60.9	4	2	2	4	1	13
11	60.9-70.9	1		2	3		6
12	80.9-90.9	2		1	1		4
13	90.9-100.9	1					1
14	100.9-110.9	1		1		1	3
15	总计	1320	1363	1325	1891	355	6254

(c)

图 10-14　数值型变量频数分析

当以数值型变量为需要显示结果的数值时，透视表数值显示区域默认显示的是变量值的合计。这时，只需在合计列点右键选择"值汇总依据"，将默认的"求和"改为"计数"即可。

数据透视表的"报表筛选"框是选用其他变量对分析变量进行进一步筛选的变量输入框。使用方法是：从变量列表框中选择需要对分析变量进行进一步筛选的另一变量并拖入"报表筛选"框，这时，在数据透视表数据显示区域的左上角会出现所选变量的变量名，变量值默认为全部。点击该变量名右侧的下来列表标志，即可展开变量值选择对话框，从中选择需要进行筛选的变量值，即可对数据透视表分析的数值进行进一步删选。行标签、列标签、报表筛选框内可以同时拖入多个用于分组的变量，从而实现多变量复合交叉分组频数分析。图 10-15 显示了以性别、年龄为行分组变量，以购买的车辆类型为列分组变量，以婚否为筛选变量，对未婚者车辆购买状况进行多重交叉分组后的频数分析结果。

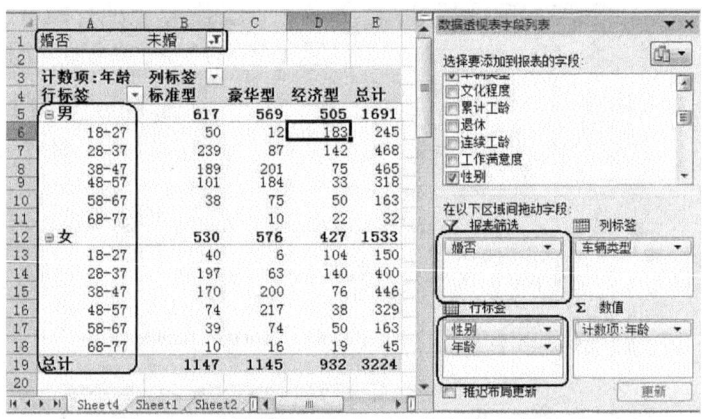

图 10-15　多变量复合交叉分组频数分析结果

数据透视表中鼠标右键的功能很快捷方便，其中，最常用的功能是"值汇总依据"和"值显示方式"。"值汇总依据"可显示所选变量的计数、求和、平均值、方差、标准差等，"值显示方式"可显示按行、列、总计、父行、父列的百分比等。右键菜单中的数字格式、排序方式等也是经常用的功能。灵活使用右键菜单中的选项，就可以利用数据透视表进行多种数据的整理和分析。需要提醒的是，当在"值汇总依据"中选择平均值时，数据透视表显示的结果就是对所选变量进行的集中趋势分析；当在"值汇总依据"中选择标准偏差、总体标准偏差、方差、总体方差时，数据透视表显示的结果就是对所选变量进行的离散趋势分析。

2. 变量集中趋势和离散趋势的分析

虽然利用数据透视表也可以做变量集中趋势和离散趋势分析，但毕竟过于简单，在 Excel 中通过使用函数或数据分析工具包可以实现对变量集中趋势和离散趋势的分析。

数据分析工具是 Excel 内置的统计分析工具，但默认是不加载的，使用前需要加载。加载的方法是：依次单击"文件→选项→加载项"，在右侧区域选择"分析工具库"，单击最下方一行的"转到"按钮，弹出"加载宏"对话框，选择"分析工具库"后点击"确定"，此时在功能区的"数据"选项卡中就会出现"分析"组，其中包括"数据分析"命令[1]（图10-16）。

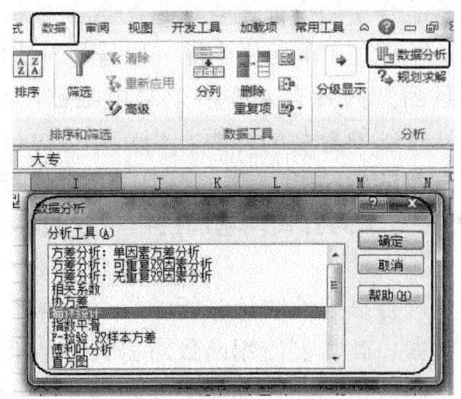

图 10-16　数据分析选择框

Excel 中利用数据分析工具进行的数据分析大都是针对原始数据进行的。打开待分析的数据表，点击"数据分析"命令，打开数据分析对话框，选择"描述性统计"，点"确定"，弹出描述统计对话框。在输入区域输入框中填入需要分析的数据区域（可以包括变量名），也可以点击并将光标定位到输入区域后，将鼠标移到数据表中待分析变量所在列的列标，点击列表选中整列，勾选"标志位于第一行"和"汇总统计"。为了不破坏数据表，将输出位置选为"新工作表组"，点"确定"[图10-17(a)]，Excel 将新建一个工作表并在表中输出描述统计分析的结果[图10-17(b)]。

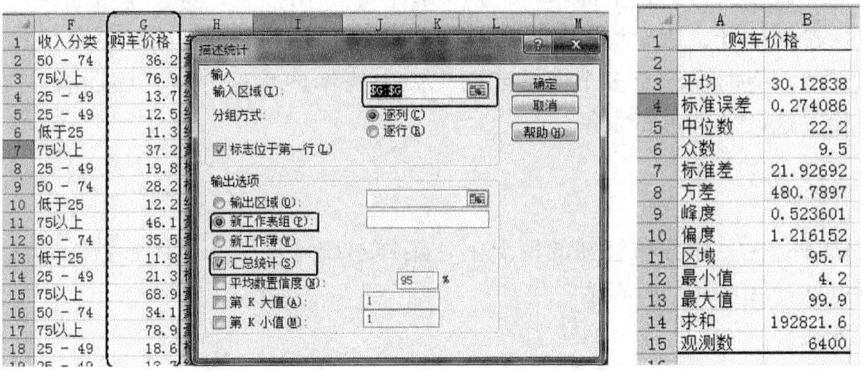

图 10-17　描述性统计分析选项及结果

分析结果显示了所选变量的 13 个描述性统计量。除本节已介绍的统计量外，这里的"标准误差"又称为标准误，标准误代表的是样本均数与总体均数的相对误差。标准误是由样本的标准差除以样本个数的平方根来计算的，是抽样参数估计的重要统计量。这里的"区域"是指极差。

---

[1]　Excel 加载项只有在完全安装时才会安装在电脑上，如果安装 Excel 时采用的是默认安装，加载 Excel 加载项时需要使用原始安装介质。

需要注意的是，使用数据分析工具得到的描述统计分析结果是将分析数据作为样本数据得到的样本统计量，不适合使用全面调查取得的数据对总体特征做分析。

此外，在 Excel 中不仅可通过在单元格中输入以等号开头的各种运算符号引用单元格数值进行公式运算，而且因其内置有 400 多个常用函数，其中包括 98 个统计函数，所以还可以通过调用函数进行各种复杂的计算。当然，也可以将函数与公式结合起来，在公式中调用函数进行更复杂的分析和计算。函数是 Excel 进行数据分析的基本方法，Excel 中的函数其实是一些预定义的公式，它们使用一些被称为参数的特定数值按特定的顺序或结构进行计算。

由于采用数据分析工具进行描述性统计分析的结果是样本统计量，那么如果数据是基于全面调查取得的总体数据，就需要使用函数对得到的结果进行调整，其中主要是对方差、标准差进行修正，总体数据不存在抽样误差，因此无须计算标准误差。

基于总体的方差函数为 VAR.P(number1，[number2]，…)

基于总体的标准差函数为 STDEV.P(number1，[number2]，…)

函数中的(number1，[number2]，…)是用于计算方差的数值，也可以是对单元格或单元格区域数值的引用。

第三节　调查数据的推断统计分析

在市场研究中，一般很少做普查，更多的是做抽样调查，所要分析的资料也多为样本资料。抽样调查的目的是由样本特征对总体特征做出推断，这就是推断统计，推断统计主要包括参数估计、假设检验等。推断统计分析是一种通过样本的统计值来估计总体参数值的方法，有时会涉及多个变量或两个以上样本的数据分析，因而有一定的难度，需要利用相关统计软件进行求解。

一、参数估计

参数估计是在总体分布已知的情况下，用样本统计量估计总体参数的方法。参数估计主要有点估计和区间估计两种。

(一)点估计

点估计是指从总体中随机抽取一组容量为 n 的随机样本，计算样本统计量(平均值、比率)并将其作为总体参数的估计值。例如，要知道某地区居民户的平均收入，就以样本的平均收入为该地区所有居民户平均收入的估计值。一般来说，样本越大，抽样的方法越严谨，这种估计方法越可信。但无论如何，样本毕竟只是总体中的一部分，样本统计量与总体真值之间的差异——抽样误差总是难免的。由于点估计不考虑抽样误差，因此无法说明估计的差异程度有多大，因此市场调查通常采用区间估计。

(二)区间估计

区间估计是以区间的形式给出包括总体参数真值的范围，以及该区间包括总体参数真值的概率。它不具体指出总体的参数为多少，但能指出总体的未知参数落入某一区间的概率(可能性)有多大,这一概率通常被称为置信度。区间的大小称为置信区间,置信区间取决于样本均值、显著性水平和抽样平均误差。

样本均值即根据样本计算的样本观察值的平均值,其公式为

$$\bar{x} = \frac{\sum x}{n}$$

显著性水平是指估计某一参数落在置信区间内时,可能犯错误的概率,用符号 α 表示,置信度表示用置信区间估计总体参数的可靠性和把握程度,用 $1-\alpha$ 表示,置信区间是指在某一置信度下,总体参数所在的区域范围。在进行参数估计时,显著性水平表现为正态分布(大样本)或 t 分布(小样本)下显著性水平为 α 时的临界值,用 $z_{\alpha/2}$ 表示。表 10-11 表示常用的置信水平下的临界值。

表 10-11　常用置信水平下的临界值

显著性水平/%	置信度/%	大样本临界值 $z_{\alpha/2}$ ($n>30$)	小样本临界值 $t_{\alpha/2}$ ($n<30$)
10	90	1.64	1.67
5	95	1.96	2.05
3	97	2.17	2.28
1	99	2.58	2.76

在市场调查中,置信度和显著性水平一般由研究者确定,置信度过高会增大取伪错误发生的概率,置信度过低又会增加弃真错误发生的概率,过大过小都不利于做出有效估计,通常要求显著性水平 α 为 5% 或 3%,即置信度为 95% 或 97%。

抽样平均误差是指样本均值与总体均值的平均相对误差。

在不重复抽样时,抽样平均误差

$$\mu_{\bar{x}} = \sqrt{\frac{s^2}{n}\left(1-\frac{n}{N}\right)}$$

在重复抽样时,抽样平均误差

$$\mu_{\bar{x}} = \sqrt{\frac{s^2}{n}} = \frac{s}{\sqrt{n}}$$

其中,样本标准差

$$s = \sqrt{\frac{\sum(x-\bar{x})^2}{n-1}} = \sqrt{s^2}$$

显著性水平临界值(很多教材上称为概率度)与抽样平均误差的乘积称为一定置信水平下的抽样极限误差。置信区间即样本平均值加减抽样极限误差构成的区间,即

$$\bar{x} - z_{\alpha/2}\mu_{\bar{x}} \leqslant \bar{X} \leqslant \bar{x} + z_{\alpha/2}\mu_{\bar{x}} \text{(大样本)}$$
$$\bar{x} - t_{\alpha/2}\mu_{\bar{x}} \leqslant \bar{X} \leqslant \bar{x} + t_{\alpha/2}\mu_{\bar{x}} \text{(小样本)}$$

1. 总体均值的区间估计

根据抽样调查的数据,对某一变量总体的平均值做出的区间估计即为总体均值的区

间估计。如果要求 95% 的置信度，给定置信水平为 $1-\alpha$，则计算置信区间的公式为
$$\overline{X}=\overline{x}\pm 1.96\mu_{\overline{x}}$$
即
$$\overline{X}=\overline{x}\pm 1.96\frac{s}{\sqrt{n}}$$

其中，$\overline{x}$ 为样本的均值；s 为样本的标准差；n 为随机样本的大小。

【例 10-1】 某调查从总体中随机抽取 300 人，通过计算得出某一类商品的个人年平均消费支出为 350 元，抽样平均误差为 15.3 元，要求根据抽样调查结果估计全部人群对该商品的年平均消费支出，把握程度（或置信度）要达到 95%。

分析：该项调查为简单随机抽样调查，且样本达到 300 个，属于大样本，抽样分布应为正态分布。根据给出的要求，应为对总体均值的区间估计。

解：根据抽样区间估计的一般表达式 $\overline{x}-z_{\alpha/2}\mu_{\overline{x}}\leqslant\overline{X}\leqslant\overline{x}+z_{\alpha/2}\mu_{\overline{x}}$

已知样本均值 $\overline{x}=350$ 元，样本标准差 $s=265$ 元，查表可得显著性水平为 0.05 时正态分布的临界值 $z_{\alpha/2}=1.96$。

抽样平均误差 $\mu_{\overline{x}}=\sqrt{\dfrac{s^2}{n}}=\dfrac{s}{\sqrt{n}}=\dfrac{265}{\sqrt{300}}\approx 15.3$（元）

极限误差 $=15.3\times 1.96\approx 30$（元）

据此可得：$350-30\leqslant\overline{X}\leqslant 350+30$

此即：全部人群该商品的年平均消费支出在 320 元至 380 元之间，这一估计出现错误的概率不超过 5%。

在 Excel 中可以采用分析工具对某一变量平均值进行区间估计，其方法是：在对该变量做描述性统计分析过程中，在弹出的选项对话框中勾选"平均数置信度"并根据需要修改输入框中的置信度数值（默认为 95%），在输出结果中即可得到该变量在这一置信度下的极限误差。据此，可以很方便地通过简单计算得到该变量平均值抽样估计的区间上下限。

使用之前介绍的关于私家车购买的案例，通过用 Excel 操作，用描述统计输出结果中的"平均"值 30.13 加减"置信度"值 0.54 即可得到该市居民购买私家车的平均价格为 29.59 元（30.13 万元－0.54 万元）至 30.67 万元（30.13 万元＋0.54 万元），做出这一估计的把握性为 95%（图 10-18）。

在总体标准差一定的前提下，置信区间的大小与样本的大小是成反比的。样本越大，置信区间越小。换言之，在固定置信度以后，只要将样本加大，就可以使估计更加精确。

2. 总体比率的区间估计

市场调查中常常需要对总体中某一部分在总体中所占的比重做出估计，如根据样本中已购买私家车的家庭占全部被调查家庭的比重估计该城市全部家庭中购买私家车的家庭所占的比重，就是比率估计。

总体比率区间估计的公式与均值区间估计相似，即

	A	B
1		购车价格
2		
3	平均	30.128375
4	标准误差	0.27408646
5	中位数	22.2
6	众数	9.5
7	标准差	21.92691681
8	方差	480.7896807
9	峰度	0.523600938
10	偏度	1.216152313
11	区域	95.7
12	最小值	4.2
13	最大值	99.9
14	求和	192821.6
15	观测数	6400
16	置信度(95.0%)	0.53730122
17	平均值+	(-) 置信度
18	区间估计下限	29.59107378
19	区间估计上限	30.66567622

图 10-18　平均值区间估计

$$\overline{P}=p\pm z_{\alpha/2}\mu_p$$

其中，$\overline{P}$ 为总体比率的估计值；$p=m/n$，为样本中具有某种特征的部分与全部样本比例（即频率，也称成数）；n 为随机样本的大小；m 为 n 中具有某种特征的单位总量；$\mu_p=\sqrt{\dfrac{p(1-p)}{n}}$，为抽样比率的平均误差。

如果要求置信水平为 $1-\alpha=95\%$，在大样本条件下估计总体比率置信区间的公式为

$$\overline{P}=p\pm 1.96\mu_p$$

即

$$\overline{P}=p\pm 1.96\sqrt{\dfrac{p(1-p)}{n}}$$

【例 10-2】 根据对某城市 6 254 个家庭的样本数据分析，已购买私家车的家庭占全部被调查家庭的比重为 65.3%，请在 95% 的置信水平下，对该城市全部家庭中购买私家车的比重做出估计。

分析：该题为根据样本比率对总体比率进行的参数估计。

解：根据抽样调查总体参数估计的理论，该城市全部家庭购买私家车比率的点估计值等于样本比率，已知样本比率为 65.3%，则全部家庭购买私家车的比率为 65.3%。

根据抽样调查总体参数区间估计的理论，总体比率的区间估计值 $\overline{P}=p\pm 1.96\mu_p$。

在 95% 的置信水平下这一比例的极限误差 $=1.96\times\sqrt{\dfrac{0.653\times(1-0.653)}{6\,254}}=0.011\,8$，则该城市购买私家车家庭比例的估计区间为 $0.653\pm 0.011\,8$。

此即：在 95% 的置信水平下，该城市全部家庭中购买私家车的比例在 64.12% 至 66.48% 之间。

二、假设检验

如果说参数估计是在对总体参数一无所知的前提下通过抽样调查用样本统计量估计

总体参数的话，假设检验则是在对总体参数有一个假定的前提下，通过抽样调查对样本特征的分析来判断这个假设是否成立的统计分析方法。例如，某品牌商品希望市场占有率维持在一定的水平，但现在是不是确实是在这个水平上，则需要通过市场调查来证实。又如，某种饮料标称的灌装容量是500毫升，正负误差不超过5毫升，但总有消费者反映该品牌饮料容量不足，因此需要通过抽样调查来验证该品牌饮料容量的误差是不是在5毫升以内，这些就是假设检验问题。但市场调查毕竟是抽样调查，抽样调查总会产生抽样误差，因而就需要依据概率分布的原理来判断样本与样本、样本与总体的误差是由抽样误差引起还是本质差别造成的，从而对假设做出判断。假设检验就是解决这类问题的统计分析方法。

(一)基本思想和相关概念

在总体中的某些分布形式或某些参数未知的情况下，为了推断总体的某些性质，可以先对总体参数提出假设，然后再根据样本观察的数据来检验假设是否成立，以决定是接受还是拒绝这一假设。在市场调查中，许多问题往往需要经过检验，才能得出正确的结论。例如，"某种液态奶包装平均每包的重量不少于500克"，"广告前后消费者对某种商品的购买发生明显变化"等，这些推断是否真实、正确，应当加以科学的检验。

假设检验采用小概率反证法，其基本思想是：根据概率论原理，一个小概率事件在一次实验中不应该发生，如果在一次实验中发生了本不该发生的小概率事件，那就说明它不是小概率事件，也就是说这是由于该事件的本质特征造成的。

采用假设检验需要理解以下几个基本概念。

1. 原假设与备择假设

原假设用 H_0 表示，原假设也称为零假设或虚无假设，是待检验的假设，一般把需要通过样本去推断其正确与否的命题作为原假设，建立原假设的原则是有利于拒绝原假设。备择假设用 H_1 表示，是指拒绝原假设后可供选择的其他假设。原假设与备择假设必须是互斥的。一个完整的假设检验过程，应同时构建原假设与备择假设，通常包括以下三种类型。

(1)双侧检验。H_0：$\mu = \mu_0$，H_1：$\mu \neq \mu_0$，即验证样本统计量是否落在检验统计量的一个区间内而建立的假设。

(2)左侧检验。H_0：$\mu \geq \mu_0$，H_1：$\mu < \mu_0$，即验证样本统计量是否显著大于检验统计量时建立的假设。

(3)右侧检验。H_0：$\mu \leq \mu_0$，H_1：$\mu > \mu_0$，即验证样本统计量是否小于检验统计量时建立的假设。

建立哪种假设要根据问题来确定。例如，问题是平均容量是不是500毫升，这就需要建立双侧检验；如果问题是是否大于500毫升，那就需要建立左侧检验，如果问题是是否小于500毫升，那就需要建立右侧检验。

2. 显著性水平与两类错误

由于样本的随机性，利用样本数据对总体做出判断可能是正确的也可能是错误的，存在犯错误的可能。通常包括两种错误：一类是原来的假设是正确的但却做出了错误的判断，统计上称为第一类错误，也称为弃真错误，弃真错误发生的概率记为 α，α 是一个较小的值，称为显著性概率或显著性水平；另一类错误是原来的假设是错误的但却做出了正确的判断，统计上称为第二类错误，也称为取伪错误，取伪错误发生的概率记为 β。在样本量一定的前提下，这两类错误发生的概率存在此消彼长的关系，同时降低犯两类错误的概率是不现实的，因此，在进行假设检验时，人们将犯第一类错误的概率 α 作为首选的控制目标，通常取 1%、5%、10%。在假设检验时，显著性水平是一个重要的检验参数。

3. 检验统计量、拒绝域、临界值

检验统计量是根据样本数据计算得到的，服从某种已知概率分布的，据此对原假设和备择假设做出判断的样本统计量。许多常用的检验统计量可以归结为以下基本形式。

$$检验统计量 = \frac{样本统计量 - 被检验的参数}{样本统计量的标准误差}$$

根据检验统计量的概率分布不同，检验统计量主要有 z、t、χ^2、F 四种，分别称为 z 检验、t 检验、χ^2 卡方检验和 F 检验。

拒绝域是一定概率分布下，由显著性水平 α 决定的，能够拒绝原假设的检验统计量所有可能取值组成的集合，也是由 α 所围成的区域。

临界值是指拒绝域区域与非拒绝域的边界值，根据检验统计量的概率分布不同，分别用 z_α、t_α、χ_α^2 和 F_α 表示。双侧检验的拒绝域位于抽样分布的两侧，因而有两个临界值，且两侧拒绝域面积之和等于 α，在对称分布时两侧面积分别为 $\alpha/2$；左侧检验的拒绝域位于抽样分布的左侧，拒绝域面积等于 α；右侧检验的拒绝域位于抽样分布的右侧，拒绝域面积等于 α。临界值通过查概率分布表或者使用 Excel 函数计算获得。

以正态分布的为例，上述关系如图 10-19、图 10-20、图 10-21 所示。

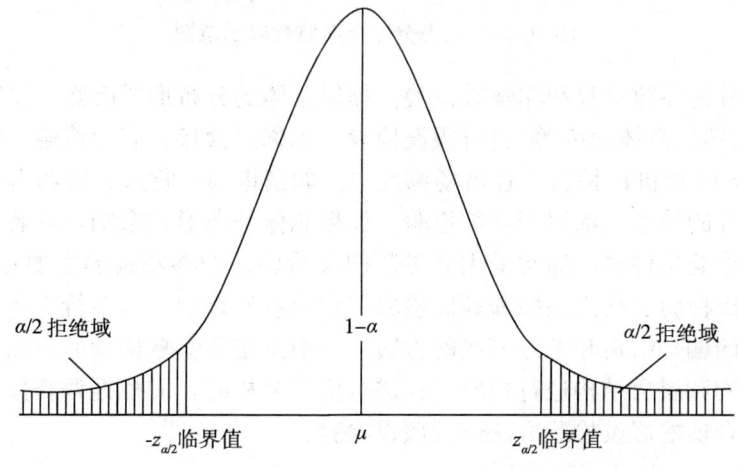

图 10-19　正态分布下双侧检验示意图

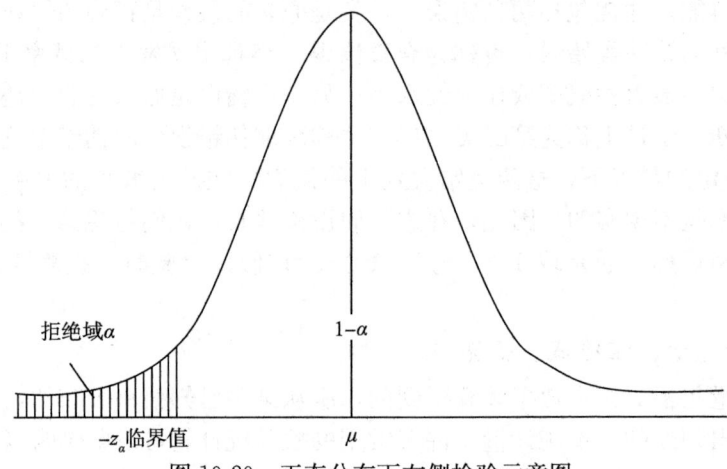

图 10-20　正态分布下左侧检验示意图

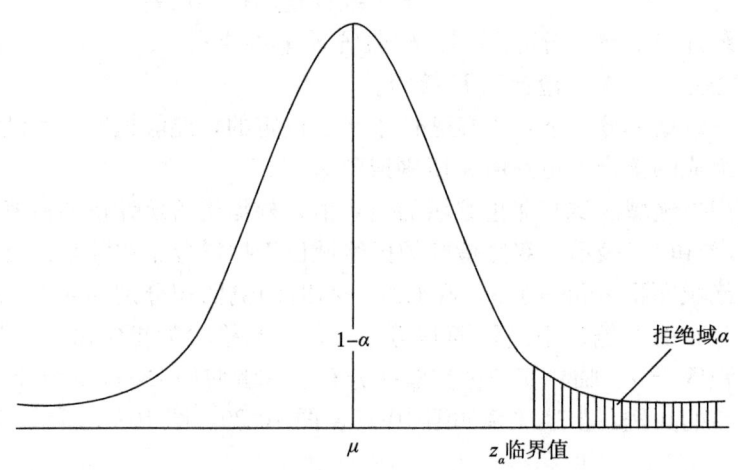

图 10-21　正态分布下右侧检验示意图

假设检验分为参数检验和非参数检验。如果总体的分布形式已知，仅需对总体的未知参数（总体均值、总体比率等）进行假设检验，则称之为参数假设检验。参数检验主要运用 z 检验、t 检验和 F 检验。在市场调查中，如销售额、收入、市场占有率、商品的某些质量特性等的检验，都属于参数检验。如果总体分布形式未知，或者解决的问题不符合参数假设检验条件时，通常采用非参数假设检验。非参数检验主要运用卡方检验、麦氏检验、哥氏检验、马氏检验和魏氏检验。在市场调查中，许多行为研究的资料，如消费者对产品的偏好结构和偏好等级的检验，一般采用非参数检验的方法，对其分布形式包括类别结构和层次结构进行检验。在进行应用分析时，应根据调查数据的性质以及实际情况选择合适的假设检验方法进行假设检验。

(二) 假设检验的步骤

在市场调查分析中，一般按照以下步骤进行假设检验。

第一步，建立假设。首先要依据问题的性质和条件同时提出两个相对立的假设。例

如，在对广告效果进行检验时，提出的两个假设为

H_0：广告前后的销售量无显著变化（即广告前后的销售量相等）；

H_1：广告前后的销售量有显著变化（即广告前后的销售量不相等）。

如果问平均体重是不是 50 千克，那就是双边的，它是个不等号；

如果问是否小于 50 千克，那就是右侧检验；

如果问是否大于 50 千克，那就是左侧检验。

第二步，选择适当的检验统计量。选择适当的检验统计量要依据有关的抽样分布，对不同类型的问题应当选择不同的统计量作为检验统计量。

第三步，选择合适的显著性水平 α。

第四步，由样本资料计算出检验统计量的具体数值。

第五步，根据检验统计量的概率分布和选定的显著性水平，查概率分布表或使用概率分布函数计算相应概率分布的否定域临界值，也就是小概率事件的分割点。

第六步，将实际计算的检验统计量的值与得到否定域的临界值比较，决定对原假设的取舍。一般情况下：

双侧检验时，当样本统计量计算值的绝对值小于临界值时，应接受 H_0 而拒绝 H_1；当样本统计量计算值的绝对值大于临界值时，应拒绝 H_0 而接受 H_1。

左侧检验时，当样本统计量的计算值大于临界值时，应接受 H_0 而拒绝 H_1；当样本统计量的计算值小于临界值时，应拒绝 H_0 而接受 H_1。

右侧检验时，当统计量的计算值小于临界值时，应接受 H_0 而拒绝 H_1；当统计量的计算值大于临界值时，应拒绝 H_0 而接受 H_1。

在假设检验分析时，除了使用临界值进行决策外，也可以同时使用显著性概率 P 值进行决策。P 值（P-value）是当原假设成立时所得到的样本观察结果或更极端结果出现的概率。P 值越大表明说明样本结果出现的概率越大，当 P 值超过给定的显著性水平 α 时接受原假设；P 值越小说明样本结果出现的概率越小，当 P 值小于给定的显著性水平 α 时，拒绝原假设。P 值可以通过查概率分布表或者使用 Excel 函数计算获得。

(三)假设检验的类型

从应用的角度看，常用的假设检验包括对总体均值的检验、总体比例的检验和总体方差的检验三大类。

1. 对总体均值的假设检验

根据检验的参数不同，对总体均值的检验包括对单个总体均值的检验和对两个总体均值之差的检验。

(1)单个总体的均值检验。其主要用于检验单个总体某项指标的均值是否在假定的范围内，根据检验的目的，可选择建立双侧检验假设或单侧检验假设。

单个总体均值检验时，需要根据总体方差是否已知和样本是否属于大样本来构建检验统计量。一般而言，当总体方差已知时，构建 z 统计量；当总体方差未知时，构建 t 统计量；当样本为大样本时构建 z 统计量，当样本为小样本时构建 t 统计量。

检验统计量

检验统计量

$$z = \frac{\bar{x} - \mu_0}{\sigma/\sqrt{n}} \sim N(0, 1)$$

$$t = \frac{\bar{x} - \mu_0}{S/\sqrt{n}} \sim t(n-1)$$

【例 10-3】 某地区城镇居民某年人均可支配收入为 9 850 元,标准差为 880 元。一项市场调查随机抽取 600 名居民进行调查,结果人均可支配收入为 9 785 元,在 $\alpha = 0.05$ 的显著性水平下,能否认为样本户的人均可支配收入与总体均值没有显著的差别?

分析:首先,该题需研究的问题是样本均值是否能够代表总体均值,也就是说,总体均值是否在以样本均值为中心的一定范围之内。因此属于对单个总体均值的双侧检验。其次,已知总体标准差也就已知了方差,随机抽查了 600 人,超过 30 人,为大样本,因此,应建立 z 检验统计量,进行双侧检验。

解:建立原假设 $H_0: \mu = \mu_0 = 9\,850$;备择假设 $H_1: \mu \neq \mu_0 \neq 9\,850$。

已知 $\mu = 9\,785$,$\mu_0 = 9\,850$,$\sigma = 880$,$n = 600$。

计算检验统计量的值

$$z = \frac{\mu - \mu_0}{\sigma/\sqrt{n}} = \frac{9\,785 - 9\,850}{880/\sqrt{600}} = \frac{-65}{35.93} = -1.809$$

可采用两种方法进行检验:

一种方法是根据检验临界值进行检验:计算在标准正态分布下,显著性水平为 0.05,左侧概率为 0.025,右侧概率为 0.975 时的临界值。在 Excel 任意单元格中输入":=NORM.INV(0.025,0,1)",得到左侧 $z_{\alpha/2}$ 临界值为 -1.96;在 Excel 任意单元格中输入":=NORM.INV(0.975,0,1)",得到右侧 $z_{\alpha/2}$ 临界值为 1.96。

由于检验统计量 $z = -1.809\,3$,落在了两个临界值之间($-z_{\alpha/2} = -1.96$,$z_{\alpha/2} = 1.96$),故接受原假设,即样本均值与总体均值之间没有显著的差异,样本均值对总体均值具有显著的代表性。

另一种方法是利用显著性概率 P 进行检验:在 Excel 任意单元格中输入":=(1-NORM.DIST(-1.8093,0,1,1))*2",得到当 z 值为 $-1.809\,3$ 时,标准正态分布双侧检验的显著性概率 P 值为 0.07。因为给定的显著性水平为 0.05,根据样本数据计算得到的概率值大于给定的显著性水平,因此可以认为样本不是一个小概率事件,故接受原假设,即样本均值与总体均值之间没有显著的差别,样本均值对总体均值具有显著的代表性。

【例 10-4】 已知某商场上半年每天顾客流量为 4 312 人,10 月份随机抽取了 18 天的人流量,计算得每天平均客流量为 4 396 人,标准差为 210 人。试问,在 $\alpha = 0.05$ 的显著性水平下,能否认为下半年顾客日流量比上半年高?

分析:首先,该题需研究的问题是下半年调查的样本均值是否能够代表上半年的总体均值,因此属于对单个总体均值的双侧检验。其次,总体方差未知,随机抽查了 18 天,小于 30 个样本,为小样本。因此,应采用双侧 t 检验。

解:建立假设原假设 $H_0: \mu = \mu_0 = 4\,312$;备择假设 $H_1: \mu \neq \mu_0 \neq 4\,312$。

已知 $\bar{x}=4\,396$，$\mu_0=4\,312$，$s=210$，$n=18$。

构建 t 检验统计量

$$t=\frac{\bar{x}-\mu_0}{S/\sqrt{n}}=\frac{4\,396-4\,312}{210/\sqrt{18}}=\frac{84}{49.5}\approx 1.7$$

通过检验临界值进行判断：在 Excel 任意单元格中输入"：=TINV(0.05,17)"，得到自由度=18-1=17 时 t 分布的双侧检验临界值±2.10，即(-2.10,2.10)，检验统计量 $t=1.549\,2$ 落在此区间内，因此，接受原假设，不能认为顾客流量比上半年要高一些，即差异不显著。

也可以通过显著性概率进行判断：在 Excel 任意单元格中输入"：=TDIST(1.5492,17,2)"得到自由度=18-1=17 时临界值为 1.549 2 的双侧 t 检验的显著性概率 0.139 7，根据样本计算的显著性概率大于给定的显著性水平 0.05，因此可以认为原假设不是一个显著性水平为 0.05 的小概率事件，因此接受原假设，即不能认为顾客流量比上半年要高一些，即差异不显著，这与通过临界值做出的判断相一致。

根据检验条件，t 检验也分为双侧检验与单侧检验，检验思路及方法同 z 检验，这里不再赘述。

（2）两个总体均值之差的检验。营销管理人员常常希望了解不同调查群体间同一指标均值是否存在显著差别，这就需要进行两个总体均值之差的检验。两个总体均值之差检验的本质是检验两个总体的均值是否相等。根据检验的目的，可选择建立双侧检验假设或单侧检验假设。

在检验两个总体平均数之差是否具有显著性时，需根据总体方差是否已知和是否属于大样本来构建检验统计量。因市场调查通常总是大样本，因此，多数情况下仅需根据总体方差是否已知来构建检验统计量。

总体方差已知时，构建的 z 统计量

$$z=\frac{(\bar{x}_1-\bar{x}_2)-(\mu_1-\mu_2)}{\sqrt{\frac{\sigma_1^2}{n_1}+\frac{\sigma_2^2}{n_2}}}\sim N(0,1)$$

当两个总体方差 σ_1^2、σ_2^2 未知，在大样本条件下，可用样本方差 s_1^2、s_2^2 代替

$$z=\frac{(\bar{x}_1-\bar{x}_2)-(\mu_1-\mu_2)}{\sqrt{\frac{s_1^2}{n_1}+\frac{s_2^2}{n_2}}}\sim N(0,1)$$

对于小样本且总体方差未知时两样本均值之差的检验可采用 t 检验。检验统计量为

$$t=\frac{(\bar{x}_1-\bar{x}_2)-(\mu_1-\mu_2)}{S_p\sqrt{(\frac{1}{n_1}+\frac{1}{n_2})}}\sim t(n_1+n_2-2)$$

其中，$S_p=\sqrt{\frac{(n_1-1)s_1^2+(n_2-1)s_2^2}{n_1+n_2-2}}$，称为总体合并方差。

该 t 统计量服从自由度为 n_1+n_2-2 的 t 分布。

【例 10-5】某大学对 500 名已毕业四年的校友的月收入进行调查，其中男校友 448

人，月平均收入为 1 786 元，标准差为 29 元；女校友 52 人，月平均收入为 1 630 元，标准差为 26 元，可以看出男校友的平均月收入比女校友的高。试问，在显著性水平 $\alpha=0.05$ 的条件下，可否认为男女校友的平均收入存在显著差异？

分析：该问题是比较男女校友两个群体的平均收入差异，属于两个总体均值之差的假设检验；问题研究的焦点是是否存在差异，即是否相等，因而属于双侧检验；总体方差未知，且为大样本，因此可用样本方差代替构建 z 检验统计量。

解：建立原假设 $H_0:\mu_1-\mu_2=0$；备择假设 $H_1:\mu_1-\mu_2\neq 0$。
计算检验统计量

$$z=\frac{(\bar{x}_1-\bar{x}_2)-(\mu_1-\mu_2)}{\sqrt{\frac{s_1^2}{n_1}+\frac{s_2^2}{n_2}}}$$

$$=\frac{(1\,786-1\,630)-0}{\sqrt{\frac{29^2}{448}+\frac{26^2}{52}}}$$

$$=\frac{156}{3.857}$$

$$=40.44$$

计算在标准正态分布下，显著性水平为 0.05，左侧概率为 0.025，右侧概率为 0.975 时的双侧检验的临界值。在 Excel 任意单元格中输入"：=NORM.INV(0.025, 0, 1)"，得到左侧 $z_{\alpha/2}$ 临界值 -1.96；在 Excel 任意单元格中输入"：=NORM.INV(0.975, 0, 1)"，得到右侧 $z_{\alpha/2}$ 临界值 1.96。

由于检验统计量 $z=40.44$，大于右侧临界值，落在了右侧拒绝域，故拒绝原假设，即男女校友的月平均收入在显著性水平为 0.05 时具有显著差异。

也可以通过显著性概率 P 进行判断：在 Excel 任意单元格中输入"：=(1-NORM.DIST(40.44, 0, 1, 1))*2"，得到当 z 值为 40.4 时，标准正态分布双侧检验的显著性概率 P 值为 0。因为根据样本计算的显著性概率小于给定的显著性水平 0.05，因此可以认为原假设是一个显著性水平小于 0.05 的小概率事件，因此拒绝原假设，即男女校友的月平均收入在显著性水平为 0.05 时具有明显的统计性差异。

其他关于两个总体均值之差的检验思路及方法与此相同，不再赘述。

2. 对总体比率的假设检验

在许多情况下，调查分析人员会面临根据样本的比率对总体的比率进行判断和比较的问题，这就需要采用总体比率的假设检验。对总体比率的假设检验也称为总体成数检验。根据检验参数不同，总体比率的假设检验分为对单个总体比率的检验和对两个总体比例之差的检验。

(1) 单个总体比率的假设检验。其主要用于检验单个总体中的某部分在总体中所占的比重是否在假定的范围内，根据检验的目的，可选择建立双侧检验假设或单侧检验假设。

根据中心极限定理，当样本单位数 $n\geqslant 30$，或 np 和 $n(1-p)$ 均大于 5 时，样本比

率 p 的抽样分布近似于正态分布，可采用 z 检验，检验统计量 z 为

$$z = \frac{p - p_0}{\sqrt{\frac{p_0(1-p_0)}{n}}} \sim N(0, 1)$$

其中，p_0 为假设的总体比率；p 为样本比率。

【例 10-6】 某企业生产某品牌电磁炉，根据以往统计，该品牌的市场占有率为 18%。现抽取 800 户居民家庭进行调查，测得该品牌的市场占有率为 17.4%，在显著水平为 $\alpha = 0.05$ 的条件下，能否认为该品牌电磁炉的市场占有率没有明显的变化（H_0：$p = p_0$）？

分析：市场占有率是一个比率数值，已知过去的市场占有率，问题的焦点是抽样调查获得的样本比率是否与过去的比率存在显著差别。因此，这是一个对总体比率的双侧假设检验问题。

解：构建原假设 H_0：$p = 18\%$；备择假设 H_1：$p \neq 18\%$。

已知 $p = 17.4\%$，$p_1 = 18\%$，$n = 800$。

计算检验统计量

$$z = \frac{p - p_0}{\sqrt{\frac{p_0(1-p_0)}{n}}}$$

$$= \frac{17.4\% - 18\%}{\sqrt{\frac{18\%(1-18\%)}{800}}}$$

$$= -0.4417$$

根据检验临界值进行检验：计算在标准正态分布下，显著性水平为 0.05，左侧概率为 0.025，右侧概率为 0.975 时的临界值。在 Excel 任意单元格中输入": =NORM.INV(0.025, 0, 1)"，得到左侧 $z_{\alpha/2}$ 临界值 -1.96；在 Excel 任意单元格中输入": =NORM.INV(0.975, 0, 1)"，得到右侧 $z_{\alpha/2}$ 临界值 1.96。

由于检验统计量 $z = -0.4417$，落在了两个临界值之间（$-z_{\alpha/2} = -1.96$，$z_{\alpha/2} = 1.96$），故接受原假设，即该品牌的市场占有率在显著性水平为 0.05 时没有明显的差异。

也可以通过显著性概率 P 进行判断：在 Excel 任意单元格中输入": =(1-NORM.DIST(0.4417, 0, 1, 1))*2"，得到当 z 值为 -0.4417 时，标准正态分布双侧检验的显著性概率 P 值 0.6587。因为根据样本计算的显著性概率大于给定的显著性水平 0.05，因此可以认为原假设是一个显著性水平为 0.05 的大概率事件，因此接受原假设，即某品牌的市场占有率在显著性水平为 0.05 时没有明显的统计性差异。

(2) 两个总体比率之差的假设检验。两个总体比率之差的假设检验主要用于检验两个总体中的某部分在各自总体中所占的比重是否具有显著性差异，根据检验的目的，可选择建立双侧检验假设或单侧检验假设。

当样本量较大时，来自两个总体的样本比率之差的抽样分布是近似于正态分布的，

可采用 z 检验。两总体比率之差检验的统计量为

$$z=\frac{p_1-p_2}{\sqrt{\dfrac{p_1(1-p_1)}{n_1}+\dfrac{p_2(1-p_2)}{n_2}}}\sim N(0,1)$$

【例 10-7】某企业为拟开发的新产品做了市场调查，在 1 000 名调查者中有 300 名来自高、中收入家庭，有 16% 的人表示愿意购买新产品，700 名调查者来自低收入家庭，其中 14% 的人表示愿意购买新产品。由此是否可以认为在显著性水平 $\alpha=0.05$ 时，高、中收入家庭比低收入家庭更愿意购买新产品？

分析：本题为根据样本统计量对两个总体同一参数的差异进行比较；愿意购买新产品的比率为比率数值，因此应采用两个总体比率之差的假设检验。又因为样本数超过了 30 个，属于大样本，因而使用 z 检验。

解：建立原假设 H_0：$p_1=p_2$；备择假设 H_1：$p_1\neq p_2$。

已知 $p_1=16\%$，$p_2=14\%$，$n_1=300$，$n_2=700$。

计算检验统计量

$$z=\frac{p_1-p_2}{\sqrt{\dfrac{p_1(1-p_1)}{n_1}+\dfrac{p_2(1-p_2)}{n_2}}}$$

$$=\frac{16\%-14\%}{\sqrt{\dfrac{16\%(1-16\%)}{300}+\dfrac{14\%(1-14\%)}{700}}}$$

$$=0.803$$

根据检验临界值进行判断：临界值计算方法同例 10-6，不再赘述。由于检验统计量 $z=0.803$，介于检验临界值（$-z_{\alpha/2}=1.96$，$z_{\alpha/2}=1.96$）之内，故接受原假设，即家庭收入水平对人们购买该新产品的意向（显著性水平为 0.05 时）没有明显的统计性差异。

也可以根据显著性概率 P 进行判断：在 Excel 任意单元格中输入"：=（1-NORM.DIST(0.803,0,1,1)）*2"，得到当 z 值为 0.803 时，标准正态分布双侧检验的显著性概率 P 值为 0.421 9。根据样本计算的显著性概率大于给定的显著性水平 0.05，可以认为原假设是一个显著性水平大于 0.05 的大概率事件，因此接受原假设，即家庭收入水平对人们购买该新产品的意向（显著性水平为 0.05 时）没有明显的统计性差异。

左侧检验时，可输入"：=NORM.DIST(0.803,0,1,1)"得到检验 P 值。

右侧检验时，可输入"：=1-NORM.DIST(0.803,0,1,1)"得到检验 P 值。

3. 对总体方差的假设检验

市场调查的数据分析中，除了要根据样本统计量对反映总体集中趋势的参数进行判断和比较外，还需要根据样本统计量对反映总体离散趋势的参数进行判断和比较，这就需要采用总体方差的假设检验。根据检验参数不同，总体方差的假设检验分为对单个总体方差的假设检验和对两个总体方差之比的假设检验。

(1) 对单个总体方差的假设检验。当需要判断来自于同一个总体样本的离散程度是

否与总体的离散程度具有明显的统计差异时,采用单个总体方差的检验。因为样本方差的分布服从自由度为 $n-1$ 的卡方分布,因此,在进行这一检验时,需要构造卡方统计量来进行检验,也称为卡方检验。

$$\chi^2 = \frac{s^2(n-1)}{\sigma^2} \sim \chi^2(n-1)$$

其中,s^2 为样本方差;σ^2 为总体方差。

与其他假设检验相似,卡方检验也可以根据检验的目的选择双侧检验或单侧检验。

【例 10-8】有顾客反映某超市某种饮料装填量偏少,为此从该超市该品牌饮料中随机抽取了 30 瓶进行了测量,测量结果为:平均每瓶 496 毫升,方差为 62.62 毫升/瓶。同时根据国家提供的质量标准每瓶饮料的误差不超过 5 毫升。据此,请推断在 5% 的显著性水平下,实际供货的饮料是否符合国家的标准。

分析:本题为根据样本统计量对总体的误差进行判断,属于对单个总体方差的检验,因而使用 χ^2 检验,本题关心的是每瓶的误差是否超过了 5 毫升,因而属于单侧检验。

解:根据有利于否定原假设的原则,构建右侧检验。

建立原假设 H_0:$\sigma^2 \leqslant 5^2$ 毫升,备择假设 H_1:$\sigma^2 > 5^2$ 毫升

已知 $\sigma = 5$ 毫升,$s^2 = 62.62$ 毫升,$n = 30$。

计算卡方统计量值

$$\chi^2 = \frac{s^2(n-1)}{\sigma^2} \sim \chi^2(n-1)$$

$$= \frac{(30-1) \times 62.62}{5^2}$$

$$= 72.64$$

根据检验临界值进行判断:在 Excel 任意单元格中输入":=CHISQ.INV(0.95, 29)"得到显著性水平在 0.05,自由度为 29 时卡方右侧检验临界值 42.56。由于检验统计量 $z = 72.64$,超过了检验临界值(42.56),故拒绝原假设,即在 5% 的显著性水平下,不能接受该品牌饮料灌装量的标准差小于等于 5 毫升的假定,可以认为该批饮料总体上不符合国家标准。

也可以通过显著性概率 P 进行判断:在 Excel 任意单元格中输入":=CHISQ.DIST(72.64, 29, FALSE)",得到卡方分布在统计量为 72.64,自由度为 29 时的显著性概率 0.000。因为根据样本计算的显著性概率小于给定的显著性水平 0.05,因此可以认为原假设是一个显著性水平小于 0.05 的小概率事件,因此拒绝原假设,即样本饮料灌装量与标准灌装量在显著性水平为 0.05 时存在明显的统计差异,该批饮料总体上不符合国家标准。

(2)两个总体方差之比的假设检验。检验两个总体的方差之比称为方差齐次性检验,在市场调查中常用于判断对两个总体以同样方式抽样得到的结果在离散特征上是否存在显著性差异。根据抽样分布理论,两方差之比服从自由度为 (n_1-1, n_2-1) 的 F 分布,因此也称为 F 检验。统计量为

$$F = \frac{s_1^2/\sigma_1^2}{s_2^2/\sigma_2^2} \sim F(n_1-1, n_2-1)$$

两个总体的方差相等时

$$F=\frac{s_1^2}{s_2^2}\sim F(n_1-1, n_2-1)$$

根据检验的目的可以选择双侧检验或单侧检验。

【例 10-9】 承例 10-8,为了验证从超市抽取的饮料是否属于该品牌的假冒产品,研究者又从厂家抽查了 30 瓶饮料,样本分析的结果为平均容量 500 毫升,样本方差为 5.58 毫升。请对两次抽样的结果进行比较,并在 5% 的显著性水平下验证两批样本是否来自同一总体。

分析:本题为利用抽样调查的样本统计量对两批商品的差异进行的比较判断,可以针对两总体均值的差异进行假设检验,也可以针对两总体方差的差异进行假设检验。这里针对后者进行假设检验。

解:建立原假设 H_0:$\frac{\sigma_1^2}{\sigma_2^2}=1$;备择假设 H_1:$\frac{\sigma_1^2}{\sigma_2^2}\neq 1$。

已知 $x_1=496$,$s_1^2=62.62$,$x_2=500$,$s_2^2=5.58$,$n_1=n_2=30$,$\alpha=0.05$。

计算 F 统计量

$$F=\frac{s_1^2}{s_2^2}$$
$$=\frac{62.62}{5.58}$$
$$=11.22\sim F(29, 29)$$

通过检验临界值进行判断:在 Excel 任意单元格中输入":=F.INV(0.025, 29, 29)",得到在第一自由度为 29、第二自由度为 29 时 F 检验左侧临界值 0.476,输入":=F.INV.RT(0.975, 29, 29)"得到第一自由度为 29、第二自由度为 29 时 F 检验右侧临界值 2.101。由于检验统计量 $F=11.22$,超出检验临界值(0.476, 2.101)范围,进入拒绝域,故拒绝原假设,即来自商场样本的饮料灌装量与来自厂家样本的饮料灌装量在显著性水平为 0.05 时存在明显的统计差异,有理由认为该商场的该品牌饮料与来自厂家的饮料不属于同一总体。

也可以通过显著性概率 P 进行判断:在 Excel 任意单元格中输入":=F.DIST(11.22, 29, 29, FALSE)",得到 F 分布在统计量为 11.22,第一自由度为 29、第二自由度为 29 时的显著性概率 0.000。因为根据样本计算的显著性概率小于给定的显著性水平 0.05,因此可以认为原假设是一个显著性水平小于 0.05 的小概率事件,因此拒绝原假设,即来自商场的饮料灌装量与来自厂家样本的饮料灌装量在显著性水平为 0.05 时存在明显的统计差异,有理由认为该商场的该品牌饮料与来自厂家的饮料不属于同一总体。

也可以通过采用两个总体均值之差的 z 检验得到相同的结论。

三、列联表分析

市场调查中经常会使用交叉频数分析,由两个或两个以上品质变量组成的交叉频数表即列联表。在频数分析时,我们所关心的是两个变量不同分类之间的交叉频数及频率,当需要进一步分析两个变量之间是否存在依存关系时,仅靠频数或频率就不够了,这时就需要采用列联表分析。

列联表分析是通过对变量的独立性检验来进行判断的,变量的独立性检验采用卡方检验。

列联表分析的基本步骤如下。

第一步,根据问题建立假设。原假设,变量间相互独立;备择假设,变量间不独立。

第二步,根据调查数据建立由两个品质变量构成的交叉频数表。交叉频数分布也称为条件分布表,每一个频数记为 $x_{ij}(i=1, 2, \cdots, n; j=1, 2, \cdots, m)$,并计算行合计数 $h_i = \sum_{j=1}^{m} x_{ij}$ 和列合计数 $l_j = \sum_{i=1}^{n} x_{ij}$。(建立交叉频数表的方法请参阅本章第二节多变量交叉频数分析。)

第三步,计算期望频数分布,期望频数 $e_{ij} = \dfrac{h_i l_j}{n}$。期望频数的含义是假定变量相互独立条件下的理论频数分布。

第四步,计算卡方检验统计量的值 $\chi^2 = \sum_{i=1}^{n} \sum_{j=1}^{m} \dfrac{(x_{ij} - e_{ij})^2}{e_{ij}} \sim \chi^2[(n-1)(m-1)]$。

第五步,根据给定的显著性水平 α,利用函数计算(查卡方分布表)得到卡方分布的临界值(或显著性概率 P 值)。

第六步,比较卡方统计量值与卡方分布临界值,做出判断。

第七步,如果根据检验结果判断为变量相互不独立,则说明变量间存在相关性,需进一步测定列联相关系数,用以描述变量间相关程度的强弱。

【例 10-10】对某公司 6 400 名职员购买的车辆类型进行调查,其中已购买私家车的有 6 254 人。其调查结果按购车类型和学历进行交叉频数分析的结果如表 10-12 所示。请问,员工学历与购车类型之间是否存在显著差异(显著性水平 $\alpha = 0.05$)?

表 10-12 购车类型与受教育程度的条件频数分布表　　　　单位:人

类型＼学历	初中及以下	高中	大专	本科	研究生毕业	总计
标准型	469	676	473	493	111	2 222
豪华型	418	644	474	525	176	2 237
经济型	476	571	378	302	68	1 795
总计	1 363	1 891	1 325	1 320	355	6 254

分析:本题要求根据两个品质变量的交叉频数分布对两变量间是否独立作出判断,属于品质变量的独立性检验,应该采用列联表分析方法。

解:
(1)建立假设。原假设,变量间相互独立;备择假设,变量间不独立。
(2)已知两变量(学历、购车类型)的条件分布如表 10-12 所示。
(3)根据 $e_{ij} = \dfrac{h_i l_j}{n}$,计算期望频数分布。

(4) 计算卡方检验统计量的值。

$$\chi^2 = \sum_{i=1}^{n}\sum_{j=1}^{m}\frac{(x_{ij}-e_{ij})^2}{e_{ij}}$$

$$= \frac{(469-484)^2}{484} + \frac{(418-488)^2}{488} + \cdots + \frac{(68-102)^2}{102}$$

$$= 86.8$$

其中，x_{ij} 为条件分布表中第 i 行第 j 列的观察值(如 $x_{21}=418$)；e_{ij} 为期望分布表第 i 行第 j 列的期望值(如 $e_{32}=488$)；n 为行变量分类个数(购车类型 $n=3$)；m 为列变量分类个数(学历等级数 $m=5$)。

(5) 计算自由度 $df=(n-1)(m-1)=2\times 4=8$，显著性水平 $\alpha=0.05$。

(6) 计算卡方检验临界值(或显著性概率)。在 Excel 任意单元格中输入"=CHISQ.INV(0.025,8)"，得到在自由度为 8 时卡方检验左侧临界值 2.18；输入"：=CHISQ.INV.RT(0.975,8)"，得到在自由度为 8 时的卡方检验右侧临界值 17.53。也可以在 Excel 任意单元格中输入"=CHISQ.TEST"(原始频数分布区域、期望频数分布区域)，得到卡方分布在样本条件下的显著性概率 0.00。

(7) 对原假设做出判断。由于检验统计量值(86.60)超过了检验临界值区间(2.18，17.53)，进入拒绝域，故拒绝原假设，即受教育水平与购买车辆类型这两个变量间不独立。也因为在当前频数分布条件下的显著性概率小于规定的显著性水平 0.05，因此拒绝原假设。采用这两种方法做出的判断相一致。

(8) 计算列联相关系数，判断两变量相关性的强弱。

列联相关系数有三种，即用于 2×2 列联表的 φ 相关系数，用于大于 2×2 列联表的 C 相关系数和 V 相关系数。其中：

$$\varphi = \sqrt{\frac{\chi^2}{n}},\ C = \sqrt{\frac{\chi^2}{\chi^2+n}},\ V = \sqrt{\frac{\chi^2}{n\cdot \min((n-1),(m-1))}}$$

相关系数的取值都在 0 与 1 之间，越接近 0 说明相关性越弱，越接近 1 说明相关性越强。

市场调查中常用的相关系数为 C，据此计算该两变量的品质相关系数

$$C = \sqrt{\frac{\chi^2}{\chi^2+n}} = \sqrt{\frac{86.6}{86.6+6\ 254}} = 0.117$$

故，在该项调查的人群中，员工学历与购车类型之间存在相关性，但相关程度较低。

列联表分析可以在 SPSS 中实现，其方法是：在进行多变量交叉频数分析时，选择"统计量"，在打开的窗口中勾选"卡方"和"相依系数"(图 10-22)，点击"继续"返回主界面，在主界面点击"确定"，在输出浏览器中即可显示分析结果(表 10-13、表 10-14)。卡方检验值=86.6，卡方检验的显著性概率为 0.00，相关系数仅为 0.117。

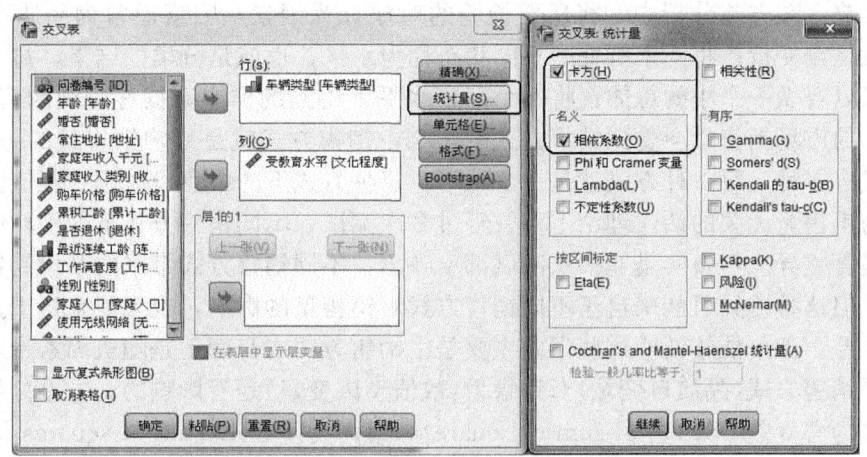

图 10-22　列联表分析变量及统计量选择

表 10-13　SPSS 列联表分析输出结果——卡方检验

项目	值	df	渐进 Sig.（双侧）
Pearson 卡方	86.600[1]	8	0.000
似然比	86.397	8	0.000
线性和线性组合	76.650	1	0.000
有效案例中的 N	6 254		

1) 0 单元格（0.0%）的期望计数少于 5

注：最小期望计数为 101.89

表 10-14　SPSS 列联表分析输出结果——对称度量

项目	值	近似值 Sig.
按标量标定　相依系数	0.117	0.000
有效案例中的 N	6 254	

注：不假定零假设；使用渐进标准误差假定零假设

四、方差分析

市场营销的效果受到销售价格、销售手段、市场环境、消费者特征等多种因素的影响，每一种因素都有不同的水平，如不同的价格、不同的销售手段、不同的消费对象等，市场研究中，经常需要对不同的销售组合进行实验以寻找最佳销售组合。面对多因素、多水平的多个方案进行比较分析时就需要采用方差分析。

(一) 基本原理和相关概念

方差分析是检验多个总体均值是否相等，或者说检验多个样本均值之间的差异是否具有显著性的一种统计分析方法，从这个意义上讲方差分析是对两个总体均值之差检验的延伸。方差分析通过检验总体均值是否相等来判断品质型自变量对数值型因变量是否有显著影响。在方差分析中，将所要检验的对象称为因素，因素通常为品质型分类变量，也就是自变量；将因素所处的不同状态称为水平，也就是分类的结果，每一个不同的水平可以看做一个小的总体；将每个因素水平下得到的样本数据称为观测值。例如，某种商品的市场销售量会受到销售方式的影响，销售方式就是影响销售量的一个因素；销售方式有多种，每一种方式就是一个水平；每种方式下的销售量就是观测值。如果销售方式与销售量无关的话，理论上讲，经过多次测试，不同销售方式下的平均销售量应该没有显著差异。但事实是，多次测试都反映出，不同销售方式带来的平均销售量是有差异的，但这种差异可能来自于不同销售方式对销售量的影响，也可能来自于抽样产生的随机误差。如果能够证明这些误差主要是由销售方式本身而不是随机因素带来的，那就证明了销售方式（品质自变量）对销售量（数值型因变量）是有影响的。方差分析将这些差异分解为总变差 SST(total sum of square)、组内变差 SSE(sum of squares for error)和组间变差 SSA(sum of squares for factor A)，通过分析这些变差之间的关系，判断因素与因素之间、水平与水平之间是否存在显著性差异，并判断差异的来源和对总变差的贡献大小，从而证明品质型自变量对数值型因变量是否存在显著性影响。其中，组内变差 SSE 反映水平内部数据的离散程度，主要来源于随机误差；组间变差 SSA 反映水平之间数据的离散程度，其来源既有系统误差又有随机误差；总变差 SST(SST＝SSE＋SSA)反映全部数据的总的离散程度。方差分析采用以误差来源之比构成的 F 统计量来检验差异的显著性。

$$F=\frac{SSA/r-1}{SSE/n-r}\sim F(r-1,\ n-r)$$

其中，n 为实验观测值总数；r 为水平数。

F 值越大则说明变量由系统误差引起的变化越大，当 F 值超过 F 检验的临界值，就有根据认为水平之间存在显著性差异，而这种差异更多的是来自系统内部而不是随机性差异。

需要注意的是，方差分析只能判断单因素多水平之间、多因素多水平之间总体均值是否存在系统性显著差异，不能判断差异的大小。若要得到各组均值间差异来源更详细的信息，应在方差分析的基础上进行多个样本均值的两两比较。

根据所分析的分类自变量的多少，方差分析分为单因素方差分析、双因素方差分析和多因素方差分析。

(二) 单因素方差分析

当方差分析中只涉及一个分类自变量时，称为单因素方差分析。单变量方差分析只检验一个自变量的不同水平对因变量的影响，暂不考虑其他变量的影响。

【例 10-11】某公司为了打开新产品的市场，设计了四种不同的促销方式。为了检验不同促销方式的效果，随机抽取了 5 个卖场，每个卖场都分别采用四种不同的销售方式进行实验，得到销售量统计如表 10-15 所示。假定卖场环境相同因而不存在这一因素，要求根据实验结果检验不同促销手段对该产品的销售量是否有显著影响。这就属于单因素方差分析问题。

表 10-15　交叉频数分布表

销售量		卖场				
		一	二	三	四	五
销售方式	方式一	77	86	81	88	83
	方式二	95	92	78	96	89
	方式三	71	76	68	81	74
	方式四	80	84	79	70	82

单因素方差分析可以在 Excel 中使用分析工具实现,其方法如下。

解：建立假设。

H_0：销售方式对该产品销售量无显著影响,即各水平下销售量的平均值无显著差异。

H_1：销售方式对该产品销售量有显著影响。

在 Excel 中建立交叉频数分布表(表 10-15),然后依次点击"数据"→"数据分析",在打开的数据分析选项框中选择"单因素方差分析"确定。在单因素方差分析选项对话框中的"输入区域"选择交叉表的数据区域(注意将销售方式中的四种方式名称同时选中),在分组方式中,选择"行",勾选"标志位于第一列",在输出选项中选择输出区域左上角的单元格后点"确定"(图 10-23),即得到表 10-16 的方差分析结果。

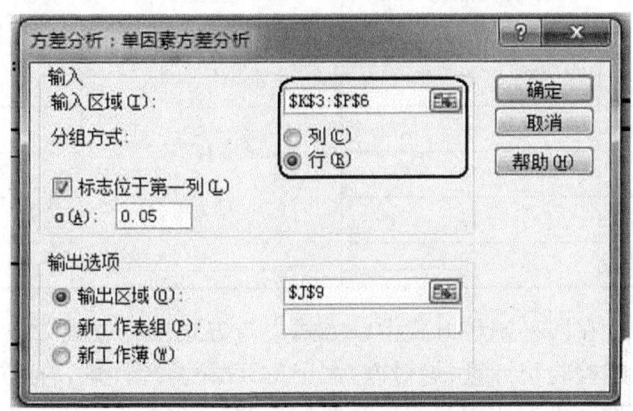

图 10-23　单因素方差分析选项

表 10-16　单因素方差分析结果

差异源	SS	df	MS	F	P-value	F-crit
组间	685	3	228.333 33	7.336 011	0.002 603	3.238 871 5
组内	498	16	31.125			
总计	1 183	19				

结果中 SS 表示离差总平方和,df 表示自由度,MS 表示均方差,F 为检验统计量,P-value 为用于检验的 P 值,F-crit 为给定水平下的 F 检验临界值。由于 F>F-crit,

故拒绝 H_0 而接受 H_1。同时,通过 P-value=0.002 6 也可以判断,原假设发生的概率小于给定的概率 0.05,所以拒绝原假设。故,不同的销售方式对该产品的销售量有显著的影响。

那么,接下来要问,这四种销售方式究竟是哪些之间存在显著差异?这就需要对销售方式这一因素的四个水平进行多重比较。多重比较常用的方法是通过各因素总体均值之间的配对比较进一步检验哪些配对之间存在显著差异,这种方法称为最小显著差数法,也称多重比较法(least significant difference,LSD)。首先,对该因素水平进行不重复配对。本例中可配成的成对水平为 1—2、1—3、1—4、2—3、2—4、3—4 共 6 对;其次,计算每对因素均值之差的绝对值;再次,计算 LSD 检验临界值;最后,用各对因素均值差的绝对值与 LSD 检验临界值对比,超过临界值的配对即为存在差异的因素配对。

经计算 LSD 检验临界值 $= t_{\alpha/2} \sqrt{\text{MSE}(\frac{1}{n_i} + \frac{1}{n_j})} = 8.374\,5$。其中,$t_{\alpha/2}$ 是自由度($n-r$=16)时的 t 检验的临界值;n 是样本中观察值的总个数 20;r 是因素中水平的个数 4;MSE 是方差分析结果中的组内均方差 31.125;n_i 和 n_j 分别是每个因素水平下实验的次数,本例中为 5 次,结果如表 10-17 所示。

表 10-17 LSD 多重比较结果

因素水平配对		组均值差的绝对值	LSD 检验统计量	结论
方式一	方式二	7		无差异
方式一	方式三	9		有差异
方式一	方式四	4	8.374 497 577	无差异
方式二	方式三	16		有差异
方式二	方式四	11		有差异
方式三	方式四	5		无差异

多重比较表明,在四种销售方式中,方式一与方式三、方式二与方式三、方式二与方式四这三种组合的检验统计量(绝对差)大于 LSD 检验统计量,存在显著差异。因此,可以得出结论,四种销售方式中的差异主要来自这三种之间。

(三)双因素方差分析

单因素方差分析只考虑了销售方式这一因素对销售量的影响。但实际上商场规模的大小对产品的销售量也有较大的影响,如果能合理估计商场规模对销售量的影响,则能更好地研究销售方式对销售量的影响。假定例 10-11 中的 5 个卖场是按规模分成的五组,希望能分析销售方式与卖场规模这两个因素之间是否存在共同影响销售量的因素,进而为在不同规模的卖场选择不同的促销方式提供决策支持。这就需要进行双因素方差分析。其中因素一是销售方式,有四个水平(四种销售方式);因素二是商场规模,有五个水平(五种规模的商场)。

双因素方差分析也可以在 Excel 中使用分析工具实现。其方法是:在 Excel 中建立交叉频数分布表(同表 10-15),依次点击"数据"→"数据分析",在打开的数据分析选项框中选择"无重复双因素方差分析"确定。在双因素方差分析选项对话框中的"输入区域"选择交叉表的数据区域(注意将销售方式中的四种方式名称和卖场类型中的卖场名称同时选中),勾选"标志",显著性水平 α 默认为 0.05,在输出选项中选择输出区域左上角的单元格后点"确定"(图 10-24),即得到表 10-18 的方差分析结果。

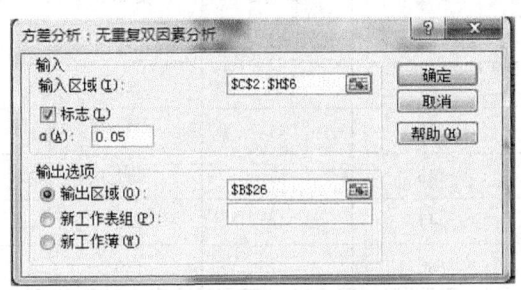

图 10-24 双因素方差分析选项

表 10-18 无重复双因素方差分析结果

差异源	SS	df	MS	F	P-value	F-crit
行	685	3	228.333 3	8.094 5	0.003 2	3.490 3
列	159.5	4	39.875 0	1.413 6	0.288 1	3.259 2
误差	338.5	12	28.208 3			
总计	1 183	19				

在双因素方差分析结果中可以看到,行因素(销售方式)F 统计量 8.09 大于 F 检验值 3.49,P 值 0.003 小于预定的显著性水平 0.05,拒绝原假设,故行因素销售方式对销售量有显著影响;列因素(卖场规模)F 统计量 1.41 小于 F 检验临界值 3.26,并且,列因素的 P 值 0.28 大于给定的显著性水平 0.05,接受原假设,结论是列因素即卖场规模对销售量没有显著影响。

(四)多因素方差分析

假定在前述双因素方差分析案例的基础上,又增加一个地区因素,即以同样的方式在几个不同地区同时开展销售实验。需要分析销售方式加卖场规模的销售策略组合在不同地区是否存在显著差异,从而决定是否在应该在不同地区采用不同的销售策略组合,这就需要采用多因素方差分析方法。

多因素方差分析可采用有重复双因素方差分析来解决。其分析思路是:先对拟分析的多个因素进行两两组合,将剩余因素作为试验次数,然后进行有重复的双因素方差分析,依次分析不同的组合。对各组分析的结果进行综合比较后做出最后决策。

在 Excel 中进行多因素方差分析的方法是:首先,建立多因素方差分析数据列表,注意,这里是将卖场和销售方式作为双因素,将地区因素作为同一销售方式下的重复试验的次数(表 10-19)。在 Excel 中依次点击"数据"→"数据分析"在打开的选项中选择"可重复双因素分析",数据区域选择表 10-19 中双线框选中的区域;在每一样本的行数输入框中输入第三因素的水平数,这里为两个地区,因此填入2。设显著性水平 $\alpha=0.05$,在"输出区域"选项中选择准备输出到 Excel 区域的左上角单元格后点"确定"(图10-25),得到方差分析结果(表10-20)。

表10-19 多因素方差分析数据表

地区	销售方式	卖场1	卖场2	卖场3	卖场4	卖场5
地区1	方式一	22	41	39	41	39
地区2	方式一	25	45	42	47	43
地区1	方式二	50	41	35	55	42
地区2	方式二	45	51	41	41	47
地区1	方式三	41	44	38	41	42
地区2	方式三	30	32	30	40	32
地区1	方式四	46	42	46	40	40
地区2	方式四	34	42	33	30	42

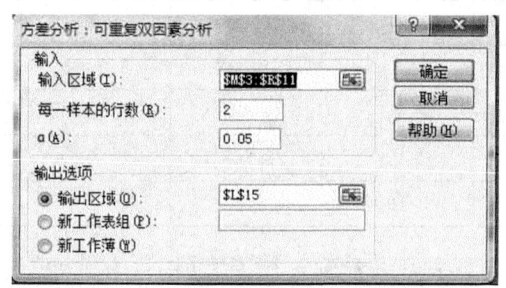

图10-25 可重复双因素方差分析选项

表10-20 可重复双因素分析结果

差异源	SS	df	MS	F	P-value	F-crit
样本	348.28	3	116.091 7	3.531 305	0.033 525	3.098 391
列	197.65	4	49.412 5	1.503 042	0.239 074	2.866 081
交互	611.35	12	50.945 8	1.549 683	0.186 644	2.277 581
内部	657.50	20	32.875 0			
总计	1 814.78	39				

从分析结果可以看到,样本(即行,销售方式)因素的 F 统计量大于 F 检验临界值,同时显著性概率 P 值小于给定的 0.05,拒绝原假设,这说明销售方式因素对销售量有显著影响;列(卖场)因素的 F 统计量小于 F 检验临界值,同时显著性概率 P 值大于给定的 0.05,接受原假设,这说明销售方式对销售量没有显著影响;两因素的交互作用 F 统计量小于 F 检验临界值,同时显著性概率 P 值大于给定的显著性水平 0.05,因此接受原假设,即两者的交互作用对销售量也没有显著影响。

用同样的方法,对数据重新组织后,可将地区因素和卖场因素作为双因素,将销售方式作为重复次数进行可重复双因素方差分析；还可将地区因素和销售方式因素作为双因素，将卖场因素作为试验次数进行可重复双因素方差分析。具体过程这里不再赘述。

第四节 多变量数据的深度统计分析

调查资料分析除了可以采用前面讨论的常用的描述统计分析、推断统计分析方法外，随着研究的深入还需要采用一些深层次的多元统计分析方法，如相关分析、回归分析、聚类分析、判别分析、因子分析及主成分分析等。本节主要介绍这些分析方法的基本原理和在市场调查分析中的作用，鉴于本书以这些方法的应用为主，这些分析方法的数理依据及公式推导就不再赘述，有兴趣的读者可以参考其他学习资料。

一、相关分析和回归分析

在市场调查中，我们往往需要分析两种现象之间的关系，并定量的来描述这种关系。例如，我们需要了解商品的广告投入与市场占有率之间是否存在相互依存关系，需要了解某种商品的市场需求量是否与居民收入水平有关，如果有关系又是一种什么样的关系？相关分析和回归分析就是研究两个或两个以上变量之间相互依存关系的分析方法。其中，相关分析研究的是变量之间是否存在相互依存关系、依存的方向和依存关系的强弱；回归分析研究的是如何用数学模型来描述这种依存关系的具体表现形式。显然，相关分析是回归分析的前提，回归分析是相关分析的进一步深入。

(一)相关分析

相关分析用来描述一个变量与另一个变量之间非确定性的数量依存关系。如果一个变量的值发生变化，另一个变量的值也随着发生变化，那么说明这两个变量之间可能存在着某种联系。当变量之间的这种联系具有确定性的数量关系时，称为函数关系；当变量之间的这种变化不具有确定性数量关系时，称为相关关系。

变量间的相关性具有强度和方向，一个变量对另一个变量的变化越敏感，两变量之间的相关性越强；反之，则越弱。当这种强度达到一个变量的变动必然引起另一个变量的确定性变动时，称为完全相关。完全相关时，这种相关关系就转变成了函数关系。可见，函数关系是相关关系的一个特例。当两个变量的变动方向一致时，称为正相关；两变量变动方向不一致，称为负相关。

按照相关关系的类型，相关关系分为线性相关和非线性相关；按变量的多少分为单相关、偏相关和复相关。

相关分析要回答两个变量之间关系的四个问题，即变量间是否具有相关性，如果有相关性是什么类型的相关，相关的方向如何，相关程度有多强。

变量间的相关关系用相关系数来描述。常用的相关系数为线性相关系数，用 r 表示。应当注意的是：

(1) r 的取值范围为 $-1 \leqslant r \leqslant 1$；

(2) 当 $r = \pm 1$ 时，表示 y 与 x 完全线性相关；

(3) 当 $r = 0$ 时，表示 y 与 x 零相关或完全无关；

(4) 当 $0<|r|<1$，即 $-1<r<0$ 或 $0<r<1$ 时，y 与 x 之间关系的密切程度介于中间状态。相关系数的绝对值越接近绝对值1，两变量之间的相关程度越强；反之，则越弱。一般认为，相关系数在0.3以下为弱相关，0.3～0.5是低度相关，0.5～0.8是中度相关，0.8以上是强相关。正负号表示相关的方向，正值表示正相关，即两变量变动的方向相同，负值表示负相关，即两变量变动的方向相反。

还需要注意，相关系数是根据变量间多个对应的变量值来计算的，变量的观测值越多，随机性误差就会越少，相关系数就越稳定。由于存在随机误差，因此，在判断两个变量是否真正存在相关关系时，不能简单地以相关系数为依据来做推论，还必须把所抽取的样本结合起来，进行相关系数的显著性检验，并以检验结果来判断两变量的共变关系是否存在，否则可能会导致错误的结论。需要注意的是，如果检验通不过，并不能说明变量之间就没有相关性，可能存在非线性相关，这就需要多采用几种方法来判断变量之间的关系。

在SPSS中，进行简单相关分析方法是。点击菜单中的"分析"→"相关"→"双变量"→从变量列表中选择需要进行相关分析的变量（可以选两个及以上变量）→选择使用哪种相关分析（数值型变量默认使用Pearson相关系数，等级变量可使用Spearman等级相关系数）→选择显著性检验的类型（双侧或单侧）及显著性水平→"确定"，即可输出分析结果。分析结果中显著性水平低于0.05，即认为这两个变量之间存在显著的相关性。相关性的强弱和方向，根据相关系数判断。

（二）回归分析

经过相关分析解决了两个变量之间是否相关，相关的强弱、相关的方向和相关的类型问题，但没有回答两个变量之间是哪个变量影响了另外一个变量，以及是如何影响的这个问题。回归分析是在相关分析的基础上，利用数理统计方法建立因变量与自变量之间回归关系函数的表达式（称为回归模型），来定量地描述变量之间的相关关系的。利用建立的回归模型可以预测当自变量达到一个特定的水平时因变量的值。回归分析被广泛地运用于解释影响市场占有率、销售额、品牌偏好、市场营销效果等方面的因素以及市场预测等多个方面。

回归分析按变量多少分为一元回归与多元回归，按是否属于线性关系分为线性回归和非线性回归。回归分析的核心是建立回归模型，并对模型的拟合优度进行判定。拟合优度系数也称判定系数、可决系数，是判断回归模型对原数列拟合的优劣程度的重要参数。拟合优度系数在数值上等于相关系数的平方，记为R^2。因此，理论上，拟合优度系数的值是在0和1之间，越接近1说明模型拟合的越好，越接近0则说明模型拟合得越差。但在社会生活中，一个现象的变动受到多种因素的影响，调查获取数据时其他因素是不可控的，因此，对市场调查的数据做回归分析时，拟合优度系数达到0.5以上就应该认为是有效的了。

在数据量不是很大的情况下，对市场调查数据做回归分析最简单有效的方法是：在Excel中首先对需要进行回归分析的数据以自变量为准进行排序。然后，以自变量为横坐标轴，以因变量为纵坐标轴绘制一个折线图。鼠标选中绘制的折线，点右键选择"添加趋势线"，在打开添加趋势线对话框的同时绘制的折线图上会显示一条趋势线，在添加趋势线对话框的回归分析类型选项框中有多种回归类型可选,默认为线型。勾选对话框下放的"显示公式"和"显示 R 平方值"选项,在绘制的折线图上就会显示一个公式和 R^2 的值。在回归类型选项中选择不同的模型类型时,折线图上的趋势线、公式、R^2 值也会适时相应变化,观察并选择 R^2 最大时的回归类型,这时,折线图上的公式即为建立的回归模型,如图 10-26 所示。

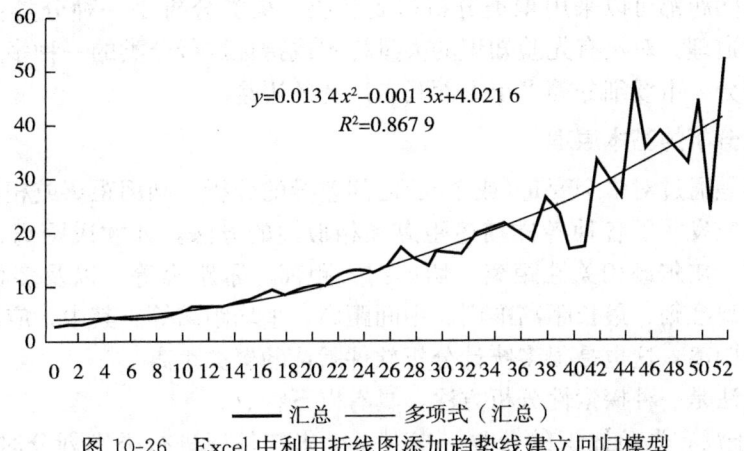

图 10-26　Excel 中利用折线图添加趋势线建立回归模型

数据量比较大或需要更多分析参数时,则需要使用 SPSS 来进行回归分析。其基本方法是:点击菜单中的"分析"→"回归"→选择合适的回归类型,一般选择"线性",打开回归分析对话框;从变量列表中分别将需要分析的因变量、自变量选入变量选择框,其中自变量可以选择多个,根据需要还可以点"选项"按钮打开选项子对话框,从中选择其他回归分析选项;全部选定后点击"确定"即可输出回归分析结果。输出结果中有与模型对应的系数、R 平方值和检验的结果,根据系数可建立相应的模型,根据 R 平方值和检验结果可对模型的优劣作出判断。

回归分析不仅可以揭示自变量对因变量影响的方式和大小,还可利用它来解释问题和分析问题,在实际应用中更多的是当已知自变量的一个值时,利用回归模型对因变量可能达到的数值进行预测,并估计预测的可信区间。有关利用回归模型进行预测的详细讨论,参见第十一章中的定量预测法,这里不再赘述。

二、聚类分析

对一个由大量个体构成的现象进行分类是人们认识该现象的基本方法,在本章第二节我们讨论了在分组基础上的频数分析,通过频数分析我们了解了总体的构成,掌握了哪些是构成这个总体的主要部分等信息。但是,频数分析是以已知的分组变量为依据进行的,并且每次分组只依据一个变量,即使是多变量交叉分组也是在一个变量分组的基础上再进行另一个变量的分组,而且,随着分组变量的增加,分出的组数会成倍增加,反而不利于对总体的认识。市场调查中我们会遇到需要同时依据多个变量将总体分成有限个组(类)的问题。例如,我们往往需要综合考虑客户的购买频率、购买额、年龄、性别、职业、收入等多个因素将客户分成有限个客户群,从而有针对性地提供个性化服务,这就是根据多个变量对样本进行分类的问题。

另外,在调查中,为了尽可能全面细致地了解被调查者,我们会围绕一个焦点在问卷中设计大量问题,问卷回收整理后,我们需要根据被调查者的回答对这些问题进行归类整理,从中发现影响这个焦点问题的因素都有哪些。这就是根据大量样本对变量进行分类的问题。

以上两类问题都可以采用聚类分析得到解决。聚类分析是一种分类技术,是根据"物以类聚"的道理,对没有先验知识的大量样本或指标进行分类的一种多元统计分析方法。在客户细分、市场细分等多个方面具有广泛的用途。

(一)聚类分析的基本原理

聚类分析是通过对多个变量(或个案)之间差异的分析,利用距离或相似性来进行分类的。统计学家发明了各种各样描述距离和相似性的方法,如欧氏距离、平方欧式距离、余弦距离、皮尔逊相关性距离、切比雪夫距离、幂距离等,以及多种距离判断准则,如最短距离准则、最长距离准则、中间距离、平均距离等。其中,应用比较多的是欧几里得空间距离,这也是很多统计分析软件默认的聚类距离。

聚类分析法是一种探索性分析方法,具有以下特点。

(1)适用于没有先验知识的分类。当对一个未知领域进行类别划分时会无从下手,这时只要设定比较完善的分类变量,就可以通过聚类分析法得到较为科学合理的类别。

(2)可以处理多个变量决定的分类,如前述客户分类。

(3)选择不同的变量、不同的方法得到的聚类结果是不同的,特别是在变量较多时,聚类的结果往往难以解释。

(4)作为一种探索性分析方法,没有很多统计检验对聚类的结果"负责",因而,聚类结果更多的时候是依据其"有用性"来进行判断的。

(二)聚类分析的类型和方法

根据聚类的对象不同,聚类分析分为 Q 型聚类和 R 型聚类。其中,Q 型聚类是对样本进行聚类,是从各单个样本开始,逐渐按最小距离或最大关联度进行归类,至于要分解到何种程度或多少个类别则是一种主观判断问题,主要的判断原则是使每个类别容易解释并具有一定的稳定性。R 型聚类是对变量进行聚类,是先将所有的研究变量作为一个或几个大类,然后逐渐分解成多类直至单个样本。在市场研究中,使用较多的是 R 型聚类问题。

根据聚类的方法不同,常用的聚类分析可以分为系统聚类、K-均值聚类、两步快速聚类等。

1. 系统聚类

系统聚类又称层次聚类,系统聚类是应用最广泛的一种聚类方法。该方法将距离阈值作为决定聚类数目的标准,基本思路是每个样本先自成一类,构成一个对称相似性矩阵,然后在各类之间按相似程度的大小或亲疏关系的远近逐步合并,减少聚类数,直到达到分类的要求为止。

系统聚类运算量大,占用内存大,不适合样本量较大条件下的聚类分析。

2. K-均值聚类

K-均值聚类是一种快速样本聚类方法，属于非系统聚类。其基本原理是：按照指定的分类数目 n，按某种方法选择某些观测量作为初始聚心，然后计算每个观测量到各个聚心的欧氏距离，按就近原则将每个观测量选入一个类中；将各个类的中心位置（即均值），作为新的聚心，用计算出来的新聚心重新进行分类，分类完毕后继续计算各类的中心位置，作为新的聚心。如此反复操作，直到聚心之间距离的最大改变量小于初始聚心间最小距离的一定倍数，或者到达迭代次数的上限时，停止迭代。最终的分类结果即聚类分析结果。

K-均值聚类的特点是速度快，计算占用内存小，适合大样本分析。但 K-均值聚类要求用户指定分类数目，只能对样本聚类，而不能对变量聚类，且所使用的聚类变量必须都是连续型变量。

3. 两步聚类

顾名思义，两步聚类按照两个步骤完成聚类。首先，通过构建和修改聚类特征树（Cluster feature tree）对记录进行初步归类；然后，对这些初步分类的结果再次进行聚类。两步聚类在每一个步骤中都会依据赤池信息量（Akaike information criterion，AIC）准则或者贝叶斯信息量（Bayesian information criterion，BIC）准则计算判断 AIC 指标或者 BIC 指标的值，通过判定 AIC 或者 BIC 的大小和类别之间最短距离的变化情况，两步聚类能够提供最优的类别数。两步聚类法为研究人员节省了大量的时间来检验多少个类别数量是合适的，快速而方便，因此成为数据挖掘中数据分类的主要方法。

（三）聚类分析在 SPSS 中的实现

在 SPSS 中聚类分析可通过两种方式实现。一种方式是通过分析菜单中的分类来实现。准备好数据后，在 SPSS 菜单中选择"分析"→"分类"，根据需要选择聚类方式，打开变量选择主对话框，从变量列表中将用于分类的变量选入"标注个案"，将用于分析的变量选入变量列表框；根据分析需要选择"统计"、"方法"、"绘图"等辅助选项。各选项选定后，点"确定"即可生成聚类分析结果。

另一种方式是在"直销"模块中实现简单快捷的 Q 类聚类分析。其方法是：准备好数据文件后，依次点击"直销"→"方法选择"，打开"直销方法选择"面板，选择"将我的联系人分段到群集"→"继续"，打开"聚类分析"字段及设置选择面板。点击"字段"选项卡，从"字段"变量框将作为聚类依据的变量选入右侧的"创建段"变量框内；点击"设置"选项卡，勾选"保存段成员"复选框，并在新字段名输入框中输入聚类组名称（系统默认名称是"聚类组 1"），在段的数量选项区可选择拟聚类别的个数（系统默认自动确定且最大 15 个），选择完毕后点击"运行"，SPSS 即可在输出浏览器中输出聚类图表的同时在原数据表中增加一个聚类组字段，显示聚类后每个个案的类别。

（四）聚类分析在市场调查中的应用

聚类分析方法如果在市场分析中得到恰当的应用，必将改善市场营销的效果，为企业决策提供有益的参考。其应用的步骤为：将市场分析中的问题转化为聚类分析可以解决的问题；利用相关软件（如 SPSS、SAS 等）求得结果；由专家解读结果，并转换为实际操作措施，从而提高企业利润，降低企业成本。

1. 在客户细分中的应用

对客户进行细分是市场营销的主要手段，也是市场调查的主要目的。通过调查了解不同客户的不同消费特点，通过研究这些特点，对客户进行细分，企业可以制定出针对不同类型客户的营销组合，从而获取最大的消费者剩余。聚类分析能够有效完成客户细分的过程。

例如，我们需要根据客户的购买动机对客户进行分类，而购买动机一般由需要、认知、学习等内因和文化、社会、家庭、小群体、参考群体等外因共同决定。按照传统的方法很难综合考虑这么多影响购买动机的因素对客户进行分类。这时，就可以把前述因素作为分析变量，并将所有客户每一个分析变量的指标值量化出来，然后运用聚类分析方法实现对客户的分类。

2. 在实验市场选择中的应用

在实验调查中，最常用的是前后单组对比实验、对照组对比实验和前后对照组对比实验。这些方法要求科学的选择实验和非实验单位，即随机选择出的实验单位和非实验单位之间必须具备一定的可比性，两类单位的主客观条件应基本相同。通过聚类分析，可将待选的实验市场（商场、居民区、城市等）分成同质的几类小组，在同一组内选择实验单位和非实验单位，这样便能保证这两个单位之间具有一定的可比性。聚类时，商店的规模、类型、设备状况、所处的地段、管理水平等就是聚类的分析变量。

3. 在销售片区确定中的应用

销售片区的确定和片区经理的任命在企业的市场营销中发挥着重要的作用。只有合理地将企业所拥有的子市场归成几个大的片区，才能有效地制定符合片区特点的市场营销战略和策略，并任命合适的片区经理。聚类分析在这个过程中的应用可以通过一个例子来说明。某公司在全国有20个子市场，每个市场在人口数量、人均可支配收入、地区零售总额、该公司某种商品的销售量等变量上有不同的指标值。以上变量都是决定市场需求量的主要因素，把这些变量作为聚类变量，结合决策者的主观愿望和相关统计软件提供的客观标准，接下来就可以针对不同的片区制定合理的战略和策略，并任命合适的片区经理。

4. 在市场机会研究中的应用

企业制定市场营销战略时，弄清在同一市场中哪些企业是直接竞争者，哪些企业是间接竞争者是非常关键的一个环节。要解决这个问题，首先可以通过市场调查，获取自己和所有主要竞争者在品牌方面的第一提及知名度、提示前知名度和提示后知名度的指标值，将它们作为聚类分析的变量，这样便可以将企业和竞争对手的产品或品牌归类。根据归类的结论，企业可以获得如下信息：企业的产品或品牌和哪些竞争对手形成了直接的竞争关系。通常，聚类以后属于同一类别的产品和品牌就是所分析企业的直接竞争对手。在制定战略时，可以更多地运用"红海战略"。在聚类以后，结合每一产品或品牌的多种不同属性的研究，可以发现哪些属性组合目前还没有融入产品或品牌中，从而寻找企业在市场中的机会，为企业制定合理的"蓝海战略"提供基础性的资料。

三、判别分析

判别分析是在已知若干样本分类的情况下,根据收集到的多个变量的数据,建立判别函数,使得用此判别函数进行判别时错判事例最少,进而利用这个判别函数对给定的新样本进行归类的一种多变量统计分析方法。判别分析往往以聚类分析作为预处理,即当样本所属的类别未知时,可先用聚类分析对原来的一批样本单位进行分类,然后再用判别分析建立判别式,对新样本单位进行判别和归类。

判别分析可以解答市场调查中的许多问题。例如,根据消费者的背景资料,可以判断某个顾客是可能购买者还是可能非购买者?价格敏感的顾客与价格不敏感的顾客在心理特征上具有哪些差异?经常光顾某商场的顾客与经常光顾另一家商场的顾客之间有何区别?等等。

(一)判别分析的基本原理

判别分析是一种统计判断和分组技术,其基本原理是按照一定的判别准则,建立一个或多个判别函数,用研究对象的大量资料确定判别函数中的待定系数,并计算判别指标,据此即可确定某一样本属于何类。判别分析的一般模型(也称判别函数)为

$$D=b_0+b_1x_1+b_2x_2+b_3x_3+\cdots\cdots+b_kx_k$$

其中,D 为判别分数;b 为判别系数或判别权数;x 为自变量或独立变量;k 为自变量的个数。

(二)判别分析的基本步骤

在市场研究中,一般按照以下步骤进行判别分析。

第一步,界定问题。首先要明确研究目标、确定判别变量和自变量。判别变量必须是分层变量,然后把样本分为两个部分,其中一部分称为分析样本或估计样本,用来建立判别函数;另一部分称为验证样本或持有样本,用来检验判别函数的有效性。通常,分析样本和验证样本中的实例数量的分配,应与全部样本中实例数量的分配相一致。

第二步,建立判别系数。将样本数据划分好之后,就可以选择不同的判别方法来建立判别函数,并估计判别函数的系数。目前常用的判别方法有距离判别法、费舍尔判别法、贝叶斯判别法和逐步判别法(大部分的统计软件包中都含有这些判别方法)。

第三步,对判别分析结果进行显著性检验。假如判别函数不具有统计上的显著性,也就是各组的判别函数的均值差异不显著,那么对判别分析结果的解释是没有意义的。

第四步,对判别系数进行解释。对某一自变量而言,其系数值依赖于判别函数中其他自变量的系数值。判别系数的符号可任意表示,但必须说明哪些变量使得判别函数值增大,哪些变量使得判别函数值减小,而且这些变量应与特定的组相联系。

第五步,评估判别分析的有效性。在判别分析中,样本数据被随机地分为分析样本和验证样本两部分,用验证样本中自变量的值乘以通过分析样本估计出的判别式权重,可获取验证样本中各实例的判别式得分,然后依据判别式得分和适当的决策规则,就可将各实例划归到不同的组中。再利用判别函数计算原样本分属类型,通过验证样本回代的准确率来判断判别分析的有效性。

判别分析在 SPSS 中实现的方法是：在菜单中选择"分析"→"分类"→"判别"→选择分组变量、自变量、选择变量→选择其他选项→确定，输出分析结果。

四、主成分分析

主成分分析也称主分量分析，是一种信息浓缩技术。它是利用降维的思想，把多指标转化为少数几个综合指标的统计分析方法。

(一)主成分分析的基本原理

在聚类分析中我们提到，在市场调查中，为了尽可能全面细致地了解被调查者，我们会围绕一个焦点在问卷中设计大量问题，形成大量的变量，统计上称为多维变量。在多维变量间不可避免地会存在相关性的问题，即变量所包含的信息发生重复，统计上称为多重共线性，即变量不独立。变量间存在多重共线性会使模型估计时产生较大误差，从而极大地影响模型估计的准确性，进而影响对问题认识的准确性。为了能够充分利用调查获得的变量信息来认识事物，人们希望在最大限度保留原始信息的前提下，将重复因素剥离出来，或者说将变量间的相关性降至最低，主成分分析正是解决这类问题的最有效的多元统计方法。主成分分析通过将原来的 p 个原始变量做线性组合，形成 p 个新的综合变量(主成分)。这些主成分间互不相关，且原始信息(总方差)在这些主成分中进行了重新分配，每个主成分的方差占总方差的比重(方差贡献率)递减。也就是说从前到后每个主成分携带的原始信息量依次递减。这样，累积方差贡献达到一个可接受程度(一般为>85%)的前 $m(m<p)$ 个主成分(主成分)就可以保留大部分原始信息。于是就达到了既保留了原始数据中包含的主要信息，又可以有效降低数据"维数"的目的。

(二)主成分分析的一般步骤

在市场研究中使用主成分分析，一般按照以下步骤进行。

第一步，确定分析变量。首先要明确目标，确定选择哪些变量参加主成分分析，参与主成分分析的变量必须是数值变量。

第二步，建立相关系数矩阵。检查变量之间的相关性，如果变量之间的相关性都比较小，那么就不适合进行分析。注意，原变量的相关系数矩阵就是原变量标准化后变量的协方差矩阵。

第三步，提取主成分。计算出相关系数矩阵的特征根和特征向量，根据特征根的累积贡献率提取 p 个主成分，这 p 个主成分能够代表原变量的大部分信息。

第四步，解释主成分。结合实际经验或者理论对这些主成分进行分析，确定各个主成分中变量的作用大小。

主成分分析不能被看做是研究的最终结果，应该在此分析的基础上继续采用其他多元统计分析如因子分析来解决实际问题。

主成分分子在 SPSS 中实现的方法，请参照因子分析的有关部分。

五、因子分析

因子分析方法是主成分分析方法的推广和发展，主成分分析是因子分析的一个特例。因子分析法是研究如何以最少的信息丢失,将众多原始变量浓缩成少数几个因子变量,以及如何使因子变量具有较强的可解释性,从而再现因子变量与原始变量之间相互关系的一种多元统计分析方法。

(一)因子分析的基本原理

因子分析的基本思想是通过对原始变量(或样本)的相关系数矩阵(或协方差矩阵)内部结构的分析,找出能控制所有变量(或样本)的少数几个综合因素(公共因子),来描述多个变量(或样本)之间的相关(相似)关系,即把多个指标化为少数几个互不相关的综合指标,以避免指标信息交叉或重叠导致的精确度降低的现象。此外,通过旋转因子载荷矩阵使得因子变量更具有可解释性,因子命名清晰性比较高。与聚类分析类似,它可以对变量进行因子分析(称为 R 型因子分析),也可以对样本进行因子分析(称为 Q 型因子分析)。

因子分析在市场调查中有着广泛的应用,主要包括消费者习惯和态度研究、品牌形象和特性研究、服务质量调查、个性测试、形象调查、市场划分识别、顾客、产品和行为分类等。在实际应用中,通过因子得分可以得出不同因子的重要性指标,管理者可以根据这些指标的重要性来决定首先要解决的市场问题或产品问题。例如,在企业形象或品牌形象的研究中,消费者可以通过一个由 24 个指标构成的评价体系,评价商场 24 个方面的优劣,但消费者主要关心的是三个方面,即商场的环境、商场的服务和商品的价格。利用因子分析法,可以通过 24 个变量找出反映商场环境、商场服务水平和商品价格的三个潜在因子,对商场进行综合评价。

(二)因子分析与主成分分析的异同

主成分分析与因子分析既有联系又有区别,可以说主成分分析是因子分析的一个特例,因子分析是主成分分析的扩展和深入。从对因子分析的介绍可以看到,在因子分析过程中实际上已经进行了主成分分析,这也是在 SPSS 中没有专门的主成分分析模块的原因。

主成分分析与因子分析的共同点在于:两种方法的出发点都是变量的相关系数矩阵,在损失较少信息的前提下,把多个变量(这些变量之间要求存在较强的相关性,以保证能从原始变量中提取主成分)综合成少数几个综合变量来研究总体各方面信息的多元统计方法,且这少数几个综合变量所代表的信息不能重叠,即变量间不相关。

主成分分析与因子分析的区别在于以下几点。

(1)因子分析目的就是要从数据中分离能对所有变量起解释作用的公共因子和只对单一变量起解释作用的特殊特殊因子。主成分分析则简单一些,它只是从空间生成的角度寻找能解释诸多变量绝大部分变异的几组彼此不相关的新变量(主成分)。

(2)因子分析是把变量表示成各因子的线性组合,而主成分分析则是把主成分表示成各变量的线性组合。

(2)主成分分析不需要有假设,因子分析则需要一些假设。因子分析的假设包括:各个公共因子之间不相关;特殊因子之间不相关;公共因子和特殊因子之间不相关。

(4)抽取主因子的方法不仅仅有主成分法,还有极大似然法等,基于这些不同算法得到的结果一般也不同。而主成分只能用主成分法抽取。

(5)主成分分析中，当给定的协方差矩阵或者相关矩阵的特征值是唯一的时候，主成分一般是固定的，如果不存在变量损失，一般有几个变量就会有几个主成分；而因子分析中因子不是固定的。

(6)在因子分析中，因子个数需要分析者指定，指定的因子数量不同结果也会不同。在主成分分析中，主成分的数量是一定的，一般有几个变量就有几个主成分。也就是说，因子分析只能解释部分变异，主成分分析能解释所有变异。

(7)因子分析可以使用矩阵旋转技术建立因子与原变量之间的对应关系。这有利于帮助解释因子，而使用主成分分析得到的主成分则只是将原来具有较强相关性的多个变量转变成彼此不相关的新变量，且对新变量按方差贡献率进行了排序，主成分的含义较难给予解释。

(三)因子分析的基本步骤

在市场研究中一般按照以下步骤进行因子分析。

第一步，确定分析变量。首先要明确目标，在前期理论研究和判断的基础之上确定选择哪些变量参加分析。参与因子分析的变量必须是数值变量，要保证一定的样本容量至少应是变量个数的 4~5 倍。

第二步，建立相关系数矩阵，检查变量之间的相关性。因子分析的过程是建立在变量间的相关矩阵基础上的，通过检验相关矩阵，能够获得有价值的信息。如果变量之间的相关系数都很小，不宜采用因子分析。

第三步，选择提取因子的方法。提取因子的方法有主成分法、公因子法、极大似然估计法等。注意，主成分法只是提取因子的方法之一，虽然它是较常用的方法。

第四步，旋转因子载荷阵。初始的因子载荷阵尽管也反映因子和变量之间的关系，但是由于它所形成的因子和很多变量都相关，因此初始因子载荷阵中的因子很难解释，需要对它进行旋转。因子旋转的方法也有很多种，最常用的是方差最大正交旋转法。

第五步，确定因子个数。根据共同度表、方差贡献率或者碎石图等确定公共因子的个数，这些较少的公共因子能够尽可能多地代表原来变量的信息。

第六步，因子命名。结合实际经验或者理论对这些因子进行解释或加以命名。根据因子载荷矩阵，首先找出在每个因子上有显著负载的变量，然后，根据这些变量的意义给因子一个合适的名称。

第七步，计算因子得分。因子分析的数学模型是将变量(或样本)表示为公共因子的线性组合，由于公共因子能够充分反映原始变量的相关关系，用公共因子代表原始变量，有利于描述研究对象的特征。

(四)因子分析与主成分分析在 SPSS 中的实现

(1)准备数据。注意：①参与因子分析的变量应该是度量性数值变量；②样本量应该足够大，一般应不少于变量的 5 倍，否则 KMO 和 Bartlett 球形检验可能出错。③数据集中尽量避免缺失值，如果样本存在大量缺失值的话，可能造成因子分析的样本量大量收缩。④因为因子分析过程中对不同计量单位的变量系统会做标准化处理，因此，不需要事先进行标准化。

(2)数据分析操作。点击"分析"→"降维"→"因子分析"→打开因子分析对话主窗口→将拟参与因子分析的变量选入"变量"列表框→打开"描述统计"选项卡,从中选择所需参数,特别注意选择"KMO 和 Bartlett 球形检验"选项→点击"继续"后打开抽取选项卡,选择抽取因子的方法。这里可以选择提取因子的个数→点击"继续"后选择因子旋转选项卡,从中选择因子旋转的方法和旋转后的因子载荷矩阵→点击"继续"后选择得分选项卡,从中选择计算因子得分的方法,并可选择"显示因子得分矩阵"和将因子得分"保存为变量"→点击"继续"后选择"选项"选项卡,从中选择缺失值的处理方式和因子载荷系数显示的格式→点击"继续"后确定,即可输出因子分析的结果。

(3)分析结果判读。首先,注意 KMO 和 Bartlett 球形检验结果,Bartlett 球形检验相伴概率 Sig 的值应小于 0.05,KMO 的值大于 0.6,说明原变量具有显著相关性,适合做因子分析或主成分分析。其次,注意因子方差解释,将累计方差贡献率达到 85% 的因子作为主要公共因子。如果只是提取主成分,到此任务已完成。最后,注意旋转后的因子载荷矩阵,删除了小于 0.4 的因子负荷,即可清晰地归纳出这几个主要因子与原变量的对应关系。

(4)因子命名。因子进行命名,以便了解该因子代表的实际意义。如果说因子分析是一项技术性工作的话,那么,因子命名就成为一项带有经验型、艺术性、归纳总结性的工作了。研究人员可以请对本领域熟悉的人员一起讨论,确定因子命名。

(5)实际工作中,常常会利用因子得分对每个个案进行综合评分,并对个案进行排序。这里不再赘述。

☆思考练习题

一、问答题

1. 描述统计分析有哪些基本方法?
2. 测度集中趋势、离散程度的统计量有哪些?
3. 什么是参数检验和非参数检验?二者有什么差别?
4. 简述方差分析的类型和原理。
5. 调查数据的深度统计分析有哪些方法?简述这些分析的定义、应用、基本原理和步骤。

二、计算分析题

1. 消费者协会在对某食油厂的检查中发现了该厂装 1 000 毫升香油的瓶子里有的分量不够。对 400 个样本油瓶的检查发现,平均每瓶装油量为 990 毫升。但在 0.07 的显著性水平下的检验接受总体 μ 为 1 000 毫升的虚无假设,说明制造厂家并没有少装。请对上面的检验进行重新检查。在显著性水平分别为 0.01 和 0.05 时,上面的虚无假设是否成立?消费者协会应如何应对?

2. 某民航公司准备了解旅客对航空旅行的满意程度,随机抽取了 400 个样本进行调查,对旅客的态度进行了量化处理。调查结果的平均值为 3.4,样本标准差为 1.9。试问,如果 $\alpha=0.05$,航空公司能否确认旅客满意程度在一般(3分)以上?

3. 某公司进行一项新产品研究。被调查的 500 名潜在用户中有 300 名来自高收入家庭，200 名来自低收入家庭。如果表示愿意购买此新产品的百分比分别为 16% 和 13.5%，是否可以认为高收入家庭比低收入家庭更愿意购买该新产品（$\alpha=0.05$）？

4. 某大学对 500 名毕业三年后的校友的月收入进行调查，其结果按收入范围和学历程度两个变量进行列联表分析，有关资料如表 1 所示。

表 1　某大学校友月收入调查

收入＼学历	专科	本科	研究生	行样本量
3 000 元以下	19(11)	23(23)	0(8)	42
3 000～4 000 元	45(45)	95(95)	35(35)	175
4 000～5 000 元	50(53)	110(111)	45(41)	205
5 000 元以上	16(20)	42(42)	20(16)	78
列样本量	130	270	100	500

注：括号内为频数的期望分布

试问，能否得出校友学历对收入水平有显著影响（$\alpha=0.05$）？

☆实训题

以组为单位，对你所在的大学进行一次有关学校教学质量水平的调查，并检验男生与女生的意见是否有显著差别（$\alpha=0.05$）。

☆扩展阅读

零售企业数据挖掘的价值

要为顾客创造价值，零售企业必须解决两个问题：第一，何时何地向顾客提供何种商品？企业若能在顾客有需求的时候，在适当的地方向其提供所需要的商品，则不仅能降低储存成本、加大销售量，而且还能获得有利的销售额，因此，企业必须知道，顾客在什么时候想要什么东西；第二，如何培养顾客的忠诚度，使之成为"回头客"？著名的 80∶20 公式指出公司 80% 的利润来自 20% 的老顾客，要培养顾客的忠诚度，企业必须掌握顾客的消费心理、消费偏好及解决问题所需要的有关顾客的信息和知识，并为顾客提供满意的个性化服务。

随着条形码技术、数据库技术的普遍应用，零售企业利用前端收款机收集、储存了大量的售货数据，并且数据每天都在飞速膨胀。绝大多数企业都认识到信息是一项宝贵的经济资源，激增的数据背后隐藏着许多重要的信息。但目前的数据库系统只能高效地实现查询、统计等功能，不能充分发掘出应有的经济价值。要想使庞大的数据真正成为企业的资源，必须对它进行加工、提炼，只有这样才能为企业所用。面对"人们被数据淹没，却饥饿于知识"的挑战，数据挖掘技术应运而生。

数据挖掘是基于这样一个基本假设，即"消费者过去的行为是其今后消费倾向的最好说明",从大量的、不完全的、有噪声的、模糊的、随机的实际应用数据中,提取隐含在其中的、人们事先不知道的,但又是潜在有用的信息和知识的过程。通俗地讲,数据挖掘就是对海量数据进行精加工,获得有利于商业运作、提高竞争力的信息,就像从矿石中淘金一样。它适用于具有以下特征的行业:①拥有大量的顾客,能产生足够多的数据;②存在非常激烈的供应方竞争并有差异化的需要,使差异化服务成为企业的必然选择;③拥有较完善的电子交易记录系统,能容易地收集到大量的电子数据。具备这些特征的行业采用数据挖掘技术就有数据供应源、数据挖掘动力和必要的技术条件。

开展数据挖掘包括对大量的交易数据进行分类、聚类、关联、序列模式分析等工作,根据不同的主题,"复原"出顾客的消费行为特征,完成从已知的交易数据中寻找未知的顾客消费行为模式这一全新的知识的过程。其中,分类功能可以帮助企业进行市场细分。美国卡夫食品公司建立了一个拥有3 000万名顾客资料的数据库,获得了顾客对有关食物的兴趣和口味方面的大量信息。在此基础上,卡夫食品公司经常向拥有不同口味和兴趣的顾客发送特定产品的优惠券,并为他们推荐符合其口味和健康状况的卡夫产品食谱,让众多顾客"内心"感动。

关联分析是数据挖掘中较为重要的功能,可用来发现交易数据库中不同商品销售之间的联系。沃尔玛对顾客进行购物篮分析,期望弄清楚哪些商品最有希望出现在顾客的购买活动中,沃尔玛利用自动数据挖掘工具(模式识别软件)对原始交易数据进行关联分析,意外地发现跟尿布一起购买最多的商品竟然是啤酒。这个结果让经营者注意到一个通常让人忽略的事实:原来美国的太太们常叮嘱他们的丈夫在下班回家途中为小孩买尿布,而丈夫们驾车经过沃尔玛购买尿布时,通常会随手带回两瓶啤酒。既然尿布与啤酒一起购买的机会最多,沃尔玛就在它的商店中将尿布和啤酒并排摆放在一起,结果是尿布和啤酒的销售量双双增长。

序列模式分析侧重于分析数据间的前后序列关系,它能发现数据库中如"在某一时段内,顾客购买商品A,接着购买商品B,而后购买商品C",即序列ABC出现频率的知识。对于忠诚度较高的顾客,可以分析他们的购买历史,向他们发放下次可能购买的商品的优惠券,从而将其"锁定"。

资料来源:程锡礼,殷国新. 数据挖掘:零售企业提升竞争力的利器. 江苏商论,2003(12):25-26

第十一章

市场预测

【学习目标】
通过本章的学习，了解市场预测的原则、种类和内容，熟知市场预测的步骤；了解定性预测的基本类型，掌握时间序列预测法的各种方法；能利用变量之间的因果关系建立回归方程并进行统计检验和预测。

第一节 市场预测概述

一、市场预测的概念

预测是指根据过去和现在推测未来，即事先对某一观察现象进行的计量和判断，根据过去和现在推测未来的一种活动。

市场预测是指企业在通过市场调查获得一定资料的基础上，对实际需要以及相关的现实环境因素，运用逻辑推理、统计分析、数学模型等科学方法，对市场上商品的供需发展状况、未来变化趋势及可能达到的水平做出估计与测算，为企业确定发展目标、制定营销战略和营销决策提供科学依据的过程。

市场调查和市场预测是市场研究的重要手段，它们密切相关又存在区别。市场调查的目的是了解市场活动的历史与现状，市场预测的目的则是预见市场未来的发展趋势。市场调查是市场预测的前提，调查结果不仅为市场预测提供原始的数据和资料，还可为修正预测值提供依据。市场预测是市场调查的继续，将调查中所取得的资料、数据用于对未来变动趋势的预测之中，使调查结果不仅为总结市场实践经验提供依据，更为提高预测的准确度提供帮助。

二、市场预测的分类

根据经营管理及营销决策的需要，市场预测可按时间跨度、预测性质、空间范围等进行分类。

(一)按时间跨度分类

市场预测按时间跨度可以分为短期预测、近期预测、中期预测和长期预测。

1. 短期预测

短期预测是指根据市场上需求变化的现实情况，以周、旬、月为时间单位，预计某个月或季度内的需求量（销售量），它主要是为企业的日常经营决策服务。

2. 近期预测

近期预测是指根据历史资料和市场变化，以月或季为时间单位，测算出季度、半年或年度的市场需求量，为制订季度计划、年度计划，组织货源，合理安排市场提供依据。

市场预测中大量采用的是短期预测和近期预测。这两种预测目标明确、不确定因素少、资料齐全，预见性较强，预测结果准确。

3. 中期预测

中期预测是指以年为时间单位，对1年以上或3～5年以内的市场发展前景进行预测。一般是经过深入调查分析后，对经济、技术、政治、社会等影响市场长期发展的因素所做出的对未来市场发展趋势的预测，其目的是为企业制定中期经营发展战略决策提供依据。中期预测由于时间较短、不确定因素较少、数据资料较齐全，预测的准确性比短期预测稍差，但仍属较好之列。中期预测常用于对市场潜力、价格变化、商品供求变动趋势、国家政策措施等的预测，为企业的中期经营决策提供依据。

4. 长期预测

长期预测一般是指5年或更长时间段的预测，又称远景预测。长期预测由于不确定因素多，且时间长，不可控的因素多，预测中难于全面把握和预计各种可能的变化因素，因此预测的精确度相对要低，需要通过中期预测和短期预测加以具体化并付诸实施。长期预测通常用于对市场商品生产与销售的发展方向、产品的有关技术发展趋势、生产要素供应变化趋势、消费趋势等做出总体预测和战略预测，是企业规划发展目标，制定战略对策的依据。

(二)按预测性质分类

市场预测按性质可以分为定性预测和定量预测。

1. 定性预测

定性预测又称主观预测方法，是指依靠熟悉业务知识、具有丰富经验和综合分析能力的人员或专家，根据已掌握的历史资料和直观材料，对事物的未来发展趋势做出性质和程度上的判断，然后再通过一定的形式综合各方面的情况，得出统一的预测结论。其常用的方法有集合意见法、专家会议法、德尔菲法、类比法等。

定性预测不依托数学模型，预测结果并没有经过量化或定量分析，它建立在逻辑思维、经验判断和推理的基础上，所以具有不确定性。但这种预测在市场经济活动中有着广泛的应用，特别是在预测对象的影响因素难以分清主次，或者其主要因素难以用数学表达式模拟时，预测者可以凭借自己的业务知识、经验和综合分析的能力，运用已掌握的历史资料和现实资料，对市场发展的趋势、方向和重大转折点做出估计或推测。本章第二节将具体介绍定性预测方法。

2. 定量预测

定量预测是指依据获得的各种市场信息数据，采用数学分析方法建立数学模型，对预测对象的未来发展变化趋势进行量的分析和推算的方法。定量预测的前提是：充分占有数据资料，影响预测目标的因素相对稳定，预测指标与其他相关指标存在较高的相关程度并能以此建立数学模型等。定量分析方法主要分为时间序列预测与因果关系预测两大类。本章第三、四两节将分别介绍这两类方法。

定量分析的优点是：由于重视数据的作用，以数学模型为分析手段，不易受人为因素的影响，有利于保证预测的科学性和客观性；预测结果用数或函数表示，精确度比较高，能弥补定性预测的不足，还能对预测目标的未来发展程度和过程及其各目标之间的影响和制约关系做出定量的推断，为决策者提供更精确、更直接的信息资料；还可以估算出预测误差和可信度，能使决策者知道使用预测结果的风险范围。

定量预测的不足之处主要有：一是对预测人员的数学知识要求比较高；二是对数据资料的依赖性较强，对数据的数量、质量都有严格的要求，如果不能得到保证，定量预测将难以有效进行；三是不能应对突变，定量预测是依据历史数据资料中体现出的自变量与因变量的关系进行的外延类推，如果情况发生突变，这种关系就不能进行有效的描述；四是预测费用比较高。

实际工作中，定性预测要与定量预测结合使用，在定性分析的同时，辅之以定量分析，是克服定性预测的不足、确保预测准确性的有效途径。

(三) 按空间范围分类

1. 按地理空间范围可分为国际市场预测、国内市场预测和区域市场预测

国际市场预测是指以世界范围内国际市场的发展趋势为对象的市场预测。随着世界经济一体化进程的加快，越来越多的企业进入世界市场，国际化经营成为十分普遍的现象，因此企业就需要了解和把握国际市场的发展变化趋势。国际市场预测可以是综合性的，也可以是专题性的，可以是对整个世界市场的预测，也可以是对具体的国际区域市场，甚至是国别市场的预测。这种预测由于涉及面广、范围大、变量和不可控因素多、收集资料困难，预测的难度很大。

国内市场预测是指对全国范围的市场状况进行的预测。随着全国统一市场的形成，许多企业以全国为目标市场，因此企业就有必要开展全国性的市场预测。即使是以区域市场为目标，或对区域市场进行研究，也有必要掌握全国市场的发展变化趋势，为正确决策提供依据。这种预测同样具有涉及面广、范围大、变量和不可控因素多、收集资料困难、预测难度大的特点。

区域市场预测是指以某一个市场区域为对象的预测。相比较而言，这种预测的涉及面较小，范围不大，变量和不可控因素较少，收集资料相对容易，预测的难度相对小，是较为普遍的一类市场预测。

2. 按经济活动的空间范围可分为宏观市场预测和微观市场预测

宏观市场预测是指根据预测目的，从全社会出发，对大系统总体的、综合的市场发展趋势的预测，一般是指对整个国民经济活动的总图景及相应经济变量的全社会综合数

值的预测。宏观市场预测提供的预测值包括国民生产总值及其增长率、人均国民收入及其增长率、物价总水平和商品零售总额、工资水平和劳动就业率、投资规模及其增长率、积累和消费结构、产业结构、国际收支的变化等。

微观市场预测是指从企业出发，对影响单个经济单位的经济行为及相应经济变量的预测，如产品寿命周期预测、产品销售预测、企业利润预测等，又如对一个企业产品的市场需求量、销售量、市场占有率、价格变化趋势、成本与效益指标的预测。

微观市场预测是宏观市场预测的基础和前提，宏观市场预测是微观市场预测的综合和扩大。在预测活动中，可以从微观预测推到宏观预测，也可以从宏观预测推到微观预测，这便是演绎推理的预测过程。

三、市场预测的一般原则

世界上的事物都处于变化发展的运动过程中，如果能够从已发生的事实中认识到一种事物发展变化的规律性，就可以利用这一规律性对事物的发展前景进行预测，并可期望取得和实际情况相符合的结果。因此，认识市场发展变化的客观规律，利用规律的必然性选择恰当的预测方法，是进行科学预测时应遵循的原则。了解这些原则，对理解和掌握预测方法有一定的帮助。

1. 连续原则

连续原则是指事物的发展具有一定的延续性，市场发展也不例外。未来的市场规模和状况是由过去发展至现在，又由现在延续和发展至未来的。依据连续原则，过去和现在的市场经济活动中存在的某种规律，在将来的一段时期内将继续存在。一般来讲，市场经济活动的连续性表现在两个方面：一是预测对象自身在较长时间内所呈现的数量变化特征保持相对稳定；二是预测对象系统的因果关系结构基本上不随时间的变化而变化。正是由于这两方面的表现，才能依据调查的样本资料，选用时间序列分析预测法建立时序模型进行外推预测。

2. 类推原则

类推原则是指许多事物在发展变化规律上常有类似之处，利用预测对象与其他已知事物的发展变化在时间上有先后不同，在表现形式上的相似特点，将已知事物发展过程类推到预测对象上，对预测对象的前景进行预测。市场经济活动中，某些不同的商品市场所呈现的发展规律有时是相似的。利用这种相似性的分析判断，可以根据已知的某商品市场发展规律类推另一新商品市场的未来发展。

3. 相关原则

相关原则是指各种事物之间往往存在着一定的相互联系和相互影响，即市场经济变量之间存在着一定的相关性。相关性有多种表现，其中最重要的是因果关系。因果关系的特点是原因在前、结果在后，并且原因和结果之间的密切的结构关系可以用函数关系式来表示。因此，人们通过对市场经济现象的分析判断，确定出原因和结果后，就可以利用这些原因和结果变量的实际数据资料建立数学模型，进行预测。

四、市场预测的内容

市场预测的内容十分广泛丰富，从宏观到微观，二者相互联系、相互补充。其主要包括以下内容。

1. 市场需求预测

在市场预测中，商品需求预测是一个十分重要的内容。市场需求预测是通过对过去和现在商品市场的销售状况和影响市场需求的各种因素进行科学的分析和判断，来预计市场对商品的需求以及未来市场发展的趋势。企业要做好社会在短期、中期及长期内对产品需求量和产品构成的预测，必须要对引起需求增减的各种因素的变化进行预测。

2. 市场销售预测

市场销售预测是指企业对各种产品销售前景的预测，包括对销售的产品品种、规格、价格、销售量、销售额、销售利润等方面变化的预测。它是企业制定和实施营销策略的主要依据，也是企业合理安排仓储与运输的主要依据之一。

3. 市场占有率预测

市场占有率预测是指在一定时期内对企业某种产品或某类产品的需求量变化趋势的预测。市场占有率预测实际上是企业竞争能力的预测。由于处于市场竞争中，一个企业的产品的市场占有率会经常发生变化，原来购买本企业产品的用户，也可能会去购买其他企业的同类产品，其他企业产品的购买者也可能转变为本企业的顾客。

影响企业产品销售量、市场占有率的因素主要有产品品种、质量、价格、交货期、成套性、技术服务、包装装潢及推销方法等。在这些因素中，质量和价格是两个主要的影响因素。当市场同类产品的质量不相上下时，价格上的竞争就占主要地位。价格是否适当，对产品销售量和产品的市场占有率起着决定性作用。销售量的增减与产品的价格呈反比关系，商品价格低，消费者愿意购买，市场需求量就会增加；商品价格高，购买者就少，市场需求量就会减少。但随着人民生活水平的提高，虽然一些高档优质产品的价格高一些，但购买者也可能不会少，因此，企业要做好这方面的市场预测。

4. 竞争预测

竞争预测是指企业对老竞争对手的生产水平、经营决策、发展趋势等进行的预测以及对潜在竞争对手进行的预测。这些竞争对手的生产规模、技术力量、设备状况、竞争能力等，都是竞争预测的重要内容。随着科学技术的发展，往往会出现很多新产品，这些新产品比老产品多许多优点，有些新产品成为老产品的强有力的竞争对手。因此，企业也应对新产品代替老产品的程度和发展趋势做出预测，以便采取适当的对策。

5. 科技发展预测

科技发展预测是指通过对科学技术的发展状况进行定性和定量的科学分析，以认识和掌握科学技术的发展规律，推测科学技术在未来发展的方向以及其对产品发展的影响程度。它实际是科学技术发展对产品需求影响的预测，是将技术与经济、技术发展趋势与市场发展动向结合起来。企业的科技发展预测包括科学预测和技术预测两个方面，前者主要包括对科技发展趋势、方向和可能出现的科技发明、科技发展与产品发展及社会生活各个方面的关系等的预测，而后者主要包括对新技术发明可能运用的领域、范围和运用速度的预测。

6. 市场资源预测

市场资源预测是指对资源保障程度和发展趋势的预测，主要包括以下几方面的内容。

(1) 原材料供应的保证程度。它的预测是指对当前和今后一段时间内企业生产产品所需原材料供应的保证程度的估计，其中包括对原材料质量、数量、经济性、工艺要求和运输渠道等的预测，并且做好使用替代材料的准备。

(2) 能源的保证程度。能源是社会生产和人民生活的动力之源，能源分为直接取自自然的一次能源和经过对一次能源加工转换而形成的二次能源。能源预测是指对生产和生活中使用的煤炭、电力、石油、天然气等能源产品的产量、供应量、价格等进行的预测。能源预测应充分考虑一次能源的储量、开采能力、二次能源的转化能力等多种因素，同时要考虑尽可能使用二次能源，节约一次能源，保护自然资源。

(3) 使用新材料的可能性。新技术的推广、新材料的研制成功、新发明的应用等，都可能引起原材料的变化，企业应对这方面及早进行预测，以争取主动采取措施，提高产品的竞争力。

(4) 资源综合利用的可能性及其发展趋势。资源综合利用会给企业带来新的生产力，提供新的原材料，开拓新的生产领域或产品。

五、市场预测的步骤

市场预测应该遵循一定的工作程序，有计划、按步骤地进行，便于对质量进行检查监督，确保预测结果的准确性。市场预测过程大致如下。

第一步，明确预测目标。该步骤是指针对企业经营活动存在的问题，明确要预测什么，达到什么目标。根据目标来拟定预测的项目、制订预测工作计划、编制预算、调配力量、组织实施，以保证市场预测工作有计划、有节奏地进行。

第二步，收集资料。根据预测目标，确定应收集的有关文件、数据等内容，通过市场调查广泛、系统地收集所需要的历史和现实资料，既要收集关于预测本身的历史和现实资料，也要收集包括影响预测对象发展过程的各种因素的历史和现实资料。一般可以利用各种调查方式获取第一手资料，也可以利用各种渠道获取第二手资料。收集资料要注意资料的广泛性和适用性，做到准确、及时、完整和精简实用。

第三步，选择预测方法。根据预测的目标以及各种预测方法的适用条件和性能，选择合适的预测方法。预测方法的选择取决于研究者对预测对象发展变化过程规律的认识，而这种认识必须建立在系统分析和判断的基础上。运用预测方法的核心是建立描述、概括所预测对象的特征和变化规律的模型，根据模型进行计算或处理，即可得到预测结果。在选择预测方法时，应服从于决策的要求，符合预测对象本身的特点，考虑预测时期现有的条件和基础等，有时可以运用多种预测方法来预测同一目标。市场预测的方法很多，一般来说，尽可能选择两种以上的预测方法进行预测，以便于比较分析。

第四步，利用模型进行预测。在选择预测方法、建立预测模型的基础上，初步掌握预测对象的发展规律，根据预测模型，依据对未来的了解分析，输入有关资料和数据，推测（或计算）预测对象的可能水平和发展趋势，进行分析和评价，做出最终预测结论。在实际预测工作中，在历史数据资料全面时，一般利用时间序列模型或因果关系模型进行预测；在缺乏历史数据资料时，一般利用定性预测方法，即根据一些先兆事件或专家的经验判断得出预测结果。

第五步，评价修正预测。由于市场系统的复杂性和随机性，以及调查资料不完整或知识经验不足等原因，预测值和实际情况总是存在一定的偏差，因此需要对预测值加以分析评价，判断其合理性，在此基础上，通常还要根据最新信息对预测初值进行必要的调整和修正，以确定最终的预测值。

实际预测中通常用以下几种办法进行分析评价：一是根据常识、经验或相关理论，去检查、判断预测结果是否合理；二是计算预测误差，看误差是否在允许的范围之内；三是分析正在形成的各种征兆、苗头所反映的未来条件、因素的变化，判断这些条件、因素的影响程度以及可能出现的变化；四是在条件允许的情况下，采用多种预测方法进行预测，然后综合评价各种预测结果。

第六步，形成预测报告。把预测的最终结果编制成文件和报告，向有关部门上报或以一定的形式公布，并提供和发布预测信息，供有关部门和企业在决策时参考。预测报告应概括预测研究的主要活动过程，包括预测目标、预测对象、相关因素分析、主要资料与数据、预测方法的选择和模型的建立，以及对预测结论的评估、分析和修正等。

六、提高预测精度的途径

1. 研究预测精度的必要性

在市场预测中，不论用什么预测方法和预测模型，预测误差都会产生。无论是定量预测的数学模型，还是定性预测的逻辑思维判断，都是在一定假设性条件下（假设未来类似于过去）进行的，因此，预测得出的结果不可能完全准确。所以，在进行分析评价之后，要对未考虑到的因素的影响范围和影响程度以及误差原因等做综合分析，以便修正和调整预测模型得出的预测值。尽管不能期待预测结果百分之百准确，但无论如何，对企业来讲应尽可能追求准确，因为误差较大的预测所带来的危害是严重的。特别是对未来市场需求的预测，由于诸多因素的交叉影响，市场需求的发展变化经常处于很不稳定的状态，因此预测精度问题显得更加重要。

市场预测的目的要求不同，对预测精度的要求也不同。一般就预测期长短而言，预测期越短，其精度要求越高；从商品类别来看，涉及国计民生的重要商品的销售预测精度要求比一般日用小商品的要高些；从预测方法来看，不同预测方法在准确地预测某种基本数据样式和预测该样式发展过程的转折点方面，其能力各不相同。例如，时间序列分析法适合用来预测数据的长期趋势，而无法预测因市场饱和及经济紧缩或消费过热等原因引起的转折，而用多元回归分析法、经济计量模型和扩张指数法就能较好地预测转折点，从而提高预测精度，满足决策要求。

2. 预测精度的评价

从根本上说，市场预测的目的是根据预测结果去制订计划、规划或做出有关问题的决策，取得良好的企业经济效益和社会经济效益，因此，希望预测结果与未来实际情况更接近，预测误差尽量小一些。因此评价预测精度十分必要，有益于了解预测方法的功能良好程度，并探求改善预测方法的可能，以提高预测的精度。

如果预测是反复按一定周期，如每周或每月进行的，把过去的预测值与其实际结果进行比较，可为评价预测精度提供依据。如果预测仅进行一次或为第一次，可以利用已具备的若干期历史数据建立预测模型，将若干期数据与由模型所求得的预测值进行比较，同样可为评价预测精度提供依据。在比较预测模型的优劣和确定置信区间估计时，预测精度的统计测定方法是很有用的。

假设观察期实际值为 $y_1, y_2, \cdots, y_n$，预测模型计算得到相应的预测值为 $\bar{y}_1, \bar{y}_2, \cdots, \bar{y}_n$，则单个预测误差为 $e_i = y_i - \bar{y}_i (i=1, 2, \cdots, n)$；单个预测值的绝对误差值为 $|e_i|$。在上述资料基础上统计测定预测精度的指标如下。

(1) 平均误差 ME，即 n 个预测误差的平均值。

$$\text{ME} = \frac{1}{n}\sum_{i=1}^{n} e_i = \frac{1}{n}\sum_{i=1}^{n}(y_i - \bar{y}_i)$$

(2) 平均绝对误差 MAE，即 n 个绝对预测误差值的平均值。

$$\text{MAE} = \frac{1}{n}\sum_{i=1}^{n}|e_i| = \frac{1}{n}\sum_{i=1}^{n}|y_i - \bar{y}_i|$$

(3) 平均百分误差 MPE，即 n 个预测值的相对误差的平均值。

$$\text{MPE} = \frac{1}{n}\bar{e} = \frac{1}{n}\sum_{i=1}^{n}\left(\frac{y_i - \bar{y}_i}{y_i} \times 100\%\right)$$

(4) 均方误差 MSE，即 n 个预测值误差的平方和的平均值的开方值，也称标准误差。

$$\text{MSE} = \sqrt{\frac{1}{n}\sum_{i=1}^{n}e_i^2} = \sqrt{\frac{1}{n}\sum_{i=1}^{n}(y_i - \bar{y}_i)^2}$$

3. 提高预测精度的途径

(1) 数据资料要充分可靠。掌握全面而可靠的数据资料是进行市场预测的基础。数据资料不全面会影响预测的准确性，数据资料的失真会导致预测的失败。因此，企业应有自己的数据库，保存有关市场预测所需要的各类数据和资料。

(2) 提高预测人员的素质。预测值精度的大小取决于预测人员素质的高低。对于承担市场预测工作的人员来讲，熟悉基本的经营理论和具有一定的实践经验，是最起码的要求。预测人员必须对所预测的对象有足够的了解，并且掌握对其进行分析的足够多的知识。出色的预测人员要具备一定的职业素质、文化素质、心理素质等。所预测的对象越复杂，难度越大，对预测人员素质的要求就越高。因此，培养预测人员的预测能力，提高其素质，是提高企业预测精度的有效途径。

(3) 决策者的参与是提高预测精度的关键。从预测人员提出的多种预测方案中选择最优方案，起决定性作用的是企业的决策者。决策者是决策的主体，特别是决策领导者的素质水平和参与程度决定了企业预测的精确程度。好的决策领导者能充分认识到市场预测的重要性，并亲自过问和参与，给预测工作以正确的领导和全力的支持，使市场预测工作与企业决策紧密结合起来。

第二节 定性预测法

定性预测法是指预测者以各种方法取得市场资料后，在对这些资料进行加工整理和分析研究的基础上，运用自己的实践经验和分析判断能力，对市场未来的发展变化趋势做出估计，测算估计值。这种预测方法简单易行，特别适合那些难以获得全面资料进行统计分析的问题，在预测实践中，这类方法被广泛采用。

定性预测法的种类较多，常用的有集合意见法、专家预测法、购买者意向调查法、类比法等。

一、集合意见法

集合意见法也称集体意见判断法，是指由预测人员召集企业内部有关人员（如经理、厂长、管理人员、业务人员等），组成一个小组，根据收集到的市场情报、资料、数据，运用科学的思想方法和数学处理手段，对预测目标进行分析，判断市场未来发展趋势的一种方法。集合意见法简便易行，它利用集体的经验和智慧，在一定程度上能避免个人主观判断的局限性和片面性，有利于提高市场预测的精度。一般来说，对预测结果的数学处理大致有以下三种形式。

1. 三点平均法

三点平均法是指把预测人员提出的预测结果分为三种可能值来估计，即最高值、最低值和最可能值，把三个值的平均值作为预测结果。其计算公式为

$$E = \frac{a+b+c}{3}$$

其中，a、b、c 分别为最低值、最高值、最可能值；E 为三点估计值。

2. 相对重要度法

相对重要度法是指针对参加预测过程的有关人员的不同经验水平，确定各自的重要度，并以此为依据对不同人员的预测结果进行平均。其计算公式为

$$E = \frac{\sum W_i X_i}{\sum W_i} (i=1, 2, \cdots, n)$$

其中，W_i 为第 i 位预测人员的重要度；X_i 为第 i 位预测人员对预测目标的估计值；E 为预测值。

3. 主观概率法

主观概率法是指预测人员对预测事件发生的概率做出主观的估计，然后通过计算它的平均值作为预测值的一种方法。根据概率统计步骤的不同，可以将其分为平均概率预测法、加权平均概率预测法和概率中位数预测法。

（1）平均概率预测法。平均概率预测法是指利用预测人员的主观概率进行估测，再通过汇总计算出平均概率值作为预测结果的方法。

(2) 加权平均概率预测法。加权平均概率预测法是指对预测人员汇总结果采取加权处理，计算出概率值的预测方法。这种方法可以考虑同类人员中个人的经验丰富程度、预测准确性与重要程度。

(3) 概率中位数预测法。概率中位数预测法又称累计概率中位数法，是指通过将概率的估计范围逐步缩小，从而对事件发生的概率和相应的情况进行预测的方法。这种方法主要根据累计概率，先确定不同预测意见的中位数，再对预测值进行点估计和区间估计。

当预测组织者采用统计法得到综合预测值后，还应当参照当时市场上正在出现的苗头，考虑是否需要对综合预测值进行调整，或进一步向预测人员反馈信息，再经讨论使预测结果更趋合理。

二、专家预测法

专家预测法是指根据市场预测的目的和要求，向有关专家提供一定的背景资料，请他们就市场未来的发展变化做出判断和预测。专家预测法是国外广泛运用的一种方法，在具体运用中又有两种基本形式，即专家会议法和专家调查法（德尔菲法）。

（一）专家会议法

专家会议法是指根据预测的目的和要求，邀请有关专家，通过会议的形式，就某个事件、管理、决策、生产、产品、技术及其发展前景等问题进行共同讨论，在分析判断的基础上，综合专家意见，对市场发展趋势做出推断。

1. 专家会议法的具体实施步骤

第一，准备工作。准备阶段的主要任务有根据预测的具体内容和要求，制作相应的调查问卷或调查表；选择符合要求和一定数目的专家，并向他们发出邀请，最终确定参加会议的专家名单以及会议日程安排。为了使会议展开得有成效，会前需要进行一定的调查研究，提供一定的资料，如市场动态资料，不同厂家所生产的同类产品的质量、性能、成本、价格对比资料以及同类产品的历史销售资料等。

第二，举办座谈会。在座谈会上，会议主持者向与会专家介绍预测内容和要求，鼓励参会者各抒己见，使参会者在积极发言的同时保持谦虚恭敬的态度，对任何意见都不带有倾向性。同时，会议主持者还要掌握好会议的时间和节奏，既不能拖得太长，也不要草草收场；当话题分散或意见相持不下时，能适当提醒或调节会议的进程等。

第三，整理汇总，得出预测结果。会议结束后，会议主持者综合专家意见，对各种方案进行比较、评价、归类，最后确定预测结论。

2. 专家会议法的注意事项

专家会议法相对比较简便，耗时短，成本低，同时能够挖掘专家们的潜能和创造力，集中集体的智慧，从而使预测结果趋于准确可靠。但是这种方法有时会因为专家的水准差异导致预测结果出现偏差。所以，在采用此法进行预测时，应注意以下两个问题。

一是如何选择专家及确定专家数目。专家选择是否合适，将决定预测结果的可靠性和全面性。一般要选择在某些专业领域积累有丰富的知识、经验,并具有解决该专业问题能力的人。专家能在不确定的条件下对问题进行估计和预测,提出合理的建议和看法。专家的数目取决于问题的复杂性、现有情报的数量以及专家对企业问题的熟悉程度等。经验数字表明,与会专家的人数一般控制在15人左右即可。

二是如何高效组织和安排座谈。会议组织者最好也是市场预测方面的专家,这样对提出的问题和在辩论中的引导具有丰富的经验,同时又熟悉处理的程序和方法;另外,组织者要善于应变,具有统筹全局的能力。会议开始时,组织者的发言应能调动与会专家的讨论兴趣,并能开阔他们的思路,促使其积极踊跃地回答会议提出的问题。会议讨论中,组织者要善于引导,不能限制专家们的思路,不能任意下结论。此外,还应注意选择适当的时间和场所,为专家们相互沟通和讨论创造良好的环境和宽松和谐的氛围。

专家会议法的主要优点是:参加人数较多,所拥有的信息量大,有利于各抒己见、相互启发和交流,因而能凝集众多专家的智慧,避免个人判断的不足,具有简便、快捷、经济、高效等优势,在一些重大问题的预测方面较为可行可信。但这种方法也有其局限性:由于参加会议的人数有限,因此代表性不充分;受权威意见的影响较大,容易使更好的想法被忽视;此外,某些专家坚持己见,使会议难以形成统一意见,导致效率降低。

(二)德尔菲法

德尔菲是古希腊传说中的神谕之地,城中有座阿波罗神殿可以预卜未来。美国兰德公司借用其名,在20世纪40年代发展了一种新型的专家预测法,即德尔菲法,并于1964年首先将该方法用于预测领域。概括地说,德尔菲法又称专家调查法,是指采用函询的调查方式就评价的问题分别向有关领域的专家征询,专家在提出意见后以匿名的方式反馈回来,组织者将得到的初步结果进行综合整理,然后随表格反馈给各位专家,请他们重新考虑后再次提出建议。经过几轮的匿名反馈过程,最后得到一个比较趋于一致的、较为可靠的建议或预测评价结果。

借助于现代信息处理技术,德尔菲法可以更系统地反映出专家集团的社会意向,来达到科学预测评价的目的。此法除用于科技预测外,还广泛用于政策制定、方案评估、经营预测(如预测商品供求变化、市场需求、产品的成本价格、商品销售、市场占有率、商品生命周期)等方面。它不但在企业预测中发挥作用,还在行业预测、宏观市场预测中被采用;不仅用来进行短期预测,还可用来进行中长期预测。尤其是当预测中缺少必要的历史数据,应用其他方法有困难时,采用此法能得到较好的效果。

1. 德尔菲法预测的步骤

使用德尔菲法进行市场预测时,一般要经历下面几个步骤。

第一步,拟定预测调查提纲。根据预测问题及要求拟定调查提纲,包括研究的必要性、实现的可能性、答案的匿名性和其他需要说明的问题。为了正确、方便地反映专家们的意见和观点,需要将调查提纲设计成咨询表的形式。咨询表只有设计得当,才能获得满意的调查结果。

第二步,选择调查专家。选择调查专家时,要从三个方面来权衡:首先要考虑专家们的代表性，要按照预测问题所涉及的领域选择有关专家，同时还要考虑到专家所在部门和单位的广泛性；其次要选择那些精通业务、见多识广、熟悉市场行情并且具有预见性和分析能力的专家；最后根据预测问题的大小和涉及面的宽窄来确定调查专家的人数。人数太少反映不出代表性，人数太多又会增加组织处理调查资料的难度，一般选择 20 名左右的调查专家比较合适。

第三步，征询专家意见。向调查专家发放预测意见征询表，同时提供预测问题的相关背景资料，使专家对预测问题有充分的了解。在预测意见征询表中要对德尔菲法做出充分说明，使专家们明确德尔菲法的实质、特点和几轮反馈对评价的作用。征询的问题要简单明确，而且数目不宜过多，以便于专家回答。

第四步，综合归纳分析结果。对调查结果进行综合归纳、分类整理。通过初步分析之后，观察是否能够得出有代表性的意见。如果还不能综合出专家们的预测意见，则需要进行下一轮的调查，这时应该归纳出专家们有几种不同的观点，并分别列出持这些观点的理由以及所依据的资料，连同为进行下一轮调查所设计的表格一起提交给专家，以进入下一轮的调查。经过这样的几轮反馈，直到所有的专家不再改变意见，同时也提不出新的论据为止。在一般情况下须经过 3~4 轮的调查，征询时间间隔以 7~10 天为宜。

第五步，提出预测结论。通过几轮的调查，当专家们的意见趋于一致时，可将这个一致的意见作为预测结果。当专家们的意见不一致时，需要对专家们的意见进行综合处理和汇总，以确定预测结果。

德尔菲法是在专家个人判断法及专家会议法的基础上建立起来的，通过对预测过程的控制，克服了专家个人预测的局限性和专家会议预测易受到心理因素干扰的缺点。这种方法适用于长期预测和对新产品的预测，在历史资料不足或不可测因素较多时尤为适用。德尔菲法也存在一定的局限性，它对分地区的顾客群或产品的预测可靠性较差，意见比较分散，而且专家的看法有时可能不完整或不切合实际。

2. 实施德尔菲法应注意的事项

（1）预测组织者应有良好的水平。为了保证预测的质量，预测组织者不仅需要了解所要预测事物的相关专业知识、背景资料，还需要精通德尔菲法的基本原理和各项操作步骤。

（2）保证预测的客观独立性。在预测过程中，要保证专家们独立自主完成预测工作，因此，在与预测专家的信函往来中不得有明示、暗示组织者或他人倾向性的表格、问题或其他信息，不得将预测组织者的意见强加给专家，以致影响预测结果的可靠性。

（3）不断完善预测结果。在与专家多次信函交流的过程中，要根据专家意见对预测表格内容和形式进行继续完善和修改，以便获得系统、完善的资料。尤其是当预测结果不能统一时，应检查所设计的征询表是否可行、课题是否有问题、预测结果存在范围是否过于模糊。

三、购买者意向调查法

购买者意向调查法是指通过直接询问潜在顾客的购买意向，以此判断销售量的预测方法。此法一般适用于高档耐用消费品和生产资料等商品销售的预测，也可用来预测商品花色、品种、款式、规格、价格等方面的需求，以便生产经营企业向市场提供适销对路的产品。需要指出的是，当市场上有多种性能、价格类似的产品存在时，企业很难就某种特定的产品进行购买意向的调查。因为不少消费者往往只有要到商场购买时，才能决定购买何种品牌的产品。

根据调查样本选取范围的不同，可将此预测方法具体分为普查法和抽样调查法。当顾客数目较少或者调查范围较小时，常使用普查法，如高档消费品市场、生产资料消费市场的调查预测；如果顾客人数较多或者顾客分布较为分散，可按照抽样调查法直接向顾客征询购买意向或意愿，通过汇总和整理得出预测值，再经过分析来预测总体情况。

四、类比法

类比法是指按同类事物或相似事物的发展规律相一致的原则，对预测目标加以对比分析，来推断预测目标未来发展趋向与可能水平的一种预测方法。该法一般适用于预测潜在购买力和需求量、预测开发新市场、预测新商品长期的销售变化规律等。

1. 产品类比

有许多产品在功能、构造技术等方面具有相似性，因而这些产品的市场发展规律往往又会呈现出某种相似性，可以利用产品之间的这种相似性进行类推。产品类比适用于一般消费品和耐用消费品的需求量预测，如可以根据家用电冰箱的市场发展规律大致地推断家用空调等电器的发展趋势。同理，也可以根据消费者在口味和香味方面的需求，类比推断卷烟制品香型的发展趋势。与性质相近的产品类比，特别适合新产品开发方面的预测。

2. 地区类比

地区类比是把所预测的产品市场同其他地区(或国家)同类产品市场的发展过程或变动趋势相比较，找出某些共同的或相类似的变化规律性，用来推测目标产品市场的未来变化趋势，如可参照国外某些产品更新换代的时间来分析预测我国同类产品更新换代的时间。

3. 行业类比

这种对比类推往往用于新产品开发预测，以相近行业的相近产品的发展变化情况，来类推某种新产品的发展方向和变化趋势。

第三节 时间序列预测法

时间序列预测法是指根据某一市场现象随时间发展变化的规律，对未来时期该现象可能达到的水平进行预测的方法。时间序列预测的基本假定是事物的发展具有连续性，某种现象变化的模式(规律)可以根据历史观测值进行识别，并延续至预测期。或者说现象在预测期的变动将会延续在观测期内观察到的发展变化的规律。

时间序列预测法可简可繁，数据的可得性较强，且基本原理和预测结果容易被决策者理解，因而得到广泛应用。但由于市场现象还受到许多非时间因素的影响，况且预测期越长，不可控的因素就越多，市场现象变化的未知性就越强。因此，时间序列预测适合于中短期预测，而不适合长期预测。

一、影响时间序列变动的因素

虽然事物的发展具有连续性,但事物的未来发展会受到多种因素的影响,而各种影响因素又在不断地发展变化。为了研究复杂的社会经济现象发展变化的趋势或规律,就需要将这些不同因素的不同作用结果从时间序列的实际数据中分离出来,这就是时间序列的结构分析问题。一般将影响时间序列的因素分为以下四类。

1. 长期趋势

长期趋势(T)是指与现象直接联系的基本规律作用,使现象在较长时间内稳定持续地按照一定方向变化,在生产经营中的表现是经济变量在长时间内表现出的总趋势,它是市场现象的本质在数量方面的反映,也是时间序列分析预测的重点。

2. 季节变动

季节变动(S)是指由于自然、社会等因素的影响,某些市场现象在一年或更短的时间内发生的规律性周期变动。一些商品如空调、冷饮、服装等往往受季节影响而出现销售淡季和旺季交替的变动规律;某些商品的需求量,包括节日商品、礼品型商品等,受传统民间节日的影响,其销售量呈现明显的周期变动。季节变动一般以一年为周期,也有的是以一日、一周、一月为周期。掌握季节变动规律,就可以利用它对季节性商品进行市场需求量的预测。

3. 循环变动

循环变动(C)是指市场现象在一个较长时期内呈现出的周期性涨落起伏变动。这种变动虽有周期特征,但变动周期不定,每一周期变动的时间长短或幅度虽不相同,但都呈现出盛衰起伏的现象。例如,股票市场由牛市到熊市交替循环的周期变动,宏观经济在市场机制下产生的衰退、萧条、复苏、繁荣的周期性变化;等等。

4. 不规则变动

不规则变动(I)也称随机变动,是指市场现象由于天灾、人祸、战乱等突发事件或偶然因素引起的无规则的波动。不规则变动的特点是发展趋向无规则,包括了以上三种变动以外的一切变动。

市场现象的发展变化是这四种因素共同作用的结果。使用时间序列对市场现象进行预测时,首先要把影响时间序列的四种变动因素进行分解,了解它们对时间序列的影响方式和影响程度,进而对时间序列将来的发展变化进行预测。影响时间序列变动因素的分解建立在这些因素对时间序列影响方式的假定上,以上四类因素相互作用的方式有两个假定,并形成两个模型,即加法模型和乘法模型。

加法模型假定时间序列 $\hat{X}$ 是上述四种因素变动累加的结果,即
$$\hat{X}=T+S+C+I$$

乘法模型假定时间序列 $\hat{X}$ 是上述四种因素变动连乘乘的结果,即
$$\hat{X}=T\times S\times C\times I$$

对时间序列的各个变动因素进行分析时,通常以长期趋势为核心,把季节变动、循环变动和不规则变动看成相对于长期趋势的离差。因此在时间序列分析过程中,为了测

定长期趋势，首先要观察时间序列中是否存在季节变动、循环变动和不规则变动，如果存在，就需要采用适当的方式消除这些变动对长期趋势的影响，使长期趋势凸显出来。

二、时间序列预测的方法

时间序列是指将某种市场现象的一组观察值，按时间先后顺序排列所形成的数列，时间间隔可以是周、月、季度或年度等。时间序列预测法就是根据预测对象的时间序列数据，找出影响时间序列变动的主要因素，分析这些因素对现象发展变化影响的方式和强度，并据此对该现象未来发展的水平作出预测的方法。不同市场现象随时间发展变化的特点不同，使用的预测方法也不同，根据使用的方法不同，又分为简单平均法、移动平均法、发展速度法、指数平滑法、季节指数法、趋势外推法。

时间序列预测的基本步骤是：首先根据时间序列数据绘制折线图，观察该时间数列变动的基本特点，然后根据时间序列的特点选择适当的预测方法得到预测结果，最后对预测结果进行分析和评价。

观察时间序列折线图大致有四种类型，无明显趋势[图 11-1(a)]、有明显线性趋势[图 11-1(b)]、有明显非线性趋势[图 11-1(c)]、有明显周期性波动[图 11-1(d)]。针对不同的时间序列，应选用不同的方法进行预测。

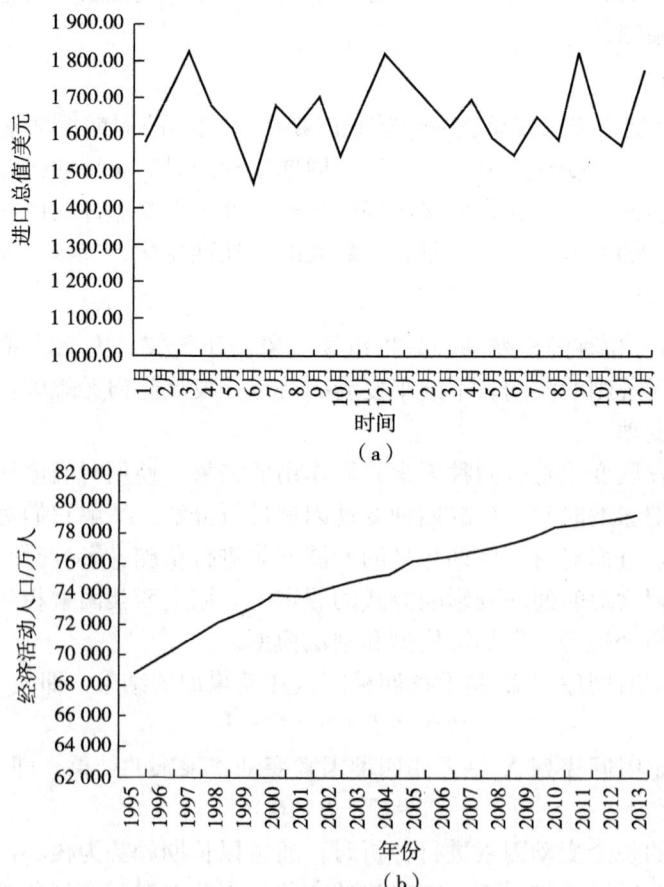

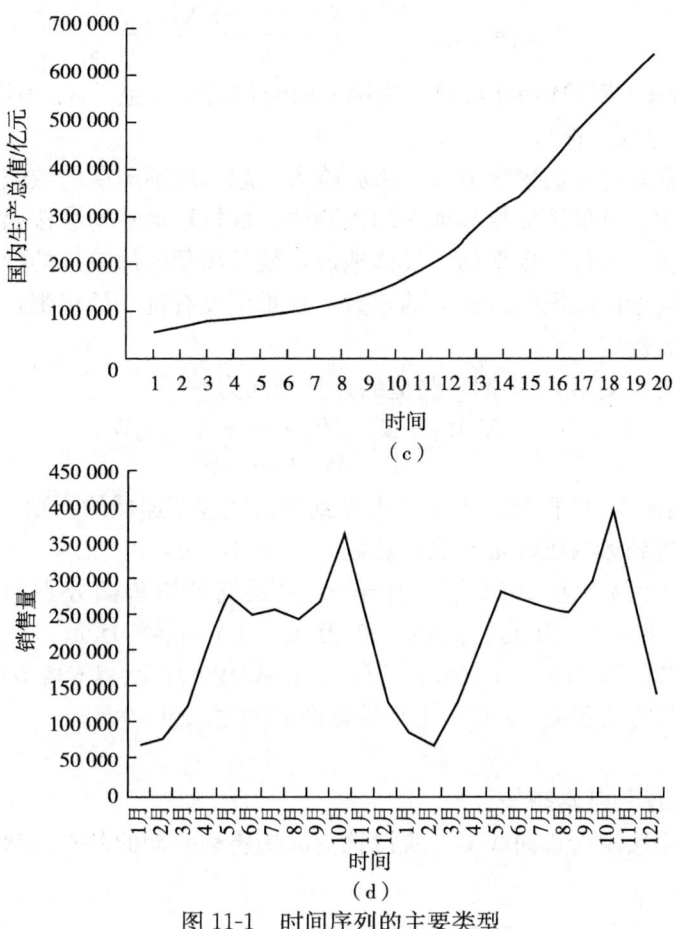

图 11-1 时间序列的主要类型

(一)移动平均法

移动平均法是指从含有 t 个时间变量的原时间序列的第 1 项开始,按一定的时间间隔(步长)$n(n<t)$求 n 个变量的序列平均数,并逐项移动,边移动边平均从而得到一个由移动平均数构成的新时间序列的方法。移动平均可以有效滤除原数列中的随机波动,因此,常用做数据修匀的方法。由于消除了随机波动后的数列反映了该现象的基本特征,因此,也将其作为一种预测方法。移动平均法适合对没有明显趋势的市场现象进行预测。

作为预测方法,移动平均法预测的基本思想是将第 t 期移动平均数作为第 $t+1$ 期的预测值。移动平均法预测的具体方法是:首先确定移动平均的步长 n,每个 n 期移动平均数作为第 $n+1$ 期的预测值;最后一期的移动平均值即为 $t+1$ 期的趋势预测值。

根据是否考虑时间序列数据距预测期远近对预测值的影响,移动平均法分为简单移动平均预测法和加权移动平均预测法。

简单移动平均预测法不考虑时间序列数据距预测期远近对预测值的影响,简单移动平均预测第 $t+1$ 期预测值的计算公式为

$$\hat{X}_{t+1}=M_t=\frac{X_t+X_{t-1}+\cdots+X_{t-n+1}}{n}$$

其中，$\hat{X}_{t+1}$ 为第 $t+1$ 期的预测值；M_t 为第 t 期的移动平均值；X_t 为第 t 期的观察值；n 为移动平均的项数(步长)。

很多市场现象具有近期数据值对未来影响大，越远离预测期的数值对预测值的影响越小的特点。对此，可采用加权移动平均预测法。加权移动平均法按照"近大远小"的原则给原变量值赋权，进行加权平均。具体地说，就是离预测值较远的数据给以较小的权数，而离预测值较近的数据给以较大的权数。权重值没有统一的规则，可在实践中根据经验或试验比较后选定。

加权移动平均预测第 $t+1$ 期预测值的计算公式为

$$\hat{X}_{t+1}=\frac{X_tW_1+X_{t-1}W_2+\cdots+X_{t-n+1}W_n}{W_1+W_2+\cdots+W_n}$$

其中，W_i 为观测值 X_i 的权数，且满足由近到远权数逐渐递减的原则。为了简便，n 期移动平均预测由近到远的权数常常取自然数 n，$n-1$，$\cdots$，2，1。

【例 11-1】已知某企业 2014 年 1 月至 12 月某商品销售额分别为 1 582.19 万元、1 706.16 万元、1 830.13 万元、1 689.00 万元、1 623.41 万元、1 471.91 万元、1 681.73 万元、1 620.90 万元、1 704.26 万元、1 542.99 万元、1 684.04 万元、1 821.02 万元。请选用适当方法预测 2015 年 1 月份该商品的需求量。

解：

(1)判断时间序列基本态势。

根据所给数据绘制动态曲线图，观测该商品销售额变动的基本态势如图 11-2 所示。

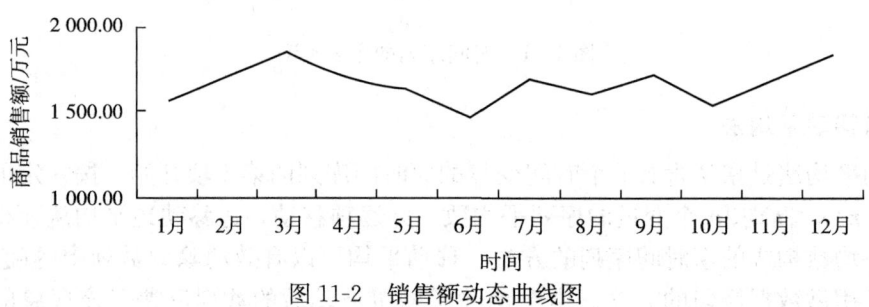

图 11-2　销售额动态曲线图

动态曲线图显示销售额变动无明显的趋势，各月销售额上下波动可认为是受到随机因素的影响，故可采用移动平均预测法进行预测。为了比较采用不同参数预测的效果，分别采用简单移动平均预测和加权移动平均预测。

(2)简单移动平均预测。

根据简单移动平均预测的公式，分别令 $n=3$ 和 $n=5$，进行预测。

当 $n=3$ 时：

$$\hat{X}_{4月}=M_{3月}=\frac{1\,582.19+1\,706.16+1\,830.13}{3}=1\,706.16(万元)$$

$$\hat{X}_{5月}=M_{4月}=\frac{1\,706.16+1\,830.13+1\,689.00}{3}=1\,741.76(万元)$$

$$\hat{X}_{6月}=M_{5月}=\frac{1\,830.13+1\,689.00+1\,623.41}{3}=1\,714.18(万元)$$

$$\hat{X}_{12+1月}=M_{12月}=\frac{1\,542.99+1\,684.04+1\,821.02}{3}=1\,682.68(万元)$$

同理,可以计算当 $n=5$ 时的移动平均预测值。

根据简单移动平均预测,当移动平均步长为 3 个月时,2015 年 1 月销售额预计为 1 682.68 万元;当移动平均步长为 5 个月时,2015 年 1 月销售额预计为 1 674.64 万元。计算结果如表 11-1 所示。

表 11-1 某企业某商品销售额简单移动平均预测计算表 单位:万元

月份	商品销售额	简单移动平均预测值	
		$n=3$	$n=5$
1 月	1 582.19		
2 月	1 706.16		
3 月	1 830.13		
4 月	1 689.00	1 706.16	
5 月	1 623.41	1 741.76	
6 月	1 471.91	1 714.18	1 686.18
7 月	1 681.73	1 594.78	1 664.12
8 月	1 620.90	1 592.35	1 659.24
9 月	1 704.26	1 591.51	1 617.39
10 月	1 542.99	1 668.96	1 620.44
11 月	1 684.04	1 622.72	1 604.36
12 月	1 821.02	1 643.76	1 646.78
1 月(预测期)		1 682.68	1 674.64

(3)采用加权移动平均法预测。

考虑到销售额变动受近期影响比受远期影响大,采用加权移动平均再进行预测。分别令 $n=3$ 和 $n=5$,权数由远及近为 1、2、3、4、5 进行预测。

根据加权移动平均预测法的公式,当 $n=3$ 时:

$$\hat{X}_{4月}=M_{3月}=\frac{1\,582.19\times1+1\,706.16\times2+1\,830.13\times3}{1+2+3}=1\,747.49(万元)$$

$$\hat{X}_{5月}=M_{4月}=\frac{1\,706.16\times1+1\,830.13\times2+1\,689.00\times3}{1+2+3}=1\,738.90(万元)$$

$$\hat{X}_{12+1月}=M_{12月}=\frac{1\,542.99\times1+1\,684.04\times2+1\,821.02\times3}{1+2+3}=1\,729.02(万元)$$

同理,可以计算当 $n=5$ 时的移动平均预测值。

根据加权移动平均预测，当移动平均步长为 3 个月，权重由远及近分别为 1、2、3 时，2015 年 1 月销售额预计为 1 729.02 万元；当移动平均步长为 5 个月，权重由远及近分别为 1、2、3、4、5 时，2015 年 1 月销售额预计为 1 699.97 万元。计算结果如表 11-2 所示。

表 11-2　某企业某商品销售额加权移动平均预测计算表　　　　单位：万元

月份	商品销售额	加权移动平均预测值	
		$n=3$	$n=5$
1 月	1 582.19		
2 月	1 706.16		
3 月	1 830.13		
4 月	1 689.00	1 747.49	
5 月	1 623.41	1 738.90	
6 月	1 471.91	1 679.73	1 690.53
7 月	1 681.73	1 558.59	1 619.11
8 月	1 620.90	1 602.07	1 624.98
9 月	1 704.26	1 616.34	1 612.20
10 月	1 542.99	1 672.72	1 641.16
11 月	1 684.04	1 609.73	1 615.34
12 月	1 821.02	1 640.39	1 641.90
1 月（预测期）		1 729.02	1 699.97

无论采用什么方法，预测值与实际值一定存在误差，可以分别计算几种不同方法得到的预测值与实际值的平均误差来比较和选择最佳的预测结果。

$$预测平均误差 = S_M = \sqrt{\frac{\sum(X_i - M_i)^2}{n}}$$，预测平均误差最小的方法得到的预测值，可作为最佳预测值。经计算，例 11-1 采用四种方法预测的结果中，$n=5$ 的简单移动平均预测法平均误差最小（118.29），因此，可以认为 2015 年 1 月预计销售额为 1 674.64 万元。

移动平均预测法只具有推测未来一期趋势值的预测功能，而且只适用于呈水平趋势的时间序列。如果现象的发展变化具有明显的上升（或下降）趋势，则移动平均预测的结果就会产生滞后偏差，即预测值的变化滞后于实际趋势值的变化。移动平均的项数越大，对原数列修匀的作用就越大，长期趋势就表现得更明显。采用加权移动平均预测由于重视了近期数据的影响，所产生的滞后偏差就比简单移动平均预测要小。

（二）指数平滑法

采用移动平均法预测时对时间序列观测值的个数有一定的要求，如果时间序列观测值个数过少，使用移动平均法进行预测的效果就会比较差。此外，简单移动平均预测法把过去各期观测值对预测值的作用等同看待,显然不合理,加权移动平均预测法解决了这一问题,但权重的确定按算术级数线性增加,主观性过强。实际市场现象往往是距离预测期越近,影响越明显,距离预测期越远,影响越小,这种作用呈现指数型变化。指数平滑法是在移动平均法的基础上发展和改进而来,它以 α 和 $(1-\alpha)$ 为权重对本期观测值与本期预测值(也就是上期指数平滑值)计算加权平均数,作为下一期的预测值,可以克服移动平均法的缺点。指数平滑法实质上是一种特殊的加权移动平均预测法,它将离预测期较近的观测值给予较大的权数,对离预测期较远的观测值给予较小的权数,权数由近及远按指数规律递减,适应了现象变化的特点。同时,指数平滑法考虑了时间序列所有数据对预测对象的影响,因此预测的结果更为科学。

指数平滑法可分为一次指数平滑、二次指数平滑及多次指数平滑。一次指数平滑法适用于水平型变动的时间序列的预测;二次指数平滑法适用于线性趋势型变动的时间序列的预测;多次指数平滑法适用于非线性趋势变动的时间序列的预测。下面主要介绍一次指数平滑法和二次指数平滑法。

1. 一次指数平滑法

以原时间序列的观测值为变量值进行的指数平滑预测,称为一次指数平滑预测,简称为指数平滑预测。

设一个时间序列的观测值为 X_1,X_2,…,X_n,一次指数平滑法的预测模型为

$$\hat{X}_{t+1} = M_t = \alpha X_t + (1-\alpha)\hat{X}_t$$

其中,$\hat{X}_{t+1}$ 为第 $t+1$ 期的一次指数平滑预测值;M_t 为第 t 期的一次指数平滑值;X_t 为 t 期的观测值;$\hat{X}_t$ 为第 t 期的一次指数平滑预测值,也等于 $t-1$ 期的一次指数平滑值 M_{t-1};α 为平滑系数,取值范围为 $0\sim 1$,其作用是本期观测值的权重,相应的 $(1-\alpha)$ 则是上期指数平滑预测值的权重。显然,下期指数平滑预测值就是以 α 为权重的本期观测值与 $(1-\alpha)$ 为权重的本期预测值(也就是上期指数平滑值)的加权平均数。可以看到,该模型是以旧平滑值或预测值为基础,结合新观测值计算新平滑值或预测值的过程。因此,从对历史数据的要求来看,它只要保留最后一个指数平滑值,以前的历史数据无须保留;从对未来的预测来看,因为每一期的预测值都是上一期的平滑值,也就能够进行多期预测,这样就能长期关注某个现象值的变化,使得预测过程得以简化。

应用一次指数平滑法进行预测时,需要注意以下两个方面的问题。

(1)平滑系数 α 的选择。α 最原始的含义是移动平均预测法中 n 的倒数 $(1/n)$,α 的大小直接影响过去各期观测值对预测值的作用。α 值越大意味着本期观测值对下一期预测值的作用越大,α 值越小则意味着本期预测值(过去各期观测值)对下期预测值的作用就越大。在确定 α 的值时,必须根据市场现象时间序列本身的规律而定。一般的经验原则是:如果时间序列的长期变动趋势非常明显,那么 α 的值可以取大一些,如取值为 $0.6\sim 0.8$,可以突出近期数据对预测值的影响,从而提高预测的灵敏度;对于长期趋势变动不是很明显的时间序列,数据比较平稳,那么 α 应该取小一些,一般在 $0.1\sim 0.3$ 选择,从而减少修正幅度,使预测模型能够包含较长时间序列的信息。对介于两者之间的时间序列,α 可在 $0.3\sim 0.6$ 取值。

那么，选取哪一个平滑系数更好呢，这就需要计算根据不同的平滑系数计算的指数平滑预测误差，通常采用标准差或平均差，经过比较，选择预测误差最小的那个平滑系数。

预测误差标准差的计算公式为

$$S_M = \sqrt{\frac{\sum(X_i - \hat{X}_i)^2}{n}} = \sqrt{\frac{\sum(X_i - M_{i-1})^2}{n}}$$

(2)对下期指标值采用指数平滑法进行预测需要知道本期的预测值，而本期预测值又是根据上期预测值计算的，这样追溯上去，就有一个最开始的初始平滑值 M_1 的选择问题。如果时间序列的观测值个数较多，一般取第 1 期的实际观测值 X_1 为初始平滑值 M_1；如果时间序列的观测值个数较少，有时候要考虑初始值对后面预测值的影响，可以使用最初几期实际观测值的平均值作为初始平滑值 M_1。

【例 11-2】承例 11-1，运用指数平滑法对该企业 2014 年 1 月的商品销售额进行预测。

解：

(1)判断时间序列基本态势(与例 11-1 相同)，因为没有明显的趋势，可采用一次指数平滑法预测。

(2)根据指数平滑模型，分别选择 $\alpha = 0.3$ 和 $\alpha = 0.7$ 进行预测。

2014 年 1 月的预测值需要 2013 年 12 月的观测值，因为没有资料所以不能计算。

当 $\alpha = 0.3$ 时：

$\hat{X}_{2014.02} = M_{2014.01} = 0.3 \times 1\,582.19 + 0.7 \times 1\,582.19 = 1\,582.19$(万元)

$\hat{X}_{2014.03} = M_{2014.02} = 0.3 \times 1\,706.16 + 0.7 \times 1\,582.19 = 1\,619.38$(万元)

$\hat{X}_{2014.04} = M_{2014.03} = 0.3 \times 1\,830.13 + 0.7 \times 1\,069.19 = 1\,682.61$(万元)

⋮

$\hat{X}_{2014.12} = M_{2014.11} = 0.3 \times 1\,684.04 + 0.7 \times 1\,618.17 = 1\,637.93$(万元)

$\hat{X}_{2015.01} = M_{2014.12} = 0.3 \times 1\,821.02 + 0.7 \times 1\,637.93 = 1\,692.86$(万元)

2015 年 1 月的预测值为 1\,692.86 万元。

当 $\alpha = 0.7$ 时：

$\hat{X}_{2014.02} = M_{2014.01} = 0.7 \times 1\,582.19 + 0.3 \times 1\,582.19 = 1\,582.19$(万元)

$\hat{X}_{2014.03} = M_{2014.02} = 0.7 \times 1\,706.16 + 0.3 \times 1\,582.19 = 1\,668.97$(万元)

$\hat{X}_{2014.04} = M_{2014.03} = 0.7 \times 1\,830.13 + 0.3 \times 1\,688.97 = 1\,781.78$(万元)

⋮

$\hat{X}_{2014.12} = M_{2014.11} = 0.7 \times 1\,684.04 + 0.3 \times 1\,584.25 = 1\,654.10$(万元)

$\hat{X}_{2015.01} = M_{2014.12} = 0.7 \times 1\,821.02 + 0.3 \times 1\,654.10 = 1\,770.94$(万元)

2015 年 1 月的预测值为 1\,770.94 万元。

(3)判断和选择预测值。

根据指数平滑预测平均误差的计算方法，经计算，当 $\alpha = 0.3$ 时的平均误差最小

(402.68),因此,可以认为 2015 年 1 月的销售额预测为 1 692.86 万元。计算结果如表 11-3 所示。

表 11-3　某企业某商品销售额指数平滑预测计算表　　　　单位:万元

月份	商品销售额	指数平滑预测值			
		$\alpha=0.3$		$\alpha=0.7$	
		预测值	误差	预测值	误差
1 月	1 582.19	1 582.19		1 582.19	
2 月	1 706.16	1 582.19	15 368.84	1 582.19	15 368.29
3 月	1 830.13	1 619.38	44 415.01	1 668.97	25 972.42
4 月	1 689.00	1 682.61	40.87	1 781.78	8 608.71
5 月	1 623.41	1 684.52	3 734.83	1 716.83	8 727.91
6 月	1 471.91	1 666.19	37 743.52	1 651.44	32 229.10
7 月	1 681.73	1 607.91	5 450.26	1 525.77	24 324.25
8 月	1 620.90	1 630.06	83.91	1 634.94	197.39
9 月	1 704.26	1 627.31	5 922.24	1 625.11	6 265.25
10 月	1 542.99	1 650.39	11 535.99	1 680.52	18 914.22
11 月	1 684.04	1 618.17	4 338.36	1 584.25	9 958.35
12 月	1 821.02	1 637.93	33 519.47	1 654.10	27 860.39
1 月(预测期)		1 692.86	402.68	1 770.94	422.41

指数平滑预测可以采用 Excel 进行,其方法如下。

第一步,建立观测数据的时间数列列表。

第二步,选择"数据"菜单的"数据分析"选项卡,打开数据分析工具选择对话框,在分析工具选则框内选择"指数平滑"。

第三步,点击"确定"打开指数平滑选项对话框。

第四步,在"输入区域"输入框中输入时间序列观测值所在的单元格区域;在"阻尼系数"对话框中输入(1-α)的值(阻尼系数=1-平滑系数);在"输出区域"输入框中输入计算结果输出区域左上角单元格位置;必要时选中"图表输出"和"标准误差",这样会自动生成移动平均坐标图和标准误差值。

最后,点击"确定",即可输出指数平滑的序列数据。

2. 二次指数平滑法

当时间序列呈现线性变动趋势时,用一次指数平滑法来预测就会存在着明显的滞后偏差。因此,需要进行修正。修正的方法是以一次指数平滑值为变量再做一次指数平滑,利用两次指数平滑滞后偏差的规律找出现象的发展方向和发展趋势,然后建立直线趋势预测模型进行预测。故称为二次指数平滑法。

二次指数平滑值的计算与一次指数平滑值的计算思路完全相同,只是把一次指数平

滑值视为二次指数平滑的观测值,计算公式为
$$S_t^{(2)}=\alpha S_t^{(1)}+(1-\alpha)S_{t-1}^{(2)}$$

其中,$S_t^{(1)}$ 为第 t 期的一次指数平滑值;$S_t^{(2)}$ 为第 t 期的二次指数平滑值;α 为平滑系数。用二次指数平滑法计算平滑值时,平滑系数和初始值的确定原则与一次指数平滑相类同。二次指数平滑的预测模型为

$$\hat{X}_{t+T}=a_t+b_t T$$

其中,$\hat{X}_{t+T}$ 为第 $t+T$ 期预测值;t 为当前时期数;T 为预测未来的期数;a_t 和 b_t 分别为模型参数。二次指数平滑法预测模型实际上是近似的线性方程形式,a_t 为截距系数,b_t 为斜率。a_t 和 b_t 的求解公式为

$$a_t=2S_t^{(1)}-S_t^{(2)}$$

$$b_t=\frac{\alpha}{1-\alpha}(S_t^{(1)}-S_t^{(2)})$$

二次指数平滑法最终是通过建立时间序列的线性模型来进行预测的,建立时间序列模型的方法见本节趋势外推法。

(三)发展速度法

当时间序列相邻两期的比值接近时,时间序列呈现指数变动趋势。这种情况下,可采用发展速度法进行预测。发展速度法是根据观测期时间序列变量的平均相对变化率(平均发展速度)对预测期的变量值进行预测的方法。因为平均发展速度多采用几何平均法计算,所以也称几何平均法。几何平均法预测的基本假定是:预测期的平均相对变化率与观测期相同。

$$平均发展速度\ \bar{a}=\sqrt[t]{a_1\times a_2\times\cdots\times a_t}=\sqrt[t]{\frac{x_1}{x_0}\times\frac{x_2}{x_1}\times\cdots\times\frac{x_t}{x_{t-1}}}=\sqrt[t]{\frac{x_t}{x_0}}$$

其中,$a_i=\frac{x_i}{x_{i-1}}(i=0,1,2,\cdots,t)$ 为各期的相对变化量(发展速度);$x_i(i=0,1,2,\cdots,t)$ 为观测期各期的变量值。

则,预测值
$$\hat{X}_{t+n}=x_t\times\bar{a}^n$$

发展速度的另一种表现形式是增长速度,即增长率。

$$增长率\ \Delta a_i=\frac{\Delta x_i}{x_{i-1}}=\frac{x_i-x_{i-1}}{x_{i-1}}=a-1(i=0,1,2,\cdots,t)$$

当已知各期增长速度时,可以计算平均增长速度,其公式为

$$\Delta\bar{a}=\sqrt[t]{(1+\Delta a_1)\times(1+\Delta a_2)\times\cdots\times(1+\Delta a_t)}-1$$

则,预测值
$$\hat{X}_{t+n}=x_t\times(1+\Delta\bar{a})^n$$

实际应用发展速度法进行预测时,可以根据预测现象的变动特点选择平均发展速度的计算区间。

【例 11-3】已知某地区 1995 年以来的生产总值资料如表 11-4 所示,请据此对该地区 2015 年的生产总值进行预测。

表 11-4　某地区 1995 年以来的历年生产总值　　　　　　单位：亿元

指标	生产总值	指标	生产总值
1995 年	3 056.49	2005 年	9 294.79
1996 年	3 578.62	2006 年	10 882.83
1997 年	3 971.48	2007 年	13 400.97
1998 年	4 244.19	2008 年	15 837.59
1999 年	4 509.39	2009 年	17 281.46
2000 年	4 988.82	2010 年	20 445.15
2001 年	5 513.52	2011 年	24 206.18
2002 年	6 050.10	2012 年	26 706.15
2003 年	6 828.23	2013 年	29 400.94
2004 年	8 035.72	2014 年	31 806.94

解：

(1) 绘制动态曲线图如图 11-3 所示，动态变化近似指数曲线可采用发展速度法进行预测。

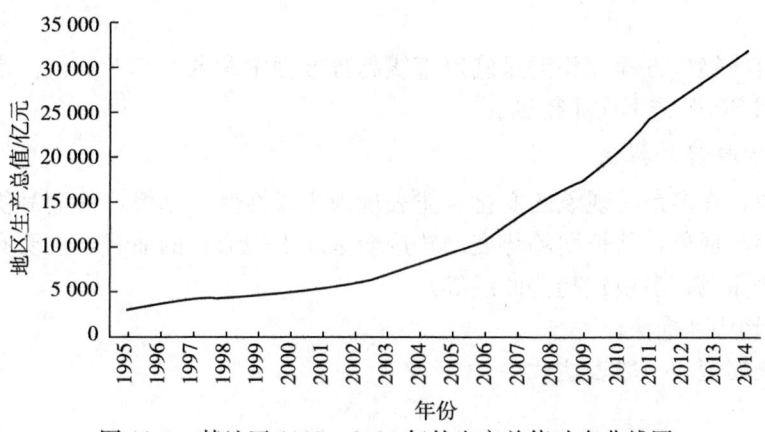

图 11-3　某地区 1995～2014 年的生产总值动态曲线图

(2) 计算该地区生产总值的年平均发展速度。

年平均发展速度为

$$\bar{a} = \sqrt[19]{\frac{31\,806.94}{3\,056.49}} = 1.131\,2$$

据此测算 2015 年生产总值的预测值为

$$\bar{a} = 31\,806.94 \times 1.131\,2 = 35\,980.23(亿元)$$

(3) 从图 11-3 观察到，该地区生产总值 2011 年以来略有减缓，可根据 2011～2014 年这 4 年的值计算近期平均发展速度并进行预测。

近四年平均发展速度为

$$\bar{a} = \sqrt[4]{\frac{31\,806.94}{20\,445.15}} = 1.116\,8$$

据此测算 2015 年生产总值的预测值为
$$\bar{a} = 31\,806.94 \times 1.116\,8 = 35\,522.60 (亿元)$$

(四) 趋势外推法

趋势外推法又叫趋势延伸法，它是将时间序列揭示出的变动趋势延伸到未来，用数学模型对它进行描述，并通过这一模型预测市场现象未来可能达到的水平的预测方法。趋势外推法的核心是建立描述时间序列趋势的数学模型，根据建立的模型不同，分为线性趋势外推法和非线性趋势外推法两种。

1. 线性趋势外推法

当所要预测的市场现象时间序列数值呈现直线上升或下降的趋势时，采用线性趋势外推法进行预测。线性趋势外推法的预测模型为
$$\hat{X}_t = a + bt$$

其中，$\hat{X}_t$ 为第 t 期的预测值；a 为截距；b 为斜率；t 为时间序列的项数。

判断时间序列的趋势是否是直线型变动趋势，常用的方法有两种：一是根据时间序列绘制散点图，如果散点图接近于一条直线，则可以用该方法进行预测；二是用时间序列的逐期增长量判断，若时间序列的逐期增长量接近于一个常数，也可以用该方法进行预测。

要建立直线趋势方程，关键是确定直线趋势方程中参数 a 和 b 的值。市场调查数据分析时可使用 SPSS 或 Excel 得到。

2. 非线性趋势外推法

在现实中，许多市场现象的变化规律表现为非线性变动趋势，如商品供应、价格水平、商品库存等现象，其长期趋势变动轨迹会呈现不同形式的曲线，主要有指数趋势曲线、对数趋势曲线、多项式趋势曲线等。

(1) 指数趋势外推法。

指数预测模型的一般表达式为
$$\hat{X}_t = ab^t$$

其中，$\hat{X}_t$ 为第 t 期的预测值；a、b 为模型参数；t 为时间序列的项数。

市场现象中指数趋势的图形主要为两种，当 $b > 1$ 时，指数趋势曲线图如图 11-4(a) 所示；当 $0 < b < 1$ 时，指数趋势曲线图如图 11-4(b) 所示。

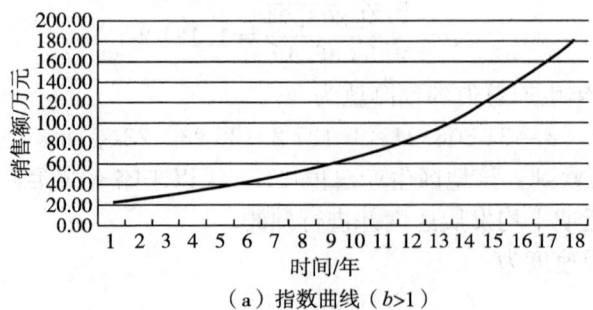

(a) 指数曲线 ($b>1$)

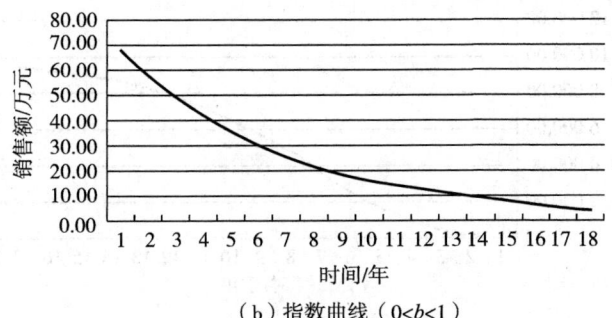

(b)指数曲线（0<b<1）

图 11-4　指数趋势曲线图

解出模型参数 a、b 后，在指数预测模型中代入时间序列的项数 $t+n$，即可对 $t+n$ 时间的变量值做出预测。

(2)对数曲线趋势外推法。

对数预测模型的一般表达式为

$$\hat{X}_t = a + b\ln t$$

其中，$\hat{X}_t$ 为第 t 期的预测值；a、b 为模型参数；t 为时间序列的项数。

对数趋势曲线图形如图 11-5 所示。

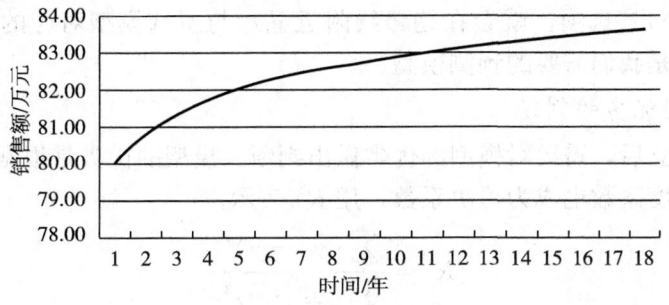

图 11-5　对数趋势曲线图

解出模型参数 a、b 后，在对数预测模型中代入时间序列的项数 $t+n$，即可对 $t+n$ 时间的变量值做出预测。

(3)多项式曲线趋势外推法。

多项式预测模型的一般表达式为

$$\hat{X}_t = b_0 + b_1 t + b_2 t^2 + \cdots + b_n t^n$$

其中，$\hat{X}_t$ 为第 t 期的预测值；$b_i(i=1,2,\cdots,n)$ 为模型参数；t 为时间序列的项数。

多项式趋势的图形如图 11-6 所示。

解出模型参数 $b_i(i=1,2,\cdots,n)$ 后，在多项式预测模型中代入时间序列的项数 $t+n$，即可对 $t+n$ 时间的变量值做出预测。

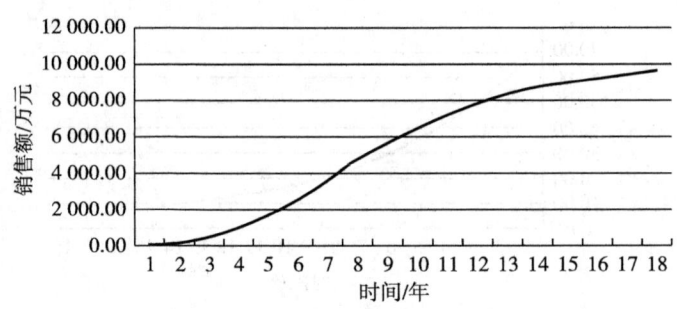

图 11-6　多项式趋势曲线

3. 趋势外推法在 EXCEL 中的实现

趋势外推法的各种模型均可在 Excel 中简单建立。其方法是：首先，选择时间序列数据，绘制曲线图，观察曲线基本特征，对曲线类型做出基本判断。其次，选择绘制的曲线，依次选择"图表工具"菜单的"布局"选项卡中"数据分析"工具中的"趋势线"，选择适当的趋势线类型。或选中绘制的曲线后，点右键，再右键菜单中选择"添加趋势线"，即可打开趋势线选择对话框，从中选择适当的模型，这时，在已绘制的曲线图上就会叠加一条趋势线。其中，在选择多项式模型时，还可通过调整"顺序"的数值，选择多项式的次数，而且，在调整次数的同时，趋势线会实时变化。最后，勾选趋势线选择对话框左下角的"显示公式"选项，就会在趋势线附近显示与所选模型对应的，含有参数的公式。这个公式就是我们需要的预测模型。

4. 趋势模型优劣的判断

预测模型建立后，需要对模型的优劣做出判断。模型的优劣是根据拟合优度系数来判断的。拟合优度系数也成为可决系数，用 R^2 表示。

$$R^2 = \frac{\sum (\hat{y_i} - \bar{y})^2}{\sum (y_i - \bar{y})^2}$$

R^2 反映的是用该模型预测的结果与原时间数列的总离差平方和中回归平方和（由自变量影响）的比重，这个值越接近 1 说明随机因素影响就越小，模型对原数列的代表性就越强。

这个可决系数 R^2 也可以在使用 Excel 建立预测模型时得到。其方法是：在勾选"显示公式"选项时同时选中"显示 R 平方值"，这时，在已显示的公式下就会显示 R^2 的值。R^2 值会随着选择的模型的不同而实时变化，R^2 值达到最大的那个模型就是对原时间序列拟合的最好的模型。

【例 11-4】某大卖场 2004～2013 年商品销售情况如表 11-5 所示，根据资料选择适当的预测模型，并预测 2014 年和 2015 年的商品销售额。

表 11-5　某大卖场 2004～2013 年商品销售额　　　　　单位：万元

年份	商品销售额	年份	商品销售额
2004	44 186	2009	86 780
2005	50 979	2010	97 063
2006	58 139	2012	108 465
2007	67 029	2013	120 524
2008	77 024	合计	710 189

解：

(1) 绘制时间序列动态曲线图，观察趋势类型。

(2) 添加趋势线，选择线性趋势线，并勾选"显示公式"和"显示 R 平方值"，显示如图 11-7 所示。

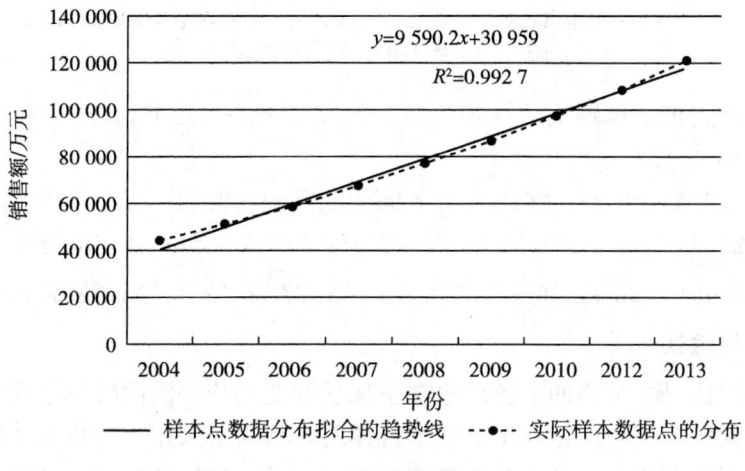

图 11-7　数据拟合的趋势线(一)

得到的线性预测模型为 $\hat{y}=30\,959+9\,590.2\times t$，拟合优度系数 $R^2=0.992\,7$。

(3) 预测 2014 年($t=10$)、2015 年($t=11$)的商品销售额。

$\hat{y}_{2014}=30\,959+9\,590.2\times 10=126\,861$(万元)

$\hat{y}_{2015}=30\,959+9\,590.2\times 11=136\,451.2$(万元)

【例 11-5】已知某服装企业 2001～2007 年销售额如表 11-6 所示，根据资料选择适当的预测模型，并预测 2014 年和 2015 年的商品销售额。

表 11-6　某服装企业 2007～2013 年销售额　　　　　单位：万元

年份	2007	2008	2009	2010	2011	2012	2013
销售额	350	300	250	350	400	450	550

解：

(1) 绘制时间序列动态曲线图，观察趋势类型，近似多项式曲线。

(2) 添加趋势线，选择多项式趋势线，并勾选"显示公式"和"显示 R 平方值"，显示如图 11-8 所示。

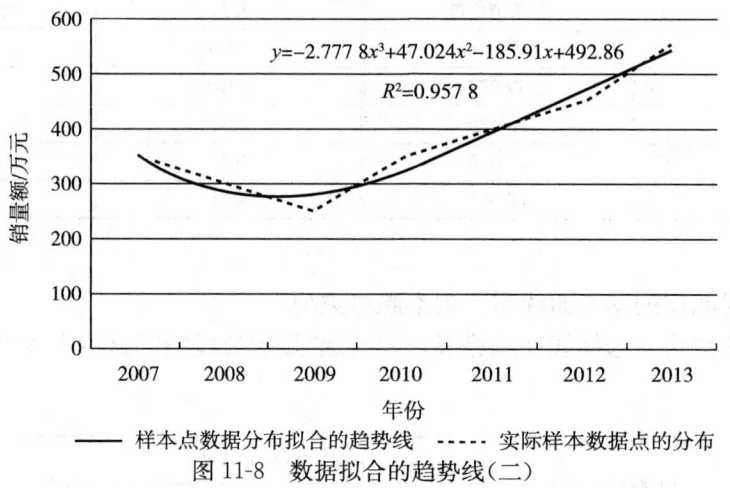

图 11-8 数据拟合的趋势线(二)

得到的多项式预测模型为 $\hat{y}=492.68-185.91\times t+47.024\times t^2-2.7778\times t^3$，拟合优度系数 $R^2=0.9578$。

(3)预测 2014 年($t=8$)、2015 年($t=9$)的商品销售额。

$\hat{y}_{2014}=492.68-185.91\times 8+47.024\times 8^2-2.7778\times 8^3\approx 592.88(万元)$

$\hat{y}_{2015}=492.68-185.91\times 9+47.024\times 9^2-2.7778\times 9^3\approx 603.60(万元)$

(五)季节指数法

有些按季(月、周)观测的市场现象在呈现长期变动趋势的同时也呈现出季节变动规律，当市场现象的时间序列存在季节变动规律时，就需要采用季节指数法进行预测。季节指数法就是根据预测变量各个日历年度按季(月、周)编制的时间序列资料，通过计算反映在时间序列资料上的明显规律的季节指数，并利用这些指数进行预测的一种方法。季节指数的本质是季(月、周)平均数与各季(月、周)总平均数对比的相对数，一般以百分比或系数表示。

$$\text{季节指数}=\frac{\text{同季(月、周)平均数}}{\text{各季(月、周)总平均数}}\times 100\%$$

在运用季节指数法进行预测时，应将原序列中的长期趋势剔除后，再进行测定。剔除长期趋势一般采用乘法模型。

预测的步骤是：

首先，绘制动态曲线图，观察时间数列的基本动态趋势，是否存在长期趋势、是否存在季节波动。

第二步，如果存在长期趋势，则需剔除长期趋势。方法是按照前述趋势外推法建立趋势模型，根据模型计算各期预测值，用原时间序列的观测值除以对应的预测值，形成不含长期趋势的新的时间序列值，即

$$Y_{SCI}=\frac{Y_{TSCI}}{Y_T}=\frac{TSCI}{T}$$

第三步，计算季节指数。

第四步，根据趋势模型预测目标时期的趋势值，该趋势值乘以与该目标时期对应的季节指数即为最终预测值。

【例 11-6】某企业 2011～2013 年商品销售量资料如表 11-7 所示，据此，试预测 2014 年第二季度的销售量。

表 11-7　某企业 2011～2013 分季度产品销售量资料　　　　　　　单位：件

年份	第 1 季度	第 2 季度	第 3 季度	第 4 季度
2011	1 088	628	1 520	1 416
2012	1 232	692	1 648	1 568
2013	1 320	744	1 840	1 752
合计	3 640	2 064	5 008	4 736

解：将上述数据资料按季度为单位顺序排列后，做成动态折线图如图 11-9 所示。

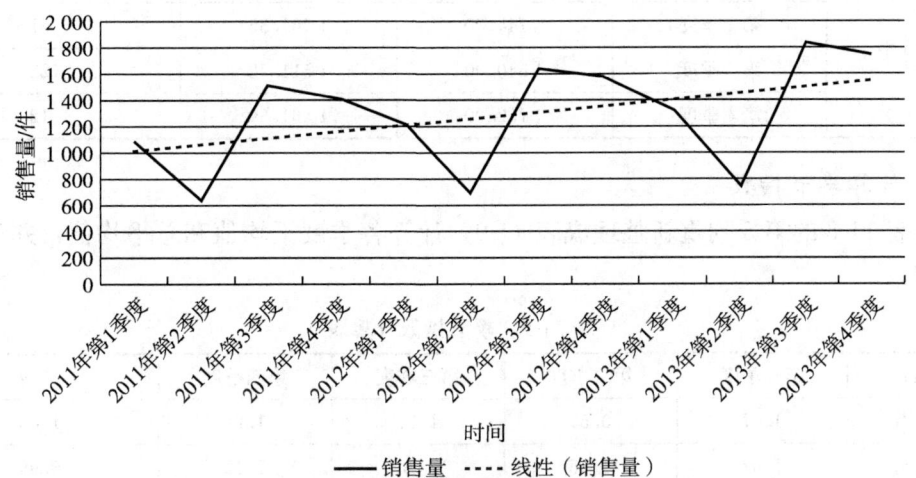

——销售量　----线性（销售量）

图 11-9　原始时间数列及变动特征

通过图 11-9 可以明显地看到，该产品的销售额具有明显的随季节规律性波动的特点，同时，该产品的销售量呈现持续线性增长的趋势。可见，该产品变化至少受到长期趋势和季节波动两种因素的影响。

1. 剔除长期趋势对原时间序列的影响

根据趋势外推法建立线性趋势模型，并计算同期的趋势值。

$\hat{y}_{2011.1季度} = 963.15 + 49.874 \times 1 \approx 1\,013.02（件）$

$\hat{y}_{2011.2季度} = 963.15 + 49.874 \times 2 \approx 1\,062.89（件）$

$\vdots$

$\hat{y}_{2013.4季度} = 963.15 + 49.874 \times 12 \approx 1\,561.59（件）$

用原观测值除以同期的趋势值，得到剔除长期趋势后的时间数列，如表 11-8 所示。

表 11-8　剔除长期趋势计算表

年度(甲)	季度(乙)	销售量(1)	长期趋势值(2)	趋势法剔除长期趋势后的季节变动数列 (3)=(1)/(2)
2011 年	第 1 季度	1 088.00	1 013.02	1.07
	第 2 季度	628.00	1 062.89	0.59
	第 3 季度	1 520.00	1 112.76	1.37
	第 4 季度	1 416.00	1 162.63	1.22
2012 年	第 1 季度	1 232.00	1 212.50	1.02
	第 2 季度	692.00	1 262.37	0.55
	第 3 季度	1 648.00	1 312.24	1.26
	第 4 季度	1 568.00	1 362.11	1.15
2013 年	第 1 季度	1 320.00	1 411.98	0.93
	第 2 季度	744.00	1 461.85	0.51
	第 3 季度	1 840.00	1 511.72	1.22
	第 4 季度	1 752.00	1 561.59	1.12

2. 计算季节指数

将表 11-8 的第 5 列重新整理成表 11-9，计算各季度平均值和总平均值，并计算季节指数。

表 11-9　季节指数计算表

项目	第一季度	第二季度	第三季度	第四季度	平均
2011 年	1.07	0.59	1.37	1.22	1.06
2012 年	1.02	0.55	1.26	1.15	0.99
2013 年	0.93	0.51	1.22	1.12	0.95
平均	1.01	0.55	1.28	1.16	1.00
季节指数	1.01	0.55	1.28	1.16	

可以看到，剔除了长期趋势后时间序列的季度总平均数等于 1。因此，同季度的平均值在数值上就等于该季度的季节指数。

3. 预测 2014 年第二季度的销售量

根据长期趋势模型预测 2014 年第二季度（$t=14$）的趋势值

$$\hat{y}_{2014.2季度}=963.15+49.874\times 14\approx 1\,661.33(件)$$

预测值＝趋势值×第二季度季节指数

$$\hat{y}_{2014.2季度}=1\,661.33\times 0.55\approx 912.38(件)$$

故，2014 年第二季度预计销售量为 912.38 件。

第四节 回归模型预测法

在市场现象中，存在着大量一个变量随着另一个或多个变量的变化而变化的情况，只要有足够的观测数据，这种因果关系变化的规律可以通过采用适当的统计方法用数学模型来描述。解决这一问题的统计分析方法有很多，如回归分析法、计量经济模型法、投入产出法、灰色系统模型法、结构方程模型法等。一旦建立了描述因果关系的数学模型，就可以预测在自变量达到一个特定的量时，因变量达到的水平及其预测误差。在这些方法中，最常用方法是回归分析法。

回归模型预测法是利用回归分析方法，建立自变量与因变量关系的回归模型，并据此对预测期目标变量值进行预测的方法。回归模型预测法作为一种非常重要的预测技术，被广泛地用于预测市场占有率、销售额、品牌偏好及其市场营销效果等。

根据研究所涉及的自变量的多少，回归模型预测方法分为一元线性回归模型预测和多元回归模型预测；根据自变量与因变量之间关系的类型不同，又分为线性回归预测与非线性回归预测。

一、回归模型预测的步骤

利用回归模型预测法对市场进行预测，分为以下四个步骤。

1. 确定预测目标和影响因素

通常情况下，因变量就是市场预测的目标变量。例如，以预计未来五年小家电需求为目的的市场预测，它的因变量就是未来五年小家电的需求量。对于影响和制约预测目标的自变量的确定，则要比因变量的确定复杂得多。当预测目标确定以后，预测者就要根据影响目标变量变动的因素广泛地收集资料，对各种影响因素对目标变量影响的方式和程度加以分析，筛选出起决定性作用的因素作为自变量。目标变量可能会受到多个自变量的影响，应通过相关分析，选择与因变量相关关系最密切的几个自变量。同时还要注意分析各个自变量之间是否存在相关关系(称为多重共线性)，选用那些关系不密切的因素作为自变量。

2. 构建预测模型

根据对自变量和因变量分析的结果，建立适当的回归预测模型，以描述目标变量与自变量之间的关系。建立预测模型，一是选择模型的类型，如果自变量和因变量之间存在线性趋势，可选用线性回归模型；如果存在非线性趋势，可选用非线性回归模型；如果影响目标变量的因素只有一个，可以选用一元线性回归模型，如果影响目标变量的因素有多个，就要选用多元回归模型。二是求解模型的参数值，参数值可利用数据分析软件或通过手工计算获得。回归模型构建的方法，可参阅本章第三节的趋势外推法的相关内容，因为趋势外推法其实就是以时间为自变量的回归模型预测法。

3. 对回归预测模型进行检验

因为无论自变量还是因变量，都是随机变量，这些变量以及由这些变量构成的模型是否具有代表性需要通过统计检验来验证。回归预测模型构建之后，需要做三个方面的统计检验。一是拟合优度检验，也称为 R 检验，R 检验用于检验模型在多大程度上描述了观测数据所反映的变量之间关系的基本特征，即回归模型对观测值的代表性；二是回归系数的显著性检验，一般为 t 检验，t 检验主要用于检验各个自变量是否具统计的显著性（代表性）；三是回归模型的显著性检验，一般为 F 检验。F 检验的主要作用是检验模型整体上是否具有统计的显著性。

4. 利用回归模型对预测值进行估计

回归预测模型经检验通过后，就可以用来预测了。与抽样参数估计类似，利用回归方程进行预测，也分为点预测和区间预测两种。将已知的预测期自变量的值代入模型，得到的因变量的值即为点预测值。但是，由于存在回归误差，预测目标变量的真值可能高于或低于点预测值。因此就需要分析回归误差，并在一定的置信水平下估计可能包含目标变量真值的区间，这个区间在数理统计中称为置信区间，在预测时可称为预测区间。区间预测值反映了在一定概率保证下预测值的可能范围，更具科学性，也更具有实用价值。

二、一元线性回归模型预测法

在影响目标变量的诸多因素中，只选择一个主要因素作为自变量建立的回归预测模型，称为一元线性回归预测模型。当自变量与因变量之间的关系呈现线性变化时称为线性回归分析；当自变量与因变量之间的关系呈现非线性变化时，称为非线性回归分析。例如，要研究城镇居民消费支出的发展趋势，首先要分析影响城镇居民消费支出的影响因素有哪些，如居民人均可支配收入、未来收入预期、消费习惯、市场环境等因素。通过进一步分析发现，居民人均可支配收入的多少对消费支出起着决定性作用，即居民消费支出的多少与居民人均可支配收入之间的相关性最强，为简便起见，就可以只选择居民人均可支配收入这一个因素为自变量，人均消费支出为因变量建立一元线性回归模型，并据此对居民人均可支配收入达到一定水平时的人均消费支出进行预测。

（一）一元线性回归预测模型的建立

建立一元线性回归预测模型的思路与本章第三节介绍的趋势外推法建立时间序列动态模型的思路相同，只是用自变量代替时间变量而已。因为趋势外推法其实就是以时间为自变量的回归模型预测法。但是，Excel 中采用绘制曲线图叠加趋势线的方法，只能得到回归模型和拟合优度系数 R^2 值，无法进行回归误差分析和统计检验。为此，在采用回归模型预测时，需要使用软件中的其他方法建立回归预测模型。此外，需要注意的是，在时间序列分析时，自变量（时间 t）是自然排序的，在回归分析采用其他非时间变量作为自变量时，自变量没有排序，如果需要在 Excel 中建立回归关系散点图，需要将自变量排序后作为横坐标，才能显示出变量间的关系。

建立回归预测模型的基本步骤是：①确定预测目标变量并搜集观测值；②选择自变量并搜集观测值；③绘制散点图（或曲线图）判断自变量与因变量的关系类型；④使用软件计算模型参数。

如果 x、y 是具有线性相关性的两个变量,对于自变量 x 的 n 个数据值 x_1,x_2,$\cdots$,x_n,与因变量 y 对应的值为 y_1,y_2,$\cdots$,y_n,则二者之间的关系可用一元线性回归模型表达,表达式为

$$y_i = \beta_0 + \beta_1 x_i + \varepsilon$$

其中,β_0、β_1 为待估参数;ε 为随机扰动项。

根据 x、y 的样本观测值,解出待估参数,可以建立线性回归方程

$$\hat{y} = b_0 + b_1 x$$

其中,$\hat{y}$ 为因变量的估计值;b_0,b_1 为回归参数,分别为 β_0,β_1 的估计值;x 为自变量。

使用回归模型预测时,首先使用回归方程 $\hat{y} = a + bx$ 计算出 $\hat{y}$ 的值,ε 则通过回归误差分析获得,并据此估计回归预测区间。

(二)一元线性回归预测模型的检验

对于任何给定的一个自变量及因变量观察样本资料,都可以计算出回归方程的参数,建立回归方程式,但是建立的回归方程并非一定有实用意义。因此,在使用模型预测之前需要先对模型进行相关的统计检验。回归模型的检验包括拟合优度检验、回归模型的显著性检验及回归系数的显著性检验。

1. 拟合优度检验

回归模型在一定程度上描述了变量 x 与 y 之间的数量关系,但并没有说明模型在多大程度上反映了回归结果对观察数据的拟合程度。

我们知道,平均值是一组数据的代表性水平,回归分析中因变量的观测值总是围绕平均值上下波动的,这种波动称为离差,离差用观测值与平均值之差的平方表示。各个观测值离差的总和称为总离差,总离差受自变量变动及其他因素的影响,可以被分解为能够用回归模型解释的回归离差和不能被回归模型解释的剩余离差,用公式表示为

$$\sum (y_i - \bar{y})^2 = \sum (y_i - \hat{y}_i)^2 + \sum (\hat{y}_i - \bar{y})^2$$

或者,记为

$$S_{总} = S_{剩} + S_{回}$$

即

$$总离差 = 剩余离差 + 回归离差$$

其中,y_i 为因变量观测值;$\hat{y}_i$ 为回归估计值;$\bar{y}$ 为因变量的平均值。

回归模型拟合的优劣取决于回归离差在总离差中所占的比例。比例越大,说明自变量对因变量变动的解释性越强,回归结果对原观测值拟合就越好。x 与 y 的拟合优度可用 R^2 度量,称为判定系数,其计算公式为

$$R^2 = \frac{S_{回}}{S_{总}} = \frac{\sum (\hat{y}_i - \bar{y})^2}{\sum (y_i - \bar{y})^2} = 1 - \frac{\sum (y_i - \hat{y}_i)^2}{\sum (y_i - \bar{y})^2} \quad (0 \leqslant R^2 \leqslant 1)$$

判定系数 R^2 测度了回归模型对观察值的拟合优度。若模型估计值与所有观察值完全吻合,则 $\sum (y_i - \hat{y}_i)^2 = 0$,$R^2 = 1$,说明自变量完全解释了因变量的变动;若模型

估计值与所有观察值完全不吻合，典型的是模型估计值等于平均值，$\sum(\hat{y}_i-\bar{y})^2=0$ 则 $R^2=0$，说明自变量完全不能解释因变量的变动。绝大多数情况下 R^2 的取值在 0 到 1 之间。R^2 越接近于 1，则回归模型的拟合程度越好；反之，R^2 越接近于 0，则回归模型的拟合程度就越差。

2. 回归预测模型检验

预测模型作为整体，在一定程度上也反映了 x 与 y 之间的线性关系，因此，可以通过对模型总体的显著性检验来判断模型是否可用于预测。回归模型的显著性检验利用 F 统计量来衡量，称为 F 检验，该检验的目的在于说明回归预测模型中自变量与因变量是否存在显著的线性关系，回归预测模型是否有效。通常以回归离差平方和及剩余离差平方和为基础，构造 F 检验统计量，即

$$F=\frac{S_{回}}{S_{剩}/n-2}=\frac{\sum(\hat{y}-\bar{y})^2}{\sum(y-\hat{y})^2/n-2}=\frac{R^2}{1-R^2}(n-2)$$

其中，$n-2$ 为 $S_{剩}$ 的自由度；n 为样本观察值个数。

根据选定的显著水平 α 及自由度 $(m, n-2)$，其中 m 为自变量的个数，一元线性回归自变量只有一个，所以 m 等于 1，查 F 分布表，得到临界值 F_α（或在 Excel 中使用 F.INV 函数计算，请参阅第十章假设检验部分）。比较 F 和 F_α，若 $F>F_\alpha$，则认为回归方程线性关系显著；若 $F<F_\alpha$，则认为回归方程线性关系不显著。

3. 回归系数显著性检验

回归系数显著性检验用于检验自变量与因变量之间是否存在线性关系，包括对 b_0，b_1 的检验。因为 b_0 就是回归直线的截距，因此，主要是对 b_1 进行检验。小样本 ($n<30$) 时，采用 t 检验，大样本 ($n<30$) 时，采用 z 检验。数理统计可以证明 t 统计量的计算公式为

$$t_b=\frac{b}{s_b}=\sqrt{F}$$

由选择的显著性水平 α 和自由度 $(n-2)$ 查 t 分布表，可得临界值 $t_{\alpha/2}(n-2)$（或在 Excel 中使用 TINV 函数计算，请参阅第十章假设检验部分）。若 $|t_b|=t_{\alpha/2}$，则回归系数 b 具有显著性，说明 x 是影响 y 的主要的解释变量；反之，则不具有显著性。

在一元线性回归分析中，F 检验和 t 检验两者是等价的。对单个解释变量显著性进行 t 检验，也就检验了解释变量的整体显著性（F 检验），所以在一元线性回归分析中，可以只进行一种检验。

(三) 一元线性回归模型预测法的应用

回归模型通过检验后就可以进行预测了。预测分为点预测和区间预测，将自变量的值 x_k 带入模型，计算得到的因变量的估计值 $\hat{y}_k$，即为点预测值。

$$\hat{y}_k=b_0+b_1x_k$$

但是，由于存在回归误差，预测目标变量的真值 y_k 可能高于或低于点预测值 $\hat{y}_k$。因此就需要分析回归误差，并在一定的置信水平下估计可能包含目标变量真值的区间。

当已知自变量 x_k，因变量 $\hat{y}_k$ 的预测区间为 $[\hat{y}_k - t_{\alpha/2} s_{ind}, \hat{y}_k + t_{\alpha/2} s_{ind}]$。

其中，$s_{ind} = s_y \sqrt{1 + \dfrac{1}{n} + \dfrac{(x_k - \overline{x})^2}{\sum(x_i - \overline{x})^2}}$。

式中，s_y 为估计量的标准误差

$$S_y = \sqrt{\dfrac{\sum(y - \hat{y})^2}{n-2}}$$

估计标准误差反映了用回归方程预测因变量时预测误差的大小。若各观察值越靠近直线，即 S_y 越小，回归直线对各观察值的代表性就越好，根据回归方程进行预测也就越准确。

有时，为了对不同模型的精度进行比较，往往还要计算离散系数或标准离差系数 v，其计算公式为

$$v = \dfrac{s_y}{\overline{y}} \times 100\%$$

一般，希望 v 不超过 10%。

一元线性回归预测可以在使用 Excel 中的回归分析工具实现。其方法是：建立自变量、因变量观测值数据列表，在加载了数据分析加载项①的前提下，从"数据"选项卡中选择"数据分析"命令，打开"数据分析"对话框，在"分析工具"选择框中，选择"回归"，在打开的回归分析选项对话框中，依次输入因变量、自变量的数据区域，如果区域中包含有变量名，则勾选"标志"选择框，输入预测值的置信度（系统默认为 95%），选择输出区域，根据需要选择其他选项后点击"确定"，即可输出分析结果。

【例 11-7】某地区城镇居民年人均可支配收入与年人均消费性支出 1995～2013 年的样本观测资料如表 11-10 所示。若 2015 年的年人均可支配收入为 1 763 元，请问该地区 2015 年的年人均消费性支出将达到多少（置信度为 95%）？

表 11-10　某地区城镇居民年人均可支配收入与年人均消费性支出表　　单位：元

年份	年人均消费性支出（y_i）	年人均可支配收入（x_i）
1995	474.72	526.92
1996	479.94	532.72
1997	488.10	566.81
1998	509.58	591.18
1999	576.34	699.96
2000	654.73	744.06
2001	755.56	851.20
2002	798.63	884.40
2003	815.40	847.26

---

① 参阅本书第十章第二节。

续表

年份	年人均消费性支出（y_i）	年人均可支配收入（x_i）
2004	718.37	820.99
2005	767.16	884.21
2006	759.49	903.66
2007	820.25	984.09
2008	849.78	1 035.26
2009	974.70	1 200.90
2010	1 040.98	1 289.77
2011	1 099.27	1 432.93
2012	1 186.11	1 538.97
2013	1 252.53	1 663.63

解：

（1）设年人均可支配收入为 x，年人均消费性支出为 y。根据表 11-10 中 x 与 y 的原始资料，绘制散点图，如图 11-10 所示。

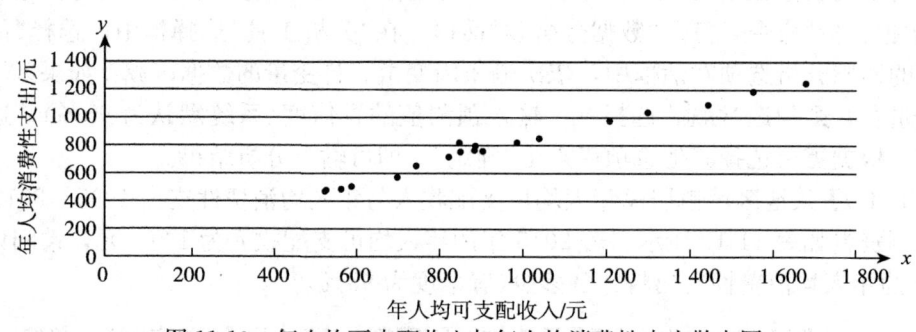

图 11-10　年人均可支配收入与年人均消费性支出散点图

从图 11-10 可以看出，年人均可支配收入和年人均消费性支出表现出较高程度的直线正相关关系，即当可支配收入增加时，消费性支出也随之增加，它们之间具有正向同步变动趋势，可以采用一元线性回归模型进行预测。

（2）在 Excel 中建立数据表，点"数据"→"分析"→"数据分析"→选择"回归"，打开回归分析选项框，在"y 值输入区域"输入人均消费性支出的数据区域 B1：B20（含列标题），在"x 值输入区域"输入人均可支配收入数据区域 C0：C20（含列标题），勾选"标志"选框，勾选置信度选框，并输入 99%，输出选项默认为输出到新的工作表，最后点"确定"，即可输出分析结果如图 11-11 所示。

在回归统计中我们看到 R 平方值（R square）为 0.978 8，说明这个回归结果中有 97.88% 能够被自变量解释，模型对原始数据拟合得很好；标准误差 $s_y=35.388$ 是估计值的标准误差。从方差分析可以看到 F 检验统计量 = 786.176 52，在 Excel 中使用 F.INV(0.99,1,17) 计算 F 检验临界值为 8.4，F 检验统计量远大于 F 检验临界值，

```
SUMMARY OUTPUT

              回归统计
Multiple R          0.989360421
R Square            0.978834043
Adjusted R Square   0.977588986
标准误差              35.38801132
观测值                19

方差分析
              df         SS           MS           F          Significance F
回归分析        1       984537.8     984537.7733   786.17652    1.12826E-15
残差         17        21289.29     1252.311345
总计         18        1005827

           Coefficients  标准误差      t Stat       P-value     Lower 95%    Upper 95%    下限 99.0%    上限 99.0%
Intercept  135.3046494   24.74137    5.468762201  4.16E-05    83.10492912  187.5043696  63.59846617  207.0108326
年人均可支配收入x 0.691755487 0.024671  28.03883946  1.128E-15   0.639703528  0.743807445  0.620252282  0.763258691
```

图 11-11　Excel 回归分析输出结果

说明模型变量间具有显著的线性关系，回归系数不为 0。从回归结果可以看到，线性回归方程的常数项（Intercept）b_0 为 135.304 649 4，自变量年人均可支配收入的系数 b_1 为 0.691 755 487，且两个系数的显著性概率（P-value）均小于给定的显著性水平 0.01，因此，回归系数也具有统计的显著性。据此建立的回归模型可以用于预测。

(3) 建立回归方程进行点估计。

$\hat{y}_k \approx 135.30 + 0.691\ 8x_k$

当人均可支配收入 $x = 1\ 763$ 时

人均消费支出 $\hat{y}$ 的点预测值为

$\hat{y}_{2015} \approx 135.30 + 0.691\ 8x_{2015} = 135.30 + 0.681\ 8 \times 1\ 763 \approx 1\ 354.94$（元）

(4) 对预测值进行区间预测。

Excel 回归分析结果中已经给出了 b_0，b_1 两个系数在不同置信度下的区间，本例中一组是在系统默认的 95% 置信度下两个系数的上下限，另一组是在我们指定的 99% 置信度下两个系数的上下限。据此可直接计算人均消费支出预测的区间。

在 95% 置信度下：

预测下限 $\hat{y}_{2015lw} = 83.1 + 0.639\ 7 \times 1\ 763 \approx 1\ 210.90$（元）

预测上限 $\hat{y}_{2015up} = 187.50 + 0.743\ 8 \times 1\ 763 \approx 1\ 498.84$（元）

预测区间为 [1 210.90 元，1 498.84 元]

此即，人均可支配收入达到 1 763 元时，人均消费性支出有 95% 的可能在 1 210.9 元至 1 498.84 元之间。

同理，可以预测在 99% 置信度下的人均消费支出区间为 [1 157.1 元，1 552.64 元]。

三、多元线性回归模型预测法

一元线性回归是回归模型预测中的基础，然而在实际的市场经济活动中，绝大部分的市场变量是由多个而并非一个因素决定的。例如，销售额的增长不仅受销售人员数量的影响，还受当地居民收入水平等因素的影响，在这种情况下，因变量同时受两个自变量影响，应采用二元回归分析。再如，管理人员希望预测公司未来几年的销售额，经过研究发现销售额与个人可支配收入、宣传费用、产品价格、研究与开发费用、投资额以及销售费用等各种因素都存在或多或少的决定关系。管理人员想进一步研究是哪些自变量对因变量起作用,这些自变量又是如何对因变量产生影响的,以便建立一个能反映实际的模型,从而达到预测销售额的目的,这时就需要引入多元回归分析。多元回归分析是利用一个因变量和多个自变量关系的回归模型来解决复杂的市场问题。

(一)多元线性回归模型预测的建立

多元线性回归分析是一元线性回归分析的延伸,两者计算原理和分析过程大致相同,只不过多元回归分析计算相对复杂一些。

多元线性回归与一元线性回归都是线性回归,也就是说因变量与多个自变量之间仍然是线性关系。多元线性回归与一元线性回归的最大不同是增加了自变量的个数,由于增加了不止一个自变量,因此,除了自变量与因变量之间的线性相关关系外,在自变量之间也可能存在相关关系,统计上称为多重共线性。回归分析要求自变量与因变量之间存在显著相关性,但自变量与自变量之间则应相互独立,不具有相关性,如果自变量之间存在多重共线性,就表明自变量之间信息重叠,回归分析时会在不同变量间重复使用信息,会使回归模型对变量关系的描述失真。因此,在多元线性回归分析时选择哪些因素作为自变量至关重要。

多元线性回归模型的一般表达为

$$y=\beta_0+\beta_1 x_1+\beta_2 x_2+\cdots+\beta_n x_n+\varepsilon$$

其中,β_0,β_1,…,β_n 为待估参数;ε 为随机扰动项。

利用样本数据估计了模型的待估参数后,就可得到多元线性回归方程

$$\hat{y}=b_0+b_1 x_1+b_2 x_2+\cdots+b_n x_n$$

其中,x_1,x_2,…,x_n 为 n 个自变量;$\hat{y}$ 为因变量的估计值;b_0,b_1,b_2,…,b_n 为多元回归预测模型中的参数值。

使用多元线性回归模型预测时,首先使用回归方程 $\hat{y}=a+bx$ 计算出 $\hat{y}$ 的值,ε 则通过回归误差分析获得,并据此估计回归预测区间。

多元线性回归模型需要通过拟合优度检验、显著性检验,并对多重共线性进行判别与处理后才能用于预测。

(二)多元线性回归预测模型的检验

1. 拟合优度检验(R 检验)

与一元线性回归分析相似,多元线性方程的拟合优度检验也是通过 R^2 来进行判断的。不同的是,由于多元线性回归分析有多个自变量,因此这里的 R^2 称为多重判定系数。

$$R^2=\frac{S_{回}}{S_{总}}=\frac{\sum(\hat{y}_i-\bar{y})^2}{\sum(y_i-\bar{y})^2}=1-\frac{\sum(y_i-\hat{y}_i)^2}{\sum(y_i-\bar{y})^2} \quad (0\leqslant R^2\leqslant 1)$$

由于自变量增加时,无论这个自变量在统计上是否显著,都会使预测误差减小,会减少剩余变差,从而增大 R^2 的值。因此,为避免过高估计 R^2,需要对 R^2 进行修正。修正的多重判定系数为

$$R_a^2=1-(1-R^2)\times\frac{n-1}{n-m-1} \quad (0\leqslant R_a^2\leqslant 1)$$

其中，n 为样本量；m 为自变量的个数。

多重判定系数反映因变量能被多个自变量变动解释的比例。多元线性回归分析中，应使用修正的多重判定系数来判断方程对观测数据的拟合程度。

多重判定系数的平方根称为多重相关系数，记作 R，它是在多元回归分析中，衡量多个自变量与因变量之间线性关系的密切程度。多重相关系数的计算公式为

$$R=\sqrt{R^2}$$

2. 显著性检验（F 检验、t 检验）

（1）F 检验是关于回归方程的显著性检验，即检验所有自变量作为一个整体与因变量之间是否存显著的线性相关性。统计量 F 的公式为

$$F=\frac{S_{回}/m}{S_{剩}/n-m-1}=\frac{\sum(\hat{y}-\bar{y})^2/m}{\sum(y-\hat{y})^2/n-m-1}$$

根据选定的显著水平 α 及自由度（m，$n-m-1$），查 F 分布表（或在 Excel 中使用 F.INV 函数计算），得到临界值 F_α。比较 F 和 F_α，若 $F>F_\alpha$，则认为 y 与 x_1，x_2，$\cdots$，x_n 之间有显著的线性相关性，即认为 n 元回归方程有显著意义；若 $F<F_\alpha$，则认为 y 与 x_1，x_2，$\cdots$，x_n 之间不存在显著的线性关系。回归方程的显著性检验未获通过的原因，可能是因为自变量与因变量之间的关系是非线性的，也可能是因为选择自变量时漏掉了重要的影响因素，此时应考虑重新建立回归模型。

（2）t 检验是对回归系数的显著性检验，即检验回归方程中每个自变量与因变量之间的线性关系是否显著。大样本时，可采用 z 检验，检验统计量计算方法相同。

t 检验的统计量为

$$t_{b_i}=\frac{b_i}{S_{b_i}}(i=1,2,\cdots,n)$$

其中，S_{b_i} 为回归系数 b_i 的标准差。

根据计算结果，按显著性水平 α，查自由度 $f=n-m-1$ 的 t 分布表（或在 Excel 中使用 TINV 函数计算）得到临界值 t_α。若统计量的绝对值 $|t_{b_i}|>t_\alpha$，即认为回归系数 b_i 与 0 有显著差异，相应的自变量 x_i 就保留在回归方程中；若 $|t_{b_i}|<t_\alpha$，即认为回归系数 b_i 与 0 无显著差异，这时相应的自变量 x_i 就被判定在回归方程中影响甚微，应从回归方程中剔除，重新建立更为简单的模型。

3. 多重共线性的判断与处理

在有些情况下，一个多元回归方程中可能存在 F 检验很显著，但同时有几个回归系数的 t 检验不能通过，或者自变量系数的正负号（即自变量对因变量影响的方向）与常识或理论判断相违背，这时就说明自变量之间存在多重共线性，需要进行处理。

多重共线性的处理一般采用逐次剔除法或逐次代入法。逐次剔除法是先将所有自变量选入模型，然后根据各个系数的 t 检验值，先剔除其中最小 t 值对应的那个自变量后再做回归，然后对新的回归系数逐个检验，这样反复进行到各回归系数都显著为止。逐次代入法是先计算所有变量的偏相关系数，从与因变量相关程度最高的自变量开始，逐步增加自变量，进行显著性检验并比较，最终选择各项检验最佳的变量组合建立多元回

归模型。

多元回归分析除了以上几种检验方法外,根据分析的需要还可以进行 DW 检验和 Q 检验等,主要用来检验自变量前后期之间是否存在相关关系,也称自相关检验。例如,在市场研究中常要对销售量、产值等进行分析估计,而每年的销售量之间可能存在一定的相关性,即今年的销售量可能受去年销售量的影响。如果变量间存在序列自相关,就难以获得各自变量对销售量的真正影响。

(三)多元线性回归预测模型的应用

与一元线性回归预测类似,多元线性回归预测也分为点预测与区间预测。将自变量的值 $x_1, x_2, \cdots, x_m$ 带入模型,计算得到的因变量的估计值 $\hat{y}$,即为点预测值。

$$\hat{y} = b_0 + b_1 x_1 + b_2 x_2 + \cdots + b_m x_m$$

多元线性回归预测的预测区间用公式表示为

$$[\hat{y} - t_{\alpha/2,(n-m-1)} s_{ind}, \hat{y} + t_{\alpha/2,(n-m-1)} s_{ind}]$$

其中,s_{ind} 是根据多个自变量之间关系的矩阵计算的平均误差,公式过于复杂,这里不再列出。

多元线性回归预测,也可以使用 Excel 中的回归分析工具实现,使用方法与一元回归预测几乎相同,只是在选择自变量的数据区域时,同时选择几个自变量的区域。需要注意的是 Excel 中的回归分析要求自变量必须是紧邻的列,因此,数据整理时需要将自变量排列在一起。

【例 11-8】某 4S 店业务员正在联系一个潜在客户(年龄 35 岁,年收入 10 万元,已工作 8 年),希望有 95% 或 99% 的把握确定向该顾客推荐那个档次的车。该 4S 店数据分析人员已根据现有客户数据库建立了以购车价格为因变量,以购车人年龄、年收入、工作年限为自变量的多元线性回归分析模型,初步分析结果如图 11-12 所示。请根据回归分析结果判断能否据此进行预测?如果不能,如何改进才能进行预测?

SUMMARY OUTPUT

回归统计	
Multiple	0.8220
R Square	0.6757
Adjusted	0.6756
标准误差	12.4889
观测值	6400

方差分析

	df	SS	MS	F	Significance F
回归分析	3	2078964.5036	692988.1679	4442.9770	0
残差	6396	997608.6635	155.9738		
总计	6399	3076573.1671			

	Coefficients	标准误差	t Stat	P-value	Lower 95%	Upper 95%	下限 99.0%	上限 99.0%
Intercept	11.5698	0.5945	19.4601	0.0000	10.4043	12.7353	10.0379	13.1017
年龄	-0.0091	0.0161	-0.5634	0.5732	-0.0408	0.0226	-0.0507	0.0325
收入	1.7699	0.0244	72.6224	0.0000	1.7222	1.8177	1.7071	1.8327
累计工龄	0.6226	0.0239	26.0638	0.0000	0.5758	0.6694	0.5610	0.6841

图 11-12 购车顾客多元回归分析结果

解:

(1)通过对回归结果的分析,可以看到,年龄、收入、工龄三个因素对购车价格变动的解释约占 67.6%,变量间存在线性关系;F 检验值 4 443,F 检验的显著性概率为 0，低于 0.05，模型整体具有统计的显著性；但是从 t 检验结果看，年龄这个变量的统计量为 -0.5634，小于 t 检验统计量（TINV(0.025，6 436)＝2.24），显著性概率为 0.573 2，大于 0.05，未通过检验。分析原因，可能是年龄与购车价格之间相关性较弱，或者三个自变量之间存在多重共线性，需要剔除年龄因素后重新建立模型进行分析。

（2）重新建模。进行三个变量之间的相关分析，结果如图 11-13 所示。

	购车价格	年龄	收入	累计工龄
购车价格	1			
年龄	0.376 252	1		
收入	0.792 142	0.335 2	1	
累计工龄	0.638 638	0.616 798	0.580 447	1

图 11-13　变量间相关系数

观察发现，购车价格与年龄之间的相关系数仅为 0.376 2，相关性很弱，决定剔除年龄因素重新建模，分析结果如图 11-14 所示。

```
SUMMARY OUTPUT
      回归统计
Multiple R         0.8220
R Square           0.6757
Adjusted R Square  0.6756
标准误差           12.4883
观测值              6400

方差分析
              df         SS              MS             F          Significance F
回归分析        2      2078915.0032   1,039,457.5016   6,665.0180        0
残差         6397       997658.1639      155.9572
总计         6399      3076573.1671

          Coefficients  标准误差   t Stat   P-value   Lower 95%  Upper 95%  下限 99.0%  上限 99.0%
Intercept   11.2628    0.2377   47.3862   0.0000     10.7969    11.7287    10.6504     11.8752
收入         1.7704    0.0244   72.6924   0.0000      1.7227     1.8182     1.7077      1.8332
累计工龄      0.6152    0.0199   30.8473   0.0000      0.5761     0.6543     0.5638      0.6666
```

图 11-14　剔除年龄因素后重新建模分析的结果

从图 11-14 看，模型有了很大改善，所有检验均通过，可以用来进行预测了。

（3）预测该客户可能的购车价格。

在 95％ 的置信水平下：

客户购车可能的平均价格 $\hat{y}=11.262\,8+1.770\,4\times10+0.615\,2\times8\approx33.89$（万元）

客户购车可能的最低价格 $\hat{y}=10.796\,9+1.722\,7\times10+0.576\,1\times8\approx32.63$（万元）

客户购车可能的最高价格 $\hat{y}=11.728\,7+108\,182\times10+0.654\,3\times8\approx35.14$（万元）

在 99％ 的置信水平下的预测与此类似，购车价格区间为 [32.24 万元，35.54 万元]。

结论：向该客户推荐 32.2 万元至 35.5 万元之间的车比较有把握。

四、非线性回归模型预测法

在市场经济活动中，存在着大量的非线性因果关系，应选择适当的非线性模型进行预测。对于具有非线性关系的预测对象，可以采用一定的数学方法将非线性方程转化为线性方程，然后再利用线性回归的方法求出模型参数进行预测。需要强调的是，在利用直接变换法或对数变换法求出线性模型的参数后，仍然要对模型进行各种检验，才能利用模型进行预测。常用的可以转换为线性模型的非线性回归模型有以下几种。

1. 二次多项式回归模型

二次多项式回归模型的数学表达式为

$$\hat{y}=a+b_1x+b_2x^2$$

在二次多项式回归模型中，设 $x_1=x$，$x_2=x^2$，则二次多项式回归模型可以转化为二元线性回归模型，即

$$\hat{y}=a+b_1x_1+b_2x_2$$

由 x 的实际值求出 x_1、x_2 的数值后，运用二元线性回归预测方法求解出 a、b_1 和 b_2 即可。

2. 指数曲线回归模型

指数曲线回归模型的数学表达式为

$$y=ab^x$$

等式两端取对数，得

$$\ln y=\ln a+x\ln b$$

设 $y'=\ln y$，$a'=\ln a$，$b'=\ln b$，则有

$$y'=a'+b'x$$

利用原始数据先求出 y'，再运用一元线性回归模型预测法求解参数 a'、b'，由 $a=e^{a'}$ 和 $b=e^{b'}$ 求出 a、b 的值，即可得到预测模型。

3. 双曲线回归模型

双曲线回归模型的数学表达方式为

$$y=a+\frac{b}{x}$$

在双曲线回归模型中，设 $x'=1/x$，$y'=y$，则双曲线回归模型可以转化为一元线性回归模型，即

$$y'=a+bx'$$

再运用一元线性回归分析预测法求解参数 a 和 b 即可。

以上介绍了线性回归和非线性回归的预测原理和应用，并通过一些实例说明了各种预测技术的计算过程。实际应用中的计算往往要复杂得多，随着计算机技术和统计软件的开发利用，可以很方便地完成所需要的计算。

☆思考练习题

一、问答题

1. 简述市场预测的基本步骤。
2. 什么是定性市场预测？什么是定量市场预测？两者有何不同？

3. 如何理解市场预测在经营决策中的作用？
4. 什么是集合意见预测法？
5. 比较专家预测法的优缺点。
6. 时间序列预测法的基本类型有哪些？
7. 试述移动平均预测法、指数平滑预测法、季节指数预测法的基本原理。
8. 为什么要对回归方程进行检验？
9. 说明总离差平方和、剩余平方和、回归平方和之间的关系。
10. 多元回归分析预测中，F检验及偏相关系数检验的步骤是什么？它们主要解决什么问题？

二、计算分析题

1. 某城市2013年1~11月粮油需求量资料如表1所示。

表1　2013年1~11月某城市的粮油需求量　　　　　单位：万吨

月份	1	2	3	4	5	6	7	8	9	10	11
粮油需求量	195	220	200	195	185	180	185	180	190	230	210

试用二次移动平均法预测2014年和2015年的销售额（取$n=3$）。

2. 某商场2004~2013年销售额资料如表2所示。

表2　2004~2013年某商场的销售额　　　　　单位：万元

年份	2004	2005	2006	2007	2008	2009	2010	2011	2012	2013
销售额	85	80	94	88	96	101	110	121	127	136

试用二次指数平滑法预测2014年和2015年的销售额（取$\alpha=0.5$，初始值$S_t^{(1)}$和$S_t^{(2)}$取前三期观察值的平均值）。

3. 某企业某种商品2011~2013年各月的销售量资料如表3所示。

表3　2011~2013年某企业某商品销售量　　　　　单位：台

月份 年份	1	2	3	4	5	6	7	8	9	10	11	12
2011	23	33	69	91	192	348	254	122	59	34	19	27
2012	30	37	59	120	311	334	270	125	70	33	23	16
2013	26	32	102	155	372	324	290	153	77	17	37	40

试用按月平均法预测该商品2014年各月的销售量。

4. 某公司2013年某产品各月资料如表4所示。

表4 2013年某公司某产品各月产量　　　　　　　单位：万吨

月份	产品产量 y
1	340
2	300
3	380
4	350
5	370
6	420
7	380
8	430
9	480
10	470
11	440
12	500
合计	4 860

试用直线趋势外推法预测2014年1月和2月的产品产量。

5．某企业2004～2013年的商品销售额和广告费用支出资料如表5所示。

表5 2004～2013年某企业商品销售额与广告费用支出　　　单位：万元

年份	广告费用支出 x	商品销售额 y
2004	30	50
2005	40	80
2006	50	90
2007	60	95
2008	80	105
2009	90	110
2010	100	120
2011	105	120
2012	120	145
2013	120	150
合计	795	1 065

要求：
(1)绘制反映广告费用支出与商品销售额关系的散点图；
(2)进行相关分析；
(3)建立广告费用支出与商品销售额的回归方程；
(4)检验回归方程的线性关系是否显著（$\alpha=0.05$）；
(5)2014年广告费用支出为35万元，要求在95%的置信水平下预测2014年的商品销售额及预测区间。

☆ 实训题

一家大型的农贸市场，需要对明年猪肉市场价格进行预测。结合你所学的市场预测理论知识，以组为单位，写出一份猪肉市场预测工作流程。

☆ 案例分析

春花童装为何滞销？

一、案例介绍

某市春花童装厂近几年沾尽了独生子女的光，生产销售连年稳定增长。谁料该厂李厂长这几天来却在为产品推销、资金搁死大伤脑筋。原来，年初该厂设计了一批童装新品种，有男童的香槟衫、迎春衫，女童的飞燕衫、如意衫等。借鉴成人服装的镶、拼、滚、切等工艺，在色彩和式样上体现了儿童的特点，活泼、雅致、漂亮。由于工艺比原来复杂，成本较高，价格比普通童装高出了80%以上，如一件香槟衫的售价在280元左右。为了摸清这批新产品的市场吸引力如何，在春节前夕厂里与百货商场联合举办了"新颖童装迎春展销"的活动，小批量投放市场并十分成功，柜台边顾客拥挤，购买踊跃，一片赞誉声。许多商家主动上门订货。连续几天亲临柜台观察消费者反映的李厂长，对此看在眼里、喜在心上，不由想到："现在都只有一个孩子，为了能把孩子打扮得漂漂亮亮的，谁不舍得花些钱？只要货色好，价格高些看来没问题，决心趁热打铁，尽快组织批量生产，及时抢占市场。"

为了确定计划生产量，以便安排以后的月份生产，李厂长根据去年以来的月销售统计数，运用加权移动平均法，计算出以后月份预测数，考虑到这次展销会的热销场面，他决定按生产能力的70%安排新品种，30%为老品种。2月的产品很快就被订购完了。然而，现在已是4月初了，3月的产品还没有落实销路。询问了几家老客商，他们反映有难处，原以为新品种童装十分好销，谁知2月订购的那批货，卖了一个多月还未卖出三分之一，他们现在既没有能力也不愿意继续订购这类童装了。对市场上出现的近180度的需求变化，李厂长感到十分纳闷。他弄不明白，这些新品种都经过了试销，自己亲自参加了市场调查和预测，为什么会事与愿违呢？

二、分析提示

该童装厂的产品销售从持续稳定增长到戛然中止，其主要原因是向市场轻率地推出了与正常需求不相适应的"新产品"，并过快地将这些"新产品"取代原本畅销的老产品，以致造成目前的被动局面。

产品的适销既要考虑到产品的功能、质量、款式等使用价值，也应包括产品价格的适销。该厂的童装新品种虽然在款式上令人喜爱，但由于借鉴成人服装工艺，成本增加，定价太高，超过消费者愿意承担的范围。除了在特殊情况下的特殊需求以外，考虑到儿童正处于长身体阶段，童装的实际使用时间有限，而且每户家庭一般又都只有一个子女，因此，多数顾客虽然喜欢新款式，但都不愿意购买价格偏高的童装，这样就使该厂失去了最基本的，也是最主要的市场。

李厂长虽然对童装新品种预先进行了市场调查与预测，但还是事与愿违。其原因在于运用市场调查与预测的方法不恰当。在运用时忽视了市场环境的一致性，对春节前购销旺季的特殊销售状况和市场的正常销售状况不加区别，错误地估计自己的产品完全适应市场需求，销售量将继续增长，而忘记了时过境迁，消费者的购买动机和购买行为会发生变化，从而对企业产品的销售带来巨大影响。同时，该厂在进行产品销售预测时，简单地套用了加权移动平均法，而没有看到市场预测的基本条件已经发生变化。由于加权平均法对各期的销售量做了加权平均，从而会降低偶然性变化的影响程度，因此它主要适用于对销售比较稳定，基本上只受偶然性变化影响的销售状况进行预测。当销售状况受到必然性变化的影响时，就不能采用这种方法来进行预测。该厂在春节前生产销售的是老产品，而春节以后，根据春节这个特殊时期的销售状况决定主要生产销售新产品，该厂用老产品的统计资料来预测新产品的销售量，作为安排生产的依据，必然会得出错误的结论。

资料来源：http://www.docin.com/p—109554068.html。

三、问题：

1. 你认为春花童装厂产品滞销的问题出在哪里？
2. 为什么市场的实际发展状况会与李厂长市场调查与预测的结论大相径庭？

第十二章

撰写市场调查报告

【学习目标】

通过本章的学习，了解市场调查报告的类型及写作要求；熟知调查报告的基本结构；掌握口头汇报的技巧；能根据某项调查所整理与分析的资料，撰写出符合要求的市场调查报告。

在市场调查活动中，调查机构通过调查策划收集市场信息，并对资料进行整理和分析，下一步的工作就是如何利用这些素材，采用合适的研究方法得出最终结论，并基于这些结论提出有针对性的行动建议，最终形成调查报告递交给客户，使调查能够真正起到帮助客户解决营销实际问题、服务于客户企业的作用。

第一节 市场调查报告的基本结构

市场调查报告以一定形式的载体反映调查结论与建议，通过文字、图表等形式将调查的研究成果表现出来，以使客户和后来的研究者对所调查的市场现象和所关心的问题有全面、系统的认识。市场调查报告是调查活动的终端产品，也是衡量和反映一个调查项目质量高低的重要标志。

一、市场调查报告的类型

由于市场调查活动具有多样性和复杂性，每一项调查活动的具体目标、研究主题及客户决策者的要求会有所不同，这使调查报告的写作呈现出不同的类型。从呈递的方式上看，市场调查报告既可以是书面报告形式，也可以是口头报告形式，或者是两者的结合。书面调查报告是最常用的报告形式，一般分为两类，即技术性报告和一般性报告。技术性报告的对象主要是懂得调查研究方法的专业技术人员，因此报告内容要着重强调调查所使用的资料收集方法、统计分析方法和抽样技术等，并要求详细描述研究的发现。一般性报告的对象主要是某些决策者和其他不懂调查技术的非专业人员，他们通常对研究方法不感兴趣，主要关心研究的结论和成果，因此在撰写技术上，力求简明扼要地对调查重点和结论部分进行说明，而对技术细节和方法的描述则尽量简略，且要多用标题、统计图等，尽量少用表格，句子和段落要短而通俗，内容要比技术性报告简略。

此外，按照其他不同的分类标准，还可以将市场调查报告分为不同的类型，如按照报告的内容及其表现形式可分为综合报告、专题报告、研究性报告和技术报告等。

不同形式的调查报告在内容及表达方式上有相应的区别，只有根据各种报告的特点，掌握有关的撰写技术和要求，才能获得理想的沟通效果。

二、调查报告的基本结构

由于调查项目的性质、客户、调查公司或研究人员的差异，调查报告的内容结构和撰写手法也有所不同，许多公司在长期的调查实践中逐渐形成了自身独特的写作风格。规范的市场调查报告一般应包括三大部分，即前文、正文和结尾。前文包括标题页和标题扉页、授权信、提交信、目录和图表目录、摘要；正文包括引言、研究目的、调查方法、调查结果、局限性、结论与建议；结尾包括结束语和附件。概括地说，一份完整的市场调查报告由标题页、目录、摘要、调查概况、调查结果、局限性、结论与建议以及附件等部分组成。

(一)标题页

标题页单独占用一张纸，包括市场调查报告的标题、委托方的单位名称、受托方的单位名称（也可添加项目负责人的姓名）、提交报告日期等。如果调查报告属于机密性的，应该在标题页的某处写清楚。标题页的设计应该独特新颖，具有吸引力。一些专业的调查公司将报告的封面做得极富特色。例如，西安方元市场研究公司为西安市某乳品企业制作的液态奶消费者调查报告封面，将该企业的包装商标作为底色背景，突出了客户的企业形象，颇具创造力和吸引力。

调查报告的标题必须简单明确，高度概括，做到题文相符。标题的形式一般有以下三种。

(1)直叙式标题。直叙式标题直接指出调查地点和调查项目，能反映调查的意向。例如，《西安市××乳业集团液态奶消费者调查报告》《大学生手机消费行为调查报告》等标题的特点是简明、客观、严谨，正规的调查报告一般都用直叙式标题。

(2)表明观点式标题。表明观点式标题是指直接阐明作者的观点、看法，或对事物做出判断、评价的标题，如《质量比品牌更重要》《唐装趋向于时尚》等标题。这种标题既表明了作者的态度，又揭示了主题，具有很强的吸引力。

(3)提出问题式标题。提出问题式标题采用设问、反问等形式，突出问题的焦点和尖锐性，吸引人们阅读和思考，如《消费者愿意到网上购物吗？》《当前大学生就业路在何方？》等。

调查报告大部分采用单标题，也可以写成双标题的形式。双标题由主标题加副标题组成，一般用主标题概括调查报告的主题或要回答的问题，用副标题表明调查对象及其内容，如《女人生来爱逛街——都市女性消费面面观》《皇帝的女儿也愁嫁——关于舟山鱼滞销情况的调查》等。这样的标题能够迅速吸引人们的注意力，激发阅读兴趣。

为了庄重起见，一些正规的调查报告需要在标题页之前安排标题扉页，此页只写调查报告标题。有的调查报告还会有授权信和提交信。授权信是在调查活动之前，由客户写给受托方调查机构的说明信，表示批准这一项目，授权该机构负责该项目的调查。在授权信中，委托方讲明调查计划、工作范围及合同条款等，受托方在调查报告中可以出示授权信的复印件。提交信是调查机构或个人递交给客户企业的信函。在此信中，可以概括市场调查者承担并实施项目的大致过程，也可以强调报告的客户企业需要注意的事项以及需要进一步研究的问题，但不必叙述调查的具体内容。在较为正规的调查报告中，都应该安排提交信。当调查报告的正规性要求比较低时，标题扉页、授权信和提交信都可以从略。

(二)目录

为了方便客户阅读自己感兴趣的特定内容，调查报告一般都需要编写目录。如果调查报告的页数较多，为了方便客户阅读，应使用目录或索引形式列出调查报告的各项内容。目录包含大标题、小标题、各部分及附件所在的页码等，通常只编写两个层次的目录，较短的报告可以只编写一级目录，目录的篇幅一般不宜超过一页，特别短的调查报告可免去此项。下面是某产品消费者调查报告的目录部分。

```
一、摘要 ·············································· 1
二、引言 ·············································· 2
    1. 研究的背景和目 ······························ 4
    2. 研究的内容 ···································· 6
三、研究方法 ········································· 7
四、调查概况 ········································· 9
五、调查结果 ········································ 10
    1. 消费者调查结果 ······························ 11
    2. 零售商调查结果 ······························ 32
六、局限性 ············································ 51
七、结论与建议 ······································ 52
附件一 ················································ 54
附件二 ················································ 58
……
```

需要注意的是，如果调查报告中含有大量的表格和图形，则需要在目录表中包含一份图表目录，目的是帮助客户很快找到对一些信息的形象解释。图和表是两个不同的概念，需要用独立的数字进行编号，列出每个图表的名称，并按正确次序进行排列。

(三)摘要

摘要又称经理览要，是对本次调查和分析结果的概括说明，在整个调查报告中占有特别重要的地位。许多客户的高层管理者往往对调查过程的细节缺少了解并不感兴趣，只想知道主要结果与结论，他们通常只阅读报告的摘要，所以这部分一定要精练，篇幅不宜过长，以两页左右为宜。其主要内容包括简要说明调查的由来和委托调查的原因、提及调查对象和调查内容、概括介绍调查研究方法、重点说明调查研究的发现和结果。一般是在整个报告完成后再回过头来总结撰写这一部分。摘要的一般书写模式如下。

受……委托，本公司针对……开展调查活动。由于……原因，因此本项目采用……调查方式，运用……软件及……统计分析方法，对……调查内容进行分析，最后得出……结论，并提出……建议。

（四）调查概况

这是调查报告正文部分的开头，着重强调为什么做调查、如何进行调查以及怎样得出结果。这部分一般应交代调查背景和目的、时间、地点、调查范围和调查对象、研究方法及项目的执行概况等，也可以概括调查报告的基本观点或结论，以便使客户对调查的来龙去脉有所了解，然后再引出下文。

1. 背景和目的

这部分又称引言，能起到承上启下、引出主题的作用。这部分应当先简明扼要地指出该项调查活动的目的和范围，以便客户能准确把握调查报告所叙述的内容。研究者要对调查的由来或受委托进行该项调查的原因做出说明。叙述时，尽可能以有关的背景资料为依据，简短罗列客户企业在生产经营中面临的问题，在分析研究背景所存在的问题的基础上，提出调查的目的以及所包含的信息范围。

引言部分的写作方式灵活多样，可根据调查报告的种类、目的、资料及调查报告的篇幅要求等情况进行适当选择，应围绕为什么进行调查、怎样进行调查和调查的结论进行论述，也可概括调查报告的基本观点或结论，以便使客户或读者对全文内容、意义等获得初步了解。开头部分的撰写一般有以下几种形式。

（1）开门见山，提示主题。调查报告开始应先交代调查的目的或动机，提示主题。例如，某项关于西安市面包产品消费者的调查报告的引言部分为："为了解不同消费群体对西安市面包产品的需求及品牌认知状况，西安××食品有限公司特委托西安××市场研究公司在西安市范围内对目标消费群体进行调查，以有效细分消费市场，把握当前社会环境中消费者对××品牌及其竞争品牌的态度，同行竞争品牌对消费者的影响，消费者的消费行为、消费习惯以及消费者对品牌价格的期许等，为××品牌的服务改进、品牌推广、市场营销策略制定及新产品推出提供可行的理论指导和数据支持。"

（2）结论先行，逐步论证。先将调查的结论写出来，然后逐步论证。许多大型的调查报告均采用这种形式。其特点是观点明确，使人一目了然。例如，西安某饮料公司关于开发中药保健可乐饮料的购买意向调查项目可以这样开头："通过西安市消费者对××中药保健可乐饮料的购买意向的调查，我们认为它不具备开发价值，原因主要从以下几方面阐述。"

（3）交代情况，逐步分析。先交代背景情况、调查数据，然后逐步分析，得出结论。例如，"××电信公司与北京××商业风险管理公司于2012年4～5月在北京、上海、广州进行了一次大规模的抽样调查。在这次调查中，除了涉及特定专业问题外，还围绕网络化的大趋势设计了许多问题，包括网络使用情况、认识意见、需求等，并对其进行阐述"。

（4）提出问题，引入正题。用这种方式提出人们所关注的问题，引导读者进入正题。例如，某大学市场研究所为威海市某乳业公司所做的消费者行为研究的调查背景是这样写的：牛乳是与母乳最为接近的动物乳汁，因而它成为世界上最普遍的"人类第二乳汁"。牛乳营养价值全面，被誉为断奶后儿童及成人的"最接近完善的食品"，经常饮用鲜奶势必成为新世纪人们科学饮食之大趋势。目前的我国国内奶业市场可谓群雄逐鹿，征战正酣。自1995年起，雀巢、达能、帕玛拉特等国外乳品生产企业纷纷进入中国市场。至今，全世界排名前20的乳制品品牌已全部进入中国，这种强劲的竞争势头将促使国内各乳品生产厂家使出浑身解数以应对变化无常的市场。有关专家预测，5年以后中国国内99%的乳品企业可能都要面临生存危机，能存活下来的将只是极少数。

　　面临挑战，我国国内一些乳业巨头已经奋起直追。三强鼎立的光明、伊利、三元都有一个共同的口号——"做中国乳业第一品牌"。可以说，光明、伊利、三元都在追求规模效应，跨类兼并、强力整合，通过积极的扩张战略，寻求更大的发展空间。通过兼并收购，乳业优势资源正逐渐集中到最有竞争力的企业手中。未雨绸缪，中国乳业只有这样才能在不久的将来免去灭顶之灾。面对国际乳业市场的严峻形势及国内激烈的市场竞争，地处威海的东晨乳业公司也深刻感受到竞争的残酷。时隔一年的先后两次市场调查显示：一年前在消费者最喜欢的品牌调查中，"东晨"的提及率为23%，另一本地鲜奶品牌"鹏程"的提及率达到60%；而一年后"东晨"的提及率下降到12.2%，"鹏程"的提及率下降到41.1%。这些数据无不表明，虽然威海市由于其特殊的地理位置，市场竞争相对缓和，但东晨鲜奶的市场状况仍不容乐观：既存在"内忧"又存在"外患"。面对一年多来威海市液体奶市场的沉浮变化，东晨公司应采取什么样的营销策略才能立于不败之地呢？因此，了解威海市液体奶的市场状况以及消费者的牛奶消费行为状况就显得尤为重要。

　　2. 调查研究方法

　　对调查的过程、时间、地点、对象、资料收集方法和抽样方法等做比较详细的介绍，并说明选用方法的原因，这些描述能增加调查结果的可靠性。在这一部分中，需要加以叙述的内容包括以下几方面。

　　(1) 调查地区。说明调查活动在什么地区或区域进行，如分别在哪些省、市进行，以及选择这些地区的理由。

　　(2) 调查对象。说明从什么样的对象中抽取样本进行调查，通常是指产品的销售推广对象或潜在的目标市场，如某化妆品的调查对象界定为"18岁以上55岁以下的女性消费者"。

　　(3) 样本的容量及结构。说明需要抽取的样本量、根据哪种抽样方法抽取样本、为什么选择这种抽样方法、抽取后的样本结构如何以及是否具有代表性、具体是如何实施的、是否符合最初的计划要求。

　　(4) 研究方法。说明采用访问法，还是观察法及实验法。如果采用访问法，则要具体介绍采用何种方式收集资料、调查如何实施、遇到什么问题、如何处理。

　　(5) 访问完成情况。说明原来拟定调查多少人、实际上收回的有效问卷是多少、有效问卷的回收率、问卷丢失或无效的原因、是否采取补救措施等。

　　(6) 访问员介绍。访问员的能力、素质、经验对调查结果会产生影响，所以也必须简略地介绍访问员的资格、招聘条件及培训情况。

　　(7) 资料处理方法及工具。指出用哪些统计分析方法、使用什么统计分析工具对资料进行处理和分析。

　　例如，某大学市场研究所为威海市某乳业公司所做的消费者行为调查，对所使用的调查研究方法做了如下陈述。

本次调查历时近3个月，调研范围是威海市环翠区、高新技术开发区及经济开发区，被访对象主要是这些地区的常住居民。根据调研计划，本次调查采用定性研究（二手资料研究、深层访谈）和定量研究（街头拦截式访问）相结合的方法，二手资料研究及深层访谈贯穿于整个定量研究过程。

本次调查共发放问卷537份，其中A卷发放300份，回收298份，回收率为99.3%，问卷有效率为93.3%；B卷发放237份，回收237份，回收率为100%，问卷有效率为96.2%。

本次调查自始至终都进行了严格的质量控制，对完成的问卷进行了100%的当场检查，并对验收后的问卷进行了30%的复核。数据的处理、分析以及相关图、表的制作主要使用SPSS和Excel软件进行，整个数据的采集、处理与分析具有很高的科学性和有效性。

（五）调查结果

这是调查报告的主体内容，在正文中占较大篇幅，是客户最感兴趣的部分。这部分要对调查研究中发现的基本事实资料进行有组织、有重点、层次分明的陈述，以便客户理解有关的文字说明。撰写调查报告时常常要用若干统计表和统计图来呈现数据资料，并且要对图表中数据资料所隐含的趋势、关系或规律加以客观地描述和分析。这部分涉及的内容很多，文字较长，可以用概括性或提示性的小标题突出报告的中心思想，结构亦要安排恰当（调查结果示例详见本章思考练习题后的扩展阅读）。

总之，正文部分必须准确阐明全部有关论据，包括问题的提出以及论证的全部过程、分析研究问题的方法，还应当包括可供决策者进行独立思考的全部调查结果和必要的信息，以及对这些情况和内容的分析、评论。大多数调查的结果都是部分调查对象的资料，研究者还必须根据调查的数据来说明总体的情况。

（六）局限性

需要指出的是，由于时间、预算及环境等因素的影响，几乎所有的调查项目都会有一定的局限性。为了慎重起见，同时也为以后的调查工作留下余地，需要在调查报告中对研究的局限性和不足之处予以说明，如作业过程中的样本选择、抽样框、无回答误差等。讨论局限性的目的在于指出研究成果的弱点，以便客户在应用调查报告时引起注意，同时也为正确地评价调查成果提供现实的基础。在描述这些不足时必须实事求是、把握分寸，但须注意不要过分夸大局限性，否则会使客户对研究成果产生怀疑。

（七）结论与建议

从调查研究的性质来说，调查报告是不提供建议的，那么是否撰写这部分内容完全由研究人员自己决定。随着调查业务竞争的日趋激烈，研究人员有时会主动提供建议，以提高客户的满意度，现在这种情况越来越普遍，有些调查项目的客户方也要求研究人员提出建议。

结论是基于调查结果的意见，而建议是提议应采取的相应行动，建议的阐述应该较为详细，而且要辅以必要的论证。在这一部分，结论与建议主要是概括全文、提出从调查结果中获得哪些重要结论和看法，以及对前景的分析、应该采取什么措施等。结论要简明扼要，具有高度概括性；建议要具有可行性、可操作性，能够具体应用。

例如，威海某大学市场研究所为某乳品公司所做的消费者行为调查，在详细陈述了威海市液态奶市场的调查结果之后，最终得出结论并对委托调查的客户提出营销建议。

通过对大量数据的分析，我们得出如下结论：①威海液体奶潜在市场巨大；②液体奶市场份额相对分散；③原味鲜奶消费量最大；④包装形式以塑料袋装、保鲜纸袋装、纸盒装为主；⑤1.5元左右的价格水平（227毫升）最易被消费者接受；⑥儿童对鲜奶的消费量最大；⑦电视广告是宣传鲜奶品牌的最佳媒介，超市是产品销售的最主要渠道。

无论是中国乳业还是威海乳业在营销战略上，其观念都是相当陈旧的。鉴于以上的鲜奶市场调查分析，我们为本地公司提出以下几点营销建议。

第一，品牌定位。品牌定位为工薪阶层的大众品牌，其成功范本为价格低廉、形象时尚的大宝化妆品。

第二，目标市场。可同时进入不同的细分市场或者选择进入几个容量较大的目标市场，如儿童市场、老人市场。

第三，产品卖点。以奶味香浓、纯度高，身边的牛奶最新鲜为主要卖点。

第四，产品包装。产品包装分两种，即500毫升和250毫升；产品分高、中、低三个档次；部分产品可以考虑采用保鲜纸袋装。

第五，价格定位。500毫升高档奶定价为5.0元，中、低档奶定价为2.0～3.5元；250毫升高档奶定价为3.0元，中、低档奶定价为1.0～2.0元。

第六，销售渠道。销售渠道为超市直供、食品批发市场直供。

第七，广告与促销。广告以电视广告为主；促销以不间断地在各类卖场开展各种形式的促销活动为重点，特别要注重让各种促销活动走进超市。

第八，软性新闻宣传。在威海几类主要的大众媒体上以软文形式宣传品牌、产品特点，从而在消费者心目中树立良好的专业品牌形象。

第九，定期做各类市场调查。定期对产品的概念、口味、包装、价格、广告、促销活动、品牌形象等方面进行市场调研，了解消费者的个性需求，以便制定出符合消费者需求的销售策略。

结论与建议的最后就是调查报告的结尾部分，这部分的写法也比较多，可以提出解决问题的方法、对策或者下一步改进工作的建议；总结全文的主要观点，进一步深化主题；提出问题，引起人们的进一步思考；展望前景，发出鼓舞和号召。好的结束语可使客户明确题旨，加深认识，启发其思考和联想。

（八）附件

附件是指调查报告中正文没有包含或没有提及，但与正文有关、必须附加说明的部分。这一部分包括调查报告中引用的数据资料、统计表、资料的分类统计数据、研究方法的详细说明，以及获取二手资料的有关参考文献等。任何一份太具技术性或太详细的材料都不适宜出现在正文部分，而应编入附件中，以备客户在必要的时候查阅。通常用作调查报告附件部分的有以下资料：①项目策划书；②实地调查问卷的抄本，并加序言说明这份问卷要求达到的目标；③抽样有关细节的补充说明；④现场走访人员约访时间表的抄本或日记；⑤主要质量控制数据，如调查中的拒访率、无回答率等，一些有经验的市场研究人员可以根据这些内容判断结果的有效性；⑥对所使用的某种统计分析工具的详细阐释；⑦调查获得的原始数据图表，而且这些图表在报告正文中已有提及；⑧提供资料人员的名单，标明作为文案调查和实地调查资料来源的单位和个人的名称和地址等。

以上是比较正规的调查报告所应包含的组成部分，这种格式适用于调查公司向客户提供的服务项目，或企业内部的大型调查项目。视项目的重要程度和委托方的实际需要，调查报告的某些部分可以略去不写。

第二节 调查报告的写作要求及技巧

调查报告本身不仅能体现调查机构的研究水平和质量，同时也反映撰写者的知识水平和文字功底。

一、撰写调查报告的基本要求

完成一份好的调查报告不是件容易的事，在撰写时应注意一些事项。

1. 要有针对性

针对性是调查报告的灵魂，主要包括两方面：一方面，明确调查的目的，做到有的放矢，围绕主题展开论述；另一方面，明确阅读对象，不但要充分考虑客户管理者的专业技术水平、文化背景、个性特征及兴趣爱好等，还应当考虑他们可能在什么环境下阅读报告，以及他们会如何使用该报告。一般来说，绝大多数客户的管理者都不太精通调查分析方法及其专业术语，也都不喜欢冗长、乏味、呆板的文字。所以在撰写调查报告时，应针对不同的客户，有所侧重，力求做到简明扼要，突出结论和重点，并注意运用图表加以表现，调查过程和具体的细节可以略写。

2. 尊重客观事实

调查报告必须实事求是，在撰写过程中必须实事求是，尊重客观实际，克服个人偏见和主观影响，要以科学的态度，真实、准确地总结和反映调查结果，同时要注意信息资料的全面性，避免因结论和建议的片面性而对决策者造成误导。在文体上，撰写调查报告时要注意以下三点。

首先，调查报告的突出特点是用事实说话，应以客观的态度来撰写。行文时应以向客户报告的语气撰写，不要表现出力图说服客户同意某种观点或看法的行为。最好用第三人称或非人称代词，如"经调查，发现……""资料表明……""笔者认为……"等语句。

其次，调查报告应当准确地给出调查项目的研究方法、调查结果，不应略去或故意隐藏所知事实。如果调查实施中出现严重问题（如回收率过低），研究者应有勇气承认，同时不能随便报道结果，以免误导客户。即便是成功的调查，在调查报告中也不应只选择那些对自己有利的结果，其他则避而不提。

最后，调查人员在任何时候都要保持中立的态度，无论是介绍调查方法，还是提出调查结论和建议，或指出问题症结，均应体现客观性，不要为了迎合客户而去歪曲调查的客观事实。

3. 图表选择适当

调查资料经过处理和分析会产生大量的图表，对此必须有选择地使用。表格和图形作为描述性统计方法，起到清楚、形象、直观和引人注目的作用。通常情况下，在报告正文中总结调查结果所使用的图表，要力求简明扼要，能够充分说明调查的主题，用来强调某种关系和变化趋势。在制作图表时，要重点突出所反映的内容。进行图表说明时，必须认真考虑图表的设计和格式，如果图表格式设计不当，不但无助于说明情况，甚至可能产生曲解事实真相的相反效果。为了方便阅读，图表中各项资料的数值应选用整数，同时也会使用百分比和指数。更为详细的介绍和非常具体的资料图表应该归入附件部分，也要求格式设计必须完整，主要是为了更好地向客户全面介绍有关的资料，以便客户进行独立思考和分析问题。

4. 内容要有创新

调查报告作为一种应用性文体，也应重视其可读性。首先，内容要新颖，应紧紧抓住社会经济活动的新动向、新问题，引用一些人们未知的、通过调查研究得到的新发现，提出新观点，形成新结论，特别是能紧密结合市场发展的新形势、新变化，为科学决策提供依据，避免只把众所周知的、常识性的或陈旧的观点和结论写进去，这样的调查报告才更有使用价值。其次，内容的组织安排要有序。报告中的材料要组织得有逻辑性，使客户能够容易弄懂报告各部分内容的内在联系，做到结构合理、条理清晰。最后，陈述要行文流畅、通俗易懂，力求简明扼要，删除一切不必要的语句。

5. 引用资料详加注释

在报告中除了用自身收集的资料外，引用他人的资料要添加注释，指出资料的来源，以供客户查证，同时这也是对他人研究成果的尊重。注释应详细准确，被引用资料的作者姓名、书刊名称、出版单位和时间、所属页码等都应予以列明。

6. 格式应当规范

调查报告的外观是十分重要的，它不仅体现报告本身的专业水平，而且还是调查机构企业形象的反映，组织得当的、有专业水平的报告更可信、更有价值。因此，应该认真选择报告中所用字体的类型、大小、颜色、字间距等，内容的编排要大方、美观，有助于阅读。另外，书面报告应该使用质地好的纸张打印、装订，尤其是封面最好选择专门的纸质制作。总之，最后呈交的调查报告应当是非常专业和规范的文件。

二、调查报告的写作技巧

调查报告是调查结果的集中表现，能否撰写出一份高质量的调查报告，是决定调查本身成败与否的重要环节。通过书面报告向客户介绍调查成果，一般要求达到三个目的：首先，要使客户能够充分了解本次调查研究的主要问题及其作用；其次，要提供相关的资料和数据以支持报告中的结论；最后，要对资料做出解释，使客户能够正确理解其含义。为了实现上述目的，在撰写书面报告时要求陈述清晰、结论明确，图、表与文字解释相互对应，在正文中没有展示的各种资料数据要尽量收录在附件中。

在起草调查报告的时候，应该有条理地、系统地集中阐明各种有关论据和见解，但也要注意有所侧重、突出重点，不能平铺直叙、面面俱到。在撰写调查报告之前，研究人员必须要对报告的各有关章节段落的编排和文体有一个明确的思路。调查报告的写作技巧主要包括表达、表格和图形表现等方面的技巧。

(一)表达技巧

要写出一份高质量的调查报告，必须掌握相应的撰写技巧。表达技巧主要包括叙述、议论、说明、语言运用四个方面。

1. 叙述的技巧

调查报告的叙述主要用于开头部分，叙述事情的来龙去脉，表明调查的目的、过程和结果。调查报告常用的叙述技巧包括以下几方面。

(1)概括叙述。将调查过程和情况概略地陈述，不需要对事件的细枝末节详加铺陈。要求文字简洁，一带而过，给人以整体、全面的认识。

(2)按时间顺序叙述。按照时间发展的逻辑顺序叙述，逐步交代调查的目的、对象、经过。采用这种方法叙述，会使调查报告条理清晰、前后连贯，如某市居民家庭饮食消费状况调查报告就可以按照这种方法叙述。

(3)叙述主体的省略。叙述主体是指调查报告的撰写者，在开头部分的叙述中用第一人称"我们"，在后面的各部分即可省略。

(4)突出重点叙述。报告写作时内容要详略得当、重点突出，最忌讳事无巨细、面面俱到，缺乏重点的调查报告会使客户和读者失去阅读兴趣。

2. 议论的技巧

调查报告常用的议论技巧有归纳论证和局部论证。

(1)归纳论证。调查报告中的归纳论证是指在占有大量资料之后，运用科学的分析方法，经过充分论证，从而得出结论并提出建议。

(2)局部论证。调查报告不同于议论文，不可能进行全方位的论证，只是在情况分析和未来预测中做局部论证。例如，从几个方面对市场情况进行分析，每一方面形成一个论证过程，用数据等做论据去证明其结论，形成局部论证。

3. 说明的技巧

调查报告常用的说明技巧有数字说明、分类说明、对比说明、举例说明等。

(1)数字说明。反映市场发展变化情况的调查报告要运用大量数据，以增加其精确度和可信度。在进行数字说明时，通常用表格和图形来归纳概括。图表直观性强，便于比较分析，有利于客户对调查内容的理解。

(2)分类说明。经过调查所获得的很多资料往往是杂乱无章的，可以根据分析的要求，将资料按一定标准分为若干类，分别予以说明。例如，将调查收集到的资料按照地理位置或经济发展水平进行分类，每类设小标题，再做进一步论述。

(3)对比说明。为了能更清晰、更全面地反映市场变化的情况，常需要对相关情况、数字进行对比分析，并加以说明。对比分析时要注意事物的可比性，在同标准的前提下，做切合实际的比较。

(4)举例说明。市场调查中，常会遇到大量事例，可从中选取有代表性的案例进行陈述，说明市场发展变化的情况，增强说服力。

4. 语言运用的技巧

调查报告不是文学作品,而是一种说明文体,有其独特的语言风格,常用的语言运用的技巧包括用词和句式两个方面。

(1)用词技巧。调查报告中常会出现数词和介词,主要用于交代调查目的、对象、过程等,如为、对、根据、从、在等。此外,还要多用专业词汇,如营销策略、竞争分析、市场定位等。在调查报告中,所用介词、专业用语要力求准确、用词恰当,避免生涩、模棱两可的词汇。

(2)句式方面。调查报告采用书面语言的形式,主要以陈述句为主,论述调查过程和市场发展趋势,在建议部分可适当使用祈使句以表示某种期望。在写作时,语句要逻辑严谨、简洁生动、通俗易懂。

(二)使用图表说明

在撰写调查报告的过程中,要足够重视文字、图表、附件的使用。一般来讲,尽量使用文字来陈述调查的结果,在文字说明不能够准确描述事实时,需要选择使用图表和附件加以补充说明。因此,图表和附件只是文字描述的延伸,无论是调查报告的整体构思,还是在具体段落的编排上,都需要把这三者有机地结合起来。在调查报告中,适当地插入图形、表格、画片及其他可视性较强的资料,能强调重要信息,避免文字上的累赘,可以增强报告的明晰程度和效果,对研究者和客户之间进行交流很有好处。但图表、画片的数量不应过多,否则会适得其反。在使用图表时,必须要有明确的目的,不能只是为了装饰文字,以求悦目。一般地,图表、画片应与相关的文字内容放在一起,这样可方便客户进行图文交互阅读。

三、调查报告的评价与实施

调查报告呈送给客户后,调查人员还要做两项工作,其一是自我评价调查报告,其二是帮助客户理解报告内容以及实施建议。

1. 进行自我评价

在调查工作结束之时,一般都要对报告进行一定的评价。评价可以是客户做出的,更多的是调查人员自己做出的。尽管市场调查是一项专业性较强的工作,但它仍然与调查人员的创造性、直觉和特长密切相关。因此,每一项调查都是一个很好的学习机会,调查人员应该及时对整个活动进行总结,这毫无疑问会引出许多具体问题。例如,所有的调查设计都是最好的吗?数据收集的方法合理吗?应该用电话访问代替面访吗?采用的抽样设计是最好的吗?结论与建议对客户可行、有用吗?报告的写作与呈送过程正确适宜吗?整个项目在实施过程中还存在哪些问题?等等。对调查报告进行评价可以发现其中的不足之处,及时采取补救措施,还可以为今后的调查积累经验。

2. 帮助客户理解报告内容以及实施建议

评价之后,要及时督促客户按照建议去操作和实施。提交调查报告后,客户可能会对其中的一些内容提出问题,尤其是那些专业性较强的内容,研究人员有义务为他们释疑,同时还要帮助企业实施报告中提出的营销建议。经常会出现这样的情况:客户决定聘请调查人员帮助企业处理新产品上市及公司的广告事务，或协助制定价格策略等；研究人员和客户可能达成协议，在两年后继续这项调查等等，对此调查人员均须给予响应。此外，调查人员应该协助客户把在调查报告中所获得的信息转入企业的市场管理信息系统。

第三节　调查结果的口头报告

在提交书面调查报告的同时，大多数委托方还要求调查公司采用口头形式对研究结果予以汇报。对某些客户公司的决策者来说，他们对阅读文字报告兴趣不大，希望通过口头报告来了解调查结果。与书面报告相比，口头报告可以用生动的语言对某些用文字阐述不清的内容进行介绍，加深客户的理解；对有疑问的地方进行当面解答能增强沟通效果。口头报告最大的特点是可以加快与客户沟通交流的速度，因而特别受工作繁忙、时间紧张的高层管理者的欢迎。西方许多发达国家在开展市场调查时，项目的委托方和承担方都十分重视对项目结果的口头介绍这一环节，这是值得借鉴的。

一、口头报告的前期准备

口头报告可以放在准备和递交书面报告之前或之后。在做口头报告之前，必须进行充分、细致、周到的准备。

1. 汇报提纲

从总体上说，口头报告的内容总是以调查的结果为基础，以准确介绍有关情况为基本出发点的，但是具体说来，针对不同的客户及其不同的要求，口头报告介绍的侧重点应该有所不同。要把口头报告的内容形成书面汇报大纲，最好给每位听取口头汇报的人员也提供一份。该提纲应简要介绍报告的主要部分及重大的研究成果。需要注意的是，提纲中不应出现统计图表，同时应预留出充裕的空间以便客户记录或评述。

2. 口头报告的内容

要认真了解和分析听取口头报告的对象的一些特征，掌握他们的身份、文化水平、兴趣爱好，更要了解和掌握他们的需要及其关心点，以及他们对调查问题的熟悉程度以及对决策的参与程度，等等，从而为确定口头汇报的内容、重点、形式等提供依据。事先周密准备好汇报的内容，能防止口头介绍时忙中出错，使介绍人心中有底；准备书面稿件时，还可以对有些内容进行补充和进一步加工，使汇报更加完善。

3. 视觉辅助

国内目前流行的方式是把 PowerPoint 软件包作为可视化的提供媒介。使用该软件制作出各种格式的幻灯片，然后通过手提电脑或任何多媒体平台将它投射到屏幕上；在关键部分应尽可能地运用图、表等演示，通过色彩选择提高客户方管理者对感兴趣部分的注意力；摘要、结论和建议也应尽可能多地可视化，这些可以帮助报告者控制会议气氛，加深与会者的记忆。

4. 执行性摘要

听取口头汇报的人员都应有一份执行性摘要的复印件，最好提前几天发给客户方，这样可以使客户方管理者在听取口头汇报前就能思考所要提出的问题。

5. 最终报告的复印件

调查报告是调查结果的一种实物凭证。调查者在口头汇报中省略了报告中的许多细节，作为对此的补充，在口头汇报结束时应准备一些报告复印件，以便对此感兴趣者索取资料。

二、口头报告成功的基本要素

要使口头报告取得良好的效果，还必须充分注意介绍的技巧。能否发挥其效果，取决于许多因素，其中心内容可以归纳为"3P"，即报告者是否进行了充分的准备（prepare）、是否进行了充分的练习（practice）、是否进行了成功的演讲（perform）。要使口头报告取得成功，其基本要素可具体归纳为以下几点。

1. 准备详细的演讲提纲

口头报告提纲可按书面调查报告的格式准备，要精心安排报告的基本框架和具体内容。风格要与客户的情况相吻合，这就需要事先了解客户的基本情况，如他们属于什么专业技术水平、理解该项目的困难所在、他们的兴趣是什么等。

2. 尽量借助图表增加效果

在做口头报告时，要善于用图表来辅助和支持演讲。注意的要点有：第一，要使制作的图表显得十分重要和有权威性；第二，图表必须清晰易懂；第三，图表要有选择性，一张图表上不要有太多的内容，以免使听众眼花缭乱；第四，图表可以借助幻灯片、投影和计算机等可视物加以表现，还要保证使室内最后面的人都能看清楚。

3. 进行充分的演练

为了保证口头报告顺利进行，不会出现紧张怯场等问题，报告人在正式的口头汇报之前最好进行演练，这样不但使介绍人员熟悉汇报的内容，而且有助于完善汇报的内容形式。事先要把准备好的提纲、便条、记事卡片等放在讲台上，排练一下时间，以确保重要内容不会被疏漏，时间控制要得当。应尽可能培养在众人面前和没有底稿的情况下进行口头表达的能力，学会一边演示、一边讲解，在必要时插入新内容。一定要把演练当做正式汇报，可以邀请一些人对演练情况进行评价，也可以借用现代化的设备把演练情况记录下来，然后仔细进行讨论分析，并给予改进和完善。

4. 要使人易听易懂

由于听比讲更难集中注意力，因此演讲时语言要简洁明了、通俗易懂，有趣味性和说服力。如果要说明一个十分复杂的问题，可先做一个简要、概括的介绍，并通过声音、眼神和手势等的变化来加深听众的印象。

5. 做报告时要充满自信

做报告时要信心十足、精神饱满，语言要富有感染力，注意声调、快慢、停顿等技巧，恰当地运用表情和各种肢体语言配合口头介绍，使听众能更好地理解有关信息，又可使介绍生动有趣。演讲时要尽量看着听众，眼神始终保持与听众的接触和交流，学会抓住听众的注意力，不要低头看讲稿或看别处。

6. 把握回答问题的时机

在报告过程中最好不要回答问题，以免讲话思路被打断，使听众游离报告主题或造成时间不够等现象。在报告开始前可告知听众将在报告后回答问题并进行个别交流，注意不要忘记这一承诺。

7. 在规定的时间内结束汇报

在有限的时间内讲完报告是最基本的要求。滔滔不绝的演讲不仅浪费听众的时间，也影响报告的效果。要在最后几分钟创造一种持久的印象，因而事先构思结束语是必要的。为了取得更好的效果，要注意有一个强有力的结尾。

8. 请有关人士阅读书面报告

此外，要特别邀请客户的高层领导亲自到场，以显示介绍的重要性，这对介绍效果有较大益处。口头报告结束后，还要请客户或有关人士仔细阅读书面报告。

☆思考练习题

一、问答题

1. 一份完整的书面调查报告应包括哪些内容？
2. 调查报告的标题通常采用哪几种形式？各有何特点？
3. 撰写书面调查报告时应注意的事项有哪些？
4. 为什么要为客户做口头报告？口头报告需要准备哪些辅助材料？

二、思考题

孟辉是某大学营销专业的大三学生，他利用假期在西安一家市场研究公司实习，参与了一项关于"西安某乳品公司液态奶消费者行为研究"的调查，现在欲写一份调查报告。结合所学的市场调查理论知识，你认为该报告应包括哪些方面的内容？

☆实训题

1. 实训目的：撰写一份简易的市场调查报告。
2. 实训内容：每组学生针对第三章课后所选的调查项目，按照调查报告的内容和格式要求，通过参考他人的研究方法，各组学生进行讨论并提出思路，在此基础上形成一份简易的市场调查报告。
3. 实训要求：调查报告内容完整，研究目的明确、阐述清晰、图文并茂、格式规范，不少于4 000字。

☆案例分析

葡萄酒消费习惯调查报告

一、案例介绍

随着近些年人民生活水平的提高，大碗喝酒的风气已经逐渐从酒桌上，特别是大城市的酒桌上消失，取而代之的是适度饮酒和饮用低度化。葡萄酒顺应这种潮流，并且因其时尚表现力和保健作用，从1995年年底开始在我国国内市场上迅速升温，在短短几年的时间里，葡萄酒企业的数量迅速增加，由1985年年底的240多家增至1999年的500多家，酿酒葡萄基地也由原来的10多万亩（1亩约等于666.67平方米）发展到1999年年底的近40万亩。

时至今日，在投资葡萄酒的热潮逐渐冷却之后，葡萄酒的生产厂商不得不面对这样一个事实：葡萄酒市场供大于求。在这种竞争的市场中，谁掌握了消费者的消费心理和消费习惯，谁就掌握了开启市场的金钥匙。那么，消费者现在的葡萄酒饮用习惯是怎样的？饮用葡萄酒的原因是什么？他们对葡萄酒品牌的认知是怎样的？北京九力营销顾问公司对386位北京市民进行了拦截访问。

（一）年轻人追求氛围，年长者追求保健

目前葡萄酒市场的竞争极为激烈，不仅原有的葡萄酒生产厂商纷纷扩大生产规模，因利润可观，许多白酒生产企业也不断地加入了竞争，市场上各种葡萄酒品牌层出不穷。葡萄酒市场已经到了必须细分的时候了，葡萄酒生产企业必须根据不同消费者的需求特点确定产品的定位，只有这样才能赢得消费者的青睐，从而赢得市场。

本次调查表明，从总体上看，约有6成的消费者饮用葡萄酒的原因是"在特定场合下，调节气氛和氛围"，约有2成的消费者出于"保健作用"的目的而饮用葡萄酒，如图1所示。但是如果从年龄的角度对消费者进行细分，则会发现饮用目的随年龄的不同有着显著的差别。分析表明，在35岁以下的消费者中，62%的消费者饮用葡萄酒是追求一种情调和氛围，甚至是当饮料喝，而出于保健目的饮用的人所占的比重并不大，如表1所示；随着年龄的上升，消费者出于保健目的而饮用葡萄酒的人所占的比重则越来越大。在36岁到55岁之间的人群中，追求情调和因保健目的而饮用葡萄酒的比重已经大体接近，分别为36.4%和43.6%；而在56岁以上的人群中，出于保健目的而饮用葡萄酒的比重则超过了50%，达56.3%。而且在这个群体中，"嗜酒者"的比重也比较大，有12.5%的人表示饮用葡萄酒就是因为"喜欢喝"。

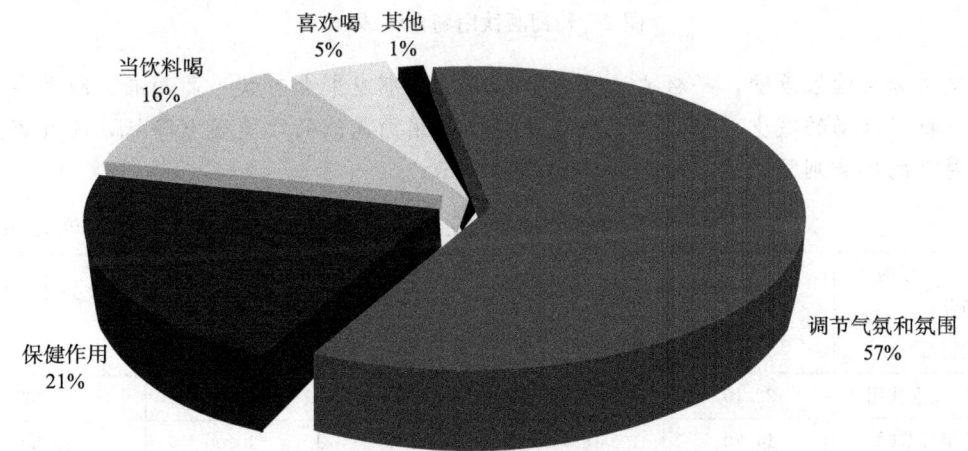

图1 消费者饮用葡萄酒的原因（总体）

表1 消费者饮用葡萄酒的原因(分年龄段)　　　　　　　　　　单位:%

原因\年龄	18～35岁	36～55岁	56岁以上
保健作用	14.3	36.4	56.3
当饮料喝	18.1	10.9	—
调节气氛和氛围	62.0	43.6	31.2
喜欢喝	4.6	5.5	12.5
其他	1.0	3.6	—

(二)年轻人主要在朋友聚会时饮用葡萄酒，年长者主要在家里饮用葡萄酒

"有朋自远方来，不亦乐乎"，朋友相聚自然免不了美酒相伴。据统计显示，朋友聚会和平时在家饮用是饮用葡萄酒的主要场合，如图2所示。

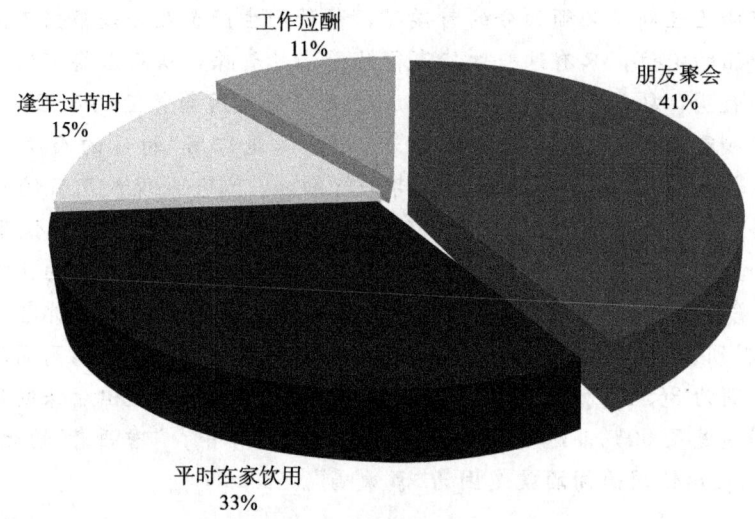

图2　葡萄酒饮用场合(总体)

交叉分析结果表明，半数左右的年轻人主要在朋友聚会时饮用葡萄酒。随着年龄的增长、社交活动的减少，年长者在朋友聚会时饮用葡萄酒的比重逐渐降低，而在家里饮用葡萄酒的比重则呈明显上升趋势，如表2所示。

表2 消费者主要饮用葡萄酒的场合　　　　　　　　　　单位:%

场合\年龄	18～25岁	26～35岁	36～45岁	46～55岁	56～65岁
朋友聚会	51.60	43.20	22.90	20.00	8.40
平时在家饮用	22.10	29.40	48.60	60.00	58.30
逢年过节时	14.70	14.70	11.40	20.00	33.30
工作应酬	11.60	12.70	17.10	—	—

值得注意的是，虽然半数的年轻人主要是在朋友聚会时饮用葡萄酒，但是在18～

25岁和26～35岁的年轻人中仍然有20%～30%的消费者表示饮用葡萄酒的主要的场合是"在家里饮用"。

(三)长城、张裕在北京葡萄酒市场上的霸主地位不可动摇

对葡萄酒品牌的认知是从三个层次进行研究的,首先是对品牌的认知度(无提示情况下的认知),其次是关于品牌美誉度的研究(消费者心目中认为最好的品牌),最后是葡萄酒品牌的市场表现(消费者购买过和喝过的品牌)。

研究结果表明,消费者对葡萄酒品牌的认知度、美誉度和最终的实际购买行为存在一定的相关性。长城、张裕、王朝、中国红可谓"名"(消费者对葡萄酒品牌的认知度、美誉度)、"利"(消费者的实际购买情况)双收,如表3所示。同时我们对比品牌认知度、美誉度、市场表现三个指标可以发现,不同的品牌存在一定的差异(表3、表4、表5):长城葡萄酒和张裕葡萄酒在市场表现指标上存在的差距不大,但长城葡萄酒在认知度和美誉度这两个指标上均优于张裕葡萄酒。总的来讲,长城和张裕基本上处于北京市葡萄酒市场上的绝对统治地位。

表3　消费者首先提及的葡萄酒品牌　　　　　　　　　　　单位:%

品牌	长城	张裕	中国红	王朝	通化	千禧	龙徽	野力	丰收	夜光杯	威龙	凉州皇台	民权五丰	西域	其他
百分比	39.7	29.4	7.8	6.4	2.8	2.5	2.1	2.1	1.1	0.7	0.7	0.7	0.4	0.4	3.2

表4　消费者认为最好的葡萄酒品牌　　　　　　　　　　　单位:%

品牌	长城	张裕	中国红	王朝	丰收	野力	通化	千禧	龙徽	威龙	民权五丰	凉州皇台	夜光杯	西域	其他
百分比	41.8	23.7	11.5	5.6	3.1	2.8	2.4	2.1	1.4	1.4	0.7	0.7	0.3	0.3	2.0

表5　消费者购买过的葡萄酒品牌　　　　　　　　　　　单位:%

品牌	长城	张裕	中国红	王朝	千禧	丰收	通化	野力	威龙	夜光杯	龙徽	民权五丰	西域	凉州皇台	其他
百分比	63.4	58.9	29.6	21.6	21.6	18.8	13.6	13.2	9.4	8.0	5.6	1.7	1.4	0.7	6.1

相对而言,认知度不足的品牌包括通化、千禧、龙徽、夜光杯;美誉度明显不足的品牌包括丰收、威龙、民权五丰、野力。

从北京当地出产的葡萄酒品牌来看,中国红无疑是最成功的;其次从市场表现指标上看,千禧葡萄酒也比较成功;丰收葡萄酒虽然美誉度存在一些问题,但从市场表现指标上看也不错;但龙徽、夜光杯则处于知名度、美誉度、市场表现"三低"的尴尬局面。

(四)消费者最喜欢山东烟台的葡萄酒

单从葡萄酒的产地来看,山东烟台出产的葡萄酒是消费者的首选;同时,消费者对北京当地出产的葡萄酒也有一定的好感,这可以解释为什么丰收等品牌虽然认知度和美誉度比较低,但市场表现还可以;天津虽然是王朝葡萄酒的产地,但消费者对产地为天津的葡萄酒品牌的认同程度并不高(图3)。

(五)消费者平均每月饮用葡萄酒的次数

从总体上看,消费者每月饮用葡萄酒的次数为5.29次。但不同类型的消费者饮用的频次存在一定的差异:把葡萄酒作为保健饮品的消费者属于高频次消费者,每月消费

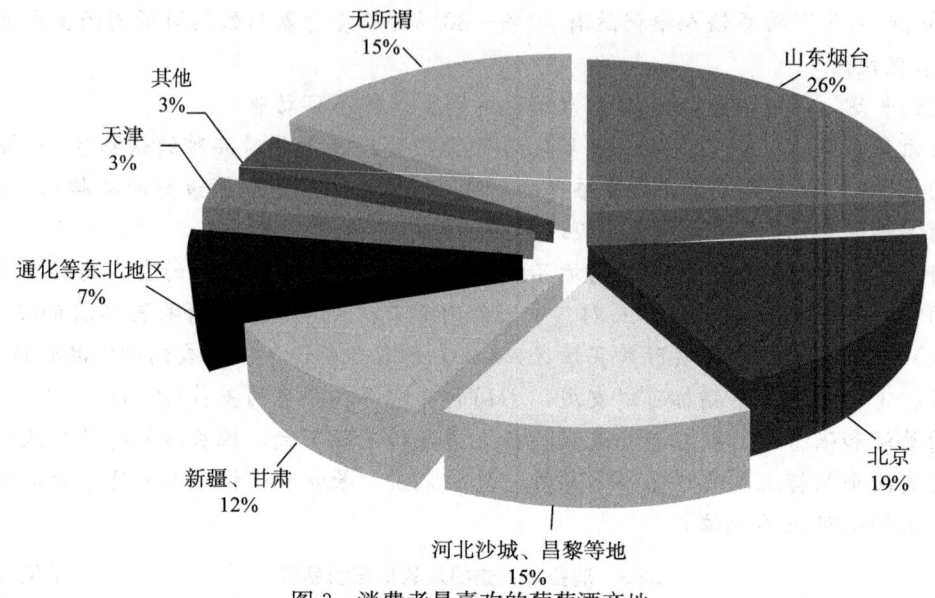

图 3　消费者最喜欢的葡萄酒产地

的次数高达 8.49 次（图 4）。虽然出于调节气氛和氛围的目的而饮用葡萄酒的消费者比重最大，但这部分群体并非高频次饮用群体。

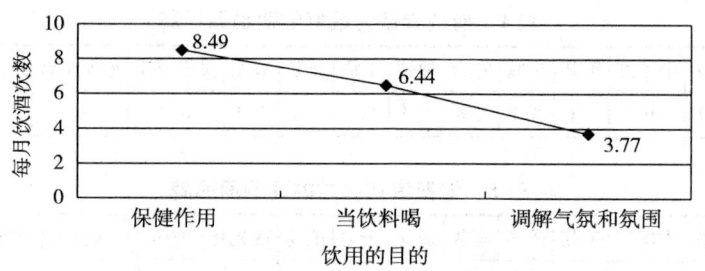

图 4　每月的饮酒次数（按饮用目的细分）

从饮用场合的角度对消费者进行划分（图 5），我们可以发现，平时在家饮用的消费者群体每月饮用葡萄酒的频次最高，其次是工作应酬的消费者群体。

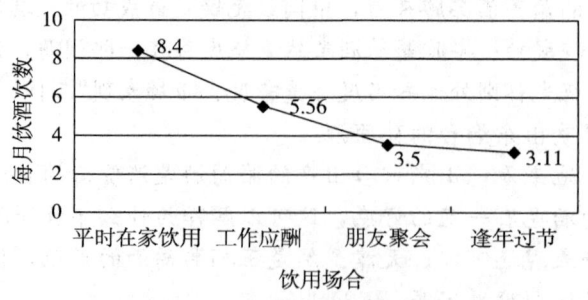

图 5　每月的饮酒次数（按饮用场合细分）

从饮用不同种类葡萄酒的角度对消费者进行划分（图 6），我们可以发现，饮用干红的消费者群体的饮用频次最高。

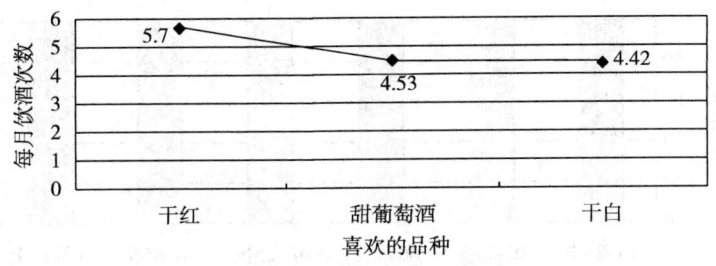

图6 每月的饮酒次数(按喜欢的品种细分)

从饮用不同价格葡萄酒的角度对消费者进行划分(图7),我们可以发现,饮用20元左右的消费者群体的饮用频次最高。

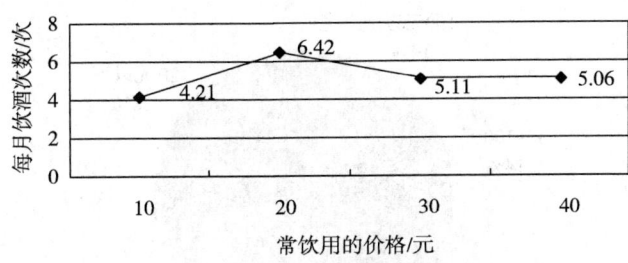

图7 每月的饮酒次数(按常饮用的价格细分)

(六)在家饮用和在外饮用葡萄酒的比例接近1∶1

总体上讲,消费者在家饮用和在外饮用葡萄酒的比例接近1∶1(图8),但男性在外饮用的比例略高于在家饮用的比例,而女性在家饮用的比例则略高于在外饮用的比例。同时,随着消费者年龄的上升,在家饮用的比例也呈上升趋势,尤其是46岁以上的消费者在家饮用的比例占绝对多数(图9)。

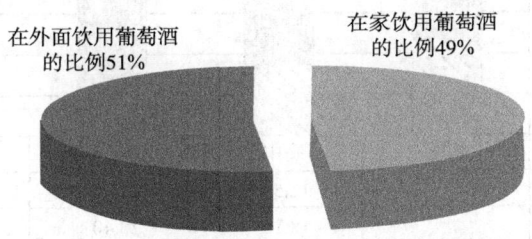

图8 消费者在家饮用和在外饮用的比例

(七)收入越多、学历越高越喜欢在葡萄酒上消费

从总体上看,约有60%的消费者每月在葡萄酒上的花费在50元以下。每月在葡萄酒上的花费在80元以上的重度消费者群体所占的比例仅略高于25%(图10)。

随着文化水平的提高,消费者每月在葡萄酒上的花费呈上升趋势(图11);特别是随着收入水平的提高,消费者在葡萄酒上的花费的上升趋势表现得更为显著(图12)。

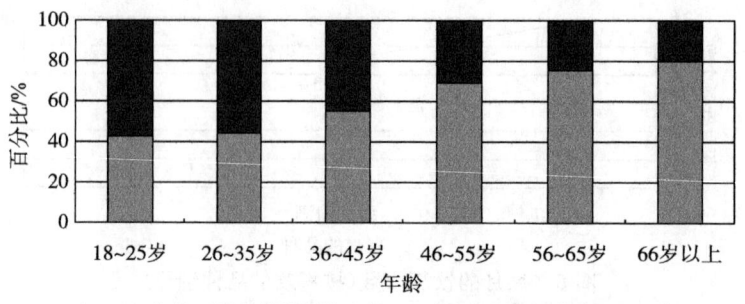

图 9　不同年龄消费者在家在外的饮用比例

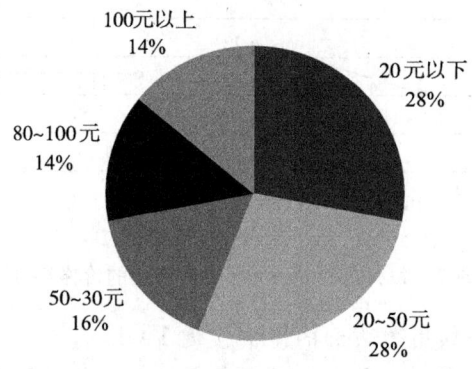

图 10　消费者每月在葡萄酒上的花费情况

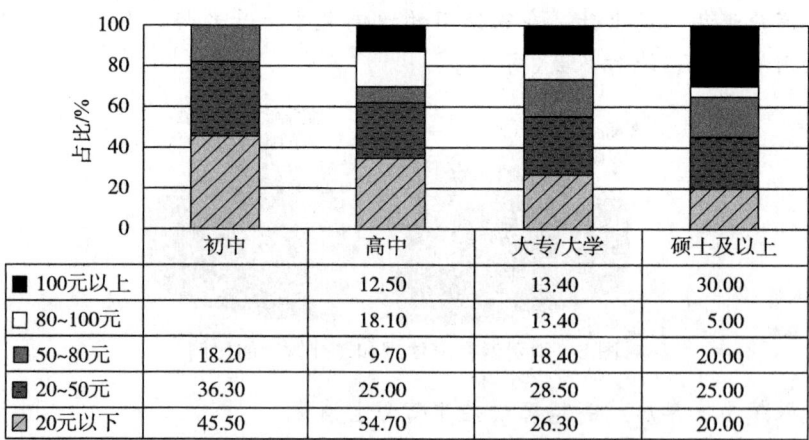

	初中	高中	大专/大学	硕士及以上
■ 100元以上		12.50	13.40	30.00
□ 80~100元		18.10	13.40	5.00
▨ 50~80元	18.20	9.70	18.40	20.00
■ 20~50元	36.30	25.00	28.50	25.00
▨ 20元以下	45.50	34.70	26.30	20.00

图 11　不同文化水平的消费者每月在葡萄酒上的花费

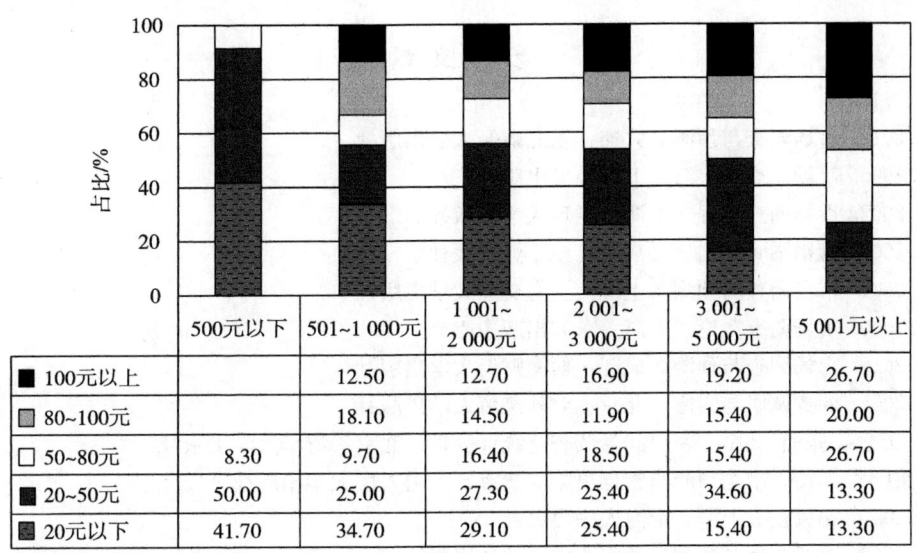

图12　不同收入水平消费者每月在葡萄酒上的消费

二、问题

1. 结合本章讲述的关于市场调查报告撰写的基本要求，分析该报告还存在哪些需要进一步完善的地方。

2. 针对该报告的调查结果，请你补充写出结论与建议部分。

参 考 文 献

杜明汉. 2011. 市场调查与预测. 大连：东北财经大学出版社.
樊志育. 1995. 市场调查. 上海：上海人民出版社.
范伟达. 2002. 市场调查教程. 上海：复旦大学出版社.
范云峰. 2004. 营销调研策划. 北京：机械工业出版社.
韩伟东. 2001. 市场调查与预测. 上海：上海交通大学出版社.
黄合水. 2000. 市场调查概论. 上海：东方出版中心.
惠兴杰. 2010. 市场调查与预测. 成都：西南财经大学出版社.
贾怀勤. 2005. 商务调研与实施. 北京：对外经贸大学出版社.
简倍祥, 万恒, 张殷. 2014. 客户问卷调查与统计分析. 北京：清华大学出版社.
简明, 胡玉立. 2014. 市场预测与管理决策. 北京：中国人民大学出版社.
蒋萍. 2010. 市场调查. 上海：上海人民出版社.
蒋志华. 2002. 市场调查与预测. 北京：中国统计出版社.
景奉杰. 2002. 市场营销调研. 北京：高等教育出版社.
柯惠新. 2000. 调查研究中的统计分析方法. 北京：北京广播学院出版社.
科特勒 P. 2000. 市场营销管理. 梅清豪译. 北京：中国人民大学出版社.
雷培莉, 姚飞. 2004. 市场调查与预测. 北京：经济管理出版社.
李桂荣. 2002. 市场调查. 广州：羊城晚报出版社.
李小勤. 2000. 市场调查的理论与实务. 广州：暨南大学出版社.
马承需. 2001. 市场调研与预测. 成都：西南财经大学出版社.
麦克丹尼尔 C. 2000. 当代市场调研. 范秀成译. 北京：机械工业出版社.
许以洪, 熊艳. 2010. 市场调查与预测. 北京：机械工业出版社.
闫涛蔚. 2002. 市场营销调研. 济南：山东人民出版社.
宇传华. 2013. Excel 与数据分析. 北京：电子工业出版社.
张灿鹏, 郭砚常. 2008. 市场调查与分析预测. 北京：清华大学出版社, 北京交通大学出版社.
张梦霞. 2010. 市场调研方法与应用. 北京：经济管理出版社.
张梦霞, 郭抒. 2000. 成功的市场调研. 北京：石油工业出版社.
张文彤. 2013. IBM SPSS 数据分析与挖掘实战案例精粹. 北京：清华大学出版社.
赵喜仓, 何娣. 2007. 市场调查与分析. 镇江：江苏大学出版社.
郑长娟. 2010. 市场研究——理论与基于项目的实训. 北京：经济科学出版社.
Excel Home. 2011. Excel 2010 应用大全. 北京：人民邮电出版社.

附录 1 常用统计软件介绍

目前在中国国内，市场调查课程大多侧重基本方法的介绍，而忽视了实践教学。这样既不利于提高学生的创新精神和实践能力，也使得这门课程的教学显得枯燥无味。这里介绍一些常用的统计软件，以使学生对统计分析软件有初步的认识，为以后应用统计方法解决市场调查实际问题奠定初步的基础。

一、Excel 软件

Microsoft Excel 是美国微软公司 Microsoft Office 桌面办公软件的重要组成部分，Excel 2013 是目前 Excel 电子表格处理软件的最新版本。Excel 是一个用来组织、计算和分析数据的通用电子表格软件。由于和 Windows 操作系统的良好结合，Excel 也是一个普及面最广的数据处理软件，Excel 界面美观、操作简便、与 Word、PowerPoint 无缝衔接，受到广大使用者的喜爱。此外，在统计分析方面 Excel 还有如下一些特性。

Excel 本身就是一个数据管理和分析软件，可以直接导入来自 Access、文本，甚至网络的数据，可以通过创建到 SQL server 表、Analysis services 多维数据集的链接导入一维或多维数据库数据，可以通过数据连接向导导入其他多种格式的数据。Excel 可以进行数据高级筛选、自定义排序、多重分组等数据整理功能。

Excel 内置了工程、财务、数学与三角、统计、数据库、信息、查询和引用、逻辑判断、文本、日期与时间、自定义 11 类数百个函数，其中，统计函数有 98 个，可以方便地进行统计计算，除了简单描述统计分析外，还可以进行各种假设检验、各种概率分布的计算。

Excel 内置了专门的统计分析工具包，利用分析工具库，可以实现描述统计分析、相关分析、回归分析、方差分析、随机抽样、移动平均、指数平滑、协方差、z 检验、t 检验、F 检验、卡方检验等众多高级统计分析。

Excel 支持基于数组方式的矩阵运算，可利用 Excel 内置的规划求解工具进行迭代运算。两者结合便能够进行如因子分析、主成分分析等需要进行矩阵运算和迭代运算的高级统计分析功能。

微软公司开发有专门用于 Excel 的数据挖掘组件，在 Excel 中挂接该组件，配合 MS SQL server 数据库就可以进行海量数据的数据挖掘。

Excel 内置了 11 种标准图形，每种图形又包含 2~19 种子图，每种子图又配有大量布局类型和图表式样，Excel 中制作的图形与制作图形的数据区域动态相关，可实现数据即改图形即现。用户通过使用 Excel 的图表工具可以方便地设计出美观且动态的图表。方便、美观且动态的图形绘制功能是目前其他任何数据分析软件都无法替代的。

需要强调的是，Excel 中的数据透视表是用来从 Excel 数据列表、关系数据库文件或 OLAP 多维数据集等数据源的特定字段中总结信息的数据整理与分析工具。它是一种交互式报表，可以快速分类汇总、比较大量的数据，并可以随时选择页、行和列中的不同元素，以快速查看数据源的不同统计结果，同时还可以随意显示和打印出用户感兴趣区域的明细数据。数据透视表有机地综合了数据排序、筛选、分类汇总等数据分析方法的优点，可以方便地调整分类汇总的方式，灵活地以多种不同方式展示数据的特征。仅靠鼠标移动字段位置，一张数据透视表即可变换出各种类型的报表。同时，应用数据透视表也是解决 Excel 函数公式速度瓶颈的重要手段之一。因此，该工具是最常用、功能最全的 Excel 数据整理与分析工具之一。

需要提醒的是，Excel 采用函数、公式及函数与公式的组合进行计算，数据则是通过单元格、工作表、工作簿之间的引用实现动态链接，它不是一种编程语言，它不具备调试和测试的功能，如果使用者没有设计相应的验证程序，Excel 本身是不会自动验证所选公式、函数及引用是否正确的。因而，一旦公式、函数、数据引用发生错误将导致结论错误。哈佛大学经济学家卡门·莱因哈特（Carmen Reinhart）和肯尼斯·罗格夫（Kenneth Rogoff）于 2010 年发表的题为《负债时代的增长》论文中的重要观点的错误、摩根大通银行的交易员 Bruno Michel Iksil（绰号"伦敦鲸"）在企业债券衍生品交易中估算投资价值及风险模型的错误，都是因 Excel 模型的错误而导致重大失误的典型案例。

二、IBM SPSS 软件

1. IBM SPSS 软件简介

SPSS 是"社会科学统计软件包"（statistical package for the social science）的简称，是一种集成化的计算机数据处理应用软件，是世界上公认的三大数据分析软件（SAS、SPSS 和 SYSTAT）之一。1968 年，美国斯坦福大学的三位大学生开发了最早的 SPSS 统计软件，并于 1975 年在芝加哥成立了 SPSS 公司，如今已有三十余年的成长历史，全球约有 25 万家产品用户，广泛分布于通信、医疗、银行、证券、保险、制造、商业、市场研究、科研、教育等多个领域和行业。伴随 SPSS 服务领域的扩大和深度的增加，SPSS 公司将其全称更改为 Statistical Product and Service Solutions（统计产品与服务解决方案），2009 年 7 月 28 日，IBM 公司宣布用 12 亿美元现金收购统计分析软件提供商 SPSS 公司，而且更名为 IBM SPSS，如今 SPSS 已出至版本 22.0 版（包括简体中文版）。

SPSS、SAS、BMDP 并称世界最著名的三大数据分析软件。SAS 由于是为专业统计分析人员设计的，具有功能强大、灵活多样的特点，为专业人士所喜爱。而 SPSS 是为广大的非专业人士设计的，它操作简便、好学易懂、简单实用，因而很受非专业人士的青睐。此外，与 SAS 软件相比，SPSS 主要针对社会科学研究领域开发，因而更适合应用于教育科学研究，是国外教育科研人员必备的科研工具。1988 年，中国高等教育学会首次推广了这种软件，从此成为我国国内教育科研人员最常用的工具。

2. SPSS 软件的功能

SPSS 是世界上最早采用图形菜单驱动界面的统计软件，它最突出的特点是操作界面极为友好、输出结果美观漂亮。它将几乎所有的功能都以统一、规范的界面展现出来，使用 Windows 的窗口方式展示各种管理和分析数据方法的功能，对话框展示出各种功能选择项。用户只要掌握一定的 Windows 操作技能，精通统计分析原理，就可以使用该软件为特定的科研工作服务。SPSS 采用类似 Excel 表格的方式输入与管理数据，数据接口较为通用，能方便地从其他数据库中读入数据。其统计过程包括了常用的、较为成熟的统计过程，完全可以满足非统计专业人士的工作需要。SPSS 数据文件采用 sav 格式，输出查看文件采用 spv 格式，数据文件通过"另存为"可以转存为 Excel、1-2-3rel、dBASE、SAS、Stata 等多种格式。对于熟悉老版本编程运行方式的用户，SPSS 还特别设计了语法生成窗口，用户只需在菜单中选好各个选项，然后按"粘贴"按钮就可以自动生成标准的 SPSS 程序。这极大地方便了中、高级用户。

　　IBM SPSS 是一个组合式软件包，它集数据录入、整理、分析功能于一身。用户可以根据实际需要和计算机的功能选择模块，降低对系统硬盘容量的要求，有利于该软件的推广应用。SPSS 的基本功能包括数据管理、统计分析、图表分析、输出管理等。SPSS 统计分析过程包括描述性统计、均值比较、一般线性模型、相关分析、回归分析、对数线性模型、聚类分析、数据简化、生存分析、时间序列分析、多重响应等几大类，每类中又分好几个统计过程，如回归分析又分为线性回归分析、曲线估计、Logistic 回归、Probit 回归、加权估计、两阶段最小二乘法、非线性回归等多个统计过程，而且每个过程中又允许用户选择不同的方法及参数。SPSS 也有专门的绘图系统，可以根据数据绘制各种图形。

　　IBM SPSS Modeler 是一组数据挖掘工具，通过这些工具可以采用商业技术快速建立预测性模型，并将其应用于商业活动，从而改进决策过程。IBM SPSS Modeler 参照行业标准 CRISP-DM 模型设计而成，可支持从数据到更优商业成果的整个数据挖掘过程。SPSS Modeler 提供了各种借助机器学习、人工智能和统计学的建模方法。通过建模选项板中的方法，用户可以根据数据生成新的信息以及开发预测模型。每种方法各有所长，同时适用于解决特定类型的问题。IBM SPSS Modeler 已提供简体中文版，目前最新版本是 16.0 版。

　　IBM SPSS 的分析结果清晰、直观、易学易用，而且可以直接读取 Excel 及 DBF 数据文件，现已推广至多种操作系统的计算机。在国际学术界有条不成文的规定，即在国际学术交流中，凡是用 SPSS 软件完成的计算和统计分析，可以不必说明算法，由此可见其影响之大和信誉之高。

　　由于其操作简单，IBM SPSS 已经在我国的社会科学、自然科学的各个领域发挥了巨大作用。该软件还可以应用于经济学、数学、统计学、物流管理、生物学、心理学、地理学、医疗卫生、体育、农业、林业、商业等各个领域。

　　需要提醒的是，在 IBM SPSS 菜单中有一个"直销"分析工具，提供了一组精心设计以改善直销活动效果的工具，它可以标志那些用于定义不同消费者群体的人口统计学、购买和其他特征，针对特定目标群体，最大限度地提高正面响应率。它包括：①RFM 分析。此方法标志那些最有可能对新产品做出响应的现有客户。②聚类分析。这是一个用于揭示数据中的自然分组（或聚类）的探索性工具。例如，它可以根据各种人口统计和购买特征识别不同的客户组。③潜在客户概要文件。此方法使用先前或检验活动的结果来创建描述概要文件，客户可以使用概要文件在未来的活动中集中面向特定的联系人群体。④邮政编码响应率。此方法使用先前活动的结果来计算邮政编码响应率。这些响应率可以用于在未来的活动中集中面向特定的邮政编码。⑤购买倾向。此方法使用测试邮件或先前活动的结果来生成倾向得分。这些得分显示哪些联系人最有可能做出响应。⑥控制包装检验。此方法比较市场营销活动，以检查不同包装或商品之间是否存在显著的效果差异。用于选择技术的"直销"对话框也提供"评分向导"的快捷方式，可以根据预测模型对数据评分，可以利用"购买倾向"和其他附加模块中的多种程序构建预测模型。这些分析对于市场营销是非常有用的。

三、SAS 软件

SAS 系统全称为 statistics analysis system，最早由北卡罗来纳大学的两位生物统计学研究生编制，并于 1976 年成立了 SAS 软件研究所，正式推出了 SAS 软件。SAS 是用于决策支持的大型集成信息系统，但该软件系统最早的功能限于统计分析，至今，统计分析功能也仍是它的重要组成部分和核心功能。SAS 现在的版本为 9.0 版，大小约为 1 吉字节。经过多年的发展，SAS 已被全世界 120 多个国家和地区的近 3 万家机构采用，直接用户则超过 300 万人，遍及金融、医药卫生、生产、运输、通信、政府和教育科研等领域。在数据处理和统计分析领域，SAS 系统被誉为国际上的标准软件系统，并在 1996~1997 年被评选为建立数据库的首选产品，堪称统计软件界的"巨无霸"。

SAS 系统是一个组合软件系统，它由多个功能模块组合而成，其基本部分是 BASE SAS 模块。BASE SAS 模块是 SAS 系统的核心，承担着主要的数据管理任务，并管理用户使用环境，进行用户语言的处理，调用其他 SAS 模块和产品。也就是说，运行 SAS 系统必须先启动 BASE SAS 模块，它除了本身所具有的数据管理、程序设计及描述统计计算功能以外，还是 SAS 系统的中央调度室。它除可单独存在外，也可与其他产品或模块共同构成一个完整的系统。各模块的安装及更新都可通过其安装程序非常方便地进行。SAS 系统具有灵活的功能扩展接口和强大的功能模块，在 BASE SAS 的基础上，还可以通过增加如下不同的模块来增加不同的功能，即 SAS/STAT(统计分析模块)、SAS/GRAPH(绘图模块)、SAS/QC(质量控制模块)、SAS/ETS(经济计量学和时间序列分析模块)、SAS/OR(运筹学模块)、SAS/IML(交互式矩阵程序设计语言模块)、SAS/FSP(快速数据处理的交互式菜单系统模块)、SAS/AF(交互式全屏幕软件应用系统模块)等。SAS 有一个智能型绘图系统，不仅能绘制各种统计图，还能绘制地图。SAS 提供多个统计过程，每个过程均含有极丰富的任选项。用户还可以通过对数据集的一连串加工，实现更为复杂的统计分析。此外，SAS 还提供了各类概率分析函数、分位数函数、样本统计函数和随机数生成函数，使用户能方便地实现特殊统计要求。

SAS 由大型机系统发展而来，其核心操作方式是程序驱动，经过多年的发展，现在已成为一套完整的计算机语言，其用户界面也充分体现了这一特点：它采用 MDI(多文档界面)，用户在 PGM 视窗中输入程序，分析结果以文本的形式在 OUTPUT 视窗中输出。使用程序方式，用户可以完成所有需要做的工作，包括统计分析、预测、建模和模拟抽样等。但是，这使得初学者在使用 SAS 时必须要学习 SAS 语言，入门比较困难。SAS 的 Windows 版本根据不同的用户群开发了几种图形操作界面，这些图形操作界面各有特点，使用时非常方便。但是由于中国国内介绍它们的文献不多，并且也不是 SAS 推广的重点，因此还不为绝大多数人所了解。

四、EViews 软件

EViews 是 Econometrics Views 的缩写，直译为计量经济学观察，通常称为计量经济学软件包，它的本意是对社会经济关系与经济活动的数量规律，采用计量经济学方法与技术进行"观察"。EViews 是专门为大型机构开发的、用以处理时间序列数据的时间序列软件包的新版本。虽然 EViews 是经济学家开发的，而且主要用于经济学领域，但是从软件包的设计来看，它的运用领域并不局限于处理经济时间序列。即使是跨部门的大型项目，也可以采用 EViews 进行处理。另外 EViews 也是美国 QMS 公司研制的在 Windows 下专门从事数据分析、回归分析和预测的工具。使用 EViews 可以迅速地从数据中寻找出统计关系，并用得到的关系去预测数据的未来值。EViews 的应用范围包括科学实验数据分析与评估、金融分析、宏观经济预测、仿真、销售预测和成本分析等。

EViews 处理的基本数据对象是时间序列，每个序列有一个名称，只要提及序列的名称就可以对序列中所有的观察值进行操作，EViews 允许用户以简便的可视化的方式从键盘或磁盘文件中输入数据，根据已有的序列生成新的序列，在屏幕上显示序列或打印机上打印输出序列，对序列之间存在的关系进行统计分析。EViews 具有操作简便且可视化的操作风格，体现在从键盘或从键盘输入数据序列、依据已有序列生成新序列、显示和打印序列以及对序列之间存在的关系进行统计分析等方面上。

EViews 具有现代 Windows 软件可视化操作的优良性。可以使用鼠标对标准的 Windows 菜单和对话框进行操作。操作结果出现在窗口中并能采用标准的 Windows 技术对操作结果进行处理。此外，EViews 还拥有强大的命令功能和批处理语言功能。在 EViews 的命令行中输入、编辑和执行命令。在程序文件中建立和存储命令，以便在后续的研究项目中使用这些程序。

附录 2　Excel 常用统计函数介绍

一、描述统计量计算函数

(一)数值统计函数

1. COUNT

可以计算数组或单元格区域中数字项的个数。

语法：**COUNT(value1, value2, …)**

Value1, value2, …是包含或引用各种类型数据的参数(1~30 个)，但只有数字类型的数据才被计数。函数 COUNT 在计数时，将把数字、空值、逻辑值、日期或以文字代表的数计算进去；但是错误值或其他无法转化成数字的文字则被忽略。如果参数是一个数组或引用，那么只统计数组或引用中的数字；数组中或引用的空单元格、逻辑值、文字或错误值都将忽略。如果要统计逻辑值、文字或错误值，请使用函数 COUNTA。

2. COUNTA

可以计算数组或单元格区域中数据项的个数。

语法：**COUNTA(value1, value2, …)**

Value1, value2, …所要计数的值，参数个数为 1~30 个。在这种情况下，参数值可以是任何类型，它们可以包括空字符("")，但不包括空白单元格。如果参数是数组或单元格引用，则数组或引用中的空白单元格将被忽略。如果不需要统计逻辑值、文字或错误值，请使用函数 COUNT。

3. LARGE

确定第 k 个最大值。使用此函数可以根据相对标准来选择数值。例如，可以使用函数 LARGE 得到第一名、第二名或第三名的得分。

语法：**LARGE(array, k)**

Array 为需要从中选择第 k 个最大值的数组或数据区域。

K 为计算值在数组或数据单元格区域里的位置(从大到小排)。

说明：

(1)如果数组为空，函数 LARGE 计算错误值 #NUM!。

(2)如果 $k<0$ 或 k 大于数据点的数目，函数 LARGE 计算错误值 #NUM!。

(3)如果区域中数据点的数目为 n，则函数 LARGE(array, 1)计算最大值，函数 LARGE(array, n)计算最小值。

操作示例：LARGE({3, 4, 5, 2, 3, 4, 5, 6, 4, 7}, 3)等于 5。

4. SMALL

确定第 k 个最小值。使用此函数可以计算数据集中特定位置上的数值。

语法：**SMALL(array，k)**

Array 为需要找到第 k 个最小值的数组或数字型数据区域。

K 为计算的数据在数组或数据区域里的位置（从小到大）。

说明：

(1)如果 array 为空，函数 SMALL 计算错误值♯NUM!。

(2)如果 $k<0$ 或 k 超过了数据点数，函数 SMALL 计算错误值♯NUM!。

(3)如果 n 为数组中的数据点数，则 SMALL(array,1)等于最小数值，SMALL(array,n)等于最大数值。

操作示例：SMALL({3,4,5,2,3,4,5,6,4,7},4)等于 4。

(二)数值排位函数

1. RANK

确定一个数值在一组数值中的排位。数值的排位是与数据中其他数值的相对大小（如果数据已经排过序了，则数值的排位就是它当前的位置）。

语法：**RANK(number，ref，order)**

Number 为需要确定排位的数字。

Ref 为包含一组数字的数组或引用。

Ref 中的非数值型参数将被忽略。

Order 为指明排位的方式的数字。如果 order 为 0 或省略，Excel 将 ref 当做按降序排列的数据清单进行排位。如果 order 不为 0，Excel 将 ref 当做按升序排列的数据清单进行排位。

说明：

函数 RANK 对重复数的排位相同。但重复数的存在将影响后续数值的排位。例如，在一列整数里，如果整数 10 出现两次，其排位为 5，则 11 的排位为 7（没有排位为 6 的数值）。如 A1：A5 中分别含有数字 7、3.5、3.5、1 和 2，则 RANK(A2，A1：A5，1)等于 3，RANK(A1，A1：A5，1)等于 5。

2. PERCENTRANK

确定特定数值在一组数据中的百分比排位，用于查看特定数值在分析数据中所处的位置。例如，可以确定某个特定的能力测试得分在所有的能力测试得分中的位置。

(三)集中程度度量函数

1. MEDIAN(中位数)

用于计算中位数，具体操作参见第四章。

语法：**MEDIAN(number1，number2，…)**

Number1，number2，…是需要找出中位数的 1 到 30 个数字参数，参数必须是数字、名称、数组或包含数字的引用。Excel 会检查每一数组变量或引用中的所有数字。

如果数组或引用参数中包含有文字、逻辑值或空白单元格，则忽略这些值，但是其值为 0 的单元格会计算在内。

说明：

如果参数集合中包含有偶数个数字，函数 MEDIAN 将计算位于中间的两个数的均值。

2. MODE（众数）

用于计算众数，具体操作参见第四章。

语法：**MODE(number1，number2，…)**

Number1，number2，…是用于众数计算的 1～30 个参数，也可以使用单一数组（即对数组区域的引用）来代替由逗号分隔的参数。

说明：

(1)如果数组或引用中包括文字串、逻辑值或空白单元格，这些值将被忽略；但包括数值零的单元格计算在内。

(2)如果数据集合中不含有重复的数据，则 MODE 将计算错误值 N/A。

(3)在一组数值中，众数是出现频率最高的数值，而中位数是位于中间的值，平均数是平均后的值，所有这些求中函数都不能单独地完全描绘所有数据。例如，假设数据分布在三个区域中，其中一半分布在一个较小数值区中，另外一半分布在两个较大数值区中。函数 AVERAGE 和函数 MEDIAN 可能会计算位于数据点稀疏处的中间值；而函数 MODE 则会计算位于数据点密集处的较小值。

3. QUARTILE（四分位数）

用于计算分析数据的四分位数。例如，可以使用函数 QUARTILE 求得总体中前 25% 的收入值，具体操作参见第四章。

语法：**QUARTILE(array，quart)**

Array 为需要求得四分位数值的数据或数据所在的单元格区域。

Quart 决定计算哪一个四分位值。

如果 Qurart 等于函数 QUARTILE 计算，则

0 最小数值

1 第一个四分位数（第 25 个百分排位）

2 中分位数（第 50 个百分排位）

3 第三个四分位数（第 75 个百分排位）

4 最大数值

说明：

(1)如果数组为空或数据点数目超过 8 191 个，函数 QUARTILE 计算错误值 #NUM!。

(2)如果 Quart 不为整数，将被截尾取整。如果 Quart<0 或 Quart>4，函数 QUARTILE 计算错误值 #NUM!。

(3)函数 MIN、MEDIAN 和 MAX 计算的值与 Quart 分别等于 0、2 和 4 时函数

QUARTILE 计算的值相同。

操作示例：QUARTILE({1，2，4，7，8，9，10，12}，1)等于3.5。

4. PERCENTILE(K 百分比数值点)

用于计算分析数据的 K 百分比数值点。例如，可以确定得分排名在 90 百分点以上的检测候选人。

语法：**PERCENTILE(array，k)**

Array 为定义相对位置的数值数组或数值区域。

K 为 0 到 1 之间的百分比数字，包含 0 和 1。

说明：

(1)如果 array 为空或其数据点超过 8 191 个，函数 PERCENTILE 计算错误值 #NUM!。

(2)如果 k 为非数值型，函数 PERCENTILE 计算错误值 #VALUE!。如果 $k<0$ 或 $k>1$，函数 PERCENTILE 计算错误值 #NUM!。如果 k 不是 $1/(n-1)$ 的倍数，函数 PERCENTILE 使用插值法来确定第 k 个百分位数的值。

操作示例：PERCENTILE({1，2，3，4}，0.3)等于1.9。

(四)离散程度测度函数

1. STDEV(样本的标准偏差)

用于估算样本的标准偏差。

语法：**STDEV(number1，number2，…)**

Number1，number2，…为对应于总体样本的 1~30 个参数。也可以不使用这种用逗号分隔参数的形式，而用单一数组，即对数组单元格的引用。忽略逻辑值(TRUE 或 FALSE)和文本。如果不能忽略逻辑值和文本，请使用 STDEVA 工作表函数。

说明：

(1)函数 STDEV 假设其参数是总体中的样本。如果数据代表全部样本总体，则应该使用函数 STDEVP 来计算标准偏差。

(2)这里用"无偏值"或"$n-1$"方法来计算标准偏差。

2. STDEVP(样本总体的标准偏差)

用于计算总体的标准偏差。

语法：**STDEVP(number1，number2，…)**

Number1，number2，…为对应于样本总体的 1~30 个参数。也可以不使用这种用逗号分隔参数的形式，而用单一数组，即对数组单元格的引用。忽略逻辑值(TRUE 或 FALSE)和文本。如果不能忽略逻辑值和文本，请使用 STDEVPA 工作表函数。

3. VARP(样本总体的方差)

用于计算样本总体的方差。

语法：**VARP(number1，number2，…)**

Number1，number2，…为对应于样本总体的 1~30 个参数。省略逻辑值(TRUE 和 FALSE)和文本。如果不能省略逻辑值和文本，请使用 VARPA 工作表函数。

4. DEVSQ(样本均值偏差的平方和)

用于计算数据离差的平方和。

语法：**DEVSQ(number1，number2，…)**

Number1，number2，…用于计算偏差平方和的 1～30 个参数。可以使用由逗号分隔的参数形式，也可以使用单一数组，即数组引用的形式。

说明：

如果数组或引用参数包含文本、逻辑值或空白单元格，则这些值将被忽略，但包含零值的单元格将被计算在内。

5. SKEW(偏斜度)

用于计算分布的偏斜度。

语法：**SKEW(number1，number2，…)**

Number1，number2，…为需要计算偏斜度的 1～30 个参数。也可以不用这种用逗号分隔参数的形式，而用单一数组，即对数组的引用。

说明：

如果数组或引用参数里包含文本、逻辑值或空白单元格，这些值将被忽略，但包含零值的单元格将计算在内。如果数据点数目少于 3 个，或样本标准偏差为零，函数 SKEW 计算错误值 #DIV/0!。

6. KURT(峰值)

计算分析数据的峰值。峰值反映与正态分布相比某一分布的尖锐度或平坦度。正峰值表示相对尖锐的分布。负峰值表示相对平坦的分布。

语法：**KURT(number1，number2，…)**

Number1，number2，…为需要计算其峰值的 1～30 个参数。可以使用逗号分隔参数的形式，还可使用单一数组，即对数组单元格的引用。

说明：

(1)如果数组或引用参数里包含文本、逻辑值或空白单元格，这些值将被忽略。但包含零值的单元格将计算在内。

(2)如果数据点少于 4 个，或样本标准偏差等于 0，函数 KURT 计算错误值 #DIV/0!。

二、概率分布函数

1. CHIDIST(卡方分布单尾概率)

用于计算卡方分布的单尾概率。

语法：**CHIDIST(x，degrees_freedom)**

x 为用来计算卡方分布单尾概率的数值。

Degrees_freedom 为自由度。

说明：

(1)如果任一参数为非数值型，函数 CHIDIST 计算错误值 #VALUE!。如果 x 为负数,函数 CHIDIST 计算错误值♯NUM!。如果 degrees_freedom 不是整数,将被截尾取整。如果 degrees_freedom<1 或 degrees_freedom>10^10,函数 CHIDIST 计算错误值♯NUM!。

(2)函数 CHIDIST 按 CHIDTST=$P(X>x)$计算,式中 X 为卡方随机变量。

2. CHIINV(卡方分布单尾概率的逆函数)

用于计算卡方分布单尾概率的逆函数。

语法:**CHIINV(probability, degrees_freedom)**

Probability 为卡方分布的单尾概率。

Degrees_freedom 为自由度。

说明:

(1)如果任一参数为非数字型,则函数 CHIINV 计算错误值♯VALUE!。如果 probability<0 或 probability>1,则函数 CHIINV 计算错误值♯NUM!。如果 degrees_freedom 不是整数,将被截尾取整。如果 degrees_freedom<1 或 degrees_freedom>10^10,函数 CHIINV 计算错误值♯NUM!。

(2)函数 CHIINV 使用迭代法计算函数。通过给定的 probability 数值,函数 CHIINV 开始进行迭代,直到计算结果的精度达到±3×10^−7。如果迭代 100 次后,函数 CHIINV 仍不收敛,则计算错误值♯N/A。

(3)如果 $P(\chi^2 > \chi_\alpha^2) = \alpha$,则 α 为 χ^2 分布的单尾概率。

操作示例:计算概率为 0.99,自由度为 35 的值。

CHIINV(0.99,35)等于 18.51。

3. FDIST(F 概率分布)

用于计算 F 分布概率。

语法:**FDIST(x, degrees_freedom1, degrees_freedom2)**

x 为用于计算概率的数值。

Degrees_freedom1 为分子自由度。

Degrees_freedom2 为分母自由度。

说明:

(1)如果任意参数为非数值型,函数 FDIST 计算错误值♯VALUE!。如果 x 为负数,函数 FDIST 计算错误值♯NUM!。如果 degrees_freedom1 或 degrees_freedom2 不是整数,将被截尾取整。如果 degrees_freedom1<1 或 degrees_freedom1>10^10,函数 FDIST 计算错误值♯NUM!。如果 degrees_freedom2<1 或 degrees_freedom2>10^10,函数 FDIST 计算错误值♯NUM!。

(2)函数 FDIST 的计算公式为:$P\{F(n_1, n_2) > F_\alpha(n_1, n_2)\} = \alpha$。

操作示例:FDIST(15.206 75,6,4)等于 0.01。

其中,$n_1=6$,$n_2=4$,$F_\alpha(n_1, n_2)=15.206\,75$。

计算出的 a=0.01。

4. FINV(F 概率分布的逆函数)

用于计算 F 概率分布的逆函数值。

语法：**FINV(probability, degrees_freedom1, degrees_freedom2)**

Probability 为累积 F 分布的概率值。

Degrees_freedom1 为分子自由度。

Degrees_freedom2 为分母自由度。

说明：

(1) 如果任意参数为非数值型，函数 FINV 计算错误值 #VALUE!。如果 probability<0 或 probability>1，函数 FINV 计算错误值 #NUM!。如果 degrees_freedom1 或 degrees_freedom2 不是整数，将被截尾取整。如果 degrees_freedom1<1 或 degrees_freedom1>10^10，函数 FINV 计算错误值 #NUM!。如果 degrees_freedom2<1 或 degrees_freedom2>10^10，函数 FINV 计算错误值 #NUM!。

(2) 函数 FINV 可用于计算 F 分布的临界值。例如，方差分析计算的结果常常包括 F 统计量值、F 概率和显著性水平为 0.05 的 F 临界值等数据。要计算 F 的临界值，可以用显著性水平作为函数 FINV 的 probability 参数。

(3) 函数 FINV 使用迭代法来计算函数。给定一个概率值，函数 FINV 开始迭代，直到结果精确到 $\pm 3 \times 10^{-7}$。如果经过 100 次迭代后，函数 FINV 仍未收敛，此函数计算错误值 #N/A。

(4) 计算公式：$P\{F(n_1, n_2) > F_\alpha(n_1, n_2)\} = \alpha$

操作示例：FINV(0.01, 6, 4) 等于 15.206 75。

其中，$n_1 = 6$，$n_2 = 4$，$\alpha = 0.01$。

计算出 $F_\alpha(n_1, n_2) = 15.206\ 75$。

5. NORMDIST（正态分布的累积函数）

计算给定平均值和标准偏差的正态分布的累积函数 $F(x) = P(X < x)$。也即计算给定值 x 的概率。

语法：**NORMDIST(x, mean, standard_dev, cumulative)**

X 为需要计算其分布概率的数值。

Mean 为分布的算术平均值。

Standard_dev 为分布的标准偏差。

Cumulative 为一逻辑值，指明函数的形式。如果 cumulative 为 TRUE，函数 NORMDIST 计算累积分布函数；如果为 FALSE，计算概率密度函数。

说明：

如果 mean 或 stand_dev 为非数值型，函数 NORMDIST 计算错误值 #VALUE!。如果 standard_dev<0，函数 NORMDIST 计算错误值 #NUM!。如果 mean=0 且 standard_dev=1，函数 NORMDIST 计算标准正态分布，即函数 NORMSDIST。

操作示例：NORMDIST(42, 40, 1.5, TRUE) 等于 0.908 789。

即 $F(x) = P(X < 42) = 0.908\ 789$。

6. NORMINV（正态分布的累积函数的逆函数）

计算给定平均值和标准偏差的正态分布的累积函数的逆函数。即计算给定概率对应

的 x 值。

语法：**NORMINV(probability, mean, standard_dev)**

Probability 为正态分布的概率值。

Mean 为分布的算术平均值。

Standard_dev 为分布的标准偏差。

说明：

(1) 如果任一参数为非数值型，函数 NORMINV 计算错误值 #VALUE!。

(2) 如果 probability<0 或 probability>1，函数 NORMINV 计算错误值 #NUM!。如果 standard_dev<0，函数 NORMINV 计算错误值 #NUM!。如果 mean=0 且 standard_dev=1，函数 NORMINV 使用标准正态分布（请参阅函数 NORMSINV）。

(3) 函数 NORMINV 使用迭代法来计算函数。给定一个概率值，函数 NORMINV 开始迭代，直到结果精确到 $*3×10^{-7}$。如果经过 100 次迭代后，函数 NORMINV 仍未收敛，则计算错误值 #N/A。

操作示例：NORMINV(0.908789, 40, 1.5) 等于 42。

7. NORMSDIST（标准正态分布的累积函数）

计算标准正态分布（平均值为 0，标准偏差为 1）的累积函数，可以使用该函数代替标准正态分布表。

语法：**NORMSDIST(z)**

Z 为需要计算其分布概率的数值。

操作示例：NORMSDIST(1.333333) 等于 0.908789。

即 $F(x) = P(Z < 1.333) = 0.908789$

8. NORMSINV（标准正态分布的累积函数的逆函数）

计算标准正态分布累积函数的逆函数，也即给定概率计算相应的 z 值。

语法：**NORMSINV(probability)**

Probability 为正态分布的概率值。

说明：

(1) 如果 probability 为非数值型，函数 NORMSINV 计算错误值 #VALUE!，如果 probability<0 或 probability>1，函数 NORMINV 计算错误值 #NUM!。

(2) 函数 NORMSINV 使用迭代法来计算函数。给定一个概率值，函数 NORMSINV 开始迭代，直到结果精确到 $*3×10^{-7}$。如果经过 100 次迭代后，函数 NORMSINV 仍未收敛，则计算错误值 #N/A。

操作示例：NORMSINV(0.908789) 等于 1.3333。

9. TDIST（t 分布）

计算 t 分布的概率，使用此函数可以代替 t 分布的临界值表。

语法：**TDIST(x, degrees_freedom, tails)**

X 为需要计算分布概率的 t 值。

Degrees_freedom 为表示自由度的整数。

Tails 为指明计算的分布函数是单尾分布还是双尾分布。如果 tails=1，函数 TDIST 计算单尾分布。如果 tails=2，函数 TDIST 计算双尾分布。

说明：

(1)如果任一参数为非数值型，函数 TDIST 计算错误值♯VALUE!。

(2)如果 degrees_freedom<1，函数 TDIST 计算错误值♯NUM!。参数 degrees_freedom 和 tails 将被截尾取整。

(3)如果 tails 不为 1 或 2，函数 TDIST 计算错误值♯NUM!。

(4)函数 TDIST 的计算公式。

单尾概率 $P(t>t_\alpha)=\alpha$

双尾概率 $P(|t|<t_\alpha)=\alpha$

操作示例：TDIST(1.96, 60, 2)等于 0.054 645 或 5.46%，即 $P(|t|<1.96)=0.054\ 645$。

10. TINV(t 分布的 t 值)

计算给定概率下服从 t 分布的 t 值。

语法：**TINV(probability, degrees_freedom)**

Probability 为对应于双尾 t 分布的概率。

Degrees_freedom 为分布的自由度。

说明：

(1)如果任一参数为非数值型，函数 TINV 计算错误值♯VALUE!。

(2)如果 probability<0 或 probability>1，函数 TINV 计算错误值♯NUM!。

(3)如果 degrees_freedom 不为整数，将被截尾取整。如果 degrees_freedom<1，函数 TINV 计算错误值♯NUM!。

(4)单尾 t 值可通过用两倍概率来替换概率而计算。如果概率为 0.05，而自由度为 10，则双尾值由 TINV(0.05, 10)计算得到 2.281 39。而同样概率和自由度的单尾值可由 TINV(2*0.05, 10)计算得到 1.812 462。

操作示例：TINV(0.054645, 60)等于 1.96。

三、参数估计

CONFIDENCE(均值的置信区间)

用于计算正态分布，总体方差已知时均值置信区间的极限误差，具体操作参见第六章。

语法：**CONFIDENCE(alpha, standard_dev, size)**

Alpha 是用于计算置信度的显著水平。置信度等于 100*(1-alpha)%，亦即，如果 alpha 为 0.05，则置信度为 95%。

Standard_dev 为总体标准偏差，假设为已知。

Size 为样本容量。

说明：

(1)如果 alpha≤0 或 alpha>=1，函数 CONFIDENCE 计算错误值♯NUM!。如果 size 不是整数，将被截尾取整。

(2)如果假设 alpha 等于 0.05，置信区间为

$$\overline{X} \pm 1.96(\frac{\sigma}{\sqrt{n}})$$

CONFIDENCE 计算出的为

$$1.96(\frac{\sigma}{\sqrt{n}})$$

操作示例：假设样本取自 50 名乘车上班的旅客，他们花在路上的平均时间为 30 分钟，总体标准偏差为 2.5 分钟。总体均值的置信度为 95%，则均值的置信区间为

$$30 \pm 1.96 \times \frac{2.5}{\sqrt{50}}$$

CONFIDENCE(0.05，2.5，50)等于 0.692 951，花在上班路上的平均时间为 30±0.692 951 分钟，或 29.3～30.7 分钟。

四、假设检验函数

1. ZTEST(z 检验的双尾 P 值)

计算 z 检验的双尾 P 值。Z 检验根据样本数据生成 x 的标准得分，并计算正态分布的双尾概率。可用于单一总体的均值检验，操作参见第七章。

语法：**ZTEST(array，x，sigma)**

Array 为用来检验 x 的数组或数据区域。

X 为被检验的值。

Sigma 为总体(已知)标准偏差，如果省略，则使用样本标准偏差。

操作示例：ZTEST({3，6，7，8，6，5，4，2，1，9}，4)等于 0.090 574。

2. TTEST(t 检验相关的概率)

计算与 t 检验相关的概率即 p 值。可以使用函数 TTEST 进行两个总体的均值检验，操作参见第七章。

语法：**TTEST(array1，array2，tails，type)**

Array1 为第一个样本数据或数据区域。

Array2 为第二个样本数据或数据区域。

Tails 为指明分布曲线尾数的参数。如果 tails=1，函数 TTEST 使用单尾分布。如果 tails=2，函数 TTEST 使用双尾分布。Type 为 t 检验的类型。如果 type 等于 1，为均值的成对检验；如果 type 等于 2，为等方差双样本均值检验；如果 type 等于 3，为异方差双样本均值检验。

说明：

(1)如果 array1 和 array2 的数据点数目不同，且 type=1(成对)，函数 TTEST 计算错误值♯N/A。

(2)参数 tails 和 type 将被截尾取整。如果 tails 或 type 为非数值型，函数 TTEST 计算错误值♯VALUE!。如果 tails 不为 1 或 2，函数 TTEST 计算错误值♯NUM!。

操作示例：TTEST({3，4，5，8，9，1，2，4，5}，{6，19，3，2，14，4，5，17，1}，2，1)等于 0.196。

3. FTEST(F 检验)

F 检验计算的是当数组 1 和数组 2 的方差无明显差异时的单尾概率。用于两个总体方差的假设检验。例如，给定公立和私立学校的测试成绩，可以检验各学校间的差别程度，操作参见第七章。

语法：**FTEST(array1，array2)**

Array1 为第一个数组或数据区域。

Array2 为第二个数组或数据区域。

说明：

(1)如果数组或引用的参数里包含文本、逻辑值或空白单元格，这些值将被忽略；但包含零值的单元格将计算在内。

(2)如果数组 1 或数组 2 里数据点的个数小于 2 个，或者数组 1 或数组 2 的方差为零，函数 FTEST 计算错误值♯DIV/0!。

操作示例：FTEST({6，7，9，15，21}，{20，28，31，38，40})等于 0.648 318。

4. CHITEST(独立性检验)

计算独立性检验值，给出的是大于卡方统计量值的概率，操作参见第八章。

语法：**CHITEST(actual_range，expected_range)**

Actual_range 为包含观察值的数据区域，将和期望值作比较。

Expected_range 为包含行列汇总的乘积与总计值之比的数据区域。

说明：

如果 actual_range 和 expected_range 数据点的数目不同，函数 CHITEST 计算错误值♯N/A。

五、相关、回归函数

1. COVAR(协方差)

计算协方差，操作参见第十章。

语法：**COVAR(array1，array2)**

Array1 为第一个所含数据为整数的单元格区域。

Array2 为第二个所含数据为整数的单元格区域。

说明：

(1)参数必须是数字、名称、数组或包含数字的引用。

(2)如果作为参数的数组或引用包含文字、逻辑值或空白单元格，这些值将被忽略，但含有零值的单元格仍然计算在内。

(3)如果 array1 和 array2 所含数据的数目不等，则函数 COVAR 计算错误值♯N/

A. 如果 array1 和 array2 当中有一个为空,则函数 COVAR 计算错误值♯DIV/0!。

操作示例:COVAR({3,2,4,5,6},{9,7,12,15,17})等于 5.2。

2. CORREL(相关系数)

计算两变量之间的相关系数。

语法:**CORREL(array1,array2)**

Array1 为第一组数值单元格区域。

Array2 为第二组数值单元格区域。

说明:

(1)如果数组或引用包含文本、逻辑值或空白单元格,这些数值将被忽略,但是包含零值的单元格将计算在内。

(2)如果 array1 和 array2 的数据点的数目不同,函数 CORREL 计算错误值♯N/A。如果 array1 或 array2 为空,或者其数值的 s(标准偏差)等于零,函数 CORREL 计算错误值♯DIV/0!。

操作示例:CORREL({3,2,4,5,6},{9,7,12,15,17})等于 0.997 054。

3. PEARSON(相关系数)

计算 Pearson 相关系数,用于测度两变量之间的线性相关程度。

语法:**PEARSON(array1,array2)**

Array1 为自变量集合。

Array2 为因变量集合。

说明:

(1)如果数组或引用参数里包含文本、逻辑值或空白单元格,这些值将被忽略,但包含零值的单元格将计算在内。

(2)如果 array1 和 array2 为空或其数据点数目不同,函数 PEARSON 计算错误值♯N/A。

操作示例:PEARSON({9,7,5,3,1},{10,6,1,5,3})等于 0.699 379。

4. RSQ(相关系数的平方)

计算 Pearson 相关系数的平方即回归方程的判定系数。

语法:**RSQ(known_y's,known_x's)**

Known_y's 为数组或数据点区域。

Known_x's 为数组或数据点区域。

说明:

(1)如果数组或引用参数里包含文本、逻辑值或空白单元格,这些值将被忽略,但包含零值的单元格将计算在内。

(2)如果 known_y's 和 known_x's 为空或其数据点数目不同,函数 RSQ 计算错误值♯N/A。

操作示例:RSQ({2,3,9,1,8,7,5},{6,5,11,7,5,4,4})等于 0.057 95。